新文科·特色创新课程系列教材

华东政法大学
教材建设和管理委员会

主　　任	郭为禄　叶　青
副 主 任	韩　强
部门委员	虞潇浩　杨忠孝　洪冬英
	屈文生　陆宇峰
专家委员	王　迁　孙万怀　钱玉林
	任　勇　余素青　杜素娟

本书受上海市高水平地方高校（学科）建设项目资助

Management

Perspectives in the Digital Age

管理学
数字时代的观点

刘丽珍　编著

图书在版编目(CIP)数据

管理学:数字时代的观点/刘丽珍编著. —北京:北京大学出版社,2023.7
ISBN 978-7-301-34173-5

Ⅰ.①管… Ⅱ.①刘… Ⅲ.①智能技术—应用—管理学 Ⅳ.①C93-39

中国国家版本馆 CIP 数据核字(2023)第 123043 号

书　　　名	管理学——数字时代的观点
	GUANLIXUE——SHUZI SHIDAI DE GUANDIAN
著作责任者	刘丽珍　编著
责 任 编 辑	杨丽明
标 准 书 号	ISBN 978-7-301-34173-5
出 版 发 行	北京大学出版社
地　　　址	北京市海淀区成府路 205 号　100871
网　　　址	http://www.pup.cn　新浪微博:@北京大学出版社
电 子 信 箱	zpup@pup.cn
电　　　话	邮购部 010-62752015　发行部 010-62750672　编辑部 021-62071998
印 刷 者	河北滦县鑫华书刊印刷厂
经 销 者	新华书店
	730 毫米×980 毫米　16 开本　25.5 印张　458 千字
	2023 年 7 月第 1 版　2023 年 7 月第 1 次印刷
定　　　价	78.00 元

未经许可,不得以任何方式复制或抄袭本书之部分或全部内容。
版权所有,侵权必究
举报电话: 010-62752024　电子信箱: fd@pup.cn
图书如有印装质量问题,请与出版部联系,电话: 010-62756370

明德崇法　华章正铸

——华东政法大学"十四五"规划教材系列总序

教材不同于一般的书籍，它是传播知识的主要载体，体现着一个国家、一个民族的价值体系，是教师教学、学生学习的重要工具，更是教师立德树人的重要途径。一本优秀的教材，不仅是教师教学实践经验和学科研究成果的完美结合，更是教师展开思想教育和价值引领的重要平台。一本优秀的教材，也不只是给学生打下专业知识的厚实基础，更是通过自身的思想和语言的表达，引导学生全方位地成长。

习近平总书记深刻指出："当代中国的伟大社会变革，不是简单延续我国历史文化的母版，不是简单套用马克思主义经典作家设想的模板，不是其他国家社会主义实践的再版，也不是国外现代化发展的翻版，不可能找到现成的教科书。"新时代教材建设应当把体现党和国家的意志放在首位，要立足中华民族的价值观念，时刻把培养能够承担民族发展使命的时代新人作为高校教师编写教材的根本使命。为此，编写出一批能够体现中国立场、中国理论、中国实践、中国话语的有中国特色的高质量原创性教材，为培养德智体美劳全面发展的社会主义接班人和建设者提供保障，是高校教师的责任。

华东政法大学建校70年以来，一直十分注重教材的建设。特别是1979年第二次复校以来，与北京大学出版社、法律出版社、上海人民出版社等合作，先后推出了"高等学校法学系列教材""法学通用系列教材""法学案例与图表系列教材""英语报刊选读系列教材""研究生教学系列用书""海商法系列教材""新世纪法学教材"等，其中曹建明教授主编的《国际经济法学概论》、苏惠渔教授主编的《刑法学》等教材荣获了司法部普通高校法学优秀教材一等奖；史焕章研究员主编的《犯罪学概论》、丁伟教授主编的《冲突法论》、何勤华教授与魏琼教授编著的《西方商法史》及我本人主编的《诉讼证据法学》等教材荣获了司法部全国法学教材与科研成果二等奖；苏惠渔教授主编的《刑法学》、何勤华教授主编的《外国法制史》获得了上海市高校优秀教材一等奖;孙潮教授主编的《立法学》获得"九五"普通高等教育国家级重点教材立项;杜志淳教授主编的《司法鉴定实验教程》、何勤华教授主编的《西方法律思想史(第二版)》和《外国法制史(第五版)》、高富平教授与黄武双教授主编的《房地产法学(第二版)》、高富平教授主编的《物权法讲义》、余素青教授主编的《大学英语教程:读写译(1—4)》、苗伟明副教授主编的《警察技能实训教程》等分别入选第一批、第二批"十二五"普通高等教育本科国家级规划教材;王立民教授副主编的《中国法制史(第二版)》荣获首届全国优秀教材二等奖。1996年以来,我校教师主编的教材先后获得上海市级优秀教材一等奖、二等奖、三等奖共计72项。2021年,由何勤华教授主编的《外国法制史(第六版)》、王迁教授主编的《知识产权法教程(第六版)》、顾功耘教授主编的《经济法教程(第三版)》、王莲峰教授主编的《商标法学(第三版)》以及我本人主编的《刑事诉讼法学(第四版)》等5部教材获评首批上海高等教育精品教材,受到了广大师生的好评,取得了较好的社会效果和育人效果。

进入新时代,我校以习近平新时代中国特色社会主义思想铸魂育人为主线,在党中央"新工科、新医科、新农科、新文科"建设精神指引下,配合新时代背景下新法科、新文科建设的需求,根据学校"十四五"人才培养规划,制定了学校"十四五"教材建设规划。这次的教材规划一方面力求巩固学校优势学科专业,做好经典课程和核心课程教材建设的传承工作,另一方面适应新时代的人才培养需求和教育教学新形态的发展,推动教材建设的特色探索和创新发展,促进教学理念和内容的推陈出新,探索教学方式和方法的改革。

基于以上理念,围绕新文科建设,配合新法科人才培养体系改革和一流学科专业建设,在原有教材建设的基础上,我校展开系统化设计和规划,针对法学专业打造"新法科"教材共3个套系,针对非法学专业打造"新文科"教材共2个套系。"新法科"教材的3个套系分别是:"新法科·法学核心课程系列教材""新法科·法律实务和案例教学系列教材""新法科·涉外法治人才培养系列教材"。"新文科"教材的2个套系分别是:"新文科·经典传承系列教材"和"新文科·特色创新课程系列教材"。

"新法科"建设的目标,就是要解决传统法学教育存在的"顽疾",培养与时代相适应的"人工智能+法律"的复合型人才。这些也正是"新法科"3套系列教材的设计初心和规划依据。

"新法科·法学核心课程系列教材"以推进传统的基础课程和核心课程的更新换代为目标,促进法学传统的基础和核心课程体系的改革。"新法科"理念下的核心课程教材系列,体现了新时代对法学传统的基础和核心课程建设的新要求,通过对我国司法实践中发生的大量新类型的法律案件的梳理、总结,开阔学生的法律思维,提升学生适用法律的能力。

"新法科·法律实务和案例教学系列教材"响应国家对于应用型、实践型人才的培养需要,以法律实务和案例教学的课程建设为基础,推进法学实践教学体系创新。此系列教材注重理论与实践的融合,旨在培养真正符合社会需求的应用型人才;以"新现象""新类型""新问题"为挑选案例的标准和基本原则,以培养学生学习兴趣、提升学生实践能力为导向。通过概念与案例的结合、法条与案例的结合,从具体案件到抽象理论,让学生明白如何在实践中解决疑难复杂问题,体会情、理与法的统一。

"新法科·涉外法治人才培养系列教材"针对培养具有国际视野和家国情怀、通晓国际规则、能够参与国际法律事务、善于维护国家利益、勇于推动全球治理体系变革的高素质涉外法治人才的培养目标,以涉外法治人才培养相关课程为基础,打造具有华政特色的涉外法治人才培养系列教材。

"新文科·经典传承系列教材"以政治学与行政学、公共事业管理、经济学、金融学、新闻学、汉语言文学、文化产业管理等专业的基础和主干课程为基础,在教材建设上,一方面体现学科专业特色,另一方面力求传统学科专业知识体系的现代创新和转型,注重把学科理论与新的社会文化问题、新的时代变局相联结,引导学生学习经典知识体系,以用于分析和思考新问题、解决新问题。

"新文科·特色创新课程系列教材"以各类创新、实践、融合等课程为基础,体现了"新文科"建设提出的融合创新、打破学科壁垒,实现跨学科、多学科交叉融合发展的理念,在教材建设上突破"小文科"思维,构建"大文科"格局,打造具有华政特色的各类特色课程系列教材。

华东政法大学 2022 年推出的这 5 个系列教材,在我看来,都有如下鲜明的特点:

第一,理论创新。系列教材改变了陈旧的理论范式,建构具有创新价值的知识体系,反映了学科专业理论研究最新成果,体现了经济社会和科技发展对人才培养提出的新要求。

第二,实践应用。系列教材的编写紧密围绕社会和文化建设中亟须解决的新问题,紧扣法治国家、法治政府、法治社会建设新需求,探索理论与实践的结合点,让教学实践服务于国家和社会的建设。

第三,中国特色。系列教材编写的案例和素材均来自于中国的法治建设和改革开放实践,传承并诠释了中国优秀传统文化,较好地体现了中国立场、中国理论、中国实践、中国话语。

第四,精品意识。为保证系列教材的高质量出版,我校遴选了各学科专业领域教学经验丰富、理论造诣深厚的学科带头人担任教材主编,选派优秀的中青年科研骨干参与教材的编写,组成教材编写团队,形成合力,为打造出高质量的精品教材提供保障。

当然,由于我校"新文科""新法科"的建设实践积累还不够丰厚,加之编写时间和编写水平有限,系列教材难免存在诸多不足之处。希望各位方家不吝赐教,我们将虚心听取,日后逐步完善。我希望,本系列教材的出版,可以为我国"新文科""新法科"建设贡献华政人的智慧。

是为序。

华东政法大学校长、教授　叶　青
2022 年 8 月 22 日于华政园

引言 ··· 1

第一篇 管理基础

第 1 章 绪论 ·· 11
    1.1 管理与管理者 ··· 14
    1.2 管理学的研究对象 ·· 24
    1.3 管理的基本内容和方法 ·· 32
    1.4 提高管理水平,建设创新型国家 ································· 41
    本章小结 ·· 51
    主要概念和观念 ·· 52
    基本训练 ·· 52
    观念应用 ·· 53

第 2 章 管理理论的历史演变 ·· 54
    2.1 早期管理思想 ··· 56
    2.2 现代管理理论的演进 ··· 61
    2.3 数字时代的管理理念 ··· 76

本章小结 ·· 79
　　主要概念和观念 ·· 80
　　基本训练 ·· 80
　　观念应用 ·· 82

第3章　管理的经济学原理 ······································ 84
　3.1　管理与经济 ·· 86
　3.2　经济体制、机制管理 ·································· 95
　3.3　经济利益和经济效益 ································· 101
　　本章小结 ··· 104
　　主要概念和观念 ······································· 104
　　基本训练 ··· 104
　　观念应用 ··· 105

第4章　管理的市场原理 ······································· 108
　4.1　面向市场的管理 ····································· 109
　4.2　市场战略和策略管理 ································· 118
　4.3　市场缺陷与管理 ····································· 121
　　本章小结 ··· 125
　　主要概念和观念 ······································· 126
　　基本训练 ··· 126
　　观念应用 ··· 128

第二篇　决　策

第5章　决策 ·· 131
　5.1　决策概述 ··· 132
　5.2　决策理论 ··· 136
　5.3　决策方法 ··· 147
　　本章小结 ··· 154
　　主要概念和观念 ······································· 154

基本训练 ··· 154

第6章　计划原理 ·· 156
　　6.1　计划职能 ·· 157
　　6.2　国家经济发展计划 ·· 163
　　6.3　全面计划管理和计划机制 ·· 169
　　本章小结 ··· 172
　　主要概念和观念 ··· 173
　　基本训练 ··· 173
　　观念应用 ··· 174

第三篇　组　织

第7章　组织管理原理 ·· 177
　　7.1　组织概述 ·· 178
　　7.2　组织结构与组织设计 ·· 182
　　7.3　组织变革 ·· 194
　　本章小结 ··· 199
　　主要概念和观念 ··· 200
　　基本训练 ··· 200
　　观念应用 ··· 202

第8章　人力资源管理 ·· 204
　　8.1　人力资源管理概述 ·· 206
　　8.2　人力资源规划 ·· 211
　　8.3　人员招聘 ·· 214
　　8.4　人员培训 ·· 218
　　8.5　绩效评估 ·· 221
　　8.6　职业计划与发展 ·· 224
　　本章小结 ··· 235
　　主要概念和观念 ··· 236

基本训练 ··· 236
　　观念应用 ··· 237

第9章　组织文化 ··· 239
　9.1　组织文化的内涵 ··· 241
　9.2　组织文化的结构与功能 ··· 243
　9.3　组织文化的管理职能与特征 ··· 246
　9.4　组织文化的建设 ··· 248
　　本章小结 ··· 252
　　主要概念和观念 ··· 253
　　基本训练 ··· 253

第四篇　领　　导

第10章　领导 ··· 257
　10.1　领导概述 ··· 259
　10.2　领导的基本要素 ··· 264
　10.3　领导理论 ··· 273
　　本章小结 ··· 279
　　主要概念和观念 ··· 279
　　基本训练 ··· 280
　　观念应用 ··· 283

第11章　激励 ··· 285
　11.1　激励职能 ··· 287
　11.2　激励理论 ··· 296
　11.3　激励实践 ··· 308
　　本章小结 ··· 312
　　主要概念和观念 ··· 313
　　基本训练 ··· 313
　　观念应用 ··· 315

第 12 章　沟通 ·· 318
12.1　沟通概述 ··· 322
12.2　沟通类型 ··· 328
12.3　沟通障碍 ··· 334
12.4　沟通指导 ··· 339
本章小结 ··· 342
主要概念和观念 ·· 342
基本训练 ··· 343

第五篇　控　　制

第 13 章　控制与协调 ··· 347
13.1　控制 ·· 348
13.2　协调 ·· 352
本章小结 ··· 357
主要概念和观念 ·· 357
基本训练 ··· 357
观念应用 ··· 358

第六篇　创　　新

第 14 章　数字时代的创新 ··· 361
14.1　创新原理 ··· 364
14.2　数字经济与创新 ·· 370
14.3　组织管理新模式 ·· 378
14.4　新型企业管理者 ·· 388
本章小结 ··· 391
主要概念和观念 ·· 392
基本训练 ··· 392
观念应用 ··· 393

主要参考书目 ·· 395

引　言

　　历史唯物主义认为，生产力的发展是社会发展最根本的原因。科技革命的产生和发展，促进了生产力的发展，使生产方式、生活方式、思维方式以及经济、政治等社会生活的各个方面都发生了深刻变化，对管理活动也产生了重大影响。

　　迄今为止，人类文明经历了4种形态：采猎文明、农业文明、工业文明和信息文明。从智人走出东非开始，最早的"采集—游猎"文明形态大约持续了几万年，随后伴随农业和畜牧业的出现，人类进入农业文明时代，开始有了大量的剩余产品；工业革命带来了全新的工业文明，从西欧开始一路席卷全世界，近年来伴随全球化的进程，工业化和工业文明渗透到几乎每一个角落；21世纪，信息和通信技术革命将人类推进到信息文明阶段，计算机、互联网和移动终端正在迅速地改变社会的商务活动和组织方式，也在改造人们的心智模式，现实世界和虚拟世界的界限变得越来越模糊。

　　从整体上看，科技进步对管理科学发展的影响主要有三个方面：第一，科技进步促进社会经济迅速发展，社会经济的发展进一步促进管理科学的进步；第二，科技进步带来的新技术、新方法、新手段，如大数据、人工智能等，可为管理科学化提供技术手段和有效工具；第三，科学研究发现的新现象、新原理、新概念，会使管理科学在观念、理论上产生新的突破。可见，管理活动的理念、方法、手段、水平的提高，是和科技发展水平密不可分的。

一、新科技革命给管理学带来的挑战与机遇

管理成为一门重要的学科，是管理实践与科技革命共同推动的结果。人类的管理实践活动可以追溯到公元前的中国和古希腊。公元前5世纪的《孙子兵法》、古希腊苏格拉底等的论述，可说是人类最早的管理之作。但是，真正的管理科学化是与近现代历次科技革命相伴相生的。18—19世纪的第一次、第二次科技革命促进了产业革命的兴起和生产力的迅速提升。为了提高工作效率，泰勒（Frederick Taylor）使用秒表研究工厂管理，这标志着现代管理学的兴起，管理活动完成了从经验到科学的转变。

20世纪以来的科技革命以计算机、新材料、新能源、空间技术、原子能、生物技术为标志，诞生了一大批新兴产业，对现代管理理论与方法的发展产生了深远影响，出现了管理的过程学派、社会系统学派、行为学派、决策理论学派等众多派别，管理学界百花齐放，出现了管理科学的"理论丛林"。

在新一轮科技革命和产业变革中，数字经济时代来临。与传统经济相比，数字经济的蓬勃发展赋予生产要素、生产力和生产关系新的内涵和活力，不仅在生产力方面推动了劳动工具数字化，而且在生产关系层面构建了以数字经济为基础的共享合作生产关系，促进了组织平台化、资源共享化和公共服务均等化，催生出共享经济等新业态、新模式，改变了传统的商品交换方式，提升了资源优化配置水平。从这个角度看，数字经济将极大地解放和发展社会生产力，优化生产关系和生产方式，重构经济体系，促进管理创新。

新科技革命给人类社会带来的一个显著变化，是空前巨大的不确定性和复杂性，VUCA是对当前动态复杂环境特征的描述，是这个时代的一个基本特征。① 其中，V代表动荡性（volatility），是指环境变化的本质、速度、规模、程度和动态性；U代表不确定性（uncertainty），是指对问题和事件的不可预测性，发展趋势多变，方向不易预判；C代表复杂性（complexity），系统的多维度、非线性、大跨界的现象经常出现，因果逻辑极其复杂，形容组织日益面临复杂的问题和混沌的情境；A代表模糊性（ambiguity），形容现实的复杂

---

① 有关VUCA的战略应对，可参见斯蒂文·德索萨，狄安娜·雷纳. 未知：将不确定转化为机会 [M]. 郭慧泉译. 北京：北京联合出版公司，2015；Nassim Nicholas Taleb. *Antifragile: Things That Gain From Disorder* [M]. Random House Publishing Group, 2012.

性以及关系、条件的不可知性。在某种程度上,任何一个快速发展的系统都有这一与生俱来的特性,这是客观规律带来的不可避免的现象。

在此背景下,组织面临着从"稳定有序环境"到"动态复杂环境"的转变,管理者将面对复杂性、不确定性和环境冲突等新的挑战。由此,依赖"稳定有序环境"假设作出的众多管理理论(工业时代以稳定性、可靠性、可预测性为基础建立起来的理论范式及刚性管理体系)失去了其赖以存在的基础。

当今时代,管理学面临的挑战与机遇体现在以下几个方面:

1. 组织管理方式的改变

组织形式由从原来的垂直科层体系向市场网络扁平化方向发展。组织结构要适应网络化、平台化趋势,以网络化管理新理念积极探索工作新模式。数字技术带来产品与组织的松耦合系统,使产品和服务创新更加灵活,组织沟通协调成本降低,并且突破了时空界限,带来了组织的去中心化。各类数字化平台加速涌现,以开放的生态系统为载体,将生产、流通、服务和消费等各个环节逐步整合到平台,推动线上线下资源有机结合,创造出许多新的商业模式和业态,形成平台经济。作为开放、共享、共生的生态体系,组织管理的去中心化、开放性、不可篡改性等特征将使得数据公开透明化,大幅降低组织管理成本,颠覆了很多既有的模式,组织管理的新特征深刻改变了组织行为,产生新的经济活动和规律。在这个逻辑下,官僚制的僵化组织、部门分割、权力分化的传统管理体系,在不确定性和复杂性剧增的现实面前,必然要退出舞台。取而代之的必将是具有弹性、柔性、灵活性、包容性、人文性的管理理论与治理体系。

以数据为驱动的管理模式具有开放、参与、去中心化等特征,能够适应人们多样化、个性化、差异化的市场需求,这些正导致企业从大规模、流水线、封闭性的自主模式走向协同竞合模式,使社会组织结构从纵向分层朝横向群落迅速转换,分散多样的群落圈大量产生,成为管理者面临的新常态。随着5G的普遍应用及未来量子通信等前沿科技的出现,这些特点必将更为突出。决策和管理层必须抓住这一时代特征,摒弃封闭、割据、层级等传统思维方式,以开放、分享、共赢、民主、平等、去中心化等理念,做好管理工作。

2. 新技术手段的应用

新技术对管理实践方法论层面的影响是巨大的。云计算、大数据、人工智能等的广泛应用,不仅带来了管理理念和方式的改变,也引发了管理方法、手段的变革。人工智能不仅取代了许多日常工作,迅速提高了管理效率,也有效提高了决策质量,为决策管理工作提供了有效支撑。

随着新科技革命的进一步推进,当前的信息、智能类技术手段必然会转型升级为新一轮的技术。作为管理者,应该具有对新技术的敏感性,以提高企业、社会组织的管理效益和效率。管理的创新实践都是基于科技进步进行的,而且随着更多新信息技术的出现,创新的速度会越来越快。

3. 管理理论的创新

任何管理理论都是特定时期特定管理实践的产物。创新实践会促使管理理论不断创新,并带动分支理论更加成熟。工业文明时代出现过许多管理学大师,他们为那个时代的经济社会发展做出过重大贡献,留下了许多至今仍然熠熠生辉的管理理论。但是,在新科技革命的过程中,这些理论和思想将会重新受到实践检验,依照适者生存原则,被重新确定价值,决定其是被保留、改造,还是被淘汰。历史上许多有效的管理学理论,都将面临重新检视,以确定其是否有继续存在的价值,同时,面对新的实践、新的环境,又将诞生一批新的管理理论。

管理的认知和行为,都与环境和管理实践密切相关。随着新科技革命对量子论、脑科学、人工智能等基本科学问题认知的进一步深化,某些当今被广泛认可的常识与真理可能会遇到新的挑战,人们的宇宙观、世界观、价值观将会得到深化与发展。对这些基本问题的新的认知,毫无疑问会对管理学产生基础性的深刻影响,虽然今天很难全部预测这些影响是什么,但影响的深度与广度定然是空前的。

二、数字经济时代管理思维的特点

时代造就了不同的管理思维。数字经济的新特征深刻改变了组织行为,产生了新的经济活动和规律,给传统管理理论中的组织形式、研究方法等带来挑战。管理学学科需要根据时代特点不断迭代。本书融入数字经济时代的思维特点,以工业经济时代管理理论为基础,总结提炼数字经济时代管理活动的特点,探索数字经济时代管理创新的作用机理和方式方法。需要特别强调的是,数字经济对管理理论、管理实践乃至所有交叉学科的影响是广泛而深远的。

1. 从机械思维到系统思维

长期以来,以科层制理论和科学管理思想为代表,几乎所有的管理、组织变革和人的行为理论与方法都基于机械思维。人与组织、人与环境、企业与环境之间的联系一般较为简单,组织管理方式也较为简单,基本上都是以控制为主，人们考虑得更多的是如何生产更多的产品，如何获取最大的利润，如何降低成本以适应竞争市场，而对环境保护和社会整体发展并不是特别关心。然而，21世纪的世界是一个充满复杂性的生态系统，我们将面临管理系统中各子系统交互作用所产生的系统的复杂性、人的行为的不确定性、管理系统资源的多样性与异构性等。企业组织结构变得日趋复杂，信息传递日趋迅速，市场竞争日趋激烈，企业与社会、环境变得越来越一致，员工的工作方式已经由手工、机械化转变为计算机、网络化……在这种环境下，机械观主导下的经典管理理论与方法，包括传统的资源观理论难以处理这些问题和应对复杂性系统。这就要求我们不要只是进行机械的管理，而应加强对系统的整体性考虑，改变组织管理方式——由机械控制思维转为系统思维。

所谓系统，就是指处于一定的相互关系中并与环境发生关系的各个组成部分的总和。正如恩格斯所说：我们所面对着的整个自然界形成一个体系，即各种物体相互联系的总体。这里的"体系"，正是"系统"。所谓系统论是以系统为对象，从整体出发来研究系统整体和组成系统整体各要素的相互关系，从本质上说明其结构、功能、行为和动态，以把握系统整体，达到最优目标。从这个定义可以看出三层递进含义：第一，系统是整体；第二，整体由要素构成；第三，要素是相互联系、缺一不可的。系统论的任务，不仅在于认识系统的特点和规律，更重要的还在于利用这些特点和规律去控制、管理、改造或创造系统，使它的存在与发展合乎人的目的需要。也就是说，研究系统的目的在于调整系统结构，协调各要素关系，使系统达到最优目标，实现动态平衡。

数字经济时代，机械化思维侧重于单一要素的思维方式将不再适应，而必须在对系统整体把握的基础上，从看重单一要素、注重多要素运用转向关注系统体系结构和综合运用、形成整体效能；从各自为战、自成体系转向以线聚点、连线为面、组面成网、体系集成，从而把参与的各个子系统，通过信息系统整合为组织有序、功能优化的组织体系，实现 $1+1>2$ 的效果。

2. 从封闭性思维向开放性思维转变

数字化的典型特征是跨界融合，它意味着生产者与消费者的跨界融合，供需双方的跨界融合，企业组织与外部生态的跨界融合，产业与产业的跨界融合，软硬技术的跨界融合，线上与线下的跨界融合。从为客户创造价值的思维转向企业与客户共创价值、企业与员工共创价值的思维，从单一竞争思维转向利他取势的竞合思维，即你以为你的对手是友商，其实你的对手是时势。这就要求企业家与企业具有更开放的心态，更宽广的胸襟，更具在开放式社会网络协同中准确定位价值并协同合作的灰度领导方式。

系统的开放性是指一个系统在接纳周围环境的同时与其周围环境也是相互作用、相互影响的，即它既受外部环境影响，又影响着外部环境，它们相互之间不断交换着物质、能量、信息。封闭性思维考虑问题的角度仅仅限于某一特定的、局部的、小区域的范围，而开放性思维则从系统与环境的有机联系出发，认为一切局部的、小区域的、特殊的规律都服从客观存在的环境即全局的、大区域的、普遍的规律的支配。从系统与环境保持着物质、能量与信息的联系的角度去认识系统，正是开放性思维的一大特点，而封闭性思维的局限性，正在于割裂了这种联系。

在系统的活动过程中，从起点到终极目标有着一个目标等级和相互衔接的过程，存在多极目标的优化问题。而在每阶段目标实现的过程中，不管是局部还是整体，都存在多维目标之间的关系、系统目标和环境目标之间的关系等。开放性思维考虑的是局部目标与整体目标的优化配合、协调关系，局部目标相互之间的相干、互补关系，系统整体目标与局部目标的综合优化等。因而，开放性思维具有横向思维、纵向思维、交叉思维和立体思维的特点。

3. 从守旧思维向创新思维转变

当前，人工智能技术快速发展，需要敢于冲破在头脑中业已固化的机械思维惯性、路径依赖，大胆质疑，依据技术发展和新的实践创新，而不是用现有的理论强制性地"裁剪"新的实践。这其中的关键，是在技术驱动下、在代表未来发展方向的少量关键技术和关键事实支撑下，以灵感思维发现未来发展的"思想闪光"，以直觉思维通过"思想闪光"看到"未来趋势"，最后以顿悟思维捕获"智慧本质"，即创造出新的概念，实现对现有理论的超越。

培养创新思维，提高创新思维能力的具体方法主要有：一是溯本创新法，就是从追寻事物本质中创新认识，善于透过现象看本质，从根本上把握事物及其发展规律。二是全局创新法，就是从全局着眼，全方位、立体化和多角度地分析事物，从而得出对事物的科学认识。三是正反结合创新法，就是从历史的经验教训中谋划现实和未来。历史是现实和未来的一面镜子，英国历史学家汤因比曾说，人们从文明衰落所造成的痛苦中学得的知识可能是进步的最有效的工具。这里的"进步"，即是指在历史经验教训基础上实现的"创新性发展"。

4. 从固定型思维向成长融合型思维转变

在数字经济时代，"个人价值"越来越被重视。"固定型思维模式"组织通常看重求职者的文凭和过往成就，而"成长型思维模式"组织则重视求职者的潜力、能力和钻研精神。根据斯坦福大学心理学教授卡罗尔·德韦克的理论，思维方式只有两种，即固定型思维和成长型思维。拥有固定型思维的人，认为一个人的智力水平几乎是固定的（天生的），后天的努力基本没有太大的意义。他们专注于证明自己的能力，遇到挫折的时候总是为自己找借口。他们往往很关注当前自己的表现，常常因害怕自己表现不好而直接放弃努力。拥有成长型思维的人就不一样了，他们认为不管是哪一方面的能力，都可以通过后天的努力获得改善。他们往往有着明确的目标，热衷于学习，有乐观的精神和成功的信念，即使当前表现不佳，也不妨碍他们继续努力。新环境更需要成长型思维，不畏惧因素增加而引起的问题复杂化，坚信复杂中蕴含着解决问题的良方。

数字经济时代，随着个人价值的崛起和组织价值的融合，需要培养成长融合型思维。成长融合型思维需要立足本土，面向全球可持续发展，加强东方与西方融合，加强理论与实践融合，兼顾经济价值、社会价值和人文价值的创造与传播。中国的管理实践要根植于中国的大地，需要对整个东方文化的神韵、哲学有相当的理解和体验，并辅之以西方的经验和理论，才能更有效地解决当代社会经济发展中的诸多疑难杂症。

本书认为，处于大变局的新时代，首先需要的是观念的更新、思维的革命。任何学科都要用一定的思维形式来把握和表现自己的研究对象。管理实践上升到理论形态，需要通过揭示管理理论与管理实践的辩证关系，展现其发展的基本线索，达到对事物本质和规律的深刻把握。显然，这离不开以上管理思维的帮助。

管理学是一门发展颇为迅速的学科，每年都有大量的研究成果问世，为了跟上学科发展的形势，进一步适应管理理论发展和实际工作的需要，本书增加了数字经济时代的案例、资料和相关观点。全书分为三大模块，以管理学科的发展为历史线索，以管理的职能学说为逻辑基础，以管理的经济学原理和市场原理为企业经营活动的背景，紧密结合管理工作的实际，在突出资源配置和数字经济运行规律的同时，系统地论述管理学的一般原理。

本书主要根据我国高校管理学专业本科生、硕士生的课程教学要求编写，但在内容组织与写作方式上兼顾具有高中以上文化程度的企事业单位各级主管学习与掌握管理概念与技能的需要。这是一本内容新颖、深入浅出，具有高等与成人教育教学特色的管理类教材。本书在理论联系实际，增强实用性和操作性方面形成了自己的特色。本书可作为各类高等学校、职业院校和成人本专科管理或相近专业的教学用书,也可作为企事业经营者和各类管理人员的培训用书。

  本书借鉴黄煜峰等主编的《管理学原理》的章节结构,黄老师是笔者在管理学教学方面的引路人,他几次嘱咐我,管理学教材要融合提炼、博采众长,在此基础上形成自己的特色。斯人已逝,其音容笑貌犹在,谨以此书纪念黄老师。本书参考和引用了国内外许多作者的观点和有关资料,在此谨向有关作者表示深切的谢意。由于笔者水平有限,本书难免会有缺点甚至错误,恳切希望广大读者和同行专家学者不吝赐教,给予批评指正。

  最后,在此需要说明,本书研究所依赖的长期理论与实践资料的积累,得益于中国管理研究领域许多学者的独到见解,得益于众多管理以及其他人文学科同道的帮助指点,得益于华东政法大学的资助;本书的最终编辑出版,还得益于北京大学出版社的大力支持,得益于家人的关心理解与鼎力相助,衷心感谢所有曾给予笔者启迪、帮助与支持的组织和个人!

刘丽珍
2023 年 4 月

第一篇 管理基础

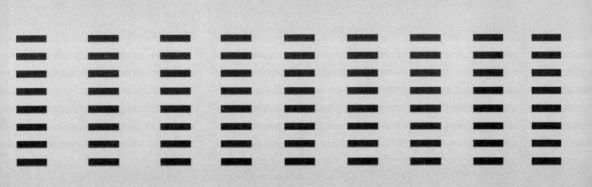

第1章

绪　　论

学习目标

通过本章的学习，应该达到以下目标：

知识目标：了解什么是管理和管理学原理，了解企业与企业经营决策；掌握管理学原理的研究对象、任务和方法；掌握什么是创新型国家及其基本特征。

技能目标：根据管理的基本特征和有效管理的基本条件，加强资源优化配置技能的培养；以企业为主体，利用后发效应加强企业自主创新管理技能的培养。

能力目标：运用管理学原理，提高资源配置尤其是人才资源配置的能力；运用管理的基本职能，培养提高组织效益的能力；运用建设创新型国家理论，培养企业的自主创新能力。

引例　数字化时代，经典与创新在这里"和解"

经典谓之经典，是因其虽有时代烙印，但历久弥新，不失价值光环和权威性。正如生于传统时代的经典理论，在当下新技术应用层出不穷、产业环境日趋动荡、充满不确定变数的环境里，依然有效。

随着数字化转型成为企业安身立命的核心命题，如何快速响应、持续创新、打造护城河优势，并能够看穿不确定性，捕捉机会，跑赢未来，成为数字化管理领域公认的硬核能力。而这些能力在"时基竞争战略""创新理论""创业家精神""洞察不确定性""标杆管理法"这五大经典理论中早有论证，其专业权威性在当下被证明并未"过期"。

1. 经典：看穿不确定性；现在：信息高效流转

不确定性原理（uncertainty principle）最初由物理学家海森堡提出，今天学界把充满变数、不确定性、"黑天鹅"事件频发的时代称为乌卡时代。面对不确定性越来越高的外部环境，"黑天鹅"之父——纳西姆·尼古拉斯·塔勒布认为，最成功的企业就是懂得接受事物的内在不可预测性并利用它的企业，这些企业懂得确保企业与持续变化的环境一起进化。

一份来自埃森哲的调查显示，在面向全球3200名企业业务与信息技术高管的调查中，超过80%的受访者认为，企业内部应营造"预见颠覆"的创新文化，为员工提供诸如自动智能等数字技术工具，辅助他们捕捉并"预见"新业务的发展轨迹。

而引入数字化工具的目的，就是将企业内外资源无缝对接，从需求到供给，连接企业运营的每个环节。同时，帮助企业告别内外"信息孤岛"，构筑企业竞争力与超强预判力。譬如通过对大数据的深度分析和挖掘，让管理者快速获得反馈和决策依据，提高企业资源配置和动态适应的准确性、时效性和有效性，帮助企业不断拓展连接能力，构建移动生态圈体系，支持企业在不确定环境中走得更远。可以看到，通过对数字化平台的灵活应用，企业可实现即时通信，快速沟通。企业办公模式打破传统办公模式时间、空间、距离等限制，由静态转向动态，高效运转，而提升企业信息流转效率，也使得向客户提供更新、更多、更便宜的商品有了可能性。

2. 经典：熊彼特创新理论；现在：数字化转型

"创新理论"首先由政治经济学家约瑟夫·熊彼特（Joseph Schumpeter）系统地提出，他认为，创新就是要"建立一种新的生产函数"，即"生产要素的重新组合"，把一种从来没有的关于生产要素和生产条件的"新组合"引进生产体系中去。而这种"新组合"包括生产出一种新产品、采用一种新的生产方法、开辟一个新市场、获得一种新的供应来源、实现一种新的组织形式。

在熊彼特经济模型中，只要成功创新，企业便能够摆脱利润递减的困境而生存下来，反之，会最先被市场淘汰。相对于传统管理模式，数字化转型就是当下企业管理创新的刚需。新冠病毒感染疫情（以下简称"新冠疫情"）的影响更让企业领悟到破除线下束缚、进行数字化转型的急迫性。一份来自思科的报告显示，近70%的亚太企业因为新冠疫情而加快企业全数字化进程的步伐，更有86%的受访企业表示，全数字化技术将有助于建立抵御如新冠疫情这样的危机。

目前，我国500强企业已有80%选择开通企业微信。就连有着16万员工、70多家子公司的"巨无霸"企业中国交通建设集团，也借助企业微信实现"轻盈"转型，通过企业数字化系统重建，内部平台可统一登录，安全生产监控得到升级，组织团队能力得到标准化输出，用数字化赋能安全管理，持续创造出新的利润增长点。

3. 经典：创业家精神；现在：组织敏捷再造

"创业教父"、哈佛大学霍华德·史蒂文森教授是"创业家精神"的定义人，在他看来，创业家精神就是不顾及现有资源限制追逐机会的精神。它要求管理者的战略创新不拘泥于现有资源，而是不断追求机会；对机会的反应不是动作缓慢，而是迅速抓住；企业的组织构造不是层次型，而是扁平型，以简单的网络进行多重联结。

其实，这也是当下许多数字化管理者正在践行的理念。借助不同的数字化工具，快速建立上下游以及场景和环境的联结，不错过任何一个可能的机会。跻身全球化健康产业明星公司的健合集团，将数字化转型比作公司实现发展愿景的"利器之一"。健合集团借助企业微信整合集团OA、预算管理、分销平台，在集团营运平台构建移动化办公模式，重塑企业内部日常运营管理，实现了国内外多地办公信息互联，简单网络的多重联结。这样一来，企业家不仅借助企业微信打造了一个高效沟通、扁平化管理、协同高效运作的组织形态，也可以借助平台的智慧管理、数据分析，敏锐地发现机会，把握机会。

4. 经典：标杆管理法；现在：释放模范效应

标杆管理法由美国施乐公司于1979年首创，被视为20世纪90年代三大管理方法之一，是一种通过树立最佳操作案例，从而在组织中进行比对，以获得协助改善营运绩效的做法。

当时，一直在世界复印机市场占据垄断地位的施乐公司，面对利润下滑的威胁，发起了向同行业日本竞争对手反向学习的"标杆管理"模式。通过向日本标杆企业看齐，不断改进产品质量和提高劳动生产率。

通过树立优秀标杆，不断复制标杆，收割标杆效应，这在零售业见效颇大。新冠疫情期间，线下零售业遭受重创，传统零售商超代表天虹商场利用企业微信对导购进行闭环管理，解决了线下卖场导购群体各自为政的行业痛点。通过线上消息互通、全员触达、销售激励等机制树立优秀标杆导购员，不断强化标杆导购服务模板，同时将标杆影响力辐射全员，让不同片区迅速复制，鼓励向标杆学习，实现了新冠疫情期间业绩的逆势增长。

以上理论，只是管理学演进的一个缩影。其实从早期的科学管理学派关注劳动效率提升，到行动管理学派提倡组织效率至上，再到行为主义学派更注重人的自身价值，诞生于百年以前的经典管理理论随着时代的发展不断嬗变，更像是一场对人自身价值的探索。

数字化时代适用怎样的管理方式？面向未来的企业组织应该是什么样的？以人为中心的管理理念下，企业内部员工、企业客户、企业合作伙伴，谁才是最该关注的"人"？

资料来源：朱冬. 数字化时代，经典与创新在这里"和解"[J]. 哈佛商业评论，2020-04-23.

任何一门学科的诞生都不是偶然的，总要经历相当艰辛的孕育过程。管理学同所有其他学科一样，有一个漫长的过去。人类的管理实践同人类社会的产生与发展相伴随，自从有了人类历史，在每个阶段都有它相应的管理观念和管理活动。但是，管理学作为一门学科，它的历史并不长，直到19世纪末期，管理学才开始形成较为系统的理论体系。随着经济的发展、科技的创新、社会的进步，需要更细的分工和更大范围的协作，管理的重要性日益显著。管理学作为一门系统研究人类管理活动基本规律、基本理论和基本方法的学科，既有较高的理论深度，又强调与实践的紧密结合，在社会科学领域占有极为重要的地位。

1.1 管理与管理者

管理是人类社会最基本的一项实践活动。作为一种人类的基本活动，它是社会从原始走向文明的伴生物，始终是人类社会实践活动的结晶。管理，在公元前三四百年间，就作为"经济"一词的同义词而与"经济"同时降生，现在与将来它都无法独立于经济而单独存在，通过管理活动，人类的各项事业得以顺利实现。管理展示和力图展示的内涵是世界眼光，是它影响社会的现实与未来，培养能引导潮流的未来社会的精英。这些年来，在世界经济的动荡起伏之中，中国经济迅速崛起。它揭示了这样一个道理，管理的进步能够帮助中国经济腾飞，管理理论的创新能够使中国企业的未来之星从中国走向世界。

今天，我们已经进入数字经济时代。数字经济迅猛发展，对数字型管理人才的需求也非常旺盛。数字经济的发展要求高等学校培养出来的管理学人才不仅要熟悉一般的信息技术，更要掌握数字经济的特点和发展规律，能够将数字经济理论与管理学理论融合起来，解决社会发展中的实际管理问题。

1.1.1 管理

在科学管理理论出现以前，管理还只是一种经验性的活动，到了19世纪末20世纪初，随着现代科学技术和社会化大生产的发展，管理才逐步成为主要由专业人员担任的工作，开始从经验型向科学型转变，从此管理便成为提高劳动生产力的要素而格外受到人们的重视。

（1）管理学的含义

管理学是研究和探讨各种管理思想、管理原则、管理方法科学依据的一门学科。管理学是一个具有层次结构的理论体系，是实施管理职能的理论依据，是人们进行管理活动的行动指南，是管理学研究的重要部分。进入21世纪，我国经济不仅总量在全球的地位不断攀升，而且发展的质量和引领性也不断增强。尤其在一些新兴领域和数字经济中，我国不少领先企业的管理实践在全球具有创新性和引领性，在前沿性管理领域，实践一定程度上走在了理论创新的前面。因此，需要对我国管理实践进行深入的观察、思考和研究，并上升到理论和知识体系层面，由此将我国的管理实践和智慧通过理论发掘和创新纳入管理知识、管理理论的新范畴。

（2）管理的含义

管理学原理的概念与管理的概念是直接联系在一起的。那么，管理又是什么呢？

"科学管理之父"泰勒认为，管理的定义可以归纳为：管理就是确切要知道别人干什么，并以最好、最经济的方法和最小量的综合支出完成企业的工作，实现雇主和工人最大的富裕。在泰勒看来，管理是一门技术。

法约尔（H. Fayor）对管理的定义可以归纳为：管理就是实行计划、组织、指挥、协调、控制，是一种分配于领导人与整个组织之间的职能。

孔茨（H. Koontz）在其《管理学精要》一书中这样写道：管理就是研究如何为以团队方式工作的个体设计和保持某种特定的环境，从而使其能够高效实现企业既定目标的工作过程。

德鲁克（P. F. Drucker）认为，管理是一种实践，其本质不在于"知"而在于"行"，其验证不在于逻辑而在于成果，其唯一权威就是成就。

罗宾斯（S. P. Robbins）认为，管理是一个协调工作活动的过程，以便能够有效率和有效果地同别人或通过别人实现组织目标。过程代表了在一系列进程中有管理者参与的职能或活动，这些职能一般分为计划、组织、领导和控制。

西蒙（H. A. Simon）认为，管理就是决策。与管理研究的发展一脉相承，有多少管理理论和体系，就有多少个关于管理的定义，并且每一个理论或学派在不同的使用环境下还会对管理概念有不同的解释。

从一般意义而言，管理是指在特定环境下，通过组织、协调、优化和合理配置资源，既有效率又有效果地实现组织预定目标的活动过程。管理的核心是对现实资源的有效整合，这里的"协调"区分了管理岗位与非管理岗位的不同职能，同时也反映了实现既有"效率"又有"效果"过程的基本条件是协调各种关系。

目前，管理学界对于"管理学"的基础知识基本上达成共识，主要是以管理过程为逻辑基础，分别对应着法约尔的计划、组织、指挥、协调和控制。管理者参与管理过程中的一系列活动并完成其职能。很长时间以来，管理学都把法约尔的计划、组织、指挥、协调和控制作为管理的全过程，现在有人把这个过程简化为计划、组织、领导、控制四个方面。今天，随着数字经济的高速发展，以大数据和云计算为代表的新技术正在各个领域广泛地应用，管理学也在不断地发展。本书在综合了各种不同版本的观点以后，把决策、组织、领导和控制作为管理的主要职能。

效率（efficiency）是指以尽可能少的投入获得尽可能多的产出。在保证产品质量的前提下，减少用料，缩短工时，削减库存水平，减少废品等，都是提高效率的措施。因为管理者所面对的是稀缺的资源，包括人员、资金、能源、原材料和设备等，都要合理配置、节约使用，不浪费。效率通常是指"正确地做事",是做事的方式,回答"做什么"的问题。

效果(effectiveness)是指实现组织目标的程度,是对工作结果状况的表达。生产上去了,结果污染了环境;任务完成了,结果加重了管理者和员工的冲突;利润增加了,却有损于企业的形象,这些管理过程所产生的结果,可能效率也不差,但其效果不良却是肯定的。效果通常是指"做正确的事",是做事的结果,回答"怎么做"的问题。

因此,在管理上我们既不能只强调效率而不顾效果,也不能虽有效果却是低效率的管理。在一个成功的组织中,效率和效果总是呈现出互为条件、相辅相成的关系。

总而言之,管理是一种生产力,是一个组织生存与发展的基本条件,是经济发展和社会进步的力量。真正有效的管理,必然是使组织运行合理化和高效化的过程。合理化是指合理组织人力、物力、财力,切实安排好各项工作;高效化是指提高劳动生产率,努力提高组织的社会效益和经济效益。前者是手段,后者是目的,只有使二者高度统一,才能全面实现科学管理的组织目标。

(3) 管理的特征

不管管理的具体对象是什么,大到国家、政府、机关、军队、学校的管理,小到工厂、乡村、街道、科室的管理,凡是管理都应该具有以下一些最基本的特征:

① 管理的载体是一个组织。这个组织可以是一个国家、一个学校、一个企业等,总之是一个有特定目标的组织,而不是指个人。

② 管理的基本对象是人。虽然管理也涉及对物、财的管理,但是对物与财的管理只有通过对人的管理,才能称为真正意义上的管理活动。从某种意义上说,企业的竞争就是人力资源管理制度的竞争,有了好的制度,没有人才也能把人才吸引过来;反之,没有好的制度,即使暂时有了人才,人才也会弃你而去。

③ 在管理的资源配置中,人才是第一资源。决定一个国家、一个城市,乃至于一个企业综合竞争力的关键要素,就是人才。知人善任、量才为用、扬其所长、避其所短,是人才配置的要诀。

④ 管理的任务。从一般意义上说,管理的任务就是通过采取某些具体的手段和措施,设计、营造、维护一种环境,包括组织内部和外部的环境,使所有管理对象在特定的环境中协调而有序地进行活动。

1.1.2 管理者

管理者是指在组织中指挥其他人并取得成效的人。从管理的过程来说，管理者一般还指从事计划、组织、领导和控制的人。明茨伯格（H. Mintzberg）是管理者角色理论的提出者，他认为管理者扮演着十种不同但又高度相关的角色。

（1）管理者的角色

管理者的十种角色又可以进一步划分为以下三个方面的内容：

① 人际关系方面的角色。管理者在组织中要履行礼仪性和象征性义务，经常要接待来访客人，他的形象对组织有重要的影响。管理者还要扮演领导者的角色，对下属负责激励、培训和惩戒。管理者又像一个联络员，需要同客户和内部员工建立各种联系，不仅要参加许多联络性活动，而且在节假日还要发出更多的问候信、感谢信，为自己的组织开发更多的关系资源。管理者的这些义务，被明茨伯格称为"挂名首脑""领导者"和"联络者"的角色任务。

② 信息传递方面的角色，是指所有管理者都要接受和传递来自组织外部、内部的信息。例如，了解上情、洞悉下情；掌握社会和市场动态，把各种有利或不利的信息及时地向组织传递，并且组织成员共享；代表组织向外界公布组织态度、决定、报表、报告以及进行演讲等管理者的这些义务，被明茨伯格称为"监听者""传播者"和"发言人"的角色任务。

③ 决策制定方面的角色。任何一个高级的职业管理者，必须具有捕捉组织发展机会的能力，作出正确的战略决策，并且承担可能出现的责任；当组织面临重大改革，可能发生意外的动乱时，能够临危不惧，具有处理混乱的决断能力；能够根据组织目标，对有限的资源进行合理分解和配置，制订科学的分配方案；为了组织的利益，能够成功地与其他组织进行合作和交换的谈判等。管理者的这些义务，则被明茨伯格称为"企业家""混乱驾驭者""资源分配者"和"谈判者"的角色任务。

明茨伯格提出的十种规模的"角色丛"基本覆盖了管理人的所有工作。它要求管理者不仅具有复合型的知识和能力结构，同时还说明管理者的工作比起一般员工来，一定更加忙碌、更加辛苦。为了防止发生"角色冲突"与顾此失彼现象，需要每一个管理者不断学习，自觉提高相应的管理能力和管理技能。

在日常工作中，人们往往更倾向于使用事物的生活概念，把人的能力与技能不加区别地加以使用，因为严格划分它们不仅十分困难，而且也不一定有这个必要。但是在教育学科内，能力与技能是两个不同的概念，能力（ability）是个体顺利完成任务的直接有效的心理特征，而技能（skill）则是指个体运用已有的知识和经验，通过练习形成的智力动作方式和肢体动作方式的复杂系统。按照性质和特点，技能又分为心智技能和动作技能两种。任何技能的形成与发展都离不开与之相应的知识和能力，所以知识、能力是技能掌握的前提，它们制约着技能掌握的快慢、深浅、难易、灵活性和巩固程度。近年来，在各级管理学教学中，都特别强调对管理者管理能力和管理技能的培养，作为一种教育思想这是很有必要的。

（2）成功管理者应具备的能力

对于管理者的能力要求是复合型、多元化的，几乎涉及人解决问题时的所有能力，但是与一个成功管理者关系特别密切的核心能力则主要有以下四种：

① 创新能力。创新能力需要管理者具有丰富的专业知识和广泛的兴趣，要有自己的独立意识和大胆的探索精神，要加强敏锐观察力和触类旁通思维能力的培养。成功的管理者还要特别注意对员工创新意识的激发和培养，手段有提供富足的资源，善于沟通，容忍冲突和他们那些初看上去不切实际的想法，减少外部控制，注重工作结果而不是工作过程，给予创新员工有效的工作保障等。

② 组织协调能力，包括知人善任、优化和合理使用人力资源；善于处理工作中的矛盾和冲突；善于和员工沟通，受到员工的尊敬和爱戴；具有公关能力，善于处理上下级组织之间的关系。

③ 审时度势、随机应变的能力。在经济全球化格局中，善于判断瞬息万变的形势，采取合理的应对策略，是管理者必须具备的能力。环境、政策的变化，致使组织管理在许多情况下是一个非程序性的管理，需要管理者凭借快速反应能力作出决定，这是对管理者应变能力的考验。

④ 综合转化能力。综合转化能力与管理者的心智模式有关，与管理者的工作经验和管理技能的掌握也有很大的相关性，将个别经验综合成一般原则和方法加以运用和推广，是管理者这种能力的突出表现。综合转化是一种再创新的过程，需要对原经验进行改造、移植、重组，产生新的管理思想、新的管理方法。

（3）成功管理者应具备的技能

根据罗伯特·李.卡茨（Robert L. Katz）的研究，有效管理者的关键技能有22种，它们与相应管理职能的关系如表1-1所示。① 目前国内的职业经理人培训项目，大部分是围绕这些内容进行的。

卡茨还对以上技能进行了相应归类，归纳为技术技能、人际技能和概念技能。前两种技能比较好理解，分别指管理者在自己所从事的领域具有的专业技术技能和人际交往技能。概念技能是指管理者对复杂情况进行抽象和概念化的技能，是将抽象逻辑思维能力具体化的技能。

表1-1　管理技能与管理职能

技能	计划	组织	领导	控制
获取权力		√	√	
积极倾听			√	√
评估跨文化差异		√	√	
预算	√			√
选择领导方法			√	
教练			√	
创建有效团队		√	√	
授权		√	√	
设计挑战性工作		√	√	
发展信任			√	
执行纪律			√	√
访谈		√	√	
减少变革的阻力		√	√	√
管理时间	√			√
指导			√	
谈判			√	
提供反馈			√	√
解读组织文化		√	√	
主持会议	√	√	√	
审视环境	√			√
设立目标	√			√
创造性解决问题	√			

人的管理工作是经常变动的，当管理职位由低向高发生变化时，对人际技

---

① Robert L. Katz. Skills of an Effective Administrator ［J］. *Harvard Business Review*，1955，(1-2).

能的要求始终如一，对技术技能的要求相对减少，而对概念技能的要求会更高一些，如图 1-1 所示。

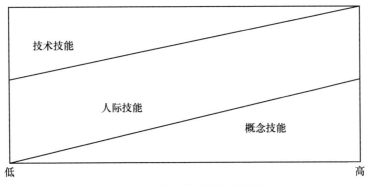

图 1-1 职位变化对技能的要求

1.1.3 资源稀缺性

人类改变了地球系统整体运行的方式，很多生物学家将其称为"人类世纪"，这意味着人类切实地在塑造着地球上生物的生存环境。自工业革命以来，人类基本上都是利用生物资本产生经济资本，然后把自然当作资源，当作可以予取予求的东西。对于人类来说，资源是重要的，也是稀缺的。正因为这种稀缺性，节约才成为必要，才产生了如何有效配置和利用资源这个问题。"提高资源配置效率"一直贯穿于我国经济建设各个阶段。从某种意义上来说，改革开放 40 多年，就是通过一次次改革不断提高资源配置效率的过程。

（1）资源与资源分类

资源，是指一切能够符合人们需要的自然和社会要素。在一定的技术经济条件下，自然界或者人类社会中一切可以被人们用于生产、生活和社会经济发展的物质与精神需要的要素，我们都可以把它们看成一种资源。资源不但具有各种可供选择的用途，而且相对于无限的人类欲望而言，总是稀缺的。

资源按照其存在形式有自然资源与社会资源之分，自然资源按其属性可分为土地资源、生物资源、水资源、大气资源、矿产资源等；而社会资源按其属性又可以分为人口资源、文化资源、旅游资源、教育资源、信息资源、商品和劳务资源等。在现有的技术条件下，有些资源如某些珍稀动植物、石油、煤炭等，一旦被利用就没有办法再行恢复，它们属于不可更新资源；而通过天然作用或者人工经营能被反复利用的各种资源，如水、土地等，我们则称之为可更新资源。不管是对哪种资源，人类愈来愈注意到它们一旦遭到破坏，恢复都是相当困难的，如依靠自然条件，形成 1 厘米厚的土壤腐殖质层需要 300 年左右的时间，被伐森林的恢复一般需要数十年甚至上百年的时间。因此，我们不仅要加强对不可更新资源的保护，而且还要懂得只有当资源的消耗速度与恢复速度相符时，资源才不致减少或枯竭。

在数字经济时代，信息和知识普遍以数字化的形式产生、保存、传播和利用，数据也因此成为重要的资源。数据资源是数字经济中支撑数字产业化和产业数字化的关键要素，正在作为一种新生产资源，推动土地、劳动力、资本、技术等传统生产资源重新配置，从而引发生产方式的改变乃至经济结构的变化。因此，要发展好数字经济，用好数据资源是重中之重。实现数据资源的价值最大化，一方面要做好数据资源的挖掘和应用，另一方面要做好数据资源的保护。

补充阅读资料 1-1　　数据成为重要的战略资源

近年来，世界各国特别是主要经济体纷纷出台中长期数字化发展战略，加快发展数字经济，构建数字驱动的经济体系，力争未来发展和国际竞争的主动权。

数据资源应用价值巨大，且容易形成规模效应。通过对数据资源的探索利用，可以推动更多新兴技术、新兴模式、新兴产业诞生和发展，也可以实现数字经济与传统产业的深度融合，推动传统产业转型升级。在这方面，中国已有许多经验和成果，未来应进一步加大数字技术研发力度，推动产业数字化转型和创新发展，占领数字经济国际竞争制高点。

加强数据保护是实现数据资源价值的重要保障。在数据的产生、获取和应用日益广泛的同时，数据滥采滥用现象越来越明显，对此类现象应加强监管，为数字经济营造良好的发展环境。

此外，数据已经成为国家基础性的战略资源，数据主权问题也事关国家总体安全。西方发达经济体从主导数字贸易规则制定等方面发力，争夺数字科技优势地位，谋求在国际数字经济竞争中抢得主动权。中国在实现自身数字经济蓬勃发展的同时，也要注意保护数据主权安全，同时要通过"一带一路"等合作平台加强数字经济国际合作，与其他合作伙伴一道积极参与数字贸易国际规则的制定，推动各国共享数字经济红利。

资料来源：袁勇. 数字经济成国际竞争主赛道［N］. 经济日报，2021-09-22.

(2) 资源的稀缺性

与人们对资源的总体需求相比，世界上不少资源是不能满足社会那种不加限制的多种需求的，因此，资源稀缺是存在于任何社会的一条规律。稀缺性是经济学的一个概念，在西方经济学中，稀缺性是指所有商品和劳务的有限性，或者说，与人们的需求相比，商品和劳务的数量是不充分的。商品和劳务稀缺是因为用于生产它们的资源或生产要素稀缺，包括劳动、土地、资本、技术、信息、管理、原料、厂房和设备等。在任何特定的时间内，生产要素虽然在数量和质量上会发生变动，但这种变动是有限的，因此如何通过管理使稀缺资源得到最佳的配置，从而最大限度地发挥资源效能，是管理工作一项十分重要的任务。为此，人们将原来对资源的无偿使用改为有偿使用。

数据已经成为数字经济时代的关键要素，因此，有学者评论道：对本世纪来说，数据就像上个世纪的石油一样是增长和变革的动力。数据的流动创造新的基础设施、新商业、新垄断、新政治，以及更关键的新经济。可见，数据成为价值的重要来源，掌握和利用数据的能力成为未来决定组织竞争优势的关键因素。

(3) 资源的有偿使用

在改革开放之前，我国实行的是资源无偿配给制度，这不仅使资源被滥占滥用，产生难以控制的对资源的高消耗、高污染和低效益，而且造成资源的极大破坏与浪费。为了保护国家利益，平衡社会收入和保持社会公平，就必须实行对资源的有偿使用，并且通过价格杠杆的作用，使资源实现合理的配置。资源是可持续发展的基础，实行资源的有偿使用，可以抑制资源的过度使用，从而促进企业改善经营、提高效益，从资源消耗型经济发展变为核算型、技术型经济发展；能够更好地适应社会主义市场经济条件下，企业所有制多元化的需要，克服不同所有制成员多占侵占国有资源、破坏社会成员收入平衡的现象；可以更有效地管理资源、保护资源，使资源得到增值、升值，有利于资源的可持续利用。

1.1.4 通过管理实现资源的最佳配置

在一定外力的作用下，资源会发生流动，"资金流""物资流""数据流"等都是大家所熟悉的词汇。这说明某些资源在外力作用下具有可以流动的性质，这种流动性还能产生聚集，形成社会上的一股潮流。现在的资本、人力、数据、资金等不仅可以在一个地区或国家内流动，还可以在全球范围内流动，资源的流动性使资源配置成为可能，同时也对每一位管理者提出了利用资源的流动性更好地配置资源的要求。

资源配置是指某资源在不同用途和不同使用者之间的分配状况。就总体而言，人类社会的资源都是有限的，作为一个管理者，他在管理中的一项基本任务，就是如何使有限的资源配置到最需要的产品生产和服务中去，把资源优先分配给经济效益最好的单位与部门使用，使其产生最大的效能。

资源配置是否达到最优状况，既是有效管理的条件，同时又是不同管理水平的反映与结果。管理水平较高的企业内的资源配置，一般总是比较合理的，甚至还会达到最佳配置水平。

资源配置方式有计划配置和市场配置两种，计划需求和市场需求是配置的依据。计划需求在理论设计上是好的，但是在操作上往往带有很大的人为性，使计划难以反映真实的需求。一般而言，市场需求的反映比较客观，只要市场足够大并且处于相应竞争的状态，通过市场价格及其他市场机制的作用，从理论上讲，就能使资源自动地从获利较少的地方转到获利较多的地方，从不太重要的用途转向比较重要的用途，从而促进资源的合理配置和有效利用。

若要提高资源配置效率，需要处理好政府与市场的关系。长期以来，政府与市场的关系问题始终是经济体制改革的核心问题之一。40多年的改革开放实践充分证明，市场配置资源是最有效率的形式。现阶段，加快推进要素市场化配置，关键还是要进一步厘清政府与市场的关系，通过"放管服"改革，最大限度地减少政府对微观经济干预过多等问题。当然，在提高资源配置效率的过程中，也要更好地发挥政府作用，做到"放活"与"管好"有机结合，引导各类要素协同向先进生产力集聚。

资源最优化配置虽然在理论上是合理的，但是在现实经济生活中，真正实现却十分困难，往往只能逐渐接近最优化，这种状态被称为次优化配置。妨碍资源最优化配置的因素可能有很多，其中市场垄断、市场信息的不完全性、公共产品的存在等是其中的主要原因，详见本书第 4 章。

1.2　管理学的研究对象

从广义上讲，管理学的研究对象既包括个体活动的管理，也包括群体活动的管理。个体活动需要管理，人类有组织的群体活动更需要管理。任何组织，包括政府、企业和非营利部门，都应该开展有效的管理工作。从逻辑上说，任何形式的人类组织都是管理学的研究对象。

管理学通常以企业组织为具体研究对象，因为企业比起一般的机关、学校、医院等行政事业单位更具有管理的代表性，通过解剖企业经营活动可以更好地抽象和描述管理活动的一般规律。企业的经济活动，离不开市场；企业的生产经营，要从原料开始，经过一系列的加工，变成产品以后销售出去，才能实现利润增长。在这个过程中，管理的所有要素——呈现，成为管理学原理理想的分析对象。换句话说，通过学习企业管理所掌握的管理学基本原理，在其他领域、行业和部门的管理中也是适用的。

1.2.1 企业

企业是指从事生产、流通和服务等活动的独立的经济核算单位。企业拥有一定数量的固定资产和流动资金，依照法律经工商行政部门注册登记，单独在银行开设账户，具有法人资格的社会基本经济单位。现实中，企业一经成立，就类似于生命有机体，既服务于自身的生存目的，又需要适应环境的动态变化，具有典型的复杂社会人文系统的特征，也就是具有高度组织化、有机整体性、层级突现性、时空及情境依赖性等性质。

（1）企业特征

凡是企业都应该具有以下一些基本特征：

① 依法设立。企业要根据国家法律法规规定的程序设立，只有这样，才能取得进行生产经营活动的合法资格，同时受到国家法律的保护。

② 以盈利为目的。进行生产的企业以生产经营的产品和提供的服务，在交换过程中同顾客发生经济联系，在满足顾客需求的同时获得利润，获得利润是所有企业的第一要义。这也是企业与一般事业单位或慈善组织等的根本区别。

③ 具有独立的经济权益。企业经济上的独立性，在法律上表现为财产独立、经营独立、核算独立、责任独立，无独立性的经济组织就不是企业。为了保证这种独立性，企业必须拥有一定数额的固定资产和一定数量的流动资金。固定资产是企业拥有的有形资产，是指使用期限在1年以上，并在使用过程中保持原有实物形态的资产；而流动资金则是指企业在生产经营过程中，处于生产领域或流通领域供周转使用的资金。与此同时，企业还应具有法人资格，能以自己的名义进行民事活动，享有民事权利和民事义务。总之，作为个体，企业要自主进行生产经营活动，千方百计实现企业的经营目标；作为经济社会的

一个环节，企业要处理好同国家和其他社会组织的关系，承担某些社会责任。

④ 是社会经济的"细胞"。企业必须具有经济组织的一些共同特征，有固定的经营场所，有固定的人员和财产。从这层意义上说，企业的数量、规模和质量决定着社会经济的实力与活力。

（2）企业类型

常见的企业分类有：

① 按组织形式，可以分为工厂和公司。工厂，是工人集中劳动，大批量生产产品的场所，是机器大工业时代的标志；公司，是指按照公司法成立，以盈利为目的的企业法人。公司根据股东所负责任又分为无限责任公司、有限责任公司、两合公司、股份有限公司。

② 按经济部门（产业），可以分为工业企业、农业企业、商业企业、金融企业、交通运输企业、邮电通信企业、房地产企业、建筑安装企业、旅游企业。

③ 按经济类型，可以分为国有企业、集体企业、私营企业、个体企业、股份制企业、中外合资企业等。

④ 按主要生产要素，可以分为劳动密集型企业、知识技术密集型企业和资金密集型企业。

（3）企业经营目标

企业经营目标是指企业在一定时期应当达到的经营成果。企业经营目标主要有：

① 成长性目标，是表明企业成长、发展程度的目标，如产量、质量、新产品数量、市场占有率的提高等。

② 收益性目标，是表明企业盈利程度的目标，如利润总额的增加，利润率、资金利税率等的提高。

③ 有效性目标，是表明企业改进资源利用的目标，如提高劳动生产率和设备利用率，增加流动资金，提高固定资产的现代化程度等。

④ 社会性目标，是表明企业对社会做出的贡献和树立企业形象的目标，如企业对环境的保护、资助社会公益事业以及企业知名度和信誉度的提高等。

实施企业经营目标是企业领导和全体员工以及各个管理部门的共同任务，只有经过分解目标、控制目标、考核目标的整个过程之后，才能了解执行结果。为了激励广大员工实现目标的积极性和创造性，应当把考核目标与奖励工作结合起来，使在目标完成中成绩卓著者能获得更多的利益和荣誉感。

1.2.2 平台企业

企业边界是企业理论的核心问题。企业理论由科斯（Coase）创立，经由威廉姆森（Williamson）、阿尔钦（Alchian）和德姆塞茨（Demsetz）等人的发展，形成的以交易成本为核心概念的理论体系。企业边界指的是交易在市场与科层制之间的治理选择。企业理论在经济学和管理学的多个领域得到广泛应用。以人工智能、大数据和云计算为代表的数字技术的进步及其在经济社会生活中的不断普及，推动了以平台企业为代表的新型组织形态在各个领域的崛起。

1996年，美国《组织科学》杂志的一篇论文以意大利Olivetti公司为例，正式提出"平台组织"的概念，将其定义为能在新兴的商业机会和挑战中构建灵活的资源、惯例和结构组合的一种结构。之后学术界开始关注于此，但很多时候将其与"网络组织"的概念不加区别。随着近年来互联网经济和平台商业模式的兴起，特别是2014年研究"双边市场"效应的法国经济学家让·梯若尔（Jean Tirole）获得诺贝尔经济学奖，"平台组织"在中国企业界开始受到关注。

<u>平台企业或者平台型企业（platform enterprises），主要指运用数字技术构筑数字平台，并据此提供产品与服务的企业组织形态。</u>也就是说，在数字经济时代，平台企业主要指利用数字技术构筑数字平台，并在数字平台上进行生产与服务以及为其他企业的生产与服务提供服务的组织。作为区别于传统企业的新型组织形态，平台企业强调"开放、共享、合作、共赢"的价值逻辑，通过单个产品或服务向作为交易中介和组织价值创造过程的平台转变，以解决经营范围与规模受限的问题。① 随着科技创新和需求拉动，平台企业以及由此逐渐形成的商业生态系统（platform-based ecosystem）成为日益重要的组织形态。

平台企业是伴随互联网发展而产生的新兴企业组织形态，时刻影响着我们的生活和社会发展。按照企业是否直接参与价值创造的标准，平台企业可以划

---

① S. Nambisan, D. Siegel, M. Kenney. On Open Innovation, Platforms, and Entrepreneurship [J]. *Strategic Entrepreneurship Journal*, 2018, 12 (3); 胡国栋，王晓杰. 平台型企业的演化逻辑及自组织机制——基于海尔集团的案例研究 [J]. 中国软科学, 2019, (3).

分成两种，分别是商贸类和生产类，商贸类平台企业为价值创造提供良好的环境，间接参与价值创造过程，如淘宝、腾讯、百度等；生产类平台企业一般直接参与价值创造过程，如海尔、华为等。尽管两种类型的平台企业参与价值创造的方式不同，但均具有依靠内部数字化平台聚合用户、供应商多主体的功能。平台企业的运行逻辑在于以平台企业作为底座，置用户和供应商于顶层，形成倒三角形的内在架构。平台企业可被视为向用户和供应商输送资源和养分的土壤，尽可能满足用户和供应商的个性化需求，构建内外一体的商业化生态圈。①

随着数字平台在经济社会中的影响日益增大，平台企业的社会责任问题也得到越来越多的关注。与传统企业相比，平台企业履行社会责任所涉及与影响的范围远远超出企业自身边界，表现形式也更为复杂多样。平台企业的社会责任不仅关乎自身，还和平台上的众多参与企业、与平台进行协作的上下游配套企业有关。以平台企业为核心、参与企业为辐射的关系网具有圈层性，体现为不同的主体承担的责任内容不同、责任大小有异。另外，平台有众多参与企业，企业性质不同、规模不同、数量庞大的特点给平台企业的监管和治理带来很大困难。

补充阅读资料 1-2　　　**互联网平台企业亟待建立自律机制**

2021年11月19日，首届中国网络文明大会平台经济诚信建设论坛在京举办。政府部门、网络平台、社会组织、学术机构等各方代表齐聚论坛，共同交流探讨加强互联网行业自律、推进平台经济领域诚信建设的经验做法，并发布《互联网平台企业履行社会责任评估指标体系》。

近些年来，平台经济和实体经济发展深度融合，"互联网＋"发展战略取得成效，平台经济展现出强劲的发展活力。相关数据显示，截至2020年年底，价值10亿美元以上数字平台数量有197个，市场价值达35043亿美元，同比分别增长13.22%和56.33%。平台企业在促进经济增长、保障社会民生、响应共同富裕、参与抗击疫情等方面发挥了积极作用。与此同时，

---

① 万文海，刘龙均. 员工与用户内外协同对平台企业创新绩效的影响：基于价值共创视角［J］. 南开管理评论，2021，24（2）.

平台企业在快速发展过程中也暴露出一些问题，如利用大数据"杀熟"、刷单炒信、传播虚假信息、灵活就业群体劳动保护不足、平台垄断和资本无序扩张等，更有些企业只顾追求商业利益，信息数据安全意识淡薄……这些问题不解决，民众权益就得不到保障，国家发展安全以及平台企业自身发展也会受到影响。

平台经济的健康发展离不开法治。健全法律法规、完善监管机制，是平台企业健康发展的前提。进一步明确平台企业的主体责任和义务，厘清责任边界、责任范围，有利于形成有法可依、有法必依、执法必严、违法必究、令行禁止的经营发展生态和依法监管常态。

如果说法治是惩恶，那自律就是扬善。除了法治手段，还需要建立互联网平台企业自律机制。如果把法治看成"事后"之治，那自律就是"事前"之治。只有扬善与惩恶并重，"事前"与"事后"相结合，使平台企业自觉地遵法守法，严守法律红线和底线，不碰法律高压线，并积极履行社会责任，互联网平台企业的问题和乱象才能得到有效解决。

建立互联网平台企业的行业自律机制，是一项系统工程，需要平台企业、监管部门、行业协会和全社会的广泛参与。平台企业要加强合规经营、完善制度机制、规范管理操作、打通政策法规落地"最后一公里"。监管部门要加强协同监管、全流程监管，在行业自律中发挥基础性、引领性作用。行业协会要充分发挥桥梁纽带、社会监督作用，牵头制定以守法诚信为内在要求的道德准则和自律公约，探索建立重点领域行业信用评价、谈话提醒、通报公告、自律性协同惩戒等奖惩机制。同时要鼓励社会舆论监督，形成厚植行业自律机制的沃土。

建立行业自律机制、推进诚信建设是加强网络文明的重要组成部分。网络空间是亿万民众共同的精神家园，只要线上线下同心聚力、齐抓共管，平台企业的行业自律机制一定能够尽快建立起来。

资料来源：宋家丽. 互联网平台企业亟待建立自律机制［N］. 光明日报，2021-11-19 (2).

对于平台企业来说，大数据时代的到来需要它们在提供服务和保护用户隐私之间找到平衡点。平台企业为了能够分析出用户的消费习惯、增强用户体验、提高平台成交率，会挖掘用户在网上留下的痕迹，利用大数据对用户的信息进行分析，这种信息采集是全方位的，需要不断收集用户更新的信息，包括用户的基本信息及敏感信息，借此实现精准定位及营销。对于平台企业来说，数据蕴含着无穷的价值，它可以带来十分可观的商业利益。如何使用用户信息、保护用户隐私是互联网平台企业工作的重中之重，也会直接影响企业的社会公信力。

平台企业的生存和发展依赖于产业链环境和社会资源，企业除了为自身平台的建设提供资本，更需要广布于产业链及其相关的社会环境。平台企业植根于社会大环境下，因此社会网络显得格外重要。企业社会化不仅有利于社会发展，更有利于企业经营，除了能提供更加紧密、信任的网络效应外，更是组织得以低成本运作的核心保障。但仍存在诸多弊端：首先，由于网络环境的不确定性及复杂性，虽然可以利用信息技术工具，但是很难甄别和定义所产生社会问题的相关责任；其次，平台企业社会责任问题变化迅速、形式多样，而且通过互联网平台的放大效应，会产生巨大的社会影响，这也是平台企业在承担社会责任时需要重点关注的问题。

1.2.3 企业经营决策

企业经营决策是指企业为了实现经营目标，从两个及以上经营方案中选出一个最佳经营方案的过程。正确的经营决策可以使企业提高市场占有率，取得良好的经济效益，沿着预定的方向顺利发展，而企业一旦决策失误，就可能造成巨大的损失，所以说，企业管理的核心在经营，经营的核心则在决策。

经营决策方法，大致上可以分为两类，一类是经验决策法，又称经验判断法或非计量决策法。这类方法主要是充分发挥决策者的智慧和才能，实质是依靠决策者的知识、经验和能力，在决策的各个阶段，根据所掌握的情况和信息，提出决策目标和方案，并作出相应的评价和选择。它多应用于决策问题不十分复杂、方案不多，且能比较明显地评价各个方案优劣的情况。这种方法虽然简便，但是主观性较高，企业需要结合其他方法综合加以运用。另一类是计量决策法，是把决策有关的变量与变量之间、变量与目标之间的关系用数学关系表示出来，即建立数学模型，然后根据决策条件通过计算求得决策方案。常用的有概率法、决策树法、量本利分析法等。

1.2.4 企业经营管理系统

企业经营管理系统又称企业经营管理体系，是指以企业的生产经营活动为管理对象，由许多相关的生产要素、生产环节、经营管理部门，以及企业与外

部环境的关系等集合而成,并具有特定功能的有机网络体。这个管理系统的特点包括:

(1) 它是一个多层次、多目标的系统

在企业经营管理的总系统中,有若干个经营管理分系统,分系统下又可能有若干个子系统,它们都有自己的具体管理目标,分目标和子目标又都服从于总系统的大目标。

(2) 它是一个多功能的人工大系统

在企业计划、组织、人事、生产、销售、后勤保障等多种功能系统中,每一个系统的活动都以人为主体,需要管理者发挥主观能动性,创造性地进行工作。再好的计划与决策,在执行之前都是理论性的,都要在实践中进行检验,必要时还要进行修改,这些都需要管理者主动发现,及时沟通,才能在一个集体中达成共识,从而采取必要的行动进行协调,以保证各种功能彼此联系,产生既互相促进又互相制约的关系。

(3) 它是一个能适应环境变化、开放的动态大系统

这个大系统与它的外部环境之间、系统内部之间,都存在动态的相互作用,其中的一个分系统或子系统发生变化,都会引起其他系统的变化。这个系统始终需要广大员工的支持与参与,对外对内都是开放的。

总体上看,企业经营管理呈现出来的是一个生存过程,而不是生命时点。从过程看,经营管理系统必然涉及时间跨度的界定,也就是探讨多长时间范围内的经营优势问题。考虑到现实中存在的信息沟通等时间要求,企业许多活动的可调节性与响应性都会受到一定的时间约束,不可能在瞬间完成。正是由于企业活动的调整与响应具有时滞性,所涉及的时间跨度不同,自然会导致对经营管理的影响因素的不同考量,例如,做 2—3 年的短期企业规划与做百年企业的筹划相比,最后得出的对于关键因素的看法显然是不同的。

> **专题 1-1** 　*企业的寿命周期*

从第一次工业革命开始,随着科技的发展,不仅工种的新旧更替不断上演,企业的更新换代也在不断加快。达特茅斯学院两位教授对《财富》500 强企业和标普 500 企业的存活率进行研究,样本包括 1960—2009 年在美国上市的 29688 家公司。研究发现,1970 年以前上市的公司中,92% 能撑过

上市后的 5 年；而 2000 年到 2009 年上市的公司中，这一比例仅为 63%（剔除互联网泡沫和 2008 年经济衰退影响）。根据财报，不同时期上市的公司在固定资产投资（如厂房和设备）和组织资本投资（包括人力资本、专利、研发和知识产权）方面存在差异。2000 年之后上市的企业在组织资本上投入的比例，平均为此前企业的两倍以上，而在固定资产上投入的比例仅达到一半。新一代企业建立在全新商业模式的基础上，更加敏捷，不需要成本高昂的物质条件，如工厂、仓库、供应链。相比拥有工厂、实体产品和供应链的企业，数字型公司更害怕快速出现的模仿者。在"实体"经济的世界里，创新和颠覆的周期更长；而在科技领域，周期在缩短。

资料来源：[美] 维贾伊·戈文达拉扬，阿纳普·斯里瓦斯塔瓦. 关于企业生存的可怕真相 [J]. 王晨译. 哈佛商业评论，2016，(12).

各国企业家都在为防止企业衰老、延长企业寿命而不断努力。人们对一批长寿企业、百年老店进行研究之后得出结论：凡是长寿的企业，都具有一批高素质的管理者，是他们不断地适应环境，对企业采取各种改革措施，才使企业永葆青春活力。而保持基业长青，一般需要强有力的领导者，健全开放的组织，吸引高级人才，合理配置各种资源，使企业不断更新和发展。

1.3　管理的基本内容和方法

泰勒指出：管理的主要目的应该是使雇主实现最大限度的富裕，同时，也使每个雇员实现最大限度的富裕。为了达到这一目的，企业就要依靠各种人才，实现科学管理和科技进步；依靠先进的体制和机制完善与发挥企业各部门的职能，从而占领国内外市场，最终获取理想的经济效益。

1.3.1　管理学原理的研究内容

泰勒在《科学管理原理》一书中说："科学管理的理论或者说科学管理哲学，虽刚刚为人们所理解，而管理实践本身却已逐步推进"，他认为，科学管理包括某种主要的普遍原则。根据管理"通过协调集体活动，实现资源合理配置，并且达成组织预定目标"这一基本含义，我们认为，管理学原理是指导管理活动、实现管理目标的基础理论，所有管理学中具有普遍意义的主要原则与方法，都是它的研究内容。本书根据学习对象的具体条件和培养目标，将研究内容归纳为以下几个方面：

(1) 管理的发展史

说来也许令人难以置信，如今妇孺老少都知道的"管理"一词，在19世纪最后的几十年中几乎鲜为人知。据纽约公共图书馆资料记载，在1818年以前还没有真正意义上的管理学论文；从1881年到1897年的17年间只有11篇管理学论文发表，平均每年不到一篇；而1897年到1899年的3年间，发表的论文也只有6篇。1881年以前，美国还没有一所真正的管理学院。1881年，美国费城的一位金融家约瑟夫·沃顿（Joseph Wharton），向宾夕法尼亚大学捐助了10万美元，才算建立起美国第一个管理学系，到了1898年才发展成为美国第一个管理学院。真正使管理成为一个独立的科学领域，用科学管理原理去变革老式的经验管理，则是从以泰勒为代表的一系列实验研究开始的。

泰勒从"对于一个能胜任某种重体力工作的工人来说，一天到底该干出多少活"这样的问题开始实验，坚持用一系列的实验去证明新型管理的巨大力量和确切效果，而不是仅仅依靠说教与思辨。实验，是科学之母，正是顽强的实验探索精神使泰勒走向成功；实验，同样也是科学管理继续前进的楼梯，在第2章中我们会发现，各种管理职能学说、梅奥（G. E. Mayo）的霍桑实验、行为科学等，都是在实验基础之上建立起来的理论，从某种意义上说，一部管理学的发展历史，就是管理的实验史。

(2) 管理的经济学原理

我们讨论的管理学原理，是社会经济活动中的管理学原理。这不仅仅是因为在公元前几百年，"管理"与"经济"作为同一概念而诞生于人类社会，更加重要的原因是，随着社会的发展与进步，人们愈来愈深刻地认识到人类社会活动的本质其实就是对社会资源的运筹与管理，所有资源的价值化过程都是人类社会文明进步的过程。人的工作积极性的调动、人力资源的流向、企业的发展与变化、企业内部管理的协调等，都要受经济规律的制约，从这个意义上说，经济活动规律就成为管理学原理的基础。

(3) 管理的市场原理

市场是一切企业赖以生存的环境条件。在人类社会的发展历史中，每一次管理学理论的发展与提高，都同市场认识的提高联系在一起；人类社会对市场认识的每一次进步，都会导致社会产生具有历史性意义的进步。国外是这样，中国也是这样。这个道理对于管理学本身也同样适用，在中国由计划经济步入市场经济的时候，更加不能撇开市场而空谈管理。

中世纪时，社会经济主要还是自然经济，市场还很不发达。到了十六七世纪，随着世界性经济的开发，新大陆得以发现，尤其是新航线的开通，本来为创造国际性市场提供了可能，但是，正因为国际贸易可以获取巨额利润，促使各国政府直接干预经济活动并且严重约束私人参与经济活动的积极性，加上国际掠夺加剧、战争频繁，使得当时已经形成的国际市场再度遭到破坏。直到18世纪70年代英国古典政治经济学体系的创立者亚当·斯密（A. Smith）的《国富论》问世，才使管理的市场原理理论进入新的发展阶段。两个多世纪以来，斯密的经济与管理学理论一直具有广泛而深刻的影响，在斯密的观念中，个人的经济行为就是按照人的本性即利己主义进行的经济活动，经济规律就是符合人的本性的经济运行。他提出，只有市场与竞争才是经济活动的调节器，市场这只"看不见的手"能保证资源得到最佳配置并且发挥最大效能，个人和国家都可以在完全竞争的市场上实现自身利益最大化。

斯密的市场理论成为管理的市场原理，使人的管理学观念转向了市场，使企业面向顾客，经济学家将"市场"这一术语表达为卖主和买主的集合。在经济全球化条件下，我国企业在发展与经营中，遇到困难"不找首长，去找市场"的这个变化，确实是我国企业领导人在观念市场化方面的巨大进步；管理的市场原理，使我们找到了管理中发挥企业及员工积极性的定位点，找到了竞争而不是保护，找到了创新而不是停滞，找到了实现企业和自我利益互相渗透的结合点；管理中越是深刻认识市场性质与特点的企业，越是能够适应市场变化，取得管理上的主动权。因此，使企业进一步认识市场的功能和机制，了解市场需求与市场竞争，采取正确的市场策略，是管理学原理必须要交代的内容。

（4）管理的基本职能

如果说以上所讨论的三个方面的内容属于宏观的、企业外部问题的话，那么，有关管理基本职能的内容则属于企业内部相对微观的问题了。管理职能是指企业内部各个职能部门在管理过程中的基本功能。在管理理论发展过程中，管理职能学说有"三职能""五职能"和"七职能"等不同划分方法，本书在综合各种学说之后，选择以下有代表性的职能，作为管理学原理的主要研究对象：

① 决策。现代组织正面临着日益剧烈的环境变化，决策职能日益重要。决策就是在众多方案中选择一个比较合理的方案。方案确定后，进行设计与选

择，并且依据计划要求来作出安排。

② 组织。为了完成计划所规定的任务，必须将所需要做的工作分配给最能胜任此项工作的人员，并且根据需要对人员按一定的职务赋予不同层次的权力和责任，以一定的组织形式保证富有成效地完成任务。为了提高工作质量和工作效率，使企业能在第一时间内对市场与顾客需求作出快速反应，减少机构层次，提高工作人员素质，是企业内部组织工作的重要命题。

③ 领导。组织一旦产生，无论是在正式组织还是非正式组织之中，便有了领导者、被领导者和追随者等不同身份。在任何一个组织内要完成一定的工作任务，凭个体单打独斗是绝对不可能的。必须有人把分散的力量凝聚起来，把无序的活动协调起来，这就是领导工作。领导工作是人类自觉的实践活动，而且是永恒的、特殊的、重要的实践活动。在不同的历史时期，领导工作的内容、特征是不同的。

领导者的下属都是被领导者，但不一定是追随者。被领导者中有积极的追随者、一般的追随者、不追随者，有的甚至是反对者。领导者的责任，就是使他们转化为追随者。

④ 控制。控制是执行计划的保障。没有控制就很难保证每个计划的顺利执行，如果各个计划都不能顺利执行，组织的目标就无法实现，因此控制工作在管理活动中起着非常重要的作用。在组织中，尽管各级管理人员控制的范围不同，但他们都承担着完成计划的责任，所以控制工作是所有管理人员的职责，而绝不仅仅是组织中高层管理者的责任。

由此可见，管理学原理的基本研究内容可以相对划分为三块：一是管理学的历史发展；二是管理学的经济、市场原理；三是管理学的职能原理。这三方面的内容是一个密切联系的统一整体，历史发展是线索，经济、市场原理是背景，职能原理是核心，管理是保证企业正常运作，维持生产和产生预期效益的主要功能。当然，这些内容不是管理学原理研究内容的全部，还有人力资源等方面的研究，但它们都是由基本研究内容所派生和决定的。

1.3.2 管理学原理的研究任务与研究方法

(1) 管理学原理的研究任务

① 为建立现代企业制度服务

为实践提供管理理论和管理方法，是我国管理工作者光荣而艰巨的首要任务。在我国现代化建设的进程中，企业现代化是基础。只有企业经济效益得到提高，员工生活才能得到改善；只有企业获得技术进步，综合国力才能得到增强。科学管理是兴国之道，是企业振兴之道。科学管理有责任为企业制度改革，为在我国全面建立现代企业制度做出应有的贡献。

② 为企业发展提供理论依据

企业发展的前提是意识创新，而意识创新又有赖于理论上的超前指导。18世纪英国资本主义工业革命成功，人们永远不会忘记两位杰出的人物，那就是斯密和瓦特。历史学家托马斯·阿诺德（Thomas Arnold）因此指出，是斯密促使了经济思想革命的爆发，是瓦特促使了蒸汽机革命的爆发。他们两人一个是思想创新的代表，一个是科技创新的代表，他们的名字因工业革命的成功而被永远地载入史册。当前，我国企业普遍遇到以下三个方面的问题：首先是你的产品是否有市场，工人们辛辛苦苦生产出来的产品到底能不能卖出去，如何面对更加激烈的市场竞争；其次是你的产品质量和成本控制问题，到底能不能与国际上的先进企业展开竞争；最后是企业内部的运行机制和员工管理问题，能不能以一套有效的机制激励员工为企业发展做出不懈的努力。这些问题的解决，需要有新的思路，人们企盼着能有一种适合中国国情的新的管理理念和理论，为企业的改革发展提供理论指导。

③ 为企业培训高素质的管理人员服务

从某种意义上讲，企业经营管理者素质的高低将决定企业的兴衰成败。管理学原理的重要任务就是要研究和探讨选人用人的机制，建立健全企业经营者的激励机制和约束机制，探索适合不同类型企业特点的经营者的报酬制度、业绩考核制度和责任制度等，在这个基础上，总结出一套培训我们自己的企业家和企业管理人员的理论、方法和途径，为企业发展的目标提供可靠的组织和领导保证。

补充阅读资料1-3 ▶ "隐形冠军"奠定了德国在世界经济中的独特竞争优势

德国管理学者赫尔曼·西蒙于20世纪90年代提出"隐形冠军"（hidden champions）概念。从德国中小企业实践中，西蒙发现德国拥有众多高度专注、在全球性或区域性市场占据领军地位（主要以市场占有率为评价标准）的中小企业。然而，由于大多数产品不是最终消费类产品，其品牌不易被消费者觉察，公众知名度较低，但它们却在各自行业内是游戏规则的制定者或领军企业,因此被称为"隐形冠军"。他随后将这项研究扩展到国际,发现许多国家都有不少"隐形冠军"。例如,日本强大的制造业背后,也有众多"隐形冠军"支撑。这可以部分解释德日的独特竞争优势。此外,全球"隐形冠军"自90年代以来进一步拥抱全球化,积极向海外扩张,成为全球价值链上的赢家。("隐形冠军"并不局限于第一名冠军,亚军与季军也包含在内,因此称为"赢家"更为准确)

西蒙认为,在全球化时代成功的企业并不局限于大企业,"隐形冠军"这样的中小企业同样也可以成功,并且机遇更大。他也观察到中国"隐形冠军"迅速崛起,积极投入研发,在创新领域有显著进步,在欧洲的专利申请量实现爆发式增长,甚至收购了一些德国"隐形冠军"。

资料来源:李平,孙黎. 集聚焦跨界于一身的中流砥柱:中国"精—赢家"重塑中国产业竞争力[J]. 清华管理评论,2021,(12).

(2) 管理学原理的研究方法

管理学原理的研究方法有观察法、调查法和实验法等。历史把管理从局限的经验泥潭中唤醒,是在19世纪后半叶,那时实验的研究方法正以其特有的确切性使人们的耳目为之一新。所以,实验法是这些方法中最重要的方法之一,管理学应当十分重视实验研究。

① 观察法

观察法是科学研究中最原始的,但也是应用最为广泛、花费成本最少的一种方法。观察法是研究者在未经控制的日常生活条件下,直接进行研究。运用观察法时,一定要有明确的观察目的,设计好观察的线路,既要突出重点,又不能疏忽细节。观察法的优点是应用广泛、方便、真实,但缺点也是非常明显的,在观察活动中研究者经常处于消极等待状态,这种被动的地位常常使研究者难以把握时机,观察所得到的材料难以定量分析,主要取决于观察者自身的水平和理解能力,因此,观察法经常与其他方法一起使用,起到相互补充的作用。

② 调查法

调查法是通过提问来收集被调查者的有关材料,经常使用的有谈话调查法、座谈会调查法和问卷调查法,其中问卷调查法的使用最为普遍。问卷调查法的科学性曾经受到怀疑,问题集中于问卷的内容、长度以及测试过程中的控制等方面。常用的问卷调查法有以下几种:是非法、选择法、等级排列法和等级量表法。

问卷调查法之所以成为研究人员不可缺少的主要方法，最主要的原因是它可以做到标准化，通过问卷所获得的数据能够用来进行量化分析，使研究结果数量化。问卷调查法是否科学，并不在于方法本身，而在于主持者的设计水平与控制实验的能力。

③ 实验法

我国管理科学研究比较落后，表现之一就是长期缺乏实验支持。凭经验、拍脑袋、毛估估的做法经常能够见到，由此导致的管理往往是粗放型，缺乏一定的科学依据。管理实验则可以依据有目的、有计划的构思和设想，通过具体的实验过程，对有关的管理因素作出尽量准确的定量分析，进行优化处理，使管理所采取的一系列措施建立在科学基础之上。能不能做到"可重复验证"，是实验研究科学性的重要标志，这就是说当别人重复你的实验条件时，你的实验研究的结论是可以被他人所验证的，那么你的实验研究所得到的结论一般是比较可靠的。

管理实验能够做到对某些特定的因子加以人为的干扰、控制或模拟，从而长期受到研究者的重视，管理实验技能是每一个研究者都应具备的基本技能。换句话说，管理学的发展历史，就是一部管理实验研究的历史；缺乏实验训练的管理教育，是一种不完善的教育。美国著名管理学家哈罗德·孔茨曾经说过："管理人员真正关心的应该是一个人能做什么事，而不是他是一个什么样的人。"从这层意义上说，只有落后的管理，而没有无用的人才，把一个人安排到不适宜的岗位上，就是再好的人也难以发挥作用。我们在管理人员的选拔过程中，长期以来"选才"与"用才"是分开的，选才的往往只管被选拔的人员"是什么样的人"，至于他"能干什么事"，则实察甚少，这样难免会选拔一些很听话但是能力一般的人到某些领导岗位上来。为了避免此类现象的发生，下面介绍一份材料，它就是广义上的实验法，从中我们可以领略到实验研究在管理学中的重要地位。

专题 1-2 文件包实验

这种实验是让被试进入一个与实际工作极为相似的环境中，每一个被试将领到一个规定的文件包。文件包的内容，大都是拟委任级别管理人员在日常工作中经常碰到的事务和问题，如等待处理的公文、信件往来、电话记录、领导日程安排备忘录、会议安排、上下级之间关系协调等内容，要求被试在规定的时间内，自行作出决定或采取措施，把文件包内的文件处理完毕，然后说明他之所以这样处理而不是那样处理的理由。根据被试对事情处理的过程和态度，对其在管理上的计划、组织、协调和用人方面的能力作出评定，同时还要评价其对工作的主动性和反映事务的敏捷性。所以，最好的评价员，应该由既熟悉测试业务，又了解用人单位需要的人来担任。

1.3.3 管理学原理的学科性质

管理学虽有一个漫长的过去，却只有一个短暂的现在；管理学是一门古老而又年轻的科学，它是一门正处在发展和完善之中的科学。这是由管理学的性质所决定的，这些性质概括起来包括以下方面：

（1）管理效果的不确定性

在管理实践中，我们经常可以看到一些条件基本相同的企业，采用同样一种管理模式，结果却出现了截然相反的情况，对此，许多人感到疑惑不解。如果只从一些看得见的，诸如企业的资金投入、规模、行业、产品、厂房、政策、法令等条件上去进行分析，而忽视了另外一些人们不易觉察的因素，如员工的思想、情感、士气、作风、人际关系及领导风格等，就不可能找到正确的结论。换言之，管理活动的最终结果受制于许多因素，而对这些因素是无法全部预知的，若要加以有效控制，难度就更大了。因此，一种管理经验在这个地方成功了，不等于在另一个地方也一定有效；国外再好的管理理论，也只有结合中国的国情加以改造之后，才能适合我们使用。

（2）管理效果对经验的依赖性

管理理论来自实践，脱离实践，再好的理论也只能是纸上谈兵。一个学生在课堂上学到的只是前人积累下来的一些管理知识，若不与自己的实践体会结合起来，就无法真正掌握运用管理知识的技能。一个管理系毕业的学生，如果不到管理的实践中去锻炼，积累必要的经验，那他很可能在此方面一事无成。与此相反，有那么一些人，他们的文化水平并不高，但是照样可以把一个工厂管理得井井有条。为什么？因为他们具有丰富的管理实践经验，经验也是一种知识，而且是一种更重要的知识。

（3）"中西合璧"是我国管理学的基调

在今后相当长的时间里，我国管理学仍将处于借鉴国外经验的时期；我国大多数企业家，对于管理还是处于"在游泳中学会游泳"的阶段；企业管理成为我国企业，或者说是我国经济发展的关口，东西方管理文化的汇合，必将促进我国管理学的发展。

中国管理思想的辉煌时期是在古代，它的思想体系由"重道""明德""修权""知止""行法""谋略"等构成。其内容虽然分散在各个历史时期，主要集中在孔子、孟子、管子、孙子、王安石等思想家、军事家的言论之中，大部分是关于如何管理国家、发展经济和带兵作战等方面的思想与理论原则，还没有形成管理方面专门的系统研究，但是，他们的这些思想和理论作为一种文化，已经深深地根植于我们东方民族文化之中，对各种外来管理思想产生了巨大的影响。

在西方，市场经济实践时间长，各种经济理论和市场理论都比较成熟，这给管理学的发展创造了很好的条件，管理科学在发展过程中应用了大量现代科学技术的方法和手段，学者们在不断总结的过程中，也吸收了一些东方的经验。西方管理十分强调部门的职能和规范，而东方管理比较讲人情、讲亲情、讲究艺术化管理的成分多一些，如果两者能够合理结合，那么就很可能使具有浓厚东方色彩的"家族式管理"实现理论上的升华。"中西合璧"的管理学方向是可取的，是有生命力的。

（4）管理具有"二重性"的特点

管理"二重性"的特点，首先表现为它既是一门科学，又是一门艺术。我们讲管理是一门科学，是因为管理存在普遍的规律性，在许多情况下可按理性决策取得成功；我们又讲管理是一门艺术，是因为管理具有即时发挥的情景性，它缺乏应用理性准则的典型条件。管理的主要对象是人，而人是一个既有理性又有情感的复杂机体，因而管理在许多情况下必须随机应变。

管理"二重性"的特点，其次表现在它的学科性质上。管理一方面具有与生产力，与社会化大生产相联系的自然属性，同时亦具有与生产关系，与社会制度相联系的社会属性。管理学中的一部分内容，如定额管理、成本管理、财务管理等，不带有意识形态色彩，在不同社会制度的国家中可以互相借鉴甚至通用。而有关生产关系的那部分内容，如竞争观念、人际协调、上下级关系、员工心理等，涉及文化背景、民俗民风等许多因素，意识形态色彩较浓，一国的做法很难在另一国原封不动地加以搬用，不同国家必须结合本国的特点加以改进，并且进行合理的取舍才能达到预期的效果。

1.4 提高管理水平，建设创新型国家

党的二十大以来，我国创新型国家建设取得历史性突破，"进入创新型国家行列"的第一阶段战略目标顺利实现，在载人航天、探月工程、深海工程、超级计算、量子信息等领域取得一批重大科技成果。我国科技实力正在从量的积累迈向质的飞跃，从点的突破迈向系统能力的提升，正在稳步迈向"跟跑、并跑和领跑并存"的新阶段，为进一步朝着"跻身创新型国家前列"和"建成世界科技强国"的中长期战略目标前进打下了坚实基础，更为其他后发国家完善国家创新体系、实现创新引领发展提供了宝贵经验。

同时，国际环境日趋复杂，不稳定性、不确定性明显增加，经济全球化遭遇逆流，特别是抗击新冠疫情过程中暴露出的产业链、供应链上存在的一些短板让我们清醒地认识到，我国在建设世界科技强国之路上还面临诸如国家创新体系效能不高、原始性创新不足、关键核心技术受制于人等多重挑战。建设新型国家创新体系、全面提升国家创新体系效能迫在眉睫，也成为我国突破"卡脖子"问题，加快实现高水平科技自立自强的先手棋，成为我国新发展阶段构建新发展格局、推动高质量发展的核心抓手。

1.4.1 管理先进是经济发展和社会进步的内在动力

世界各国的历史发展一致表明，一个国家，一个企业经济上要发展，没有科学管理是不会成功的，管理先进是经济迅速发展的内在动因。

人们曾对二战期间英美经济发展作对照研究，结果表明，英美之间经济发展上的差距，不只是科学技术上的差距，更重要的是管理上的差距。英国很多企业的经营管理人员采取贵族态度来对待管理，缺乏革新精神。英美两国企业即使使用相同的机器，美国工人的平均产量也是英国的3倍左右。英国虽然自工业革命以来获诺贝尔奖的科学家不少，发明的新机器也不少，但是管理上的守旧与落后，使英国的经济发展无论是在速度上还是在质量上都落后于美国。

日本的经验更值得我们注意，在20世纪50年代初，日本引进了不少西方国家的先进设备和先进技术，但是对科学管理思想和管理方法还没有给予足够的重视，结果"引进"的效益不高，产品成本、质量、利润等指标仍大大落后于西方国家。直到50年代末期，日本总结了这方面的经验教训，在向西方国

家学习先进技术的同时，特别重视管理思想和管理方法的学习，并且结合日本的具体情况加以改进，从而促使日本经济从 60 年代中后期开始进入高速发展阶段，当时日本约 20％的工科毕业生从事各种企业管理工作。日本之所以在较短的时间跻身世界经济强国，无疑得益于引进技术与引进管理并举的方针。

1.4.2 后发效应管理与自主创新管理

后发优势理论认为，由于后发国家能够在科技、技术上参考和借鉴先发国家，可能跨越先发国家一些必经的发展阶段，实现对后者的追赶。一个国家发现自己与发达国家之间的管理差距，不一定是坏事；相反，从某种意义上说，它还是一件好事。差距本身可以转化为能量，落差越大，能量也越大。后发国家要追赶发达国家，在改革的起始阶段，因为世界上有很多成熟的技术、管理经验可以模仿和引进，而不必自己从头摸索，因此可以借助别国的成功经验实现自己经济的高速增长。我们称这一阶段的管理为追赶型经济管理，与发达国家的先期管理相比较，追赶型经济管理阶段，在时间上处于发达国家之后，因此称为后发效应管理。后发效应管理可以吸取别国的经验教训，因不走弯路或少走弯路而具有良好的管理效益。1968 年，日本 GDP 跃居主要发达国家的第二位，到了 80 年代前后，日本成为经济规模仅次于美国的世界第二经济大国。日本经济的腾飞，20 世纪 60—70 年代亚洲四小龙经济的高速增长，以及我国目前经济的快速发展，都是后发效应管理作用的具体体现。后发效应管理的作用规律不仅适用于不同国家之间的管理，还适用于不同地区、不同企业之间的管理。

必须指出的是，后发效应管理的作用并不是无限期的，以追赶为目标建立的管理体制、经营机制以及法律法规等，不可能继续适应新的发展阶段的需要，于是后发效应管理的作用开始逐渐减弱直至消失。管理者必须在后发效应管理作用消失之前，预见到一个新的大转折时期的到来，高度重视培育自主开拓发展的能力和机制，实现自主创新管理，否则经济增长速度的下降将不可避免。

补充阅读资料 1-4   中国高铁：从追赶到引领

中华人民共和国成立以来，以"两弹一星"、航空航天等为代表的创新工程为中国科技创新的发展与国家民族的富强奠定了重要基础。伴随国际竞争的日益加剧，中国科技工程与产业创新的竞争优势面临挑战，中国高铁通过引进消化吸收与自主创新等模式的结合，实现了对发达国家高铁产业的追赶与超越。根据国家统计局相关统计数据，截至2017年年底，中国高铁总运营里程超过2.2万公里，超过全球其他国家高铁运营里程的总和。中国高铁在总运量、技术等级、建设速度、运营时速、动车谱系等方面，均处于世界领先水平，原因在于中国高铁实现了核心技术能力的突破，通过自主创新真正打造了全球范围的竞争优势。作为后发产业追赶、跃升到引领全球的创新典型，中国高铁及其典型龙头企业为何能够在如此短的时间内实现核心技术能力的自主创新，值得思考与关注。

中国高铁的起步基础比较薄弱，在政府的产业政策驱动下，通过自主研发、引进消化吸收、自主创新等模式，实现了产业从落后到引领的快速追赶与超越。这一过程中，作为高铁产业的龙头企业，中国中车于2014年12月30日由中国南车与中国北车合并成立，并成为全球规模领先、品种齐全、技术一流的轨道交通装备供应商。作为中国高铁的领军企业，中国中车始终聚焦于自主创新引导下的组织核心技术能力打造，并通过"归核—强核—造核—扩核"，实现了从追赶到领先的演化之路。归核战略实施于中国中车前身中国南车成立初期，当时南车的水平、现状是：主业不大、不强，副业也不强，而且企业资源分散，南车各下属子公司存在较多重复建设的情况。这种情况下，南车高层聚焦专业化与资源整合，确立了集团专业化生产、规模化经营的目标，由此提出"四化"战略，包括主机产品集约化、重要零部件专业化、一般零部件市场化和辅助项目社会化。

强核战略始于南车发展的第二阶段，是集团根据中国高铁产业实施"引进、消化、再创新"大背景而作出的重大战略决策，包含"以自我为主、引进消化国外先进技术"和"严密组织、全力推进"两个战略过程。2004年，随着铁道部明确高铁产业发展原则——"引进国外先进技术，联合设计生产，打造中国品牌"，南车明确了引进消化吸收的五大战略原则。而后，南车进一步组织全国范围内的优势资源，对整个研发体系进行布局，并通过产学研协同创新与开放式创新体系的打造，严密组织，全力推进。分工上，与青岛四方、株洲电力机车、戚墅堰机车等优势企业联合研发，分工重点攻克一些比较系统的高铁动车技术难题。为了实现对关键技术的攻关和关键技术能力的获取，南车进一步联合铁道部的科学研究院、清华大学、北京航空航天大学、西南交通大学、同济大学、浙江大学等，成立了一个以主机厂为主体、产学研用相结合的一体化研发设计体系，以各方力量共同建构的开放平台实现对技术的引进消化吸收与再创新。

造核战略实施于引进消化吸收过程之后，通过技术的引进消化吸收，南车开始有意识地培育组织的核心能力与竞争优势，并通过自主创新进一步强化南车的核心技术能力。人员队伍建设方面，南车明确高速动车引进消化与自主创新两条战线必须配置同一套人员队伍的原则，明确研发队伍不分散，坚持走自主创新和引进消化两条腿协同的模式。组织管理方面，南车于2007年提出打造精益南车的方针，推动集团精益化管理，同步塑造南车的品牌，从而为南车增强核心竞争力、构筑差异化竞争优势提供保障。在实施精益生产带动管理升级的过程中，南车把精益生产作为赶超世界一流战略目标的最重要的举措，着力打造科学的工艺流程、准确的生产节拍、清洁的生产环节、有序的物流环节、安全的作业场所和文明的操作目标。研发能力建设方面，南车在内部自主创新体系建设的基础上进一步建立国外的电子电器研发中心，推进在美国、英国的技术研发实验认证，通过全球化开放式创新模式下的生产制造能力优化支撑集团内部轨道交通装备相关核心技术能力的升级与完善。品牌建设方面，南车明确运用统一的品牌来塑造南车的形象，将南车的品牌缩写确定为"CSR"（Corporate Social Responsibility），也是社会责任的象征。基于造核战略的相关举措，南车为中国高速动车的自主创新示范性工程CRH380A动车组的成功实践做出了巨大贡献。

扩核战略实施于高速动车组自主创新成功实践之后，南车合并至中车前，其业务的结构60%靠国铁，20%靠城轨，20%依赖其他新产业与出口，这样以高速动车为基础的单一产品体系会给企业的持续发展带来风险。随着CRH380A自主创新项目的成功实施，以及国家先后整合资源组建中车、发布"一带一路"倡议、实施高端装备制造业走出去计划、建设"八纵八横"铁路网、启动高铁外交等举措，南车及之后组建成立的中国中车通过实施扩核战略，进一步巩固优化自身的核心技术能力。

"归核、强核、造核、扩核"为中车突破核心技术能力、实现追赶到引领提供了实践基础，也为中国高端装备制造业企业的核心技术能力打造、国际竞争环境下的追赶到跃升以及持续竞争优势的形成与完善，提供了重要参考和借鉴。

资料来源：陈劲，梅亮，赵闯. 高铁核心技术能力突破之谜——中车"核"战略的演进[J]. 清华管理评论，2018，(6).

面对数字时代的挑战，我国各类组织必须抓住机遇，在管理上有所创新、有所突破，努力提高创新管理水平，为建设创新型国家做出贡献。

1.4.3 提高自主创新能力，建设创新型国家

习近平同志在党的十九大报告中强调，创新是引领发展的第一动力，是建设现代化经济体系的战略支撑。按照党中央的决策部署，把加快建设创新型国家作为现代化建设全局的战略举措，坚定实施创新驱动发展战略，强化创新第一动力的地位和作用，突出以科技创新引领全面创新，具有重大而深远的意义。

创新型国家的主要标志是，科技和人才成为国力强盛最重要的战略资源，劳动生产率、社会生产力提高主要依靠科技进步和全面创新，拥有一批世界一流的科研机构、研究型大学和创新型企业，创新的法律制度环境、市场环境和文化环境优良。创新型国家的本质是依靠创新活动推动经济发展和竞争力提高，其测度指标主要体现在创新资源、知识创造、企业创新、创新绩效、创新环境等方面。

加快建设创新型国家是我国迈向现代化强国的内在要求。科技是国之利器，世界上的现代化强国无一不是创新强国、科技强国。我国建设创新型国家的战略目标是，到2035年跻身创新型国家前列，到中华人民共和国成立100周年时成为世界科技强国。当前，我国发展站到了新的历史起点上，正在由发展中大国向现代化强国迈进。如果我们不能在创新领域取胜，就不能掌握全球竞争先机和优势，迈向现代化强国就会失去支撑。必须加快建设创新型国家，突出科技创新能力提升，以科技强国支撑现代化强国。

加快建设创新型国家是解决我国新时代社会主要矛盾的必然选择。当前，我国社会主要矛盾已经转化为人民日益增长的美好生活需要和不平衡不充分的发展之间的矛盾。特别是经济发展大而不强、大而不优，要素驱动力明显减弱，新动能还未全面接续，经济社会发展对科技创新的需求从未像今天这样迫切。只有加快建设创新型国家，在经济社会发展的全过程充分践行创新、协调、绿色、开放、共享的新发展理念，才能加速向主要依靠知识积累、技术进步和劳动力素质提升的内涵式发展转变，在我国发展的内生动力和活力上实现根本性转变，为解决社会主要矛盾开拓更广阔的空间。

加快建设创新型国家是抢抓新科技革命和产业变革历史机遇的战略举措。当前，全球新一轮科技革命和产业变革孕育兴起，特别是信息技术、生物技

术、制造技术等广泛渗透到各个领域，带动以绿色、智能、泛在为特征的群体性重大技术变革，大数据、云计算、移动互联网等新一代信息技术同机器人和智能制造技术相互融合步伐加快，正在引发国际产业分工重大调整，进而重塑世界竞争格局、改变国家力量对比。我国既面临赶超跨越的难得历史机遇，也面临差距拉大的严峻挑战，唯有加快建设创新型国家，全面增强科技创新能力，力争在重要科技领域实现跨越式发展，才能在新一轮全球竞争中赢得战略主动。

(1) "自主创新"成为发展我国经济的国家战略

创新型国家是半个多世纪以来，众多国家在各自不同的起点上实现工业化和现代化过程中所选择的道路。党的十八大以来，我国在实施创新驱动发展战略上取得显著成就，科技进步对经济增长的贡献率从2012年的52.2%提高到2016年的56.2%，有力推动了产业转型升级。高速铁路、水电装备、特高压输变电、杂交水稻、对地观测卫星、北斗导航、电动汽车等重大科技成果产业化取得突破，部分产业走在世界前列，持续提升我国经济发展的质量和效益，拓展了我国发展的新空间。

实施创新驱动发展战略，要突出科技创新对供给侧结构性改革和培育发展新动能的支撑引领作用。一是围绕新一代信息网络、智能绿色制造、现代农业、现代能源等领域推动产业技术体系创新，注重运用新技术新业态改造升级传统产业，以技术的群体性突破支撑引领新兴产业集群发展。二是促进技术创新与管理创新、商业模式创新融合，拓展数字消费、电子商务、现代物流、互联网金融等新兴服务业，大力发展数字经济、平台经济、共享经济、智能经济。三是大力推动创新创业，建立一批低成本、便利化、开放式的众创空间和虚拟创新社区，孵化培育"专精特新"小微企业。四是打造新的经济增长点、增长带、增长极，深入推进北京、上海建设具有全球影响力的科技创新中心，加快推进京津冀、长江经济带、东西部协同创新，强化国家自主创新示范区和国家高新区的辐射带动作用，建设一批具有强大带动作用的创新型城市和区域创新中心。

另外，创新型国家又是一个发展目标，这个目标要求我国的经济发展由过去依靠资源消耗、依靠资金投入的老路，转变为依靠科学技术和管理的创新、依靠提高管理水平的新路。为了实现这个目标，就要使"自主创新"成为全社会成员的普遍行为，在全社会形成一个有利于"自主创新"的社会基础。

自主创新从来不反对引进技术，但要反对引进、落后、再引进、再落后。

自主创新是新的历史条件下我国科技发展的指导思想,对于我国未来科技和经济社会发展具有极其重要的战略意义,而且企业应该成为技术和管理创新的主体。

(2) 建立以企业为主体、产学研相结合的技术创新体系

为了全面推进建设中国特色的国家创新体系,大幅度提高国家自主创新能力,应建立以企业为主体、产学研相结合的技术创新体系,这也是我国技术创新体系建设的突破口。

将企业作为技术创新的主体,就要把企业放在全球发展的坐标系中,站在新的起点上谋划新发展,增强企业的国际竞争力,这是每一个有战略发展眼光的管理者的迫切愿望。在生产要素流动和产业转移加快,我国与世界经济的相互联系和影响日益加深的今天,依靠原来的经济增长模式已经很难适应新形势。我们要在科学发展观的指导下,转变发展观念,创新企业的发展模式,把增强企业自主创新能力作为管理和科学技术发展的战略基点。

专题 1-3 建设创新型国家

> 2006年全国科技大会提出自主创新、建设创新型国家战略。创新型国家,是指将科技创新作为基本战略,大幅度提高科技创新能力,形成日益强大竞争优势的国家。党的十八大报告指出:要"实施创新驱动发展战略","科技创新是提高社会生产力和综合国力的战略支撑,必须摆在国家发展全局的核心位置",并强调要"完善知识创新体系","抢占科技发展战略制高点"。党的十九大报告指出:要"加快建设创新型国家",并强调要"加强国家创新体系建设,强化战略科技力量"。党的二十大报告指出:要"完善科技创新体系","坚持创新在我国现代化建设全局中的核心地位",并进一步明确提出"健全新型举国体制,强化国家战略科技力量"的重要任务。

在市场经济条件下,自主创新的主体是企业。从某种意义上说,能不能使我们的企业成为负责任的、有长远眼光的创新主体,企业有没有自主创新的意愿和能力,是自主创新成败的关键,而衡量企业是否能够成为创新主体的主要条件有以下几项:

① 企业的配套水平。即具有较高水平的配套能力,对一些技术复杂、零部件较多的产品,在核心技术突破后能够迅速形成产业群,进行专业化生产。

② 技术集成能力。从国际经验看，自主创新能力的一个重要组成部分是技术集成能力，即一个企业能够有效整合内部和外部技术资源的能力。哪些要完全引进，哪些要与别人合作研发，哪些主要靠自己独立研发，哪些采取不同类型的组合，将由企业依据市场前景、自身能力和合作条件，经过成本收益分析后作出选择，从而为以我为主组合技术资源进行技术创新和开发新产品打下一定的基础。

③ 研发投入的持续性。随着我国国力增强，国家的研发投入近几年有了较大幅度的增加，投入资金占 GDP 的比重持续上升。企业研发投入持续增加，说明创新项目在增加。

④ 建立风险投资制度，使创新者能够及时得到与其风险和收益相对应的资金支持。企业可以建立必要的风险基金，为自主创新者预防失败、降低创新风险提供资金保证。

⑤ 知识产权保护。在企业内部形成尊重知识、尊重人才的氛围，为发明创造者提供知识产权保护，按照国家有关规定为发明创造者申请专利，同时给予奖励。

（3）在国际竞争中只有自主创新，企业才能掌握自己发展的命运

改革开放 40 多年来，我国经济社会发展迅速，但在许多领域仍然缺乏核心竞争力，自主创新能力不强是制约我国经济社会发展和企业发展的瓶颈。我国还处于并将长期处于社会主义初级阶段，经济结构不够合理，企业的科技自主创新能力薄弱、核心技术缺乏。一方面，我们以传统制造业为主导，取得了经济的迅速发展；另一方面，那种高投入、高消耗、高污染、低效益的粗放型经济增长模式还没有发生根本转变，使我们以廉价的劳动力、消耗大量能源、承受巨大污染为代价换来的利润的大部分，都被掌握核心技术的发达国家凭着一纸技术合同拿走了。工人们说："人家动脑我出汗，人家用脑子我用手脚。""不自主创新，就会被别人卡住脖子；不自主创新，科教兴国就只能是一句空话！"在企业发展或者招商引资过程中，如果不关心是否得到了核心技术，是否在合作过程中培育了自己的创新能力。那么到头来还是受制于人，只能为他人做"嫁衣"。

实践告诉我们，核心技术是买不来的，自主创新虽然最初成本较高，但却避免了引进技术时要支付的高昂代价，避免了投产后需将绝大部分利润让给对方。从长远看，企业只有形成自己的核心竞争力，才可能获得持续发展；只有通过研发投入和自主创新，才能真正掌握自身的发展命运。

(4) 我国已经初步具备自主创新的开发条件

目前提高自主创新能力的客观条件已经具备，主要体现在：一是国外技术储备急于获得新市场，这为我们发挥后发优势，进行必要的技术引进和主动选择创造了条件，使我国的自主创新有可能站在较高的起点上，并支付较低的成本；二是国内人才和科技储备已有相当基础，企业的研发能力有了明显增强，这得益于我国改革开放政策的实施；三是巨大的内需市场将为创新提供广阔的空间；四是我国公共财政实力大大增强；五是激励创新的体制和机制逐步建立，对产权和知识产权保护的力度加大，按要素参与分配已成为重要的分配原则，国家在税收、折旧、财政和投资等方面支持自主创新的政策体系正在形成。为促进企业提升创新能力，国家制定了多种财税优惠政策，如规定企业研发费用可划入管理成本，比上一年超额部分的50%可抵扣应税所得额。

(5) 科技型人才

创新的事业呼唤创新的人才。实现中华民族伟大复兴，人才越多越好，本事越大越好。知识就是力量，人才就是未来。我国要在科技创新方面走在世界前列，必须在创新实践中发现人才，在创新活动中培育人才，在创新事业中凝聚人才，必须大力培养造就规模宏大、结构合理、素质优良的创新型科技人才。要把人才资源开发放在科技创新最优先的位置，改革人才培养、引进、使用等机制，努力造就一批世界水平的科学家、科技领军人才、工程师和高水平创新团队，注重培养一线创新人才和青年科技人才。要努力造就一大批能够把握世界科技大势、研判科技发展方向的战略科技人才，培养一大批善于凝聚力量、统筹协调的科技领军人才，培养一大批勇于创新、善于创新的企业家和高技能人才，培养一大批熟悉市场运作、具备科技背景的创新创业人才，还要培养更多高水平的创新团队。要大力倡导创新文化，强化知识产权创造、保护、运用，激发各类人才的创新活力和潜力。

(6) 加大对知识产权的保护力度

为了营造尊重和保护知识产权的法治环境，进一步完善国家知识产权制度，我国将采取有力措施，加大知识产权保护力度，依法严厉打击侵犯知识产权的各种行为。这些措施包括以下方面：

① 建立对企业并购、技术交易等重大经济活动知识产权特别审查机制，避免自主知识产权流失。

② 防止滥用知识产权而对正常的市场竞争机制造成不正当的限制，阻碍科技创新和科技成果的推广应用。应将知识产权管理纳入科技管理的全过程，

充分利用知识产权制度提高我国科技创新水平。

③ 强化科技人员和科技管理人员的知识产权意识，推动企业、科研院所、高等院校重视和加强知识产权管理，充分发挥行业协会在保护知识产权方面的重要作用。

④ 建立健全有利于知识产权保护的从业资格制度和社会信用制度。

同时，我国将组织以企业为主体的产学研联合攻关，在专利申请、标准制定、国际贸易和合作等方面予以支持，并根据国家战略需求和产业发展要求，产生一批对经济、社会和科技等发展具有重大意义的发明创造。

（7）提高企业创新管理水平

长期以来，我国企业的技术创新实力薄弱，在我国两万多家大中型企业中，年均每个企业的开发项目不到5个，开发新产品不到2.5个，缺乏具有自主知识产权的产品，真正能够在国际市场上起主导作用的龙头企业更少。随着创建创新型国家战略的实施，支持鼓励企业成为技术创新的主体，这种形势既对管理学发展提出了新的任务，也给管理学发展带来了难得的机遇，管理学应该在以下方面发挥作用并有所建树：

① 为建设创新型国家提供管理学理论的支持。科技和管理是国家经济腾飞的两个轮子，建设创新型国家，以企业为主体提高自主创新能力，为管理学研究打开了新的空间。加强这些方面的研究，能够极大地丰富管理学理论，提升管理学的学科价值；同时，管理学应在更多方面做出贡献，力争在创新管理方面有新的建树。

② 建立有效的人才激励管理机制。进一步明确自主创新的关键是人才，要广纳人才，爱惜人才，充分发挥人才的作用；要充分理解追求是科技人员在创新和发明上最迫切的需求，成功追求本身对他们就是最大的激励、最大的快乐、最大的满足。企业对自主创新工作应建立有效的激励机制，可以考虑运用品牌效应，用创造者的名字命名成果，鼓励更多的科技研发人员进行原创性项目的开发。

③ 为科研人员搭建创新的平台。企业要加大对研发的投入，使其发展具有长久的动力，以防止发生企业产值增加而研发投入却没有相应提高的现象。据科技部的调查：深圳90%以上的研发机构设在企业，90%以上的研究人员服务于企业，约90%的研究经费来自企业，约90%的专利来自企业的申请。深圳企业自主创新之路，为创新型管理提供了宏观和微观的宝贵经验。

④ 建立科学的制度机制。应采取鼓励成功创业的同时宽容失败的机制，

从而给人才创造宽松的创新环境。过去我们较多采用的办法是用成果数、论文数进行考核，这在一定阶段确实起了作用，但是其负面效应也开始显现，如部分科研成果急功近利，出现小型化、短期化、分散化的倾向，对需要长期实验观察和有重大应用价值的科研成果的产生形成了冲击。良好的管理体制、运行机制、评价体系、资源配置政策等，是科研人员成长进步的重要前提和基础。应进一步转变观念、综合施策，对于坚持科学前瞻，注重独立思考，从事战略性、原创性研究的，应采取一事一议、按需支持的特殊政策。通过建立高端科技智库、搭建新型科研平台等，为科研人员探究高精尖重大科研项目提供便利和有力支持。同时，建立健全长期的、稳定的参与决策机制，充分调动科研人员参与决策咨询的积极性、主动性、创造性。

本章小结

全面理解本章内容，对掌握全书体系及内在逻辑关系大有帮助。管理是指通过组织协调，优化和合理配置资源，既有效率又有效果地实现组织预定目标的活动过程。管理者角色规定了他的能力和技能要求，而研究和探讨管理机制与依据的科学，便构成管理学原理的研究内容。

资源配置是管理学原理的核心内容，实现资源最佳配置是管理的主要任务，也是达成组织目标的重要基础。

企业是从事生产、流通和服务等活动的独立的经济核算单位，管理学的所有要素在企业管理中都得到了反映，因此管理学原理把企业作为具体的载体。

管理的经济学原理、市场原理和管理职能原理构成了整个管理学原理研究的基本框架，实验研究使管理从经验走向科学。应在管理学的发展历史中学习原理，使管理学研究方法建立在坚实的基础之上，并且能帮助学生理解管理学原理的学科性质和任务，从而为全面提高企业管理水平服务。

大力提高自主创新能力，建设创新型国家，是事关我国现代化建设全局的重大战略决策，它为丰富管理学原理理论和应用创造了条件。管理学原理应该在实现这个战略决策目标过程中，做出自己应有的贡献。

主要概念和观念

☐ 主要概念

管理学原理　　　　管理　　　　　　企业　　　　　　创新型国家

☐ 主要观念

管理者角色　　　　　　　　管理学原理的研究对象

提高自主创新能力，建设创新型国家

基本训练

☐ 知识题

1.1　阅读理解

(1) 什么是管理的合理化和管理的高效化？两者之间有什么关系？

(2) 管理学原理的研究内容有哪些？它们的基本关系是什么？

(3) 举例说明后发效应管理的含义和作用。

(4) 我国已经初步具备自主创新开发条件的标志有哪些？

1.2　知识应用

(1) 判断题

① 按价值法则，可以把资源分为自然资源和社会资源。（　　）

② 在管理的资源配置中，能源是第一资源。（　　）

③ 相对于无限的人类欲望而言，资源总是稀缺的。（　　）

④ 以企业为主体、产学研相结合，是我国技术创新体系建设的突破口。（　　）

⑤ 创新型国家在经济方面的特征之一，是科技进步贡献率在 50% 以上。（　　）

(2) 选择题

① 资源配置的方式有（　　）。

A. 中央配置　　B. 计划配置　　C. 地方配置　　D. 市场配置

② 现代科学管理理念要求企业以人为中心，建立（　　）队伍。

A. 领导人才和管理人才　　　　B. 供销人才

C. 技术人才　　　　　　　　　D. 较高素质的员工

③ 概括而言，管理学原理的学科性质有（　　）。

A. 社会应用性　　　　　　　　B. 管理效果的不确定性

C. 科学与艺术的统一性　　　　D. 管理效果对经验的依赖性

E. 中西合璧

④ 世界各国在实现工业化和现代化过程中所选择的发展道路有（　　）。

A. 资源型　　　B. 民族原发型　　　C. 依附型　　　D. 创新型

☐ **技能题**

1.1 规则复习

（1）企业经济上的独立性，在法律表现上有财产独立、经营独立、核算独立和责任独立。

（2）企业的固定资产是指使用期在一年以上，金额在规定之上，并在使用过程中保持原有实物形态的资产。

（3）在市场调节下，当前国内在人才流动上出现了以下规律：人才自西向东、自低向高、自封闭向开放、自贫困向富裕的地方转移。

1.2 操作练习

实务题

选择一家规模较大、经营状况比较好的企业，从以下六个方面掌握该企业自主创新能力的状况：① 配套水平；② 技术集成能力；③ 研发投入的持续性；④ 建立风险投资制度；⑤ 知识产权保护；⑥ 形成产学研相结合的创新体系。

观念应用

从我国人口资源、土地资源、矿产资源、水利资源和金融资本等方面的调查入手，分析在目前全球化形势下，为什么我国要选择创新型国家的发展道路？

第 2 章 管理理论的历史演变

学习目标

通过本章的学习,应该达到以下目标:

知识目标:了解斯密、巴贝奇等早期代表人物的管理思想,重点掌握泰勒及其追随者的科学管理理论以及梅奥的社会人概念和他的人际关系学说。

技能目标:能分析法约尔的管理原则对当时管理实践的指导意义及在今天的适用性。

能力目标:能够阐明管理理论丛林的性质并具有分析各管理学派的贡献及局限性的能力。

引例 企业应重视核心管理工作

核心管理工作并非轻易能做好,以下是阻碍核心管理工作顺利进行的几个典型因素:

1. 错误认知

研究显示,相当多的管理者无法客观判断所在企业运行状况的好坏。

(这种认知偏差普遍存在,如在一项研究中,70%的学生、80%的驾驶员、90%的大学教师都认为自己"能力高于平均水平")

在每次调查结束时,我们都会请管理者按1分到10分,为本企业管理水平打分。大多数管理者对所在企业管理质量的看法都非常乐观,自评的中位数是7分。但我们发现,企业对自身管理质量的认知与实际情况(管理质量得分和业绩)不存在任何相关性,表明自我认知严重脱离现实。

这种严重错位很成问题:最需要改进工作方法的管理者不主动寻求改变,反而以为自己做得不错。

2. 治理结构

在有些企业,管理者或许已充分意识到提升管理水平的必要性,但为了个人利益对此视而不见,这种情况在家族企业尤为普遍。为什么家族企业采纳先进管理流程的意愿如此低?我们的研究佐证的一个解释是,管理质量提升可能导致家族成员个人利益严重受损。采用新管理模式可能要求企业聘请外部人才,或将领导权委托给家族外部人士。担任高管的家族成员尤其是企业所有者应认识到,培养新的管理能力并不必然导致失去控制权。他们在企业中扮演的角色可能有所变化,但责任不一定减少。

3. 技能缺陷

对于良好的管理工作所需的能力(如计算能力和分析能力),企业现有人员可能尚不具备,这在新兴经济体中较为常见。数据显示,员工受教育程度更高的企业,平均管理质量得分明显较高;企业所在位置邻近名牌大学和商学院的,管理质量得分通常也较高;如果附近有高管教育资源,企业似乎更易取得良好的业绩。虽然某种程度上,企业的能力水平受所处环境影响,但管理者如果认识到提升员工基本技能的重要性并提供内部培训,将能发挥重要作用。

4. 组织文化与团队关系

有时,尽管企业高层正确认识到变革的必要性,愿意作出改变且具备所需能力,但推行核心管理工作仍很困难。有些情况下,组织整体拒绝改变。20世纪80年代到90年代,通用汽车推行丰田的生产方式遭遇很大困难。尽管竞争形势日渐严峻,通用汽车仍然难以成功推行丰田高效的管理模式,主要是因为供应商和工人的反对。员工认为,新管理模式带来的效率提升将直接导致裁员,并增加工作压力。由于这种不信任,管理层很难说服员工接受新管理模式所需的工作安排，如团队划分、采取协作方式等。

成功的管理工作通常有赖于组织成员形成共识。如果难以形成共识，即使是最有能力、意愿最良好的管理者也无法推动变革；而一旦共识形成，企业将获得竞争者很难复制的优势。但我们发现，管理者手中还有更有效的工具：现身说法。我们在研究中观察到的成功案例，很多都是由企业最高领导者推动——通过不断出面沟通、强调，显示变革的重要性。"走动式"管理很有意义，可显著提高变革的成功概率。

核心管理工作通常不需要技术投入，可能看起来相对简单，但它并不像电灯开关一样可以随意切换；高层的深度介入和相关技能不可或缺，而且最终需要组织各级从根本上转变心态。管理学界和企业管理者可能严重低估了核心管理工作的价值，将其贴上"容易复制"的标签，也因此不愿为提升管理质量投入资源。管理者当然应该投入时间进行战略思考，但不应认为开展核心管理工作是较低级的。正如识别竞争环境的变化对公司业绩很重要，将运行有效性深植于组织 DNA 也同样重要。

在这个组织扁平化的时代，经常出现的观点是"每个人都应成为战略家"。但我们要提出，每个人也需要成为管理者。深思熟虑打造的核心管理工作，将大幅提升组织的执行能力，最大限度提升战略取得成功的概率。

资料来源：拉斐拉·萨顿，尼古拉斯·布鲁姆，约翰·范莱宁. 基础管理做不好，企业很难有大的作为 [J]. 王晨译. 哈佛商业评论，2017，(11).

本章将介绍管理理论的产生和发展，特别是现代管理理论的演进。

2.1 早期管理思想

人类有组织的管理活动有着悠久的历史，包含许多光辉的管理思想，这些管理思想在古埃及、古希腊、古巴比伦和中国等文明古国的文化记载中经常可见。比如，古埃及宏大的金字塔工程就是当时埃及人工程设计、生产管理和组织能力的象征之一。

在 18 世纪中叶及下半叶，一些人为了解决工业革命所带来的一系列管理难题，从各种角度对管理活动进行理论研究，其中对后期管理思想有较大影响的有亚当·斯密、罗伯特·欧文、雨果·芒斯特伯格和查尔斯·巴贝奇等。

2.1.1 中国古代的管理思想

我国古代有大禹治水,四大发明,万里长城,都江堰工程,大运河工程,统一的文字和度、量、衡,留下了像《孙子兵法》《孙膑兵法》《红楼梦》《三国演义》等宝贵的文化遗产。在这些光辉灿烂的文化遗产中,有许多管理的资料可供我们择善吸取。

1. "人能合群"的组织管理学说

《荀子·王制篇》说:"人,力不若牛,走不若马,而牛马为用,何也?曰:人能群,彼不能群也。"荀子认为人能合群(即构成社会组织),这是人与动物根本不同之处。人为什么能合群?因为人能"分"(即指不同的社会地位、职务),"分"的标准是"义"(即伦理道德)。他指出:"义以分则和,和则一,一则多力,多力则强,强则胜物"。这就是说,人有了社会组织,就能利用群体的力量,胜过自然界其他动物。

2. 治国安邦的领导艺术与策略

《管子·心术篇》中说:"心安,是国安也;心治,是国治也。治也者心也,安也者心也。治心在于中,治言出于口,治事加于民。故功作而民从,则百姓治矣。"这段话的大意是,要治理国家,使国家安定,必须先治民心,安定民心,这是一条很重要的管理思想。

韩非是先秦法家思想的集大成者,他提出了以法治为中心,"法、术、势"相结合的法治思想。他说:"法者,宪令著于官府,刑罚必于民心,赏存乎慎法,而罚加乎奸令者也",这是全社会必须遵循的标准。

汉代董仲舒的"德主刑辅、礼法并用"的思想,以及后来有人提出的"赏罚分明""恩威并施"的观点,对今天的国家行政和企业管理仍有借鉴意义。

3. 关于"士气激励"问题

孙膑很重视激励问题。《孙膑兵法》明确指出:"不信于赏,百姓弗德。不敢去不善,百姓弗畏",也就是说,对好人好事要奖,对坏人坏事要罚。他把"激气"(激发士气)、"利气"(使士兵有锐气)、"断气"(使士兵果断、有决心)、"延气"(有持续作战精神)、"厉气"(鼓励斗志)等列为"合军聚众"、克敌制胜的要务。

韩非的激励观是赏罚分明,重赏重罚。《韩非子·五蠹》中说:"是以赏莫如厚而信,使民利之;罚莫如重而必,使民畏之;法莫如一而固,使民知之。故主施赏不迁,行诛无赦,誉辅其赏,毁随其罚,则贤、不肖俱尽其力矣。"

《孟子·公孙丑下》中指出："天时不如地利，地利不如人和。"这表明人心归向、调动人的积极性在管理过程中的重要作用。

4. 关于能力和使用人才问题

《慎子·民杂篇》认为人的能力有个别差异——"各有所能，所能者不同"。要根据人的能力特点去用人，尽量兼收并蓄；要不拘一格地使用人才，才会人才济济，即"不设一方以求于人，故所求者无不足也"。老子在《道德经》第六十八章中也曾提出善于用人、对人态度谦虚的用人哲理。

2.1.2 西方早期的管理思想

西方的管理实践和思想也有着悠久的历史，特别是18世纪60年代开始工业革命后，社会的基本生产组织形式迅速从以家庭为单位转向以工厂为单位，因而出现了许多新的管理问题，这就需要人们去回答、去解决。在这种情况下，不少对管理理论的建立和发展具有重大影响的管理实践和思想应运而生。

1. 亚当·斯密

斯密是英国古典政治经济学家，在他的《国富论》中有不少关于管理方面的论述，其中对管理理论发展有较大影响的是他的劳动分工理论和经济人观点。

斯密对管理理论发展的一个贡献是他的劳动价值和劳动分工观点。他认为，劳动分工能节约时间，促进技术进步，是提高劳动生产率的主要因素。劳动分工对提高劳动生产率的作用主要体现在三个方面：一是分工可以使劳动者专门从事一种单纯的操作，从而提高劳动者的熟练程度；二是分工可以减少劳动者的工作转换，节约由一种工作转到另一种工作所损失的时间；三是分工可以使劳动简化，有利于发现比较方便的工作方法，促进工具的改良和机器的发明。

斯密的另一个贡献是他的经济人观点。他认为，人们在经济活动中追求的是个人利益，每个人利益的实现都需要他人的协助，而社会利益是由于个人利益之间的相互牵制而产生的。斯密的经济人观点是资本主义生产关系的反映，对以后西方经济理论中"经济人"和"社会人"假设的提出以及对其他学派的发展都有着深远的影响。

小资料 2-1 亚当·斯密的"看不见的手"

亚当·斯密（1723—1790年），是英国工场手工业向机器大工业过渡时期的资产阶级经济学家。他继承和发展了英国自威廉·配第以来的古典政治经济学，是英国资产阶级古典政治经济学的杰出代表和理论体系的创建者。1776年，人类历史上的第一部政治经济学巨著《国民财富的性质和原因的研究》（即《国富论》）出版问世，它标志着政治经济学作为一门独立学科已经正式建立起来。《国富论》使斯密成为英国当时最著名的经济学家，斯密被誉为西方经济学的开山鼻祖，他提出了著名的被称为"看不见的手"的原理。为了表述这一原理，他写道："每个人都在力图应用他的资本，来使其产生最大的价值。一般地说，他并不企图增进公共福利，也不知道他所增进的公共福利为多少。他所追求的仅仅是他个人的安乐，仅仅是他个人的利益。在这样做时，有一只看不见的手引导他去促进一种目标，而这种目标绝不是他所追求的东西。由于追逐自己的利益，他经常促进了社会利益，其效果要比他真正想促进社会利益时所得到的效果大。"

2. 罗伯特·欧文

欧文（Robert Owen）是19世纪初英国著名的空想社会主义者，他最早注意到企业中人的因素对提高劳动生产率的重要性。以前工厂的老板都把工人看作机器，而欧文反对把人视为机器，强调人和机器的根本区别在于人是有需要的有机体。欧文的管理思想集中体现于他对苏格兰一家大纺织厂的改良措施中。他在这家大工厂中所进行的实验主要是针对当时工厂制度下工人劳动条件和生活水平都相当低的情况进行的。这些实验包括：

（1）改善工厂的工作条件，使生产设备布局合理化，缩短劳动时间。

（2）提高雇用童工的最低年龄限制。

（3）提高工资，在厂内免费为工人提供膳食，开设工厂商店，设立幼儿园和模范学校，发放抚恤金。

（4）与工人接触，了解工人的生产生活情况

欧文的改革设想尽管在当时看来很不现实，但他最早注意到管理中人的因素的重要性，开创了在企业中重视人的作用和地位的先河，这对以后西方管理理论中行为科学的兴起产生了重要的影响。

3. 雨果·芒斯特伯格

芒斯特伯格（Hugo Munsterberg）是工业心理学的创始人。工业心理学是对工作中的个体进行科学研究以使其生产效率达到最大化的一门科学。芒斯特伯格于1913年出版了《心理学与工业效率》一书，他指出，有必要对人类行为进行科学研究以识别出一般模式并解释个体之间的差异性。芒斯特伯格建议用心理测试法来改进对员工的选拔，并且要对人类行为进行研究，以便确定什么样的激励方法对工人最有效。应该说，今天我们所拥有的许多关于甄选技巧、雇员培训、工作设计和激励等方面的知识，都是建立在芒斯特伯格研究工作的基础上的。

4. 查尔斯·巴贝奇的管理思想

巴贝奇（Charles Babbage）是英国著名的数学家和机械工程师，他曾用几年时间到英国、法国等国家的工厂了解和研究管理问题，提出了劳动分工、用科学方法有效地使用设备和原料等观点。他对管理的贡献主要有以下几方面：

（1）对工作方法的研究。他认为，一个体质较弱的人如果所使用的铲在形状、重量、大小等方面都比较适宜，那么他一定能胜过体质较强的人。因此，要提高工作效率，必须仔细研究工作方法。

（2）进一步强调了劳动分工的重要性。他认为，劳动分工有助于生产效率的提高，这是一种普遍现象，不仅适用于操作性的体力劳动，也适用于复杂的脑力劳动。

（3）对报酬制度的研究。他主张工人的收入应该由三部分构成：一是固定工资；二是利润分享；三是奖金。其中，后两部分与工人对提高生产率贡献的大小相关。可见，这种刺激性的报酬制度，已经体现了后来以泰勒为代表的科学管理的某些思想。

以上这些先驱者尽管从不同角度提出了一些管理思想，但是并没有形成一种系统化的理论体系。这与当时社会普遍只注重组织生产、减少浪费、增加产量和追求最大利润的具体方法有关。因此，在整个管理活动中占据主导地位的仍然是传统的管理方式和手段，直到19世纪末，随着社会、经济、技术和法律等方面的发展，出现一些科学的管理手段和方法之后，才诞生了科学管理思想。

> **小思考 2-1**
>
> 在早期管理思想中,开拓企业人道主义实践的思想者是哪一个?
> A. 弗雷德里克·泰勒;B. 罗伯特·欧文;C. 亚当·斯密;D. 查尔斯·巴贝奇。
> **答**:B. 罗伯特·欧文。

2.2 现代管理理论的演进

人类有组织的活动源远流长,人类的管理活动也有着悠久的历史。但将管理作为一门独立的学科进行专门的研究,只有近百年的历史。1911 年,泰勒出版《科学管理原理》一书,标志着管理学的创立和企业管理学的诞生。一般认为,西方管理理论的发展主要经过了三个阶段:

2.2.1 古典管理理论

19 世纪末,随着资本主义自由竞争逐渐向垄断过渡,科学技术水平以及生产社会化程度不断提高,西方国家的工业出现了前所未有的变化:工厂制度日益普及,生产规模不断扩大,生产技术更加复杂,生产专业化程度日益提高,劳资关系随之恶化。在这种情况下,传统的经验管理方法已经不能适应客观上的要求。于是,一些有识之士开始致力于总结经验,进行各种实验与研究,并把当时的科技成果应用于企业管理。因此,从 19 世纪末到 20 世纪 30 年代所形成的管理理论被称为"古典管理理论"。古典管理理论的主要代表人物有泰勒、法约尔和韦伯。他们三人分别提出了科学管理理论、一般管理理论和行政组织理论,这些理论成为现代管理学的先驱,对现代管理思想有很大影响。

1. 泰勒的科学管理理论

泰勒是科学管理理论的杰出代表人物。他的科学管理以工厂管理为对象,以提高工人劳动生产率为目标,在对工人的工作和任务进行研究的基础上,制定出所谓的标准操作方法,并根据此法对工人进行指导、训练以提高产量。

泰勒出身于美国费城的一个中产家庭,中学毕业后考入哈佛大学法学院,但不幸因为视力受损而被迫辍学。1875年,泰勒进入费城的一家机械厂当徒工;1878年转入费城的米德维尔钢铁公司当技工;1884年升任总工程师;1898—1901年受雇于宾夕法尼亚的伯利恒钢铁公司;1901年以后,他把大部分时间用于写作和演讲上;1906年担任美国机械工程师学会主席。泰勒的主要代表作有:《计件工资制》(1895)、《工厂管理》(1903)、《科学管理原理》(1911)。

泰勒的生活经历使他深知当时工厂管理的混乱和落后、工人怠工的原因和方式。为了改变这种现状,泰勒首先进行工时测定,进而对工资制度、生产进度、车间组织、人员选择与训练等一系列有关管理的基本问题进行分析。经过毕生的努力,他为管理的革新奠定了基础,成为古典管理学派的创始人。

泰勒的科学管理理论包括很多内容,这里介绍几个最主要的方面:

(1) 制定工作定额

泰勒在工厂里当一名普通工人时,就看到了工人们常常有意识地"磨洋工"。他认为这是由于当时的工人不能多劳多得,而管理者又没有制定工作量的客观依据造成的。为了消除这种现象,泰勒认为应该制定有科学依据的工人的"合理的日工作量",为此他进行了一系列的研究。研究方法是,首先把工人的作业分解成许多个基本动作,消除那些错误的、无用的多余动作,再选择合适而熟练的工人进行操作,并测出完成这些基本动作所需要的时间;然后把测定的每一项动作、每一道工序所需要的时间合在一起,再加上必要的休息时间和不可避免的其他延误时间,这样就得出完成该项工作所需要的总时间,据此测定出一个工人的"合理的日工作量",这就是所谓"工作定额原理",也是"科学管理"的真正开端。泰勒认为,通过动作研究和时间研究确定的"合理的日工作量",是以"科学的事实和法则"为依据的,劳资双方都必须遵守这个标准。"观念应用2-1"详细地介绍了泰勒制定工作定额时的一个著名的实验。

观念应用2-1 ▶ 搬铁块实验

搬铁块实验是1898年在伯利恒钢铁公司货场进行的。实验前,工人的标准工资是每天1.15美元,每个工人平均一天搬运12.5吨铁块。实验开始时,泰勒首先用了3—4天时间观察和研究其中的75名工人,从中挑选了4人,对这4人的历史、性格、习惯和工作抱负作了系统的调查之后,最后确定了一个名为施密特的人作为实验对象。泰勒研究了劳动负荷、动作时间和调节方法,把劳动时间和休息时间很好地搭配起来。他实地测算了从车上或地上搬起铁块的时间、带着铁块在平地上行走的时间、堆放好铁块的时间、空手返回原地的时间等。然后开始训练施密特,告诉他何时搬运,何时休息,用什么样的动作最省力。按照泰勒的方法,施密特一天完成了47.5吨的工作量,而且因为劳动和休息调节得当,觉得不是很累,并拿到了一天1.85美元的工资。

问题:该实验说明了什么?

分析提示:该实验充分诠释了泰勒为什么被称为"科学管理之父"。他的科学管理就是以工厂管理为对象,以提高工人劳动生产率为目标,在对工人的工作和任务进行研究的基础上,制定出标准的操作方法,并根据此法对工人进行指导、训练以提高产量。

(2) 实施标准化管理

过去工人的操作方法和使用的工具,是根据自己或师傅的经验来确定的;工人劳动或休息的时间以及机器设备的安排和使用,也是由管理人员根据自己的判断或过去的记录确定的,没有科学的依据。泰勒认为,为了达到一定的作业标准,必须使工人掌握标准化的操作方法,使用标准化的工具、机器和材料,并使作业环境标准化。这就是所谓的标准化原理。

(3) 实行差别计件工资制

泰勒认为,工人磨洋工的一个重要原因是报酬制度不合理,多劳不一定多得。因此,他提出了一种新的报酬制度——差别计件工资制,其内容包括三个方面:一是通过时间和动作研究来制定有科学依据的工作定额。二是根据工人完成工作定额的不同,采取不同的工资率,实行"差别计件工资制"。比如,如果工人完成或超额完成定额,则定额内的部分连同超额部分都按比正常单价高25%计算;如果工人完不成定额,则按比正常单价低20%计算。三是工资支付的对象是工人而不是职位,即根据工人的实际工作表现而不是根据工资类别来支付工资,以此提高工人的积极性。

(4) 计划职能与执行职能相分离

泰勒认为,应该用科学工作方法取代经验工作方法。所谓经验工作方法,是指根据自己以往的经验来决定采用什么操作方法或使用什么工具等。所谓科学工作方法，是指每个工人采用什么操作方法、使用什么工具等，都根据实验和研究来决定。泰勒认为，工人单凭自己的经验不能找到科学的方法，而且他们也没有时间去从事这方面的研究。所以，必须把计划职能和执行职能分开，由专门的计划部门承担计划职能，由所有工人和部分工长承担执行职能。

（5）强调例外管理

例外管理，就是企业的高级管理人员把一般的日常性事务授权给下级管理人员去处理，而自己只负责处理那些例外事项（即重要事情或特殊事情）。这种方法的好处是可以帮助高级管理人员摆脱日常具体事务，以便集中精力对企业的重大问题进行监督决策。根据例外管理原理，由于实行了权限委让，就要求在高级管理者之下形成新的管理层。通过这种方法可以检验谁履行了职责，谁是不称职的，等等。

泰勒的科学管理理论对管理学的产生和发展起了巨大的推动作用，为后来西方管理理论的发展奠定了理论和人才方面的基础。它的科学性和历史功绩，正如列宁所指出的："泰罗制，同资本主义其他一切进步的东西一样……包含一系列的最丰富的科学成就，它分析劳动中的机械动作，省去多余的笨拙的动作，制定最适当的工作方法，实行最完善的计算和监督方法等等"①。

2. 法约尔的一般管理理论

亨利·法约尔是法国的一位训练有素的采矿工程师，1888年担任一家矿业公司的总经理。1918年，退休后的法约尔积极创办了法国管理研究中心。他的代表作是《工业管理与一般管理》。

法约尔的一般管理理论与泰勒的科学管理理论不同。尽管他们生活在同一时代，但由于自身的经历不同，使他们观察管理问题的角度大不相同。泰勒及其追随者主要关心的是作业方面的问题，注重的是车间管理和科学方法的运用。而法约尔等人则关注整个组织，研究有关管理者应该干什么以及怎样才能干好等更一般的管理问题。此外，法约尔还认为他的管理理论虽然是以企业为研究对象，但除了可应用于企业外，还可应用于政府、教会、慈善机构、军事组织以及其他各种事业。因此，法约尔被公认为第一位概括和阐述一般管理理论的管理学家。他的理论贡献主要体现在他对管理职能的划分和对管理原则的归纳上。

---

① 列宁全集（第34卷）[M]. 北京：人民出版社，1985：170.

(1) 企业的基本活动

法约尔指出,任何企业都存在着六种基本活动,管理只是其中的一种。这六种基本活动是:

① 技术活动,指生产、制造和加工;
② 商业活动,指采购、销售和交换;
③ 财务活动,指资金的筹措、运用和控制;
④ 安全活动,指设备的维护和人员的保护;
⑤ 会计活动,指货物盘点、成本统计和核算;
⑥ 管理活动,指计划、组织、指挥、协调和控制。

在这六种基本活动中,前五种是人们所熟知的,因此要研究的主要是管理活动。

(2) 管理的五种职能

法约尔第一次指出了管理的组成要素,即划分了管理的五项职能,并对管理的五项职能作了较为详细的论述。管理的五项职能分别是:

① 计划,是指预测未来并制订行动方案,它是最重要,也是最难的管理职能。
② 组织,是为组织机构达到预定目标提供所需一切条件的活动,包括组织的建立、职工的招募和训练以及规章制度的建立等。
③ 指挥,是使组织能充分发挥作用的有效领导的艺术。
④ 协调,是指让企业中的所有人员团结一致,以便使所有活动和努力都顺利进行。
⑤ 控制,指核定情况的进行是不是与既定的计划、发出的指示以及确定的原则相符合,以便加以纠正并避免重犯。

(3) 管理的 14 条原则

法约尔在《工业管理与一般管理》一书中,根据五项管理职能之间的逻辑关系,阐述了如何进行管理的思想,总结出 14 条管理原则。这些原则的绝大部分现在已成为管理知识的组成部分,其中许多已被当作管理的基本原则来对待。这 14 条管理原则具体如下:

① 分工。在技术工作和管理工作中进行专业化分工可以提高效率。
② 权力与责任。权力应该同责任相等。如果要一个人对某一工作的结果负责,就应该给予其确保事情成功的应有权力。
③ 纪律。严明的纪律是任何组织都不可缺少的要素。一个组织的成功不

能没有纪律，组织内所有成员都要通过各方达成的协议对自己在组织内的行为进行控制。

④ 统一指挥。组织内每一个人只能服从一个上级并接受他的命令，双重命令对于权威、纪律和稳定性是一种威胁。

⑤ 统一领导。在某个单一的计划中，从事同类活动的组织成员只能有相同的目标；而且目标相同的一组活动，只能有一个领导和一个计划。

⑥ 个人利益服从整体利益。在企业组织中，企业的总目标永远享有至高无上的地位，即个人利益不能凌驾于整体利益之上。当个人目标与整体目标发生冲突时，领导者要以身作则，给员工作出良好的榜样。

⑦ 报酬。报酬制度应该公平，而且要对工作成绩优良的人进行奖励，但奖励应有一个限度。法约尔认为任何优良的报酬制度都无法取代优良的管理。

⑧ 集权与分权。提高下属重要性的做法是分权，降低这种重要性的做法是集权。要根据企业的性质、条件、环境和人员的素质恰当地决定集权和分权的程度。

⑨ 等级制度与跳板原则。等级链是"从最高的权威者到基层管理人员的等级系列"。它表明权力等级的顺序和传递信息的途径。为了保证命令的统一，不能轻易违背等级链，请示要逐级进行，指令也要逐级下达。有时这样做会延误信息，为此，法约尔设计了一种"跳板"，利用这种跳板，可以横跨执行权力的路线而直接联系。这种方法便于同级之间的横向沟通，但在横向沟通前要征求各自的上级的意见，并在事后立即向各自的上级汇报，从而维护了统一指挥的原则。

⑩ 秩序。任何组织都应强调秩序。法约尔认为，每一件事都要有一定位置，每一个人都要有一定职位，各得其所，而且每个人员都必须处在他能最好地做出贡献的职位上。

⑪ 公平。公平是组织的管理人员处理人际关系的一项道德价值准则，它由善意和公正产生。组织领导应该对各级主管灌输公平的意识。

⑫ 人员的稳定。培养一个人，使其能够胜任目前的工作，需要花费时间和金钱。所以，人员特别是管理人员的经常变动，对组织是很不利的。

⑬ 首创精神。首创精神是创立和推行一项计划的动力。领导者不仅本人要有创造性，还要鼓励全体成员发挥他们的首创精神。

⑭ 集体精神。团结对实现组织目标是非常重要的。因此，管理人员应当鼓励成员紧密团结和发扬集体精神。在法约尔看来，加强集体精神的最有效方

法，在于严格的统一指挥。

法约尔提出的管理的五项职能，为管理人员建立了一种概念体系，使他们能够明确地认识到他们的任务究竟是什么。特别是他的14条管理原则的提出，成为西方管理理论发展史上的一个里程碑，为以后管理理论的发展勾勒出基本的理论框架，从而使管理具有了一般的科学性。当然，这些原则并不完整，也不是一成不变的，它不能回答特殊的问题，而且它只是考察了组织的内在因素，而忽视了组织同其周围环境的关系，因而这个理论也存在着一定的局限性。

3. 韦伯的行政组织理论

马克斯·韦伯（Max Weber）是德国著名的社会学家，在社会学、宗教、经济学和政治学等方面都有著述，是古典管理理论在德国的代表人物。他对管理理论的主要贡献是提出了"理想的行政组织体系"理论，这集中反映在其《社会组织与经济组织理论》一书中。

（1）权威的类型

韦伯认为，权力和权威是不同的。权力是无视人们反对，强制使人们服从的能力；而权威则意味着人们在接受命令时是出于自愿的。因此，在权威制度下，下级把上级发布的命令看作合法的。韦伯认为有三种不同类型的权威：

① 个人崇拜式权威，是以对个别人的神圣、英雄主义或模范品德的崇拜为依据的一种权威。先知、救世主、政治领袖等具有的权威就属于这一类。

② 传统式权威。这种权威是以历史沿袭下来的先例、惯例、习俗等为基础而形成的。对这种权威的服从就是绝对地服从统治者，因为他具有沿袭下来的神圣不可侵犯的权力地位。

③ 理性—合法式权威。这种权威以"法律"或"升上掌权地位的那些人……发布命令的权利"为基础。依据这种权威建立的组织是以行政性组织的形式出现的，韦伯认为这是现代社会中占主导地位的组织形态，而且是最理想的组织形态。

（2）理想的行政组织体系

韦伯把行政性组织看作理想的组织形式（需要指出的是，对韦伯来说，"理想"并不是指合乎需要，而是指组织的"纯粹形式"，以区别于现实中的组织形式——往往是各种形式的混合）。他认为，理想的组织形式具有以下一些特点或原则：

① 实现劳动分工。组织中每个成员的权力和责任都要有明文规定，并且

把这些权力和责任作为正式职责而使之合法化。

② 按照一定的权力等级使组织中的各种职务和职位形成责权分明、层层控制的指挥体系。在这个体系中,每个下级都处于一个上级的控制和监督之下。每个管理者不仅要对自己的决定和行动负责,而且要对下级的决定和行动负责。

③ 根据通过正式考试或教育培训获得的技术资格来选拔员工,并完全根据职务上的需要任用。

④ 除了按规定必须通过选举产生的公职人员外,其他公职人员都是任命的而不是选举的。

⑤ 行政管理人员是"专职"的管理人员,领取固定的薪金,有明文规定的升迁制度。

⑥ 行政管理人员不是他所管辖的那个企业的所有者,只是其中的工作人员。

⑦ 行政管理人员必须严格遵守组织中规定的规则、纪律和办事程序。

韦伯的行政组织理论,是对泰勒和法约尔的理论的一种补充,对后来的管理学家特别是组织理论家产生了很大的影响。

小思考 2-2

按照韦伯对权威类型的划分,宗教组织和政府机构分别属于哪种类型的权威组织?

答:宗教组织属于个人崇拜式权威类型的组织;政府机构属于理性—合法式权威类型的组织。

2.2.2 行为科学理论

泰勒、法约尔和韦伯等人的管理理论构成了西方古典管理理论的全貌。此后一些管理学家如厄威克(F. Urwick)、古利克(L. H. Gulick)等人又将古典管理理论进一步加以综合条理化。可以说,一直到今天,古典管理理论在实际管理中仍被广泛采用,其系统层次的观点,注重职工技能和绩效的观点,实行目标责任制、层层负责的观点,强调通过一定的规章制度控制约束的观点等,仍然具有一定的积极意义。但是,古典管理理论也有一定的消极作用,比如,过分强调集权和权威,使员工的主动性和创造性受到压抑;只注意纵向联系,忽视横向联系,造成部门与部门、个人与个人之间信息传递失真或失误;只注意服从,不注意反馈,等等。

20 世纪 20 年代,美国的工人和工会力量增长,普遍要求调节劳资和管理关系,人们不愿意接受传统组织理论的那种权威——服从的领导与被领导的关系;而且尽管科学管理思想在提高领导生产率方面取得了显著的成绩,但由于它片面强调对工人的严格控制和动作的规范化,忽视了工人的社会需求和感情需求,从而引起了工人的不满和社会的责难。行为管理理论正是在这种背景下应运而生的。

行为管理理论始于 20 世纪 20 年代,早期被称为人际关系学说,以后发展为行为科学。一般认为,行为管理理论产生的标志是著名的霍桑实验以及梅奥的人际关系学说。

1. 霍桑实验

20 世纪 20 年代,西方不少管理人员和管理学家认为,工作的物质环境和员工福利的好坏,同领导生产率有明显的因果关系。因此,要缓和矛盾,提高生产率,就得改善环境,增加福利。1924 年,美国科学院曾派调查委员会到西部电气公司所属的霍桑工厂,对两个继电器装配小组的女工进行工作场所照明、工间休息、点心供应等物质条件的变化与工人生产率关系的实验,世称"霍桑实验",目的是了解工作条件与生产率之间的直接因果关系。但实验没有取得什么进展。

哈佛大学心理学教授梅奥了解到上述情况后,对在霍桑工厂已经进行的实验表示很感兴趣并愿意把这个实验进行下去。于是,1929 年,梅奥便带领哈佛大学的实验小组到霍桑工厂继续进行实验,直到 1932 年才结束。

霍桑实验的主要内容与基本过程包括以下几个方面:

(1) 照明实验(1924—1927 年)

这是霍桑实验的第一个阶段。照明实验以泰勒的科学管理为指导思想,研究照明情况对生产效率的影响。专家们选择了两个工作小组,一个为实验组,变换工作场所的照明强度,使工人在不同照明强度下工作;另一个为对照组,工人在照明强度不变的条件下工作。两个小组被要求一切工作按照平时那样进行,而无须付出任何额外的努力。实验组照明强度不断变化,而控制组照明强度始终不变。但最终的实验结果出人意料,两个小组的产量并没有因工作条件的变化而有较大的差异。同时,对实验组来说,当工程师们把工作场所的照明强度一再降低时，工人的生产率并没有按预期的那样下降，相反却上升了。这个实验表明，影响生产率的不是物质条件的变化，而是其他方面的因素，即心理因素和社会因素。

（2）福利实验（1927—1928年）

这是霍桑实验的第二个阶段，也称继电器装配实验。从这一阶段起，梅奥参加了实验。这个实验就是对六个装配电话的女工进行长时间的观察实验。梅奥等人为了测定工作条件、工作日长度、休息时间的次数与长度以及有关物质环境的其他因素对生产率的影响，进行了一系列的研究。随着这些研究工作的进行，他们发现，不管这些条件有多大变化，生产率仍然提高。更令人惊奇的是，当这些女工恢复到原来的工作条件，每天工作时间更长、没有间歇休息、处于不良的环境时，她们的生产率仍然继续提高。经过研究，梅奥等人认为其他因素对产量没有多大影响，而监督和指导方式的改善能促使工人改变工作态度、增加产量，于是决定进一步研究工人的工作态度和可能影响工人的工作态度的其他因素。

（3）访谈实验（1928—1931年）

研究人员在上述实验的基础上进一步在全公司范围内进行访问和调查，达2万多人次。他们最初设想，如果工人的态度取决于他们对工作环境的喜爱或厌恶，那么改善环境就能提高他们的满意度或激发他们的积极性。因此，研究者原先访谈的内容，大多是有关管理方面的，如询问工人对管理条例或规章制度的看法等。在执行访谈计划的过程中，研究人员发现，工人对这类设计好的问题并不感兴趣，而更愿意宣泄他们对工厂的各项管理制度和方法的不满。谈话使工人把这些不满都发泄了出来，因而变得心情舒畅。结果，虽然工人的劳动和工作条件并没有提高，但是工人普遍感到自己的处境比以前好多了，工作上的后顾之忧也少了，情绪得到了较好的调节，从而使产量大幅度上升。

（4）群体实验（1931—1932年）

这是霍桑实验的最后阶段，是对工人的群体行为进行观察和记录。这个阶段的研究对象是14名电话线圈装配工。研究小组发现，该工作室大部分成员都故意自行限制产量，自己确定非正式标准。工人们一旦完成了自己认定的标准以后，即使还有时间和精力，他们也自动停工。因为他们认为，如果生产得太多，工厂可能会提高工作定额，这样就有可能使工作速度慢的人吃亏甚至失业。但是如果生产得太少，又会引起监工的不满。因此，他们就会制定一个非正式的产量标准，并运用群体的压力使每个人遵守这些标准。梅奥据此提出

"非正式群体"的概念，认为在正式的工作组织中，存在着一些自发形成的非正式群体，它们具有既定的行动准则，对人们的行为起着调节和控制作用。

总之，梅奥领导的研究小组通过在霍桑工厂进行的这一系列实验，获得了大量的研究资料，为人际关系学说的形成以及后来行为科学的发展奠定了基础。

2. 人际关系学说

梅奥对其领导的霍桑实验进行了总结，于 1933 年出版了《工业文明中的人的问题》一书，系统地提出了与古典管理理论不同的观点——人际关系学说，其主要内容有以下几方面：

（1）员工是社会人，而不是经济人。以前的管理把人看作经济人，认为金钱是刺激人们积极性的唯一动力。霍桑实验证明人是社会人，除了物质方面的条件外，他们还有社会、心理方面的需求。

（2）生产率的提高主要取决于工人的工作态度、士气及其与周围人的关系，而工作条件、工资报酬等因素对促进生产率的提高只起第二位的作用。

（3）企业中存在着非正式组织。以前的管理只注意组织机构、职权划分、规章制度等正式组织的问题。而霍桑实验发现除正式组织外，企业成员在共同的工作过程中，还能形成非正式组织，并且可以与正式组织相互依存，对生产率产生重大影响。

3. 行为科学的产生

梅奥的这些观点在泰勒的科学管理之外开辟了一个新的领域，从此，人际关系学说的研究逐渐闻名于世，引起了更多的管理学者、专家对人的行为的研究，出现了行为科学。从这个意义上说，人际关系学说可以当作行为科学的开端。

行为科学正式出现于 20 世纪 40 年代末 50 年代初。1949 年在美国芝加哥大学召开的一次跨学科的讨论会上，大家都认为可以利用当时在自然科学和社会科学两方面所取得的成果来研究人的行为，经过讨论将其作为一门学科，并正式把这门综合性极强的学科命名为"行为科学"（behavioral sciences）。

行为科学在发展的后期，主要研究以下四个领域的内容：有关人的需要、动机和激励问题；有关企业中人的个性问题；有关企业中非正式组织以及人与人的相互关系问题；有关企业中领导方式的问题。其中的一些重要方面将在后面章节中详细介绍。

2.2.3 现代管理理论

二战后,随着社会生产力的发展以及系统论、控制论、信息论、电子计算机技术在管理领域日益广泛的应用,西方管理理论的发展进入管理科学时代。这一时期西方管理理论的一个最突出的特点就是学派林立,众说纷纭。对此,美国管理学家哈罗德·孔茨用"管理理论的丛林"来描述西方管理理论的主要特点。

当代西方管理理论的学派很多,这里我们介绍其中比较重要的几个学派。

小资料2-2　管理理论的丛林

> 20世纪60年代,孔茨在《管理理论的丛林》一文中,把西方现代管理理论分为六大派别。然而,经过20多年的发展,孔茨发现这个"管理理论的丛林"似乎越来越茂密了。据孔茨的研究,到了80年代,有代表性的管理理论学派至少有11个之多。为此,他又写了一篇名为《再论管理理论丛林》的文章,并对这11大学派进行了概要的叙述。这11大学派分别是:管理过程学派、经验主义学派、人群行为学派、社会系统学派、决策理论学派、管理理论学派(数理学派)、群体行为学派、系统管理学派、权变管理学派、管理角色学派、经营管理学派。

1. 社会系统学派

社会系统学派的创始人是美国的管理学家切斯特·巴纳德(C. I. Barnard),其代表作《经理人员的职能》一书,被人们称为美国管理文献中的经典著作。

社会系统学派的基本观点是:组织是一个复杂的社会协作系统,应该用社会学的观点来分析和研究管理问题。在巴纳德看来,梅奥的人际关系学说研究的重点只是组织中人与人之间的关系,并没有研究个体与组织之间关系的协调问题。而组织是一个复杂的系统,要使系统有效运转,就必须协调好组织中的个人与组织之间的关系。可见,该学派的研究重点就是如何协调组织中的个人与集体的关系。

组织作为一个社会协作系统,不论其级别的高低和规模的大小,都包含三个基本要素:

一是共同目标。这是组织的基本要素。有共同的目标，就可以统一决策，统一组织中各成员的行动。而如果没有明确的共同目标，成员的协作意愿就无从产生。

二是协作意愿。这是组织不可缺少的要素。所谓协作意愿，是指组织成员愿意为组织的目标做出贡献的愿望。如果没有协作意愿，就无法把个人的努力集中起来，也无法让个人的努力持续下去。巴纳德还认为，个人协作意愿的强度同组织规模大小成反比：组织规模越大，成员的协作意愿越小；组织规模越小，成员的协作意愿就越大。

三是信息沟通。组织的共同目标与个人的协作意愿只有通过信息沟通才能联系和统一起来。组织内的信息沟通是实现组织目标的基础。

因此，作为一个经理或管理人员，其基本的职能至少有以下三项：一是设定并解释组织目标；二是协调组织成员的行动；三是建立并维持一个信息联系系统。

2. 决策理论学派

这一学派的代表人物是著名的诺贝尔经济学奖获得者赫伯特·西蒙，他提出的行为决策观对现代管理理论做出了卓越的贡献。该学派认为，决策是管理者的主要任务，因而应集中研究决策问题。其理论要点如下：

（1）管理就是决策

西蒙认为，管理的全过程就是一个完整的决策过程。或者说，管理就是决策，决策贯穿于管理的各个方面和全部过程。

（2）决策的阶段

西蒙认为，一个完整的决策过程可以相对划分为四个阶段：① 搜集情报阶段：搜集和分析反映决策条件的信息；② 拟订计划阶段：在情报活动的基础上设计和制订可能采用的行动方案；③ 选定计划阶段：从多个可能的方案中通过比较选择一个适宜的行动方案；④ 评价计划阶段：对已作出的计划和计划的执行情况进行审查和评价。

（3）决策的准则

西蒙认为，管理者具有"有限的理性"，因而主张采用"满意准则"。即认为管理者的理性是有局限性的，由于实际中的决策情况非常复杂，而管理者的判断力又受各种主客观条件的限制，不可能了解在给定的情形下所有备择方案的各种可能结果。因此，管理人员应寻求简单的、还算满意的结果，而不是"最佳方案"。

（4）程序化决策与非程序化决策

西蒙把一个组织的全部活动分为两类：一类是例行活动，这是重复出现的例行公事，因此，可以建立一定的程序，在这类活动重复出现时予以应用，不必每次都作新的决策，这类决策称为程序化决策。另一类是非例行活动，这类活动不是经常重复出现的，也不能用对待例行公事的办法来处理。有关这类活动的决策称为非程序化决策。

> **小思考 2-3**
>
> 根据西蒙的程序化决策与非程序化决策的划分，像工厂进料、产品验收、出厂等这一类决策，是属于哪种类型的决策？而像开发新产品或开辟新市场等这一类决策，又是属于哪种类型的决策？
>
> **答：** 前者属于程序化决策，而后者属于非程序化决策。

3. 系统管理学派

系统管理学派认为，组织是由相互联系且共同作用的各个要素所组成的，所以，组织本身是一个系统。系统在一定的环境中生存，与环境进行物质、能量和信息的交换。可见，组织还是一个开放的系统，它与外界环境不断地发生相互作用。它不断地接收外部资源的输入，通过转换过程把资源转换为输出，输出后又被反馈回系统，以便使系统在输入—转换—输出的过程中不断进行自我调节，从而获得自身的发展。

每个组织都包含一些必要的子系统。比如，按照组织的结构，可以包括传感系统、信息处理系统、决策系统、加工系统、控制系统以及信息储存系统等；按照组织的内容，可以包括目标子系统、技术子系统、工作子系统、结构子系统、人际社会子系统以及外界因素子系统等。对于管理者来说，要理解一个系统是如何工作的，首先要懂得其各子系统是如何发挥作用的，以及每个子系统对整个系统的贡献。因此，管理者必须有一个系统观念，懂得当他们决定改变某一子系统时，将会对其他子系统乃至整个系统产生怎样的影响。

总之，运用系统的观点来考察管理的基本职能，可以提高组织的整体效率。管理人员应该认识到，在组织中，没有一个管理者，没有一个部门或单位能独立于他人而存在，因此要特别注意防止为了自己局部利益的最大化而对其他领域产生负面影响。

4. 权变管理学派

权变即权宜应变，指在一种环境下所适宜的管理方式可能不适合于另一种环境，不存在一个普遍适用的、最好的方式，而只能"视情况而定"。所以，权变理论又被称为"情景理论"或"环境论"。

权变管理理论的核心内容就是环境变量与管理变量之间的函数关系，即作为因变量的管理随环境自变量的变化而变化。所以，这种函数关系可以解释为"如果——就要"的关系，即"如果"某种环境存在或发生，"就要"采用某种相应的管理思想、管理方法和技术，以有效地实现组织目标。比如，在经济衰退时期，由于企业面临的市场环境是供大于求，那么集权的组织结构可能更为合适；在经济繁荣时期，由于企业面临的市场环境是供不应求，那么分权的组织结构可能更为合适。

权变管理理论是20世纪70年代在美国兴起的管理学理论中的一种流派。该理论注重于在实际的管理过程中寻求事物的基本关系，主张因人、因事、因目标需要、因国情等的不同而采取不同的管理方法，做到对症下药。（参见观念应用2-2）

观念应用2-2　　上班迟到不处罚

在一般管理工作中，条例总是规定对于迟到、早退都应给予处罚。但是在上海有一家企业却规定工人上班迟到30分钟以内不作任何处罚，而早退则要重罚。这是为什么呢？

分析提示： 该企业领导认为，工人早晨上班时要受到各种环境的影响，尤其是交通的拥挤是造成工人上班迟到的直接原因。特别是路途较远的工人，常常提前一两个小时从家里出发，但还不能保证按时到厂。如果迟到一会儿就要受罚，肯定会影响他们的情绪。这样的规定，使工人体会到领导的关心，事实上不但没有出现人人迟到、天天迟到的现象，而且生产积极性还有了一定程度的提高。

权变管理理论是一种管理上的新理念，它所倡导的权宜应变的思想，适应了社会、经济、科技、政治等组织环境复杂多变对管理的要求。因此，与其他管理学派相比，它对管理实践具有更强的指导意义。例如，它可以帮助管理者提出适用于某些环境和技术条件的组织设计方案，也可以帮助管理者确定适宜的领导风格,甚至可以告诉我们为什么要在不同的文化背景下采取不同的管理模式。

2.3 数字时代的管理理念

数字经济时代的来临使得管理学运行环境发生巨变,管理学在其基础理论受到巨大冲击的同时,也通过各行各业的管理实践总结经验,凝结新理论以丰富自身。本书将数字时代的管理理念融入管理过程各个环节,通过案例和实践进行更深层次的研究和探索。由于环境的快速变化以及笔者研究能力所限,本书仅聚焦与数字经济特征最紧密相关的部分即核心管理活动。

数字技术的发展和应用,使得各类社会生产活动能以数字化方式生成可记录、可存储、可交互的数据、信息和知识,数据由此成为新的生产资料和关键生产要素。这些数据、信息、知识在不同主体间流动、对接、融合,深刻改变着传统生产方式和生产关系,推动社会经济活动效率迅速提升、社会生产力快速发展。管理者的重要性体现在:"组织比任何时候都更加需要管理者的管理技能和能力以有效识别关键问题并提供快速响应;管理者不仅在确保让工作得到落实方面至关重要,同时也是公司走向未来道路上的关键角色;管理者不仅直接影响生产流程本身的效率和质量,且对于员工的产出和忠诚度影响巨大。"[1]

从文明发展的演进过程可以看出,数字时代的管理具有以下理念:

1. 注重人类与自然的融合

传统的管理将自然界视为管理对象,重视人对自然资源的控制、利用和掠夺,而忽视自然伦理。现代管理理念则将自然视为社会关系的集合之一,人也是自然界的一个最有主动性、最有活力的组成部分,把人类与自然融为一体,从而高度重视环境问题、生态系统以及可持续发展,关注科技伦理、社会伦理的协调。在管理实践中,着重关注科学技术的双刃剑特征,统筹加强人文精神与科技文明建设,让科技创新真正惠民生、利社会,而不是相反。

2. 强调以人为本的管理理念

工业革命背景下的管理,以增加绩效为主要目的,至少在泰勒以计时、计

---

[1] 斯蒂芬·P. 罗宾斯,玛丽·库尔特. 管理学(第七版)[M]. 孙健敏,等译. 北京:中国人民大学出版社,2004.

件为手段的科学管理体系下，是不大考虑人本因素的。伴随生产方式的革命性变革，比如，生产工具的数字化、生产场地的分散化、产品功能的服务化等，云计算、大数据、互联网等新技术不断涌现，生产资源的网络化、共享化特征将越来越显著，创新人才、管理智慧等创新要素的决定性作用将越来越突显。在多种要素体系中，人才是最具活力、潜力与影响力的核心因素。以人为中心的管理，是指把自然人视为一切社会活动的主体，把人作为管理工作中心的一种理念。其理论基础是：

(1) 人本原理

人类社会的一切管理都以调动人的积极性为根本，只有人才是实现所有管理功能的主体；一切社会活动只有围绕人这个中心进行调控和管理，才能追随人类历史发展的客观规律。

(2) 资源学说中的人力资源原理

人类社会活动的本质就是对社会资源的运筹与管理，只有充分开发人力资源的潜力，才能创造出社会资源的综合效益；只有把握以人为中心的调控与管理，才能实现对社会与企业的管理目标。

现代科学管理理念要求以人为中心建立两支队伍，一支是领导人才和管理人才的队伍，另一支是具有较高素质的员工队伍，他们是企业最宝贵的资源。长期以来，我们提倡组织的领导干部要做到对员工的贴心，对个人利益的清心，使员工最大程度地感到高兴与放心，这些做法对于密切干群关系、调动员工积极性都曾经发挥过很好的作用，今天同样还是需要的。但是，仅仅这样显然是不够的，效果也不会很理想，我们要在更高的高度与更大的范围上看待这一问题，那就是人才资本的国际化。

优秀的人才只有在竞争和流动中才能获得。人力资源的竞争首先是制度上的竞争，然后才是具体人员上的竞争。如果没有好的制度，人才就很难引进；即使引得进，也很难留得住；即使留得住，也难以人尽其才。因此，我们在保持思想政治工作优良传统的同时，还要学习和借鉴国外先进的吸纳人才、管理人才和激励人才的体制，做到制度上有所创新。

对人才由原来的"管理"转变为"治理"，是指人才管理制度模式由权力本位转变为人才本位，这是人才流动性发展趋势的必然取向。人才流动自有它的规律。人才的流动性，将给众多的优秀人才提供更多的机会，同时也对我国传统的人事制度形成挑战，过去那种低收入制度已经很难吸引人才，面对这种状况，合理缩减机构规模，提高高级管理人才的收入和待遇，实行公开设岗、竞争上岗、择优录用的优胜劣汰机制,是每一个组织贯彻以人为中心的管理理念,进行人事制度改革的必由之路。

3. 注重协同赋能的价值创造

100多年来,管理理论都在寻求解决一个问题:"效率从哪里来?"自泰勒以来的管理大师们分别作了阐释:效率来自分工,来自分权,来自分利。三个经典管理理论,有效解答了三个效率,即劳动效率、组织效率、人员效率的奥秘。具体的日常管理工作,永恒的任务是通过有效的方式、方法、手段等策略层面的努力,解决效率与效益的提升问题。社会永远是在往效率更高的方向发展。上述理论都是基于组织本身决定其绩效的思路,已较好地解决了20世纪工业时代的管理课题。然而,新科技革命带来的不确定性,使组织外部环境成了影响组织绩效的关键因素。传统的理论和管理者难以胜任新科技革命后的组织效率问题。

新时期,效率不再主要来源于分工,而是来源于协同;必须激励价值创造,不能只作绩效考核;组织文化的重要性和内涵发生了重大改变,与组织理念和战略相符合的新文化,有更大包容性、开放性、容错性特点的新文化,往往决定组织管理的成败。如何提高企业、组织的效率、效益和价值,要有新的思路和方法。从工业时代进入数字时代的管理变革如图2-1所示。

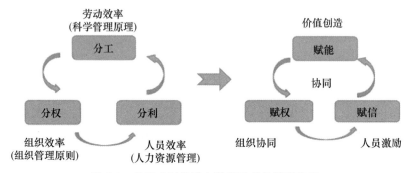

图2-1 从工业时代进入数字时代的管理变革

4. 强烈的创新意识和持续创新

科技革命带来的新技术、新成果日新月异、层出不穷。任何企业、社会组织都必须高度关注未来发展的大趋势和管理创新。创新也成为影响全局的核心问题。创新的管理完全不同于工业文明下"从一到多"的流水线管理理念和范式。创新活动尤其是如何管理从0到1的原始性创新,对管理界来说仍然是令人困扰的难题。数字经济时代的重要特征,首先是创新行为越来越依赖市场需求,目光要盯住市场,广泛从市场和顾客中吸取灵感。其次是创新正逐渐从平行式的量的创新向纵深式的质的创新转变。因此,企业家的创新更多地表现在信息整合、知识集成上。此外,数字时代的管理者应该引领组织坚持"持续创新",尤其是在技术和管理方面。

5. 高度重视系统安全问题

保持系统的安全性,已经超越了技术层面的重要程度,成为每个组织的战略性问题。一个系统至上、万物互联的时代,安全问题面临前所未有的挑战。数据安全、网络安全问题已经从小规模事件上升到了国家安全战略层面。金融风险的管控、个人隐私的保护、系统崩溃的防范等,既是现在和未来面临的战略挑战,也是诞生新产业的巨大商机。2020年年初爆发的肆虐全球的新冠疫情,以数万人的生命和全球性的经济几近停滞的惨痛代价,充分向世人证明了系统安全的战略重要性。

6. 高度关注新产业、新业态

新科技革命的直接结果是新产业、新业态对原有产业的重新洗牌,甚至完全替代更新。而随着新材料、新能源、生物工程、量子通信等颠覆性技术群的突破,大批新产业、新业态必定如雨后春笋般兴起。因此,产业结构的调整、升级,不是一般意义上的企业管理课题,必须从战略管理的高度给予充分关注。关注行业发展的趋势,关注新产业、新业态的出现,是现代企业管理者的基本功之一。

全球范围内的新科技革命、西方管理理论与实践的张力和中国特色管理实践,正推动管理学迅速发展。数字时代的管理学是系统观引领的科技与哲学相融合、东西方理论与实践相融合的管理学理念的崛起。摆脱单一的经济思维和封闭的局部思维,从人和社会的全面可持续发展这一新价值理性出发,重新思考管理的本质与终极目标,是新时代管理学理论的立足点,也是世界级企业经营管理的价值原点。

本章小结

本章主要介绍的是管理理论的产生和发展,重点是现代管理理论的演进。首先介绍了早期的管理思想。这一时期的主要代表人物及其管理思想分别是:斯密提出劳动分工理论和"经济人"观点;欧文最早注意到企业中人的因素对提高劳动生产率的重要性；巴贝奇提出劳动分工、用科学方法有效地使用设备和原料等观点；等等。在他们之后，泰勒、法约尔和韦伯分别从个人、组织和社会三个不同的角度提出了古典管理理论，使管理学真正成为一门科学。

梅奥以他的霍桑实验提出了"社会人"的观点，并发展成为人际关系学说，成为行为科学发展的开端。从此以后，出现了许多既相互交叉又相对独立的现代管理学派，形成了"管理理论的丛林"。本章主要介绍了这个"丛林"中的几个主要学派，分别是社会系统学派、决策理论学派、系统管理学派以及权变管理学派。数字时代的管理体现了人与自然的融合、以人为中心的管理，注重协同赋能的价值创造、强烈的创新意识和持续创新，高度重视系统安全问题，高度关注新产业、新业态等。

主要概念和观念

□ 主要概念

例外管理　　　　程序化决策　　　　非程序化决策　　　霍桑实验

□ 主要观念

古典管理理论　　行为科学　　　　　管理理论丛林

基本训练

□ 知识题

2.1　阅读理解

（1）简述亚当·斯密的管理思想。

（2）简述人际关系学说的主要内容。

（3）你如何理解"管理理论的丛林"这种提法？

2.2　知识应用

（1）判断题

①"非正式组织"的存在是在霍桑实验中发现的。（　　）

② 19世纪初英国著名的空想社会主义者是查尔斯·巴贝奇。（　　）

③ 被称为"情景理论"或"环境论"的是系统管理学派。（　　）

(2) 选择题

① 曾获得诺贝尔经济学奖的管理学家是（　　）。

A. 泰勒　　　　B. 巴纳德　　　C. 西蒙　　　D. 孔茨

② 法约尔提出的管理的五项职能是（　　）。

A. 计划　　　　B. 组织　　　　C. 指挥　　　D. 激励

E. 协调　　　　F. 控制

③ 被誉为"科学管理之父"的人是（　　）。

A. 梅奥　　　　B. 泰勒　　　　C. 西蒙　　　D. 孔茨

④ 社会系统学派认为，任何一个组织都包含三个基本要素：（　　）。

A. 共同目标　　B. 有效领导　　C. 协作意愿　　D. 信息沟通

☐ 技能题

2.1　规则复习

(1) 泰勒的科学管理理论主要包括以下几个方面的内容：

① 制定工作定额

② 实施标准化管理

③ 实行差别计件工资制

④ 计划职能与执行职能相分离

⑤ 强调例外管理

(2) 法约尔第一次指出了管理的组成要素，即划分了管理的五项职能：

① 计划：是指预测未来并制订行动方案，它是最重要也是最难的管理职能。

② 组织：是为组织机构达到预定目标提供所需一切条件的活动，包括组织的建立、职工的招募和训练以及规章制度的建立等。

③ 指挥：是使组织能充分发挥作用的有效领导的艺术。

④ 协调：指让企业中的所有人员团结一致，以便使所有活动和努力都顺利进行。

⑤ 控制：指核定情况的进行是不是与既定的计划、发出的指示以及确定的原则相符合，以便加以纠正并避免重犯。

2.2 操作练习

（1）实务题

以你所在的班级为例，根据你的观察，班级里有没有（或有几个）非正式群体？这种非正式群体有什么特点？假如你是班主任，你会怎样对待这些非正式群体？

（2）综合题

福特造就了摩登时代

福特公司在1910年1月建成了海兰公园工厂，从那时起到1927年，该厂共生产了1500万辆T型车。这是那个时代工业成功的标志。

很显然，装配线的概念和科学管理也有非常密切的关系。福特谈及"降低部分工人思考的必要性和将工人的移动次数减至最低，因为工人移动一次只可能做一件事"时，也得到了泰勒明确的回应。这一思想应用到T型车的生产上时，整个生产过程就被分解为84个步骤。

在福特和他的工程师做了大量完善的工作后，装配线开始运行了。福特创造出一个复杂的系列生产系统，确保了零件和组合件等能在适当的时间运送到装配线上。福特早就实践了及时生产技术（just in time，JIT），时间远比这项技术流行的20世纪80年代要早很多。福特改变了社会，他也是机器时代的主要创造者之一。生产线成为那个时代的企业的主导形象。

资料来源：傅强．汽车行业对科学管理的贡献［J］．科技智囊，2005，（8）．

问题：

（1）根据上述案例，福特和泰勒的观点有什么共同之处吗？举例说明。

（2）结合上述案例，你怎样看待列宁对泰勒制的评价？

观念应用

□ 分析题

上海商业储蓄银行的严格制度

银行家陈光甫先生创办的上海商业储蓄银行素以纪律严明、执法甚严著称。行员只要犯了行规,就会遭到处分。比如行里规定早上 9 点上班,而行员必须于 8 点 3 刻前到行,8 点 3 刻后到者,以旷工半天计,9 点以后到者,以旷工一天计,但仍应照常上班,不得以任何借口不上班。又如,严禁"得罪"顾客,有与顾客吵架者,不问是非曲直一律开除。

上海商业储蓄银行有一套严格的检查制度。检查员是总行检查处的办事人员,他是持有"尚方宝剑"的"钦差大臣",被派往各地检查总行各项规章制度的执行情况。检查时间不定,每年一次或两次,也可能几年不检查。中层干部若有作风不正或贪污舞弊等情况,检查员也应通过与普通行员的接触,调查了解,予以揭发,否则就是检查员的失职。遇到这类情况,总行对被检举的中层干部的处理,一般是训斥、调离或开除等。而对一般行员则更严厉,如有贪污挪用款项 30 元及以上者,被查出后立即开除,检查员仅需向总行检查处和人事处报告备案即可。

问题:你怎样看待上海商业储蓄银行严格的制度?

□ 实训题

选择你所在城市的一家大型企业和一家中(小)型企业,通过访谈与观察的方式,分析该企业主要依据哪些管理理论来指导管理活动,大型企业和中(小)型企业有什么不同。然后写一份调查报告。

第3章 管理的经济学原理

学习目标

通过本章的学习,应该达到以下目标:

知识目标:了解管理活动和经济规律的紧密联系,在经济规律指导下进行管理。

技能目标:能够按照三产划分理论,正确划分不同产业;根据经济起飞理论和人力流动理论解决企业发展中的项目选择和人力配置问题;掌握利润最大化原则,解决管理中有关经济效益的问题。

能力目标:能够利用经济体制、机制规律以及经济利益、效益原理,分析有关的管理方法,提高管理能力。

引例 快速发展的拼多多

2015年9月创立的拼多多,以低价和社交化拼团模式,并借助微信的流量红利,在一片电商红海中快速崛起。2021年全年,拼多多年成交额(GMV)为2.441万亿元,同比增长46%,正式跨入两万亿时代。拼多多目前在商业上是成功的。

拼多多创始人黄峥于2015年创办拼好货。拼好货采用的是重资产模式，团队自建供应链。从货源、仓储到物料，拼好货都严格把控，保证产品质量。拼好货与淘宝、京东的不同之处在于其以拼单为核心的商业模式，用户在购买商品之前需要借助以微信为主的社交平台吸引亲朋参团，达到预定的人数后才能开启订单。到2015年年底，其日订单量超过百万，累计活跃用户突破千万。2015年9月，拼多多应运而生。2016年9月，拼好货和拼多多宣布合并，拼好货变成了拼多多的自营部分。

拼多多社交电商的核心是社交＋拼团。人与人之间本就有社交连接，基于社交连接，每个顾客都成为拼多多流量的分发渠道。微信是拼多多用户拼团的主要平台。微信是中国最大的互联网社交平台，聚集了全国最大数量的三四五线城市用户和农村用户，这些用户恰为拼多多的重要目标用户。另外，微信提供的是即时通信服务。移动互联网分散的各处流量会在微信聚集，为拼多多提供源源不断的流量运营基础。腾讯参与了拼多多的多轮股权投资，对于拼多多在微信群和朋友圈的营销活动，腾讯颇有助力。拼多多的微信小程序从2017年5月开始使用，到2017年年底，累计用户访问量已经过亿，这正是拼多多借助微信小程序引入流量，充分利用微信小程序开关方便、体验流畅的特点，助力自身发展的明证。拼多多的创始团队，既有电商的强运营思维，又有游戏的社交基因。拼多多实现了社交和电商的融合，创造了一种新的电商模式，让消费者体验另一种购物方式。

当前，中国社会消费层次多元，三四五线城市消费需求的存量市场依然很大。《中国统计年鉴》的数据显示，占我国总人口80%的中低收入者，在2016年的人均可支配收入为17836元。这一数字，尚不如占总人口20%的高收入群体在2006年的平均收入水平（19730元）。不同群体的收入差距，势必造成两者截然不同的消费习惯和消费需求，性价比对于这80%的人来说依然是作消费决策时的第一参考因素。从拼多多用户分布情况看，三线城市占23%，四线及以下城市占42%，二者总和达到65%，而一线城市仅占8%。拼多多的快速崛起，显示出市场下沉成为移动互联网的新机会。当一二线城市已经变成一片电商红海后，创业者在利基市场找到了新的增长机会。"微信的使用者减去淘宝的使用者"是这些创业者的新目标用户——其用户量大约有5亿之多。拼多多内部也将自己的服务宗旨定为服务中国最广大人群的消费升级。伴随着高速增长，拼多多遭遇多次商铺维权，野蛮生长的拼多多迎来了一次次危机公关。依靠低价拼单模式快速吸引了3亿多三四五线城市和城镇用户的拼多多，下一步将如何发展定位？这些都是摆在拼多多面前的棘手问题。

2021年3月，黄峥在离职公开信中表示："行业竞争的日益激烈甚至异化让我意识到这种传统的以规模和效率为主要导向的竞争是有其不可避免的问题的。要改变就必须在更底层、根本的问题上采取行动，要在核心科技和其基础理论上寻找答案。虽然拼多多自身还很年轻，还有很厚、很长的雪坡，还有比较长时间的高速增长空间，但如果要确保它10年后的高速高质量发展，那么有些探索现在已经是正当其时了。"

这条探索路径从农业开始，未来尚有很多不确定性因素。

资料来源：根据《21世纪经济报道》、澎湃新闻、《清华管理评论》及部分网络资讯综合改编。

3.1 管理与经济

与自然规律一样，在一定社会历史条件下的经济规律，也具有自身的客观性。人们既不能消灭，也不能创造与制定经济规律，任何管理活动都必须尊重经济规律，按照经济规律的要求办事，否则我们的管理就要受到经济规律的惩罚。

3.1.1 经济规律指导下的管理活动

管理和经济是一对孪生兄弟，不讲经济的管理与不讲管理的经济都是令人难以置信的。在我国早期历史上，经济具有济世经邦、经国济民的意思，是指如何理财和如何管理的社会活动；而在西方的语言学中，"经济"一词则是从古希腊"家庭管理"一词演变而来，在当时经济就是指家庭管理。

1. 经济意义上的管理学

恩格斯曾经指出："没有希腊文化和罗马帝国所奠定的基础，也就没有现代的欧洲。"① "经济"一词是古希腊思想家、历史学家和作家色诺芬（Xenophon）在《经济论》中首先提出的。色诺芬出生于雅典一个富裕的家庭，是苏格拉底的门生，他根据自己亲自经营和管理庄园的经验写成《经济论》一书，这是古希腊流传下来的专门论述经济和管理问题的第一部著作。这部著作在管理学原理上的主要贡献是：第一，首先提出了经济管理的研究对象，是如何让"优秀"的主人管理好自己的财产，这是确定管理者的问题；第二，明确提出管理的中心任务，是使原来的财富不断得到增值，这是管理目标的问题；第三，提出对驯服的奴隶给予较好的待遇，认识到管理要因人而异，可以说这是以人为中心管理思想的雏形；第四，首次分析了社会分工的重要作用，这便是后来管理学上有关组织的问题。20世纪二三十年代，在管理学已经进入中期发展阶段时，凯恩斯与梅奥分别从经济学和人际关系学说方面，为管理学思想的新发展共同做出了历史性的贡献。由此可见，在科学发展的历史长河中，管理学和经济学历来就像是一对无法分离的亲兄弟，简单地说，狭义上的管理学就是经济活动意义上的管理学。

2. 微观经济意义上的管理

从某种意义上说，企业的状况和变化都是经济规律制约下一定管理行为的结果。有什么样的管理，就会有什么样的经济状况；一定的经济状况，又反映了管理活动的相应水平，这是经济规律制约下管理活动的普遍规律。经济可以相对分为宏观经济和微观经济，宏观经济是指一国国民经济的总体状况，宏观经济管理的目标是实现国家经济增长、充分就业、物价稳定和对外收支平衡等；而微观经济是指个体单位的经济活动，即个别企业、经营单位及其经济活动。相对于宏观经济，这种在微观经济分析基础上的经济管理是局部性的管理，是指对一个部门、一个企业生产经营活动的管理。在社会主义市场经济条件下，各经济实体要按照自主经营、自负盈亏以及依靠市场导向进行管理。宏观经济管理的好坏直接关系到整个国民经济的稳定和社会发展；而微观经济管理水平则直接影响经济实体的竞争力和兴衰存亡。从这层意义上讲，我们的管理就是指在宏观经济指导下的微观经济管理；而经济学的一般原理自然也就是管理学原理的组成部分。在庞大的经济理论体系中，经济关系和经济规律是首先需要关注的重要内容。

---

① 《马克思恩格斯文集》（第9卷）[M]. 北京：人民出版社，2009：188.

3. 经济关系和经济规律对管理的指导作用

（1）经济关系。管理活动总是发生在一定社会的经济关系之中，管理者的经济地位、社会地位对他的管理思想和采用的管理方法都会有重要的影响。

① 经济关系的含义。经济关系是社会生产关系的同义词，是指人们在社会生产过程中所结成的相互关系；这个关系使人们成为管理者与被管理者，成为经营者与员工，他们所处的生产地位决定了相应的工作责任与基本的工作态度。广义上的生产过程，是指连续不断进行的社会生产的总过程，既包括直接生产过程，也包括商品和服务的消费过程。生产和消费是社会生产总过程的主要环节，管理工作要十分注意它们之间存在的相互联系又相互制约的辩证关系；十分注意一定的生产决定着一定的消费，而消费又影响和反作用于生产，制约着生产发展的基本关系。而狭义的生产过程是指直接生产过程，对直接生产过程进行部门职能协调和人员协调，这又是管理学的重要职能。

② 以资源占有和职业为基础的社会阶层的构成。管理者要了解当前中国社会阶层的构成，正确预见阶层变动趋势，了解不同阶层人员的需要。

改革开放四十多年来，中国社会发生了深刻的变化，其中阶层的变化是中国社会转型和经济转轨的最核心内容。这一变化包括：农业劳动者不断向其他社会阶层流动，农业劳动者阶层正在逐步缩小；商业服务业人员的数量有所上升；产业工人的数量随着农村工业化明显上升；社会中间阶层扩张迅速，使得中国社会阶层结构由原先的金字塔形逐渐向橄榄形转变；掌握和运作经济资源的阶层正在兴起和壮大，呈现出多元化的发展方向，并正在向与现代化经济结构相适应的现代化社会阶层结构转变。

总的来看，目前中国社会阶层结构已经不再只是包括简单的工人阶级、农民阶级和知识分子阶层，而是出现了一个不断扩大的社会中间层和企业家阶层。与发达国家相比，现代化社会阶层结构的基本构成部分在中国已经具备。今后，中国社会阶层结构在构成成分上不会有大的变化，可能的变化是在各个阶层的规模上，其中专业技术人员阶层、商业服务业人员阶层、经理阶层和私营企业主阶层将会大大扩张。

观念应用3-1 ▶ "出气娃娃"销路好

一位商家向市场推出了"出气娃娃"，销路出乎意料地好。出气娃娃的造型有警察、中年女职员和公司老板，每个娃娃高约0.3米，用强度与柔软性都很好的塑胶制成，使它们能够承受挨打而不变形。这些娃娃在挨打后，不仅不还手，而且频频道歉。挨打后警察娃娃会说："对不起，我刚才态度不够好，请原谅！"中年女职员娃娃会细声细气地说："人的生活都会有难处，你说吧，说出来会好过一些！"公司老板娃娃则说："请原谅我，我是一个笨蛋！"

问题：请从经济关系角度分析，这是为什么呢？

分析提示：现代社会生活节奏快，竞争激烈，人与人之间关系紧张。警察对交通违规罚款铁面无私，毫不留情；中年女职员善解人意，是述说心事的好对象；而公司老板则往往使人敢怒不敢言，这些都反映了当前社会经济关系的特点。商家抓住了这个特点，为需要发泄挫折感的顾客提供了发泄对象，给人以心理上的调节，所以受到顾客的欢迎。

（2）经济规律。经济规律是指在商品生产、服务提供和消费等过程中，各种复杂的经济联系和现象，是经济现象和经济过程内在的、本质的、必然的联系和关系。比如，供求规律是指市场上的商品价格由商品供求状况决定的规律，供求双方或其中任何一方变动，都会引起商品价格变动，这个规律是客观存在的。企业管理者在投资、生产、销售、定价等工作中，必须掌握和应用这一规律，不能违背这个规律。因为经济规律是客观存在的，是不以人的意志为转移的。尊重经济规律，是每一个管理工作者应有的科学态度，我们可以认识和利用经济规律，但不能无视经济规律，凡是不按照经济规律办事的做法，不管当时的动机如何，最终都不可避免地要受到经济规律的惩罚，在我国管理史上这样的教训屡见不鲜、十分深刻。

3.1.2 利润最大化和经济起飞理论

1. 利润最大化

企业是营利性的经济组织，实现生产经营利润最大化，是每一个企业最重要的经营目标。利润最大化，表现为成本既定情况下的产量最大，或产量既定情况下的成本最小。企业追求利润的最大化，与企业对社会、对国家、对消费者和对员工负责是一致的。一般情况下，企业只有获得较好的利润，才能为消费者提供更多更好的产品，才有能力研制新的产品，才能向国家提供更多的税金，才能使员工得到更多的收入，才有可能获得更好的发展，它是企业生存和进步的必要条件。因此,实现企业利润最大化是全体员工的共同心愿和共同目标。在环境、技术、设备、资金、主业情况基本相同的条件下,管理的科学化是保证实现利润最大化的最重要的条件,为此,企业在管理上要尽量做到:

(1) 扩大产品的市场需求量,努力提高产品的竞争能力。有需求才能有效生产,有生产才能有效益。

(2) 加强经济核算,努力降低生产成本。利润是收益与成本之差,成本越低,利润就越高。

(3) 大力发展生产,努力扩大经济规模。产品的生产规模,对生产成本有很大的影响,只有在一定的经济规模下进行生产,才能实现既定产量下的成本最小。

2. 管理在经济起飞中渐进

谁能预见未来,谁就能把握今天,历史是使今天变为昨天的一种轨迹,它能够向我们展示未来。一个高层管理者想要站在战略的高度进行正确决策,就必须掌握社会经济发展的规律,而经济运行中的"起飞"规律,则是社会宏观背景下重要的经济运行规律,它对于管理的中长期决策,企业要朝什么方向发展,向哪一类产业进行投资,具有重要的指导意义。

美国经济学家罗斯托(W. W. Rostow)于1960年在《经济成长的阶段》一书中首次提出经济起飞的概念,后来被大多数经济学家所接受,产生很大的影响。罗斯托也因此被西方经济学家誉为"做出最令人鼓舞的贡献的人""我们时代最著名的经济学史家"。罗斯托根据科学技术和生产力发展水平,将经济成长过程分为以下六个阶段:

(1) 传统社会阶段。这时农业居于首要地位,生产力低下,生产主要依靠手工劳动,不存在现代科学技术,消费水平低下,等级制严重,家庭在社会生产中起着重要的作用。

(2) 为经济起飞创造条件阶段。此时,近代科学技术开始在工农业中发生作用,占人口75%以上的劳动力逐渐从农业转到工业、交通业、商业和服务业。在这一时期,世界市场的扩大成为经济成长的重要推动力量。

(3) 经济起飞阶段。在这个阶段,那些束缚经济增长的阻力被一一克服,传统的经济停滞状态被突破。这时,积累在国民收入中所占的比率由5%增加到10%以上,即出现较高的积累率;由一种或几种经济主导部门带动整个国民经济的增长,即具有经济起飞的主导产业;建立起能保证起飞的制度,如私有财产保障制度、私人资本投资制度等。罗斯托断言,一国只要具备积累率、主导产业和相应的制度这样三个条件，经济就可以实现起飞，出现持续自动的经济增长，各国的经济起飞阶段大致为二三十年。

（4）经济向成熟化挺进阶段。这时社会已经把一系列现代技术有效地应用于大部分资源，产业结构向合理化方向发展，经济结构发生相应变化，投资率达到10%至20%，新兴产业迅速发展。

（5）群众高额消费阶段。这是一个高度发达的工业社会，随着人均国民收入的提高，人们的消费水平相应提高，社会生产也相应由注重生产资料的生产转移到对耐用消费品的生产。罗斯托肯定，汽车产业是这一时期的主导产业。

（6）追求生活质量阶段。人类的欲望总是在发展着、变换着，当人们已拥有想要的小汽车之类的耐用消费品之后，他再要追求的往往就是环境的优美、生活的舒适，以及精神生活的享受了，这是人类社会发展的第二次突变。罗斯托说，没有钱的时候，拼命追求钱；有了钱，但没有社会地位，就拼命追求社会地位；二者都有了，就追求精神享受。这个第六阶段理论，是罗斯托于1971年在其《政治与成长阶段》一书中提出的；同时，他预言，这一阶段社会的教育、保健、医疗、福利、文娱、旅游等产业将成为主导产业。每一个需要对企业发展作出正确决策的管理者，都不能不注意研究人类历史的发展规律，面对社会经济起飞的历史性变化，把握机遇、迎接挑战，使企业在顺应历史潮流中求得发展。

当前，我们抓住数字经济发展新机遇，从数字信息基础设施、产业数字化转型、数字乡村、工业互联网、数字经济治理和数据要素潜力等方面加强对数字经济的研究，充分体现了经济起飞理论对管理学的重要意义。

补充阅读材料 3-1　　发展数字经济

2022年《政府工作报告》中提出"促进数字经济发展"，2017年、2019年、2020年、2021年和2022年，"数字经济"五次被写入《政府工作报告》。从2021年提出"打造数字经济新优势"到2022年提出"促进数字经济发展"，还增加了数字信息基础设施、产业数字化转型、数字乡村、工业互联网、数字经济治理和数据要素潜力等内容，这是对数字经济发展的进一步延伸，也是建设数字中国的重要内容。

数字经济是数字技术推动的人类社会经济发展的新形态，是全球要素资源重组、经济结构重塑、竞争格局改变的关键力量，是国际经济竞争合作的新高地和中美战略博弈的制高点。国务院发布的《"十四五"数字经济发展规划》对数字经济作出了全面阐述。该规划提出，要以数据为关键要素，以数字技术与实体经济深度融合为主线，加强数字基础设施建设，完善数字经济治理体系，协同推进数字产业化和产业数字化，赋能传统产业转型升级，培育新产业新业态新模式，不断做强做优做大我国数字经济。

2022年《政府工作报告》中提出：促进数字经济发展；加强数字中国建设整体布局；建设数字信息基础设施，推进5G规模化应用，促进产业数字化转型，发展智慧城市、数字乡村；加快发展工业互联网，培育壮大集成电路、人工智能等数字产业，提升关键软硬件技术创新和供给能力；完善数字经济治理，释放数据要素潜力，更好赋能经济发展、丰富人民生活。报告中有关数字经济的内容篇幅不小，信息量巨大，为我国不断做强做优做大数字经济、在新发展阶段推动数字经济高质量发展指明了方向。

资料来源：张鸿. 从打造数字经济新优势到促进数字经济发展 [J]. 现代制造，2022，(3).

同理，管理在重视罗斯托的经济起飞理论的同时，还要注意三次产业理论的指导作用。早在经济起飞理论出现以前40年，三次产业理论就已经在指导人类社会的管理活动了。

20世纪20年代，澳大利亚和新西兰就已经出现了第一产业、第二产业的提法，而第三产业的提法则最早出现在英国经济学家费希尔（A. Fisher）1935年出版的《安全与进步的冲突》一书中。他认为，人类生产活动大体经历了三个阶段：第一个阶段，人类生产活动以农业和畜牧业为主；第二个阶段，工业生产大规模发展，人类开始从事纺织、钢铁和其他制造业活动；第三个阶段，各种社会服务业迅速发展。

三次产业是根据社会生产活动历史发展的顺序对产业结构进行的划分，产品直接取自自然界的部门称为第一产业，对初级产品进行再加工的部门称为第二产业，为生产和消费提供各种服务的部门称为第三产业。三次产业是世界上较为通用的产业结构分类，但各国的划分不尽一致。

为更好地反映我国三次产业的发展情况，满足国民经济核算、服务业统计及其他统计调查对三次产业划分的需求，根据《国民经济行业分类》（GB/T 4754—2017）的规定，第一、第二、第三产业的范围如下：第一产业是指农、林、牧、渔业（不含农、林、牧、渔服务业）。第二产业是指采矿业（不含开采辅助活动），制造业（不含金属制品、机械和设备修理业），电力、热力、燃气及水生产和供应业，建筑业。第三产业即服务业，是指除第一、第二产业以外的其他行业，包括批发和零售业，交通运输、仓储和邮政业，住宿和餐饮业，信息传输、软件和信息技术服务业，金融业，房地产业，租赁和商务服务业，科学研究和技术服务业，水利、环境和公共设施管理业，居民服务、修理和其他服务业，教育，卫生和社会工作，文化、体育和娱乐业，公共管理、社会保障和社会组织，国际组织，以及农、林、牧、渔业中的农、林、牧、渔服务业，采矿业中的开采辅助活动，制造业中的金属制品、机械和设备修理业。

专题 3-1　生产管理：从生产经济到服务经济

在传统经济运转框架中，虽然需求侧和供给侧，以及供应链和价值链之间存在关联和互动，但彼此之间的影响是静态的、粗糙的。5G 网络、云计算、物联网、超算中心等新基建有助于数据从需求侧（C 端）到供给侧（B 端）和政府侧（G 端）、从供应链到价值链的贯通，打破人、机、物和服务的边界，从而实现生产管理模式从基于工厂制造的生产经济升级到基于平台引领的服务经济。

在新的生产管理模式下，一方面，企业可以实时动态地了解消费者行为和市场需求，甚至鼓励消费者直接参与设计，将其与柔性生产环节联动以精准满足消费者的个性化需求；另一方面，企业可以基于数字基础设施搭建一套全生命周期的服务体系，并通过数据反馈不断改进产品设计和生产流程。此时，平台将成为商业基础设施，企业可以在这上面通过数据和算法引领供需两端，实现制造业价值链和服务业价值链的双链融合。未来甚至连生产厂房和办公楼宇都可以通过物联网操作系统，打通用户、电梯、消防、能源、安防等多个环节，助力实现智慧化和精细化的生产管理。

资料来源：吴绪亮. 管理的未来：新基建时代的数字化革命 [J]. 清华管理评论，2020，(9).

3.1.3　劳动力资源配置理论

本书第 1 章提到，人类社会活动的本质就是对社会资源的运筹与管理。自人们提出宏观管理的概念之后，资源优化配置就成为管理的重要任务，而能否使社会资源尤其是劳动力资源做到优化配置,则是管理者必须关心的内容。为此,我们要掌握以下有关劳动力管理的经济学原理。

1. 劳动力移动理论

经济学上的劳动力移动理论,是指对劳动力在国际移动的类型、原因及其经济效应的研究,对于人力资源管理具有重要意义,为人力开发、使用与控制提供了经济学的原理。

(1) 劳动力迁移动因。劳动力移动理论明确认为,劳动力自动迁移主要是出于经济原因,实际工资的差距是劳动力从低工资国家或地区移向高收入国家或地区的最基本动因。除此之外,还有创业、就业、受教育的机会和生活方式的吸引,也包括政治和宗教方面的非经济原因等。而劳动力迁移的制约因素,则主要有往返费用、乡土观念、背井离乡之苦以及移居地的各种政策限制等。管理者如果长期忽视这个问题,就可能影响后继人才的培养,甚至形成有关学校专业招生的困难。

(2) 劳动力移动的经济影响和作用。劳动力作为一种资源,能在世界范围内因流动而得到重新配置和更有效的利用,这样首先在一定程度上解决了人口过密国家的失业和资源浪费问题,有利于世界范围内生产力的提高和社会商品的增加。其次,使资金和先进技术流进相对落后的国家或地区,为落后国家或地区的发展创造条件。如果是外汇汇款,还有助于改善汇入国的国际收支。再次,有助于各国家或地区劳动力禀赋的数量、质量和构成状况趋于接近,并缩小劳动力要素的价格差异。最后,有利于各国家或地区之间增进交流和了解,有利于打破地方保护主义,有利于更大范围内的经济贸易和经济发展。然而,不得不指出的是,熟练劳动力,尤其是高技术、高素质人才的流失,对相对落后国家或地区来说是一种经济损失,给本国或本地区经济发展带来负效应,研究这一现象的理论是人才外流论。

2. 人才外流论

人才外流实质上是人力资本要素的流失,而对流入方来说就是人力资本要素的吸纳。人力资本,是投资于人的资本,是通过对人的投资,使人获得知识、技能,增长才干,提高素质,从而提高未来社会生产力的资本。教育支出,是人力资本的主要开支,其他还有保健支出,放弃眼前劳动收入等,放弃的各种收益构成了其他支出的主要成本。人力资本不能直接出售,它随着所有者的死亡而自动消失。

人才外流即使在发达国家也会发生，但是通常指专业技术人员从发展中国家向发达国家流动。前文关于劳动力流动的所有动因，也是人才外流的基本原因。引起大面积人才外流的原因主要还是经济上的，对技术人才还要考虑研究条件和工作环境的优越性问题，这一点管理者必须给予高度重视。

为什么说人才外流对发展中国家或者企业来说是一种经济损失呢？首先，国家和企业原来对人员的教育、培训、福利、卫生保健等人力投资，成为一种无报酬的付出；其次，高级人才的产出远远大于其工资收入，高级人才除了直接的经济效益以外，还能够创造间接的经济效益，提高企业的无形资产；最后，人才外流降低了本国潜在国民收入的增加幅度，同时还减少了国内传播技术、知识的骨干力量，这是最为重要的损失。因此，我们要积极创造条件，吸引人才、用好人才，还要有选择地引进国外的人才。与此同时，在需要的时候应制定一定的政策，限制部分人才外流，这也是人才管理中经常采用的办法。

3. 人才安全战略

国家在某个特定的时间里，对某些特殊岗位人员进入人才市场采取必要的限制措施，这便是人才安全战略。根据我国当前人才管理工作的需要，人事部、国家市场监督管理总局（原国家工商行政管理总局）颁布了《人才市场管理规定》，明确提出以下五类人员不得在人才市场流动：

（1）正在承担国家、省重点工程科研项目的技术和管理工作的主要人员，未经单位和主管部门同意的；

（2）由国家统一派出又未满轮换年限的赴新疆、西藏工作的人员；

（3）正在从事涉及国家安全或重要机密工作的人员；

（4）有违法、违纪嫌疑，正在依法接受审查尚未结案的人员；

（5）法律、法规规定暂时不能流动的其他特殊岗位的人员。

3.2 经济体制、机制管理

管理中所涉及的体制和机制是多方面的，有社会体制、机制，也有人事管理体制、机制等，其中，经济体制和机制对管理的作用是最有活力、最为直接的。

3.2.1 经济体制管理

1. 经济体制

一般意义上的经济体制,是指在一定历史时期社会经济制度或生产关系所采取的具体组织形式。其实质,就是在一定生产关系基础上产生的国民经济的管理制度和管理形式,具体有经济组织、经济决策、经济调控等结构系统。

(1)经济组织。经济组织一般是指经济活动中具有法人地位的独立机构和团体,包括企业和行业协会两大类。企业包括各种工商企业、金融机构、公司、企业集团等。行业协会是由同行业的主要企业通过协约而组成的经济联盟,简称"行会"。行会最早于10世纪出现在意大利,后来在10世纪至12世纪相继出现于法国、英国和德国。马克思、恩格斯在《德意志意识形态》一书中明确指出行会的成因:联合起来反对勾结在一起的掠夺成性的贵族的必要性,在实业家同时又是商人的时期对共同市场的需要,流入当时繁华城市的逃亡农奴的竞争的加剧,全国的封建结构。

在管理发展史上,行会的出现具有重要的历史意义。首先,行会是当时城市手工业者保障自身利益的行业内部组织形式。如何保障自身利益呢?于是便出现了现代管理原理的尝试,这些尝试有:第一,行会内部规定为了产品质量,严禁偷工减料,对擅自制造假冒伪劣产品的企业,行会将给予惩罚直至将其逐出门户,免得城门失火,殃及池鱼;第二,当时的行会出于对自身利益的考虑,起了垄断市场的作用,最大限度地利用本行会所在城市的市场限制外来手工业企业参与竞争;第三,行会内部随时随地可以进行管理经验和生产技术方面的交流,促进了当时生产力的提高;第四,行业内部形成了一套等级制度,即行东—帮工—学徒,学徒从师期满,经过帮工阶段经验的积累,可以升任行东。人们将这一升迁制度看作企业人事等级制度发展史的源头。

在加入WTO以后,随着政府职能的转变,我国行会的作用将得到加强,计划经济条件下的许多政府管理职能将转到行会,所以,应充分发挥行会对企业的管理作用。行会的主要职责是致力于协调各成员之间的关系,协调政府同企业之间的沟通,协调行业之间的联系;同时,在行业内部组织协调生产经营,制定会约和活动章程,严格自律,诚信从业,提高社会形象,为行会所有成员以最小成本获取最大利润的经营目标服务。

(2)经济决策。经济决策是指对经济活动的发展目标、规划与行动方案作出抉择的过程。决策的基本程序是:在调查研究的基础上,提出需要解决的问题；拟订达到目标的各种方案，并且评价论证各种方案；分析比较不同方案，从中作出选择与决断；组织实施方案，获取信息反馈，最后总结经验。在现代决策体制下，"谋"和"断"往往是相对分工的，需要决策研究、决策参谋、决策行动三方面工作在配合之中又有适当分工，这种分工是科学化决策的客观要求，也是社会文明进步的标志。

于是，决策信息系统、决策控制系统和决策监督系统相统一，成为经济决策是否具有科学性的重要保证。决策信息是科学决策的前提条件，决策质量在很大程度上取决于信息加工的水平和质量；决策控制系统能够保证决策的执行，防止重大失误，避免和消除决策偏差；决策监督系统则保证决策准确无误地顺利执行，三者是相互制约又相互促进的统一关系。

在决策中，万全之策虽然存在但难以求得。美国决策派的代表人物西蒙认为，人类实际上既不是完美无缺的绝对理性，也不是完全的非理性，往往是介于两者之间。在现实生活中，每个人都要受到认识能力、心理状态、时间、经费、情报来源等因素的限制，大多数人是不可能作出完全合理的决策的。西蒙认为，"最优解"是以往经济学家、管理学家的"经济人"模式所追求的，他提出了用人们普遍感到满意的"满意解"取代完全理性化的"最优解"，使人摆脱经济人的困扰，走向"决策人"或"管理人"。用"满意解"代替"最优解"去作出决策、解决问题，往往使人产生退一步海阔天空的感觉，使人在更大的范围内实事求是地考虑各种方案，更加科学地解决问题。

为了在纷繁复杂的诸多条件中筛选出较为理想的决策方案，人们需要借助一些直观的图表对决策进行评估，见表3-1。

表 3-1 方案评估表

比较要素	方案 1	方案 2	方案 3	方案 4
人员				
土地				
厂房				
花费时间				
成本				
风险				
收益				

（3）经济调控。经济调控是指国家运用各种调节机制和手段，对国民经济

总体进行的调节和干预，即宏观上的经济调控或经济管理。宏观经济调控手段主要有以下几种：

① 经济手段。国家利用价格、税收、利率、汇率等调节手段干涉市场，实现国民经济管理的目的。在市场经济条件下，市场体系主要由商品市场、资本市场、劳动力市场和外汇市场组成。其中，物价涨跌反映商品市场的平衡情况；利息率的升降反映资本市场的均衡情况；失业率的变动反映劳动力市场的供求情况；汇率的波动反映外汇市场的供求变化情况。完善的市场体系是国家宏观经济管理和微观企业管理行为的结合，企业管理一定是在国家宏观经济管理指导下的管理活动。

② 法律手段，是指为了维护社会经济活动和秩序，通过国家经济立法和司法等手段，对社会生活进行控制、规范和监督。经济立法，对市场经济活动起着引导、规范和保障作用。市场经济要求有一个完备的法律体系，从一定意义上说市场经济就是法治经济。市场主体方面的法律有公司法、企业法等；市场主体行为方面的法律有债权法、票据法、专利法、保险法等；市场秩序方面的法律有消费者权益保护法、反垄断法等；劳动及社会保障方面的法律有劳动法、社会保障法等。

③ 行政手段。政府机构依据行政隶属关系，运用行政命令、指示、指令性计划等对社会经济生活进行直接管理。根据市场经济发展要求，政府行政手段和法律手段只能作为经济调控的辅助手段，主要调控手段应该是经济手段。

政府行使行政手段，是政府权力的表现，从本质上说，政府的权力是人民授予政府的"公共权力"，权力来自人民；由于政府权力的公共性质，其使用的目的只能是最大限度地为人民服务，不能对私人或小集团利益使用。当我国处于社会主义市场经济体制条件下，其经济规则逐步向国际靠拢的时候，政府职能转变就成为管理改革的重要内容。

从基础层面来说，政府职能包含阶级统治职能、社会管理职能和社会服务职能。政府职能转变是指各级政府以上职能的任务重心及其行为方向的转移，使政府职能的重心由阶级统治职能转移到社会管理和社会服务职能。

行政管理改革对政府职能转变有以下要求：从微观管理转向宏观管理；从直接管理转向间接管理；从部门管理转向行业管理；从机关办社会转向机关后勤社会化；从以"管"为核心转向以服务和监督为核心。

④ 经济监督，是指国家权力机构及有关管理部门为了有效地实现国民经济管理目标，对社会经济活动进行监督和督导。

随着政府对经济直接控制职能的减少,间接调控的增加,加强国家经济监督作用,是保证国民经济健康运行的必要措施。例如,对商品质量、计量、商标、广告的监督,就是规范市场行为、维护消费者利益不可缺少的措施;为了维护国家利益,对偷税、漏税、抗税的单位和个人就要加强教育甚至给予法律制裁等。

2. 经济体制改革

一个社会的经济发展取决于基本经济制度在资源配置上是否有效率;如果原有的经济体制已经不适应社会生产力发展的要求,就必须对国民经济的管理制度和管理形式进行配套改革,以建立新的适应社会生产发展需要的经济体制。

(1) 改革是自我完善的过程。我国经济体制改革是社会主义制度自我发展和自我完善的过程,是为了适应社会主义初级阶段生产发展需要,自觉调整生产关系和上层建筑,提高资源配置效率,发展生产力,最终实现增强综合国力,使社会所有成员达到共同富裕的目的。

(2) 改革是利益的调整。改革是一场社会变革,是各方面经济权益的一次大调整。首先是针对目前生产力发展水平方面的改革,人们认识到生产资料完全实现公有制,是生产力高度发达之后的产物,而我国目前的生产力水平较低,还不可能实现完全的生产资料公有制。因而本着发展生产力的目标,要积极鼓励多种所有制成分并存,积极探索资源最佳配置的途径,积极推进股份制与合作制的发展,实现企业生产效益的最大化。其次是建立以"按劳分配"为主,多种分配方式并存的分配格局。分配制度上的改革要求实行社会主义市场经济体制下的新的分配方式,以多种分配方式并存的局面调动广大群众的积极性,发展经济,促进生产力的提高。最后从资源配置功能原理上,人们认识了市场经济和计划经济的相通性。对于这一点,邓小平有着精辟的论述:"计划和市场都是方法嘛。只要对发展生产力有好处,就可以利用。它为社会主义服务,就是社会主义的;为资本主义服务,就是资本主义的。""计划和市场都是经济手段。"[1] 改革使我国从计划与市场双重功能方面,建立起经济管理体制的调控体系。改革后的调控体系,力求做到:一方面,政府通过指导性计划、货币政策、财政政策、产业政策、收入政策及福利措施,对市场经济进行宏观调控;另一方面,在发挥市场功能的前提下,对市场经济的先天缺陷进行补充

---

[1] 邓小平文选(第三卷)[M]. 北京:人民出版社,1993:203,373.

和矫正，协调各方面的利益关系，调节分配以缓解分配不公，在市场作用不到的地方进行政府投资等。

3.2.2 经济机制管理

"机制"一词来源于古希腊文"mechane"，意指工具、机器，即人们为达到某种目的而设计的装置。在经济生活中，"机制"一词被用来表达各经济要素的功能，或者表达经济运行中各个构成要素之间的相互关系。管理工作者的主要任务是了解和掌握经济构成要素对管理目标实现的功能。这些功能由动力机制、传导机制和约束机制构成。

1. 动力机制

动力机制是指推动市场主体从事经济活动的因素和机理，这种推动来自以下三个方面：

（1）利益推动。经济利益最大化，是推动市场主体从事和改善经济活动方式的根本动力。不同的市场主体，会因利益关系建立起联系，利益关系是人们在商品生产、服务提供和消费过程中的基本社会关系，制约着人们对利益的基本态度。

（2）竞争推动。没有竞争的社会，是缺乏活力的社会，适者生存、优胜劣汰是市场经济的基本法则，企业的产品有价格、质量、性能等的竞争；对企业而言，有技术水平、服务质量、经营水平、管理状态等的竞争，竞争力强的企业将在市场上排挤缺乏竞争力的企业。因此，每一个企业都会在市场环境中既受到竞争的激发，又受到竞争的压力，如何使压力变成动力，推动企业努力开发新产品，改善经营管理，提高技术水平和劳动生产率，对每一个管理者而言既是严峻的挑战，也是施展才华的机遇。

（3）外部推动。外部推动主要是指政府对企业的引导，这种推动力量一般通过税收、财政、金融手段，调节市场环境和经济利益关系，对企业经营行为加以政策引导。

2. 传导机制

传导机制是指市场要素间相互联系、相互制约，对经济和管理发生作用的机理。管理者要注意以下三种基本传导对企业发展的影响：

（1）信息流，是指反映市场动态的各种信号。市场信息通过各种媒体发生流动，形成信息传导，从而影响市场的经济活动。管理者要获得市场信息，分析信息，捕捉商机；企业要根据市场信息决定自己的经营活动。

（2）商流，是指商品所有权的转移进程。为了搞活市场，有时商流和商品本身的流动不一定同时进行，如结算中的预收、预付、赊购、赊销等现象。

（3）物流，是指商品本身的流动，是交易对象从生产场所到消费场所、从供给者到需求者的转移过程。物流过程包括一系列经济活动，如货物流动中的运输、配送、仓储、装卸、流通加工等活动。

市场通过信息流、商流、物流向企业传递市场动态，企业根据"三流"信息了解市场，通过市场实现利润增长。这种增长在动力机制作用下往往带有自发、浮躁的性质，对于这一点不能不加以制约。

3. 约束机制

约束机制是指借用市场运行方式和规则，对市场主体行为进行规范的机理。企业对利润最大化的追求，要在一定的规则下进行，以维护市场公平、公正的原则。

约束机制包括两个方面：一是行规，即行业守则，是每一个行业为了竞争和发展需要，制定的自律守则，在行业内部发生作用，每个企业都要遵守。二是法规，包括由政府司法部门强行实施的有关法律，如反垄断法、环境保护法等，以及政府行政管理条例，即在法律范围内规定的企业行为规范，它们都是重要的约束企业管理行为的准绳，对市场主体起约束作用。

3.3 经济利益和经济效益

经济利益是企业和员工发展的共同动力，经济效益是检验企业工作绩效的重要指标，如何使两者得到兼顾与协调，是管理学原理要研究的重要课题。

3.3.1 管理与利益驱动

经济利益是经济关系的表现，是人们从事生产和其他一切社会活动在物质方面的动因。经济利益，是物质利益的统称，是指在一定社会经济形式下，人们为了满足需要所获得的社会劳动成果。

人们从事商品生产和提供服务及其他一切社会活动，从根本上说，一方面是为了获得自己生存所需要的物质文化生活资料，即物质利益；另一方面是在为社会的发展创造财富，即实现社会经济利益。

个人利益与社会利益在许多情况下是一致的，但有时又是不一致的，当需要人们的个人利益服从社会利益的时候，或者说需要管理者自觉地以社会利益去约束个人利益的时候，管理者素质的高低将起关键作用，建设高素质的管理者队伍始终是企业管理的重要内容。高素质管理者应该具有以下品质：思想政治素质好，认真执行党和国家的方针、政策与法律法规，具有强烈的事业心和责任感；经营管理能力强，熟悉本行业务，系统掌握现代管理知识，具有金融、科技和法律等方面的基本知识，善于根据市场变化作出科学决策；遵纪守法、廉洁自律、求真务实、联系群众。

加强管理者素质教育与培养，并非无视人的个人利益，恰恰相反，科学的管理者懂得利用人们的利益驱动来进行管理；只有善于理解人的真实需求，把员工的物质利益放到企业经营的重要位置，同时尊重员工，同员工共同承担企业责任与风险的人，才能成功经营企业。

3.3.2 管理与经济效益

1. 经济效益

经济效益是指经济活动中劳动占用、劳动耗费与劳动成果之间的对比关系。劳动占用是指生产活动中所占用的生产资料，劳动耗费是指在生产过程中消耗的人力和物力，而劳动成果则是指生产出来的对人们有用的产品。劳动占用或劳动耗费与经济效益成反比，一定的劳动占用或劳动耗费所获得的劳动成果越多，经济效益越好；反之，经济效益则越差。

经济效益有宏观与微观之分，微观经济效益是指局部的经济效益，它反映单个经济实体或部门对其所拥有的生产资料和人力的利用效率；宏观经济效益是从国民经济总体考察的经济效益，它体现一个国家或地区对物质资源和人力资源的利用效率。宏观经济效益与微观经济效益之间一般是统一的，宏观经济效益是微观经济效益的条件，微观经济效益又是宏观经济效益的基础。但是，有时两者之间也存在矛盾，例如，个别企业以资源浪费或破坏生态环境为代价获得一定的利益，这时企业可能有了一定的经济效益，然而这种效益对社会整体而言，无疑是有害的，管理上就要使企业的局部利益服从社会的整体利益，把企业眼前的经济效益同社会长远发展结合起来进行考虑。

专题 3-2　初次分配、再分配、三次分配的基本概念

初次分配是根据土地、资本、劳动力、数据等各种生产要素在生产过程中的贡献进行分配。市场在生产要素配置过程中发挥决定性作用,根据各种生产要素的边际贡献决定的要素价格进行要素报酬分配,是我国社会主义市场经济初次分配的基本原则。发挥市场在初次分配中的决定性作用,可以优化生产要素的配置,提高生产效率,更好地做大蛋糕,体现了效率优先的原则,也是高质量发展的本质要求。

再分配是指政府根据法律法规,在初次分配的基础上通过税收和政府非税收入,在各收入主体之间以现金或实物进行的收入再次分配过程。与初次分配不同,再分配中起主导作用的是政府,强调公平原则,具有通过国家权力强制进行的特征。除了公平的目标外,再分配也通过教育、健康等基本公共服务的提供,创造机会平等的教养环境,以提升社会经济发展的可持续性。

三次分配有别于前两者,主要是企业、社会组织、家族、家庭和个人等基于自愿原则和道德准则,以募集、捐赠、资助、义工等慈善、公益方式对社会资源和财富进行分配。社会组织和社会力量是三次分配的中坚力量。

2. 经济效益是管理水平的标志

经济效益是衡量企业管理水平高低的重要标志,凡是那些能从市场需求状况出发,努力采用新技术,不断降低生产成本,增加科技含量,开发新产品的企业,一般都会产生好的经济效益。经济效益高低既可以用实物形式表示,如生产率;也可以用价值形式表示,如资金利润率、成本利润率等,其中以资金利润率的测定最为常用。

在即将结束本章时,我们想给读者提供一个新的名词"体验经济"。体验经济给予的不是产品、不是服务,而是"快乐"。如果说在农业经济时代,生存就是快乐,有吃的就是快乐;在工业经济时代,有钱才有快乐,发展就是快乐;那么在体验经济时代,光吃饱了,有钱了,可能仍然不快乐,自我实现才是快乐。我们相信,这个名词一定会给管理工作带来新的启发。

本章小结

本章在介绍管理学原理和经济学不可分割的紧密关系之后,重点介绍了经济关系、经济规律,经济体制、经济机制、经济利益、经济效益在管理学中的应用问题。企业管理在实现利润最大化的目标设置上,要正确处理需求、成本和生产规模的关系;在发展计划预测上,要参考经济起飞和三个产业相互关系的理论,自觉运用经济体制、机制以及经济利益与效益原理,为提高管理水平服务。

主要概念和观念

□ 主要概念

利润最大化　　　经济起飞阶段　　　人力资本　　　行业协会

□ 主要观念

经济关系和经济规律对管理的指导作用　　　劳动力资源配置理论
经济调控　　　　　　　　　　　　　　　　管理与利益驱动

基本训练

□ 知识题

3.1　阅读理解

(1) 简述宏观经济管理目标和微观经济管理目标。

(2) 为什么说一定的经济关系会影响一个人的工作责任心和工作态度?

(3) 什么是企业生产经营的利润最大化?在企业管理上有哪些具体措施?

(4) 为什么说第三产业占国民经济比例越高,该国的经济发展水平也越高?结合经济起飞和三种产业的发展理论谈谈看法。

(5) 在管理发展历史上,行会的出现具有什么意义?

(6) 为什么说能否正确对待个人利益和社会利益关系,关键是由管理者素质的高低所决定的?

3.2　知识应用

(1) 判断题

① 宏观经济管理的好坏直接关系到整个国民经济的稳定和社会发展,而

微观经济管理水平则直接影响经济实体的竞争力和兴衰存亡。（　　）

② 我国 2011 年确定的三次产业划分，把农林牧渔服务业划归于第三产业。（　　）

③ 工资差距是劳动力从低收入国家或地区向高收入国家或地区转移的最基本动因。（　　）

④ 资本具有可以转让、出售、流动的特征，因此人力资本也可以直接出售。（　　）

⑤ 人才外流实质上是技术人员的流失，在经济发达国家不可能发生。（　　）

(2) 选择题

① 世界上首先提出并使用"经济"与"管理"一词的思想家、历史学家是（　　）。

　A. 苏格拉底　　B. 色诺芬　　C. 亚里士多德　　D. 柏拉图

② 罗斯托认为，一国经济的发展，只要具备（　　）条件，就可以实现经济起飞，出现持续的经济增长。

　A. 积累率　　B. 主导产业　　C. 科技进步　　D. 相应的制度

③ 罗斯托在《经济成长的阶段》一书中，提出了经济成长过程除传统社会阶段、为经济起飞创造条件阶段和经济起飞阶段以外，还有（　　）。

　A. 发展阶段　　　　　　　　B. 经济向成熟化挺进阶段
　C. 群众高额消费阶段　　　　D. 追求生活质量阶段

④ 经济体制是指在一定生产关系基础上产生的国民经济的管理制度和管理形式，具有（　　）的结构系统。

　A. 经济要素　　B. 经济组织　　C. 经济决策　　D. 经济调控

⑤ 经济机制是指各种经济要素在经济运行过程中所表达的（　　）机理。

　A. 动力　　B. 传导　　C. 定向　　D. 约束

观念应用

□ 案例分析

台州率先探路技能人才股权激励机制

"打工者变成合伙人，干劲更足了。"扎根一线 21 年，机加工技师陶伟迎来人生的重大转折。2022年3月17日，他所在的台州长鹰信质科技股份有限公司发布公告，向124名激励对象授予股票期权。其中优秀技术工人39人，配股152万份，激励对象中技术工人占比相对前一年提升了4.5个百分点。陶伟能分得价值约30万元的股权，预计未来收入将有较大提升。据统计，2019年以来，台州全市享受股权激励的技术工人已达1250人。

为了建立企业与技术工人收益共享机制，2022年以来，台州开展专项行动，积极鼓励引导企业实施员工股权激励计划，首批6家上市公司率先探索，优化企业股权激励对象结构，加大对技术工人的激励力度。截至2022年，技术工人获股权激励人数占总激励人数比重达33%，此前3年的平均占比仅为20%。

"扩大中等收入群体""提高低收入群体收入"是浙江高质量发展建设共同富裕示范区的一项重要工作。技术工人当股东，成为台州探索技术工人"扩中"集成改革的关键一环。作为制造业大市，台州有技术工人约124万人，占全市总人口的18.7%。

"技能与收入正向匹配不够，造成企业招工难、流失率高，不利于制造业转型升级。"台州市金融办主任胡新民说，浙江制造走向浙江智造，高技能人才是基础和依托。技术工人是"扩中"重点群体之一，提升技工收入，需破解分配公平性、职业成长性、增收持续性等难题。

"现在企业配股越来越向基层员工倾斜。"杰克科技股份有限公司人力资源部总经理吴敏辉介绍，企业目前有技术工人1200多人，分为技工、高级技工等10个职级，3级以上员工即可按岗位贡献度获得股权激励。截至2022年，企业已有157名技术工人享受配股分红。

"台州作为民营经济大市，率先探路技能人才股权激励机制建设，创新体现技能价值导向的薪酬分配制度。"浙江省发展规划研究院战略谋划研究所高级工程师陈达祎说。

此外，一系列软性政策的出台，也使技术工人的社会待遇不断提升。2021年，台州在全省首创面向一线技术工人的"台州技工"星级评价激励办法，首批9762名"星级技工"可享受就医"绿色通道"、流动人口积分奖励等人才福利。

据了解，台州将确保技术工人年度收入水平增幅明显高于全市居民人均可支配收入增幅，到 2025 年，使 15 万技术工人跻身中等收入群体。

资料来源：肖淙文，陈久忍. 台州率先探路技能人才股权激励机制［N］. 浙江日报，2022-03-18.

问题：

（1）什么是股权激励？

（2）试述股权激励机制的作用原理。

第4章
管理的市场原理

学习目标

通过本章的学习，应该达到以下目标：

知识目标：了解什么是市场和市场机制，市场的基本分类和按照市场机制进行管理的方法。

技能目标：根据市场需求规律，掌握产品价格调整的基本技能；掌握市场占有率的计算方法和产品评价法，提高解决实际问题的技能。

能力目标：为企业制定正确的市场管理战略和管理策略，提高对由于市场缺陷而产生的可能性风险的防范能力。

引例　沃尔玛满足不同的市场需求

作为一家拥有60多年历史的全球零售"霸主"，在进入中国市场后，始终在不断自我进阶，满足中国市场和中国消费者的"特殊性"。当沃尔玛深入中国市场后，发现中国人的购物习惯和欧美人有很大的不同。在美国的大卖场，食物和熟食制品通常只占店面的10%以下，而中国这一比例在50%

左右;在送货问题上,中国复杂的城市交通状况也导致顾客自助提货的时间成本更高。

2008年,沃尔玛根据大量的顾客反馈发起了"影响力项目",专为改善顾客体验而改造店面,去掉了过道里难看的货盘和货架两端的展示,货架也不再塞得满满当当。结果,顾客满意度果然得到了提升,但门店销售额却纷纷下跌,下跌持续时间打破了公司有史以来的纪录。沃尔玛首席财务官查尔斯·霍利(Charles Holley)说:"多数顾客还是会来我们店里买东西,但也开始更多地去别的店里买东西。"

沃尔玛中国电子商务及科技高级副总裁霍斯博(Ben Hassing)表示:"如果你看看欧洲和美国,你会发现人们的生活方式比较简单,消费者一般只会去实体门店购物。90%的美国消费者距离购物场所所需的开车时间不超过20分钟,所以自助提货方案很适合美国。但中国人的生活方式相对多样化,同时这里的物流成本仅仅是美国的1/10左右,因此我们要改变战略。"

在电商和物流发达的中国,网络购物和移动支付已经彻底改变了中国的零售商业生态。因为相对于欧美普及已久的信用卡支付习惯,移动支付具有不可替代性。中国是一个非常数字化的市场。在美国,人们不可能说:"我想去这个零售门店,因为它使用了人工智能(AI)和区块链技术。"

通过解决顾客排队结账的痛点,提升顾客购物体验,沃尔玛与腾讯智慧零售合作,在2018年1月推出"扫玛购",本质上相当于一个虚拟购物车,消费者可以通过小程序扫描商品上的条形码将商品加入"购物车",再通过微信支付自助结算,生成离场二维码。截至2018年12月初,"扫玛购"用户数突破2000万。可见对于外资企业来说,了解中国消费者是多么重要。沃尔玛释放出一个积极的信号:一个更加开放的沃尔玛,必将更加适应中国。

资料来源:沃尔玛:一切创新都将围绕个性化顾客体验[EB/OL]. http://www.hbrchina.org/2019-01-25/7094.html,2022-3-20.

4.1 面向市场的管理

市场是企业经营的场所,是企业竞争的主战场;市场也是检验企业管理工作的最终标准,企业只有面向市场,才能实现真正的科学管理;在市场取得成功的管理,才算是合格的企业管理。

4.1.1 管理与市场机制

1. 市场

市场是指某种商品和劳务买卖双方的集合,一般指进行商品和劳务交易的场所。在市场中交易的商品或劳务可以是具体的,如房地产市场、汽车市场、人才市场;但是随着科学技术的发展,市场也发生了变化,今天的市场就不一定是以往的那种场所,都需要物质实体,如网络市场、电子商务交易平台等。电子商务的出现,大大降低了交易成本,而且能够提高交易速度,扩大交易覆盖范围,显示出它特有的生命力和发展潜力。

2. 管理与市场分类

市场分类的方法很多,与企业管理关系密切的有以下几种:

(1) 按供求平衡状况,可以分为买方市场和卖方市场

① 买方市场,是指在能够补偿典型厂商平均成本的现行价格下,商品供过于求的市场状况。商品供过于求,是买方市场的典型特征。由于供给大于需求,卖方只能减少存货,企业之间竞相降价,往往会形成"价格大战",从而导致商品市场价格整体下跌。在买方市场中,买者处于有利地位,他们不仅从降价中得到好处,而且还有挑选商品的充分余地。"生意难做"是买方市场经营者的普遍感受,不仅商业企业是这样,为商业提供商品的加工制造业也如此。在买方市场中,管理者对"市场是企业的生命"的认识和体会更加深刻,企业的求生欲望特别强烈,愈是感到有危机感的人,他的责任感也会愈强。

买方市场中的管理原则,是围绕争夺市场、争夺买主而展开的。最根本的办法是创品牌,利用品牌效应争取新的消费群体,开辟和占领新的市场;生产新的商品品种,改进商品功能,促使商品更新换代;提高商品质量,赢得顾客信誉;改进销售方式,提高服务质量,争创服务品牌;改进生产技术,努力降低成本,千方百计提高企业的综合竞争能力,尤其是价格方面的竞争力。在宏观经济管理方面还要注意,如果市场长期供大于求,价格下跌趋势不能得到有效制止,就会使一些企业开工不足,加上价格竞争会导致企业利润下降,使生产处于紧缩状态,严重时还会导致企业倒闭,使社会失业率增加。

② 卖方市场,是指某商品供不应求的市场状况。商品短缺是产生卖方市场的根本原因。在卖方市场中,卖方处于市场有利地位,对市场的交易起主导

作用。他们即使把价格提高到平均成本之上,也能把商品销售出去,能够获得高额利润,这时商家普遍感受到"生意好做",商品是"皇帝的女儿不愁嫁"。由于商品供不应求,买方竞争激烈,处于市场不利地位,他们不得不以高价抢购商品,对商品的花色、品种没有选择的余地,使商品品质和质量得不到保证。

卖方市场的管理原则,是围绕争取利润、分析和预测市场展开的。卖方市场存在,表明商品供不应求,应抓住并利用价格上升的机会尽可能获取利润。如果是经济体制引起的商品紧张,可能会维持较长时间,更应充分加以利用。但是管理者必须明白,由于市场本身的调节力量,最终市场价格和商品供求总有一天会达到均衡状态。管理者一定要分析市场,对市场进行调查研究,预测市场变化,及时采取相应的应对措施,防止盲目扩大生产,形成商品积压,更不能不思进取,盲目乐观。卖方市场具有削弱竞争,不利于技术进步和产品质量提高的属性,也不利于维护顾客利益和提高服务质量。针对这些市场缺陷,需要采取计划配给、定量供应等办法,达到调控市场的目的。但是这又为商品开后门、搞特权提供了条件。

(2) 按市场竞争状况,可以分为完全竞争市场、不完全竞争市场和垄断市场

① 完全竞争市场,是指完全没有垄断的市场。完全竞争市场必须具备以下条件:第一,市场上有许多生产者和消费者,他们都只占买卖双方中很小的市场份额;第二,买卖双方不能直接人为地影响市场价格,而只能是市场价格的接受者,由市场供求关系来决定价格;第三,市场信息完全,买卖双方具有完全的市场知识;第四,各种生产资源移动完全自由;第五,没有厂商勾结和政府干涉。

完全竞争市场与其他市场类型相比,能够保证消费者以尽可能低的价格获得尽可能多的商品;同时,厂商的利润最大化行为与消费者的效用最大化行为能够使资源达到最优配置。但是,完全竞争市场的理论设计条件十分严格,在现实生活中难以找到典型的真正完全竞争意义上的市场。然而,它仍然不失对管理学原理的指导意义,各类企业都要培育自己的市场品质,这个品质就是指能经受完全竞争市场考验的企业综合竞争能力。

② 不完全竞争市场,又称垄断竞争市场,是介于完全竞争与完全垄断两者之间的市场类型。它是以竞争为主但又存在一定垄断性质的市场,是现实市场的真实反映,有关不完全竞争市场的特点和规律,在实际管理工作中得到广

泛的应用。

不完全竞争市场必须具备以下条件：第一，参与市场的企业达到相当的数量，每个企业所占的市场份额很小，不会影响市场价格，企业只能是市场价格的接受者；第二，存在产品差别，即产品在质量、牌号、服务、销售方式、信誉等方面的差异，这种差异构成了这类市场部分垄断的原因；第三，市场信息完全。不完全竞争市场为生产多样性、个性化产品提供了可能，有利于产品创新和技术进步，有利于消费者以相对较低的价格得到实惠，提高消费效用。

③ 垄断市场，是指独家厂商控制整个市场的极端市场结构。它必须具备三个基本条件：第一，只有一家企业生产和销售某种商品；第二，市场上没有该商品的替代品；第三，其他任何厂商都不可能进入该行业的生产中来，这样一来，这家"唯一"的厂商便控制了整个市场。垄断市场会造成经济效益和社会福利的损失，因此许多国家都制定了反垄断的法律法规。

3. 管理与市场机制

（1）市场机制的定义和特点。现代企业管理，是面向市场的管理，善于运用市场机制，是企业提高经济效益的根本出路。市场机制是指在没有政府干预条件下，市场具有的由供给决定价格，由价格引导市场主体行为，从而调节供求使之达到均衡，并确定均衡价格和产量的机理。与计划机制相比较，市场机制具有以下特点：① 自发性，即市场要素之间的变化有其内在的因果关系，不需要外力的干预和推动。这种自发性来自主体对自身经济利益的追求。② 灵活性，即市场供求变化和价格波动的敏感性、经常性，它是通过市场要素的弹性和经济利益机制直接对人们的行为进行协调而体现出来的。"商场如战场"，指的就是市场瞬息万变、商机稍纵即逝的变化特点，说明市场对供求关系的敏捷反应，不能及时捕捉商机的企业，其管理水平一定是不高的。所以，面向市场的管理，首先要认识由于市场机制作用而产生的竞争性。

（2）竞争机制。各经济主体为了获取自身的最大利益，进行争夺稀缺资源和销售市场的活动，称为竞争。在市场经济中，竞争机制是市场机制的核心，任何一个经济主体，不管是企业还是个人，都有权利参与竞争；企业只有勇敢地面对竞争，才能在优胜劣汰、适者生存的环境中经受检验。劣势企业在竞争中被淘汰，社会资源向优势企业集中，优势企业从而得到发展。

（3）帕累托最优原则。帕累托（Vilfredo Pareto）是意大利经济学家、社会学家，其有关竞争和变革的论述被后人称为帕累托最优原则。帕累托最优原则的内容是：在产品市场和生产要素市场处于完全竞争状态时，市场机制的作用将会使资源达到最优配置,从而使产品产量达到最高水平,产品的分配也会使全体社会成员达到最大满足。帕累托还认为,在收入分配既定的情况下,在对现状进行某种改变之后,如果使每个人的福利都增多了,则这种改变有利;如果使每个人福利都减少了,则这种改变不利;如果使一些人福利增多而另一些人福利减少了,也不能认为这种改变有利。由此可见,帕累托最优原则是属于市场经济条件下理想状态的多赢理论,其前提条件是市场经济处于完全竞争状态。但是,任何社会制度下的现实市场,都不会是绝对的竞争或垄断的市场,竞争与垄断只是相对的。

(4) 市场机制的活动要素。市场机制是通过三大要素的互动发挥作用的,利润最大化的企业行为、效用最大化的消费者行为,以及商品价格,构成了市场机制最敏感的三大活动因素。企业行为和消费者行为是机制的动力,价格是动力相互作用的载体,它们相互作用、相互影响,又相互制约,像一只"看不见的手"形成一个整体,调节着人们的经济行为和经营理念,调节着市场的供求关系,最终促使社会经济效率不断得到提高。在市场机制中,价格和价格机制始终是经济运行的中心。

观念应用 4-1　有效市场、有为政府

从斯密到凯恩斯,从"自由放任"到"国家干预",世界各国近百年的公共治理实践告诉我们,"市场失灵"与"政府失灵"是可以同时出现的,"政府"与"市场"并不是非此即彼的相互排斥关系。各国在处理政府与市场的关系时所遵循的一般规律是,根据其人口规模、经济基础、社会结构和执政理念等展现出不同的组合形态,并在实践中呈现出不同的表现形式,是"基于情境动态调整的政府与市场关系",并未在实践中设定一种"放之四海而皆准"的政府与市场关系。

"有效市场、有为政府"是我国经济体制改革长期探索的创新成果,是能够破解"市场失灵"的中国智慧和中国方案。在社会主义市场经济运行机制中,要推动有效市场和有为政府更好结合,应着力形成"看不见的手"和"看得见的手"有机统一、相互补充、相互协调、相互促进的格局,一方面要谋取政府与市场的优越性结合的正效应,另一方面要设法制约由政府与市场的缺陷诱发的负效应,实现优越性的组合与互补。

4.1.2 市场需求与价格

1. 市场需求

市场需求来自客户的"需要"。在物质生活和精神生活中，每个人都有各种各样的需要，需要通常以某种"缺乏感"被人们体验着，以人们的意向、愿望的形式加以表现；当一般性的需要与某一特定的对象建立联系时，便使这种一般性的需要转变为对具体对象的需求。如果这种需求发生在消费领域，那么它就是消费需求。消费需求是指消费者在一特定条件下，对某一商品进行购买并实现最终消费的行为过程。这时我们就可以说，个体完成了由心理范畴的一般性的需要向经济活动范畴需求的转化。在这个转化过程中，需要是需求的基础，主体是消费者或各种社会团体。市场上单个的消费者需求，经过聚合之后便产生经济意义上的市场需求，所以说市场需求是个别消费者需求的集中表现。需求分为有效性需求和无效性需求，这便是需求的有效性问题。

需求的有效性可以从个体层面和市场层面进行理解。在商品供应充足的情况下，个体有效需求必须具备两个条件，一是购买商品的愿望；二是购买商品的能力，二者缺一不可。一个人想购买房子，但他还没有经济支付能力，那只能是一种欲望，而不能形成有效需求；或者虽具有购买能力，但却没有欲望，同样也不能形成真正意义上的有效需求，这是个体层面上需求有效性的特点。

补充阅读 4-1　华为：以客户为中心

对任何企业来说，"以客户为中心"似乎都是老生常谈，但真正做到却并不容易。任正非在接受采访时说，华为的哲学就是以客户为中心，就是为客户创造价值。华为美国首席网络安全官 Andy Purdy 在接受美国媒体采访时说，华为多年来一直致力于以客户为中心，了解、挖掘客户需求并协助客户实现需求。华为并不挖空心思去实现每个合同的利润最大化，而是看得更长远，首先让客户赚钱。一段时间以来，介绍、讲解华为如何取得成功的书籍汗牛充栋，但真正获得华为官方认可并广为推介的只有很少几本，其中一本，也可能是最重要的一本就是《以客户为中心：华为公司业务管理纲要》。以客户为中心既然是华为的企业哲学，那当然是华为创新的指导思想。客户不断变换需求且需求日益复杂，倒逼企业不断改进自身的业务，对行业竞争

第4章 管理的市场原理

> 的理解使企业始终定位于通过技术升级满足客户需求，加之坚韧的企业文化，最终实现在核心技术层面的突破。这就是对"华为式创新"的理解。
>
> 资料来源：韩文."华为式创新"需要多元的创新生态[N].中国经营报,2019-06-01.

市场层次的有效需求，是指商品的总供给价格与总需求价格相等时，社会对商品的总需求，这时市场总需求由总的消费需求和总的投资需求所构成。在通常情况下，影响商品需求量的因素可以分为主观因素和客观因素，主观因素是指消费者本身的条件，如消费者的收入、消费偏好、消费预期，以及社会时尚、生活地域、年龄等因素；客观因素是指商品价格、相关可类比商品价格、商品款式、商品质量、品牌等因素。在这些因素中，主观因素和客观因素会相互作用，产生许多变数，但是，商品价格是影响需求量的决定性因素。在其他因素不变的情况下，某种商品的价格越高，其需求量越少；价格越低，其需求量越多，这种需求与价格之间反向变动的规律，称为需求定律。而消费者为购买一定数量商品所愿意支付的价格，称为需求价格。运用价格规律是管理者主动调节市场资源的重要手段，而掌握有关价格理论，又是能否自觉、自由调节的能力基础。

2. 价格理论的运用

价格理论是指有关价格形成和运行规律及其作用机理的学说。自经济学产生以来，许多学者从不同的角度对价格形成和运行规律作了多方位的探索，管理学工作者面对纷繁复杂的市场，要综合运用各种理论，其中比较重要的理论有劳动价值论、生产费用论、边际效用论、均衡价格论、货币数量论等，现选择几种加以介绍：

（1）劳动价值论，由马克思提出，认为价格是商品价值的货币表现，价值由劳动创造，价格高低取决于商品中所含社会必要劳动量的多少。商品交换按价值进行，即要等价交换；商品供求变化可以影响价格，使价格围绕价值上下波动，但不能决定价格的高低。

（2）边际效用论，于19世纪70年代由英国的杰文斯（W. S. Jevons）等人创立，他们认为效用是物品能够满足人们某种欲望的程度，商品效用才是它的价值的表现；商品只有能够满足人们的某种欲望并且使人感到它稀少时，才能表现出它的价值，效用与稀缺性是商品形成价值的两个必要条件。一碗普通米饭，对一个饱汉与一个处在极度饥饿中的人，具有高低不同的效用；愈是紧张的商品，其价格也往往愈是坚挺，印证了物以稀为贵的规律。所以，对每一种商品来说，边际效用呈递减规律，即某种商品消费的数量愈多，从每一单位的消费中所增加的满足程度就越小。

（3）均衡价格论，由英国经济学家马歇尔（A. Marshall）创立，他认为在完全竞争市场条件下，供求规律是商品市场价格变化的基本定律：当需求大于供给时，价格将会上升；当需求小于供给时，价格将会下降，市场的一切交易活动和价格变动都受这一定律支配。所以所谓的均衡价格，就是指一种商品的需求价格与供给价格相一致时的价格，即需求与供给这两种力量达到平衡时的市场价格。由于市场上价格与数量的均衡是由供需双方决定的，因此任何一方的变动都会引起均衡关系的变动。当市场价格背离均衡价格时，在供给与需求的相互作用下，就会自动恢复到平衡状态，从而使价格起到自发调节供给关系的作用。

（4）吉芬反论，又称吉芬之谜或吉芬效应，由英国人罗伯特·吉芬（R. Giffen）首先发现并提出。1845 年，爱尔兰土豆歉收，价格上涨，但是一些贫困家庭却因此比平时购买了更多的土豆。吉芬对这一现象进行研究，发现人们经常会在某些商品价格上涨时，增加购买量；反之亦然，价格下调时，对商品的需求量也减少。不难看出，它是一种普遍需求规律的例外现象，主要是由消费者的心态和他的经济状况所决定的，是一种买涨不买跌的消费现象。

3. 价格调控

管理者必须了解价格调控的基本知识，才有可能做好资源的配置工作。我们知道，在所有执行市场经济运行机制的国家，几乎没有例外地都要对价格加以宏观调控。如上所述，市场经济中价格是由市场机制调节的，但是市场机制也有其固有的缺陷，这就是企业或个人在利益的集中驱动下，存在着盲目性，容易导致产生价格动荡，而且它以资源的过度消耗为代价，因此需要国家通过宏观调控来加以限制和引导。

（1）价格调控，是指政府运用金融与财政等手段，调节社会总供求，从而间接调控价格总水平的管理体系。根据市场情况，适时变动金融政策和财政政策，是政府调控价格总水平的常用方法。金融政策的主要手段有信贷规模控制，通过银行贴现率的升降来紧缩银根或放松银根，进行公开市场业务，控制货币流通量，如买卖股票、债券等。财政政策的主要手段有控制政府投资、国债、税收、财政补贴等。

建立新的适应市场经济的价格宏观调控体系，是我国价格体系改革的重要目标。经过多年探索，我国的价格调控措施主要有：调整产业结构，压缩基建投资规模；提高银行存贷款利率，控制货币投放和信贷规模；强化市场管理，实行价格控制目标责任制；发展农副产品生产，增加有效供给；建立重要物资储备和各种风险基金等。

所以，为了更好地配置资源，必要时还应当由政府干预和加强管理。我国正处于由计划经济向市场经济转轨过程中，政府干预是必要的，而且还要及时作出反应，以保持市场的透明度和公正性，价格补贴就是各国政府经常采用的政策。

（2）价格补贴，是指政府根据市场运行需要，采取一定形式对由于执行低于成本的价格而导致生产亏损或经营困难的生产者、经营者进行的补偿。我国在加入世贸组织以后，围绕有关价格补贴问题的贸易摩擦，有增无减。只有正确理解价格补贴的原理，才能在管理工作中更好地使用它。

价格补贴不是一个现在才有的新问题，该政策在西方开始实行的时间可追溯至1929—1933年世界经济危机时期。美国是最早实行这一政策的国家，当时的价格补贴主要集中在农产品领域。我国价格补贴政策的实行起始于1956年，在高峰时补贴曾达到40余种，补贴金额约占年度财政收入的25％，经过多年的价格改革，现在的价格补贴已经很少了，而且会越来越少。

4. 影响配置优化的市场因素

妨碍资源最优化配置的原因可能很多，但就市场而言，市场垄断、市场信息的不完全性、公共产品的存在等是主要原因。

（1）市场垄断，是指某企业独占或占据大部分产品的生产和销售，使该行业不能进行自由竞争的市场现象；垄断企业制定的垄断价格使价格机制失灵，使市场不能调节资源配置。

（2）市场信息的不完全性，是指生产者不知道社会需求的总量和结构，消费者也不知道产品的性能和质量，从而造成生产和消费的盲目性，使市场功能失灵，引起资源配置的浪费与倒置。

（3）公共产品，是指社会居民共同使用的产品，如义务教育、国防、公安等，其生产与消费都不能在竞争的条件下进行，因而市场价格机制也就不能对公共产品实现调节。

5. 消费者货币选票

消费者货币选票是消费者主权的俗称，是指消费者在某个经济体系中对商品生产这一基本的经济问题起决定性作用。它反映消费者的消费状况对生产者生产的指导作用，在消费者与生产者两者关系之间，表明消费者所处的主导地位。

众所周知，消费者是其自身福利的最佳评判员，当消费者按照本人的意愿和偏好在市场上自由选购商品时，他的货币支出就相当于对各种商品及其生产者投下的选票。货币是消费者行使主权的手段，使得生产者必须接受消费者的要求，否则，商品将会滞销、积压，无法实现利润最大化的目标。

经营管理者要高度重视消费者主权，尊重货币选票的选择意向，使消费者和生产者双方都能得到最大的满足，这是使买卖双方实现双赢的管理理念。

4.2 市场战略和策略管理

面向市场的管理，还体现在管理者对企业市场战略和策略的把握上，而市场战略和策略的制定，又围绕着对竞争对手状况的了解，并以市场占有率的高低作为主要标志。

4.2.1 市场战略管理

1. 市场占有率

市场占有率又称市场份额，是指一定时期在一定的市场范围内，某个企业或某个产品的销售量（销售额）在同种产品销售量（总销售额）中所占的比重。其公式如下：

$$某产品的市场占有率 = \frac{某产品销售量(额)}{某市场该产品销售总量(额)} \times 100\% \qquad (4-1)$$

市场占有率高，说明企业经营状况好，市场竞争力强，企业能获得较好的利润。善于采取一切有效措施，保持市场应有的占有率是经营管理者不可动摇的经营理念。市场占有率是评价企业经营者业绩和市场战略实施效果最重要的指标之一。

2. 市场战略

市场战略是指企业通过对市场环境变化及发展趋势的分析，对市场开发方向、开发重点和发展途径的总体谋划。市场环境分析，是制定市场战略的基础工作，需要从直接环境和间接环境两方面进行分析。

(1) 直接环境又称竞争环境，其分析因素主要有：①顾客（用户）：市场规模、顾客偏好、消费习惯等；②中间商（中间业者）：数量、分布、特点及其与特定企业之间的关系等；③ 竞争对手：数量、规模和分布，以及主导产品、技术水平与产品开发能力、经营特色等。

（2）间接环境又称总体环境，其分析因素主要有：① 经济因素：国内生产总值、平均收入水平、社会分配模式、平均消费水平、消费支出等；② 人口因素：人口规模、城乡人口结构、年龄分布、地域分布等；③ 自然资源因素：能源供应与价格、原材料供应与价格等；④ 政治、法律、文化因素：社会政治制度、经济体制与机制、消费者保护条款与法律、企业竞争的管理制度、环境保护法、宗教信仰、社会诚信状况和价值观等。

（3）市场战略的制定。市场战略管理是围绕企业争取市场机遇、避开市场风险、提高企业竞争能力而展开的，在调查研究基础上，通过对企业内外条件进行充分比较、深入分析，从而提出相应的战略方针，其主要类型有：① 发展战略，是在环境因素分析的基础上，利用市场发展的机遇确定的发展目标。发展战略是以长远利益为目标、以提高市场占有率为代表的战略，所以不仅需要投入较高水平的人力和财力，而且要求准确把握市场的发展趋势，尤其要准确掌握市场的间接环境条件。② 维持战略，是竞争处于对峙阶段的战略，指维持原有的竞争地位，缺乏新的投资方向，以稳扎稳打巩固已有的经营场地、经营方式的管理战略。③ 收益战略，是针对临时出现的获利机会，以获取短期利益为目的的市场经营战略。实施这一战略的显著特点是，投入的经营资源是临时性的，要随时随地做好撤出市场的准备，在市场竞争中见好就收，防止恋战。④ 撤退战略，是针对市场竞争威胁，为避免风险增大，主动退出部分市场的一种战略。它是充分考虑产品生命周期和总体环境条件，回避对手锋芒的主动撤退，是为了保持力量，等待时机，以利企业长远利益。

各类市场战略的实施，有时是针对整个企业，有时是针对某一个产品，根据实际需要，管理中这几种工作经常是同时交叉进行的，一些产品执行的是撤退战略，而另一些产品却正在执行发展战略，但它们的总体目标只有一个，那就是使企业保持有利的竞争地位，占据较大的市场份额，从而获取更大的经济利益。

4.2.2 市场策略管理

1. 市场策略

市场策略是指根据企业的市场战略，利用各种资源，运用恰当的营销手段去占有目标市场。按照不同的战略类型，常用的市场策略有：

（1）市场的开拓策略。① 市场渗透策略，即在原有市场规模上增加现有产品的销售量，力求巩固老顾客、发展新顾客的策略，此策略适用于成长期或成熟期产品；② 市场开发策略，是在原有产品前期销售的基础上，为市场提供改进型产品，以寻求新的用户，占领新的目标市场，此策略适用于成熟期或衰退期产品；③ 产品开发策略，是在分析市场信息基础上，针对新发现的消费群体，为市场提供新产品或更新换代的产品，扩大市场占有率的策略。个性化服务理念，将使大宗商品朝着系列化、小批量、多样化的方向发展，以满足不同消费群体的需要。

（2）市场的经营策略。① 组合经营策略，是企业对其产品、定价、销售渠道、派员推销、广告推销、网络推销等多种经营手段进行优化组合，有效实现产品销售目标的策略；② 市场竞争策略，是企业根据竞争对手力量对比、产品寿命周期和市场发展前景，运用价格竞争和非价格竞争的手段，战胜竞争对手，从而扩大市场份额的策略；③ 市场占有策略，是企业根据战略目标，主动调节产品供应，实现扩大、维持或者缩小市场占有率的策略，这一策略因服从宏观经济发展趋势，迎接新一轮市场竞争需要而设立。以上策略能否实施，实施效果究竟如何，都决定于企业经营者的策略管理水平。

2. 市场策略管理的程序

市场策略管理一般分为以下七个步骤：

（1）在调查研究的基础上，提出战略目标和总体经营任务；

（2）外部资料收集，大约有四个方面的内容，包括客户需求、竞争对手情况、政策法规限制、供应渠道限制；

（3）确定市场目标，包括产品销售收入、利润率、资金回收率，以及市场占有率等；

（4）确定市场策略，包括市场定位策略、市场进入策略和市场开发策略；

（5）财务可行性管理，包括资金来源、投资效果和经营效果的财务分析；

（6）策略实施，包括落实执行单位和人员、人员培训以及进度控制和监督等。

3. 评价法管理

评价法管理是指根据某产品的市场占有率和销售增长率，运用评价技术所进行的管理。企业可以根据历史营销资料和市场战略目标对市场占有率和销售增长率确定一个高与低的指标，如销售增长率10％以上、市场占有率20％以上为高的指标，其余为低的指标，制成表4-1。

表 4-1 某产品市场策略评价表

销售增长率	市场占有率	
	高	低
高	Ⅰ	Ⅲ
低	Ⅱ	Ⅳ

管理措施如下:

表 4-1 中的Ⅰ部分属双高产品,在管理中应重点发展,在技术、设备、资金、原材料和能源的分配上给予重点保证,集中力量,努力把它培育成名牌产品和拳头产品。

表 4-1 中的Ⅱ部分属市场占有率高、销售增长率开始下降的产品,要设法通过市场占有率的进一步提高,提升销售增长率,延长产品的寿命。

表 4-1 中的Ⅲ部分属市场占有率低、销售增长率升得快的产品,是有潜力的产品,可能是刚投入市场的新产品,客户还不是很了解,这时要提高宣传力度,增加广告投入,在市场占有率上多下功夫,采取扶持策略,使其尽快转为双高产品。

表 4-1 中的Ⅳ部分属双低产品,是风险产品,大致上由两种原因造成,一种是市场调研材料失真,产品盲目开发,投入市场时就不成功,管理上应采用淘汰策略;另一种是产品已进入衰退期,应采取逐步减产、有计划撤退的管理对策。

4.3 市场缺陷与管理

一个社会的发展,取决于它的经济制度在资源配置上的有效性,资源配置问题始终是经济生活中的基本问题,而市场的基本功能就是通过不同生产者之间的交换实现社会资源的优化配置。社会主义的目的就是解放生产力和发展生产力,而市场经济是解放和发展生产力的有效途径。改革开放 40 多年来,人们对市场的主要功能,尤其是对以下五种功能有较深的认识与体会:一是市场通过商品流通联系生产过程与消费过程的联系功能;二是市场供求通过市场机制达到平衡的市场调节功能;三是经过市场配置,使生产要素配置到效益相对较高的地区或部门的资源配置功能;四是根据市场信息,企业作出生产决策的市场信息传递功能；五是企业或个人通过市场交换获得相应报酬的市场分配功能。从某种意义上说，正是社会主义市场经济使我国结束了商品极度短缺的年代；使我国市场由卖方市场发展为买方市场，绝大多数商品供大于求，为消费者选购商品提供了良好的条件，全国人民在总体上过上了小康生活。但是这两年，对市场经济的缺陷，管理者却认识滞后，思想准备不足，甚至有些人惊慌失措，这些都会影响企业管理改革工作的正常进行。管理者有必要了解市场缺陷理论，防患于未然，使自己在市场经济的大潮中提高预见性，采取相应的应对措施。

4.3.1 市场缺陷管理

1. 市场缺陷的含义

市场缺陷是指市场在协调经济和资源配置过程中，依靠自身力量没有能力克服固有弊端的经济现象。市场缺陷是经济利益的驱动和市场经济运行内在规律相互作用的必然结果。利益驱动为市场缺陷提供了动力，市场又为利益驱动提供了舞台，它们相互作用便导致市场机制产生难以克服的缺陷，这时就需要社会和政府给予干预，自觉主动地进行纠正。

2. 市场缺陷的内容

（1）经济波动。它是指市场受经济发展阶段性波动的影响，相应有规律地出现萧条、复苏、繁荣（波峰）、衰退的变化现象。当社会经济周期由高涨转为衰退时，市场就会出现疲软现象，表现为产品过剩、销售下降、价格下跌、库存积压、生产滑坡、工人失业增加等。

（2）市场垄断。在市场自由竞争中，那些资本雄厚、技术先进和管理科学的企业通过兼并、资产重组等手段使社会财富高度集中，从而产生对市场的垄断。因为经济利益驱动力的持续作用，企业会千方百计进一步加强其垄断寡头地位，直至随心所欲地控制市场价格，最终阻碍市场机制发挥作用，使资源配置失当、市场失灵。

（3）通过市场机制进行的收入分配十分不平等，社会贫富差距扩大。"贫富差距"属于社会学、经济学范畴的概念，是社会主义初级阶段市场经济发展中的伴生现象。我国广大劳动者在共同富裕过程中，不可能同步富裕，时间上有先后，富裕程度上也有高低。贫富差距在社会主义社会中产生既有合理性的一面，又有需要防止被进一步扩大的一面。如果任其发展，就会出现两极分化，滋生新的剥削阶级，到那时两极分化就会成为一个阶级的概念，一极是富有的剥削阶级，另一极就是贫穷的被剥削阶级，这是我们需要高度重视的社会政治问题。基尼系数是衡量社会贫富差距的常用指标。

基尼系数，是意大利经济学家基尼提出的一种度量收入分配平等程度的测量标准，用符号"G"表示。基尼系数小，表明社会收入分配比较平均；基尼系数高，表明社会收入分配贫富差距大。基尼系数的最大值是1，最小值是0，国际上一般标准是 $G \leq 0.2$ 属绝对平均，$G=0.4$ 是警戒线，$G>0.4$ 表明社会收入分配不平等到了过于悬殊的程度，在管理中需要加以调整。

（4）市场机制本身不能消除市场上的不道德行为。在经济利益的驱动下，企业在产品价格、支付方式、计量等方面不讲信用、唯利是图，损害消费者利益等不道德行为时有发生。尤其是市场还不十分发达的国家，多通过行政监督进行市场道德行为管理，效率很低。在市场建设、经营理念、人员素质等综合条件上下功夫，才可能会有根本性的改善，而不是等待市场自然成熟。

（5）市场无法提供公共产品，尤其是纯粹的公共产品。与私人产品相比较，公共产品不论是一种商品还是一种服务，都具有两个突出的特点：一是非相关性消费特点。只要消费者愿意接受公共产品，它在提供给一个消费者的同时也能提供给其他消费者，而且并不需要额外增加成本。二是非排斥性享用特点。只要消费者愿意享用公共产品，当生产者一旦提供这种公共产品时，就不能阻止其他消费者享用，甚至即使他拒绝付费也能享用。公共产品的这两个特点与私人产品消费上的耗竭性和享用上的排斥性特点，形成了鲜明的对照。公共产品的性质是由社会公共权力、公共利益性质所决定的。纯粹的公共产品包括国防、公安等，都不是市场本身提供的。但是，像公园、道路建设、桥梁、公共绿化等，则可以是公共的，必要时也可以引入市场机制，它们带有非纯粹性公共产品的特点。

（6）市场不能在现在和未来之间进行有效的资源配置，不能自动实行可持续发展。当前，各国的环境污染与破坏、自然资源枯竭等问题日益严重，究其原因都是市场机制无法从根本上解决这一问题。

3. 对市场缺陷的管理

对市场缺陷的管理，一是要求企业经营者掌握政府可能出台的相关政策和规定，企业有责任配合政府自觉地调整经营策略，以适应可能发生的环境变化，力求减少经营损失；二是要求企业利用政府政策规定出台时所提供的发展机遇，顺势而为，谋求发展。

观念应用 4-2 处理好政府与市场的关系

政府和市场的关系问题，是一个世界性的问题，既是经济理论研究的焦点，也是各国经济发展实践中的难点。我国在 40 多年的改革开放历程中，不断理顺政府和市场的关系，充分发挥市场在资源配置中的决定性作用，更好地发挥政府作用，激发各类市场主体的活力。

经济体制改革的核心问题是处理好政府和市场的关系。实现这一目标的前提是明确界定政府作用的边界，在消除"政府万能或市场万能"等错误观念的同时，找准政府和市场相互补位、协调配合的结合点，实现"有效的市场"和"有为的政府"。

一是划定管理的边界。进入新时代，需要政府把管理的重心转到"管统筹调控"上去，凡由市场能解决的问题、配置的资源，政府应松绑支持、不要干预；凡属于市场不能解决的问题、失效的配置，政府必须果断出手、主动补位，切实把该放的放到位，该管的管理好。

二是找准服务的边界。经济发展的经验证明，市场在配置资源方面效率高，其关键在于有效的价格机制和竞争机制。市场能够发挥作用的领域就是价格机制发挥作用、竞争机制比较完善的领域，比如，零售、教育、科技、金融、食品等领域，在这些领域政府应尽快退出，寓管理于服务中，侧重于通过简政放权，积极响应市场的合理诉求，加强和改进公共服务，维护市场秩序，从而更好地释放市场主体的活力和动力。

三是明确引导调控的边界。在社会主义市场经济条件下，必须更加注重兼顾公平与效率。这就决定了政府必须在宏观经济发展中做好引导调控。一方面，在收入分配环节，通过制度设计和安排参与国民收入的初次分配和再分配，促进收入在部门间、地区间、社会成员间合理分配，体现社会公平；另一方面，在熨平经济周期环节，发挥好"看得见的手"的作用，通过财政政策、货币政策、产业政策、人才政策等手段加强逆周期调节，做好精准调控，调节供给与需求之间、传统部门与新兴部门之间、社会利益与个体利益之间的矛盾，推动经济高质量发展。

处理好政府和市场的关系，要讲辩证法、两点论，"看不见的手"和"看得见的手"都要用好。当前最关键的问题是加快转变政府职能，该放给市场和社会的权一定要放足、放到位，该政府管的事一定要管好、管到位。

> 政府应当在优化营商环境上下功夫,推进简政放权,抓好政策标准、政策执行、法治环境、政务环境建设,把力气用在营造良好的环境和搞好服务上。
>
> 资料来源:胡金焱.辩证处理好政府和市场的关系[N].经济日报,2020-02-20.

针对市场缺陷,在管理上政府可以采取以下一些具体的措施:

(1) 扩大内需。针对国民经济运行情况,政府应通过利用财政与货币手段、鼓励或抑制消费、投资和进出口贸易,进行经济上的宏观管理,这几年我国实行的是扩大需求尤其是扩大和培育内需的管理。扩大内需,最重要的就是增加城乡居民特别是低收入群体的收入,培育和提高居民的购买力。国家一定会千方百计提高农民收入,进一步完善城镇的社会保障体系,继续提高机关事业单位人员的基本工资,努力增加就业岗位,拓宽就业渠道,大力发展就业容量大的劳动密集型产业、服务业和中小企业。这些措施必定会带来一系列的社会效应,这是管理者必须关注的。

(2) 限制市场垄断。为了防止市场垄断,美国国会曾通过多个反托拉斯法案,作为防止市场垄断的法律依据。我国也采取一系列法规限制大企业垄断国内外贸易,禁止价格歧视,禁止为了垄断市场而进行的合并和资产组合。

(3) 加强税收管理,缩小收入差距。在税收政策领域推行超额累进个人所得税,增设遗产税等,做好社会财富的二次分配。按劳分配为主体、多种分配方式并存的第一次分配是合理的,而第二次分配,特别是对社会弱势群体给予特殊的就业援助和分配倾斜则是合情的。

(4) 消除限制消费的障碍,鼓励居民扩大住房、旅游、汽车、电信、文化、体育和其他服务性消费,培育新的消费热点;增加环保投入,加强生态环境保护和污染防治;推行清洁生产、发展环保产业等政策措施,这些措施必将在相当长的时间里影响我国的产业发展。

本章小结

本章主要介绍了管理的市场背景问题,提出只有在市场上取得成功的管理,才是合格的企业管理的观点,把市场作为检验企业管理工作的最终标准。在明确什么是市场和市场机制以及市场的基本分类以后,交代了有关市场需求和价格理论的内容,在强调以市场为导向进行管理的同时,指出了价格调控管理的必要性。在此基础上，进一步交代了市场战略管理和市场策略管理的理论与方法，提高对由于市场缺陷而产生的可能性风险的防范能力。

主要概念和观念

□ 主要概念

市场机制　　　帕累托最优原则　　市场缺陷　　　基尼系数

□ 主要观念

市场分类和相应的管理原则　　　　市场机制和活动要素

市场需求和价格理论　　　　　　　市场缺陷与管理

基本训练

□ 知识题

4.1　阅读理解

（1）什么是买方市场？企业在买方市场中的管理原则是什么？

（2）什么是消费者货币选票？如何管理好对消费者的服务工作？

（3）什么是人的需要与需求？作为个体，在消费领域的有效性需求应具备哪些条件？

（4）举例说明什么是边际效用论，它对管理学有什么启示作用。

（5）为什么要加强税收管理，做好社会的第二次分配工作？

4.2　知识应用

（1）判断题

① 市场是进行商品或服务交换的场所和活动，因此市场总是有形的。（　　）

② 完全竞争市场是现实市场的真实反映。（　　）

③ 市场战略是指企业通过对市场环境变化及发展趋势的分析，对市场开发方向、开发重点和发展途径进行的总体谋划。（　　）

④ 基尼系数的警戒线是 $G=0.5$。（　　）

（2）选择题

① 按市场竞争状况，可以把市场划分为（　　）。

A. 买方市场　　　　　　　　　　B. 完全竞争市场

C. 卖方市场　　　　　　　　D. 不完全竞争市场

E. 垄断市场

② 市场机制具有（　　）特点。

A. 灵活性　　　B. 残酷性　　　C. 平衡性　　　D. 自发性

③ 市场机制是通过（　　）要素的互动而发生作用。

A. 利润最大化的企业行为　　　B. 效用最大化的消费者行为

C. 商品价格　　　　　　　　　D. 资本流动

④ 影响市场资源优化配置的市场因素有（　　）。

A. 市场垄断　　　　　　　　B. 市场竞争

C. 市场信息的不完全性　　　D. 公共产品

☐ 技能题

4.1　规则复习

（1）市场战略管理和市场策略管理

① 市场战略管理

1）市场占有率；

2）在对企业直接环境、间接环境进行分析的基础上，选择企业的发展战略，包括维持战略、收益战略、撤退战略等。

② 市场策略管理

1）市场开拓策略和市场经营策略；

2）市场策略管理的程序；

3）市场策略方案的评价和相应的管理措施。

（2）市场缺陷与管理的主要内容

① 什么是市场缺陷？认识市场缺陷的意义。

② 市场缺陷的主要内容。

③ 对市场缺陷的管理有以下措施：扩大内需，限制市场垄断，加强税收和消除限制消费的各种障碍。

4.2　操作练习

（1）什么是市场占有率？某企业的5号产品去年在上海市场上的销售量是800台，市场占有率是18.6%，问去年一年在上海市场上该产品的总销售量是多少？

（2）根据市场历史资料，6号产品如果年销售增长率达到8%、市场占有率达到12.8%就属于高指标了，某公司6号改进型产品去年投放市场后，月销售增长率是 11%，年底的市场占有率是 5.8%，请根据评价管理办法对 6 号改进型产品去年的市场表现作出分析。

观念应用

□ 案例分析

把木梳卖给和尚

有家大公司在招聘营销主管时，出了一道实践性的试题：把木梳尽量多地卖给和尚。绝大部分应聘者面对这一怪题感到困惑，纷纷离去，最后只剩下 3 个应聘者：小伊、小石和小钱。负责人对剩下的三个应聘者交代，从今日开始，以 10 日为限交卷。10 日期到，3 人来到公司，小伊汇报说，他只卖出了一把木梳，他讲述了历尽的辛苦，以及受到众和尚责骂和追打的委屈。幸好在下山途中遇到一个小和尚一边晒太阳，一边使劲挠着又脏又厚的头皮。小伊总算说服他买了一把。小石比小伊成绩要好，他卖出了 10 把，他说一天他去了一座名刹古寺。由于山高风大，进香者头发都被吹乱了。小石找到了寺院的主持说："蓬头垢面是对佛的不敬。应在每座庙的香案前放把木梳，供善男信女梳理鬓发。"主持采纳了小石的建议，买下了 10 把木梳。轮到小钱了，他总共卖掉了 1000 把木梳，小钱介绍说，他来到一处颇负盛名的深山宝刹，这里朝圣者如云，施主络绎不绝。小钱对主持说："凡来进香者，多有一颗虔诚之心，宝刹应有所回赠，以做纪念，保佑其平安吉祥，鼓励其多做善事。我有一批木梳，你的书法超群，可刻上'积善梳'三个字，然后可做赠品。"主持大喜，立即买下了 1000 把木梳，并请小钱小住几日，共同出席了首次赠送"积善梳"的仪式。得到"积善梳"的施主和香客，很是高兴，一传十，十传百，由此朝圣者更多。主持主动要求小钱再多卖一些不同档次的木梳，以便分层次地赠给各种类型的施主与香客。但 10 日期限已到，小钱只好赶回了公司。考核结果自然是小钱争得了营销主管的位置。

资料来源：蒋光宇. 把梳子卖给和尚 [M]. 哈尔滨：北方文艺出版社，2006.

问题：该案例说明了什么？从营销的角度看，小钱的销售思路有什么特色？

第二篇 决 策

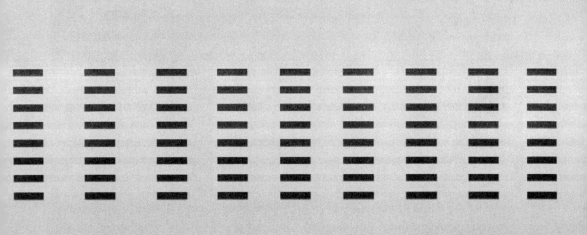

第 5 章

决　　策

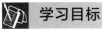 学习目标

通过本章的学习，应该能够达到以下目标：
知识目标：掌握决策的含义和决策的过程。
技能目标：掌握定性决策和定量决策两种决策方法。
能力目标：理解决策的影响因素，掌握正确制定决策的方法。

> **引例**　曾经的中华老字号企业，为什么都陷入了纠结？

中华老字号企业吸引我们的地方在于，经历各种因社会变迁而无法回避的跌宕起伏，它们依然以各种状态存在着，有些企业甚至还有着强大的品牌影响力。从某种角度看，中华老字号企业远比欧美的那些同龄者不容易，因此，研究中华老字号企业对于环境的适应能力，从而探寻企业长寿的强大基因更有意义。

透过有代表性的中华老字号企业百年沉浮的一个个精彩纷呈的故事，可以发现它们的共性：在企业发展战略决策过程中，它们都不约而同地表现出不同程度的纠结。创立于1848年的老凤祥，在飞速发展的过程中一个挥之不去的问题始终困扰着决策层：是应该继续坚守老凤祥品牌所代表的经典，还是发展成为更时尚和年轻化的品牌？诞生于1911年的老美华，是一家生产中式传统布鞋的企业，然而在今天，很多中国人尤其是年轻人在日常生活中远离了布鞋，老美华的下一步该怎么走：是继续坚持这种非物质文化遗产，还是放弃过去的传统？传统与潮流该怎样结合？桂发祥，从1927年成立到20世纪末，在经营方式上一直采用分店经营、前店后厂的传统生产销售模式，规模和市场都非常有限。1992年，桂发祥想要走出天津。然而，企业领导层陷入纠结：桂发祥的规模一定要扩张吗？为了统一制作工序和用料而装配大型的自动生产线，还能还原出老师傅们累积下来的那种传统风味吗？

这样的例子还有很多。在今天这样一个高度不确定的环境下，中华老字号企业究竟怎么走？往哪里走？管理者又该怎样决策？……

资料来源：吕峰，褚梦飞．曾经最爱的中华老字号企业，为什么都陷入了纠结？[J]．哈佛商业评论，2019，(3)．

决策贯穿着管理的全过程。管理的其他职能（计划、组织、领导、控制和创新）都离不开决策，而且是先有决策后有其他职能。在很大意义上，尤其是在不确定的条件下，决策的正确与否成为组织兴衰成败的关键。

5.1 决策概述

自从人类活动出现，就产生了决策。只不过人类社会早期，决策范围很窄，决策内容极为简单。因此，决策是人类的固有行为之一，其历史同人类历史一样古老，只要人类存在，决策行为就不会消失。大至治国安邦，小至具体单位的经营管理；宏观如全球性的战略，微观如某个局部性的战术，都离不开决策，决策在人类生活中无处不在。

5.1.1 决策的概念

决策自古有之。我国古代的《孙子兵法》就是一本有关军事决策理论和方法的卓越著作。我国历史上有许多成功的决策广为世人传颂。"运筹帷幄之中，决胜千里之外"，讲的就是决策的重要作用。决策有狭义和广义之分，狭义地说，决策是在几种行动方案中进行选择；广义地说，决策还包括在作出最后选择之前必须进行的一切活动。比较系统地提出决策理论的是西蒙，他在 1960 年出版了《管理决策新科学》一书，认为"管理就是决策"，突出了决策在管理中的地位，并对决策过程、决策准则、决策组织机构的建立以及决策定量方法和电子计算机的应用等方面进行了科学的论证，形成了管理决策学派。之后，随着科学技术及管理科学的进一步发展，特别是电子计算机的普及，决策理论更趋成熟，决策的方法和手段更加科学化、系统化。

决策，是指组织或个人为了实现某种目标而对未来一定时期内有关活动的方向的选择或调整过程。或者说，决策是对未来的行动目标进行优化，在两个或两个以上备选方案中选取一个最优方案的过程。

对决策的含义可以从以下四个方面来理解：一是决策的主体既可以是组织，也可以是组织中的个人；二是决策要解决的问题既可以是组织或个人活动的初始选择，也可以是在实施过程中对初始选择的调整或再选择；三是决策选择或调整的对象既可以是活动的方向和内容，也可以是在特定领域从事某种活动的方式或方法；四是决策既非单纯的"出谋划策"，又非简单的"拍板定案"，而是一个多阶段、多步骤的分析判断过程。

5.1.2 决策的特征

决策主要具有以下几方面的特征：

1. 目标性

决策或是为了解决某个问题，或是为了利用某一个机会，或是为了实现一定的目标。如果目标模糊或整个目标体系杂乱无章，那就无从谈起合理的决策了。没有问题，没有目标，就无须决策，也无从决策。因此，在决策前，首先要明确所需解决的问题或所期望达成的具体目标。问题的类型不同，目标的明确程度不一，适用的决策方式就不同。

2. 选择性

一个方案无从比较优劣，也无选择的余地，"多方案抉择"是科学决策的重要原则；决策要以可行方案为依据，决策时不仅要有若干个方案以相互比较，而且各方案必须是可行的。对两个或两个以上可行方案作出选择是决策活动的中心。如果存在的方案或方法是唯一的，就不存在选择，也就不存在决策。

3. 可行性

应对每个备选方案进行综合的分析与评价，确定每个方案对目标的贡献程度和可能带来的问题，以明确每个方案的利弊。通过对各个方案的比较，可明晰各方案的优劣，为方案选择奠定基础。满意方案是与其他备选方案比较而言的，不可能完美无缺。组织环境错综复杂，影响因素很多，每个方案都有其优点和缺点。所以，管理者必须尽量掌握充分的信息，进行逻辑分析、科学评价，才能在多个备选方案中选择一个较为理想的合理方案。不过在拍板决定的关键时刻，依据创造力或直觉产生的判断也十分重要。

4. 动态性

不能把决策理解为决定采用哪个方案的一刹那的行动，而应理解为从诊断活动到设计活动，到选择活动，再到执行活动的整个过程，没有这个过程就很难有合理的决策。实际上，经过执行活动的反馈又进入了下一轮决策。因此，决策是一个循环过程，贯穿于整个管理活动的始终。

5.1.3 决策的类型

1. 按决策所要解决的问题在组织中的地位分类

按决策所要解决的问题在组织中的地位，可将决策分成战略决策、战术决策和业务决策。

（1）战略决策。战略决策是指组织对所涉及的大政方针、战略目标等全局性、长远性、关系到组织生存发展的根本问题所作的决策。如企业产品发展方向、国内区域性市场或国际市场的开拓、巩固、发展，机构的设置调整，战略重组、战略联盟及高层管理者的人事变动，等等。战略决策所面临的问题错综复杂，而且许多因素不能确定、不可控制，特别是决策问题所要考虑的环境变化莫测，所以决策方案的设计、分析，甚至取舍，都需要决策者有高度的洞察力和研究分析问题的判断力。该类决策绝大部分由组织的高层领导者作出，必要时还需要借助"外脑"。

（2）战术决策。战术决策又称管理决策，一般由组织的中层管理人员作出。战术决策属于主要业务决策，如资金的筹集、分配、使用、决算就由组织财务部门作出。战术决策是依战略决策作出的，是对战略决策的进一步完善。所以，战术决策对战略决策有着十分重要的支持作用。战术决策是中层管理层的重要任务，它的质量的好坏将直接影响组织大政方针和战略目标的实现。因此，中层管理人员对此应予以高度重视。

（3）业务决策。业务决策是由组织基层管理人员作出的决策。业务决策属于执行性决策，如设备的维护与保养，一般物资的采购与保管，某个岗位职责的制定与修改，等等。业务决策是组织所有决策中范围最小、影响最小的决策，但却是组织中所有决策执行的基础，它的有效与否会直接影响其他决策的执行效果。

在上述三种决策中，并不是不同的管理层就分担不同的决策任务，而是根据不同的职权和面对问题的难度，不同的管理者分担不同的决策任务，即高层管理者主要负责战略决策，中层管理者主要负责大部分战术决策，基层管理者主要负责大部分业务决策，高层和中层管理者也要对部分战术决策或业务决策负责。

2. 按决策性质分类

按决策性质，可将决策分为程序化决策和非程序化决策。

（1）程序化决策是经常重复发生，能按原已规定的程序、处理方法和标准进行的决策，其特点是有固定的模式可以遵循。

（2）非程序化决策是管理中首次出现或偶然出现的非重复性的决策。其特点是无先例可循，随机性和偶然性大，同样的问题对于不同风格的决策者来说，其决策结果迥异。

3. 按决策主体分类

按决策主体，可将决策分为个人决策和群体决策。

（1）个人决策是指最终的决策方案是由最高领导选定的一种决策形式。个人决策具有决策迅速、责任明确、充分发挥领导个人的主观能动性及易受个人能力影响等特点。

（2）群体决策是两个及以上的决策群体所作出的决策。群体决策的特点是耗时、复杂，但可集思广益，弥补个人能力的不足。

4. 按决策问题的可控程度分类

按照决策问题的可控程度，决策可分为确定型决策、不确定型决策和风险型决策。

（1）确定型决策是在所需的各种信息已完全掌握的条件下作出的决策。其特点是在可供选择的方案中只有一种自然状态，即决策的条件是确定的。对不同的决策者而言，其决策结果是确定的。

（2）不确定型决策是通过资料无法加以具体测定，而客观形式又要求必须作出决定的决策。其特点是在可供选择的方案中存在两种或两种以上的自然状态，并且这些自然状态所发生的概率是无法估计的。

（3）风险型决策是指决策者不能准确预测出每一种备选方案的结果，但却拥有较为充分的信息，能够预知各备选方案及其结果发生的可能性的决策。

5.2 决 策 理 论

现代决策理论发展过程可概括为三个阶段，每一个阶段都产生了各有特色的决策理论，后一阶段的决策理论是针对前一阶段决策理论的不足而扩展起来的。然而，多阶段形成的理论都是相对独立的，并非后者取代前者。这三个阶段产生的理论是：理性决策理论（rational decision theory）、行为决策理论（behavioral decision theory）和自然决策理论（naturalistic decision theory）。

5.2.1 理性决策阶段——标准化范式（normative paradigm）

理性决策理论的诞生以冯·诺依曼（John von Neumann）和摩根斯坦（O. Morgenstern）1914 年提出的效用值及其运算定理为标志。随后，萨维奇（Leonard J. Savage）建立了主观概论推断和贝叶斯统计决策方法，充实了理性决策的理论基础。60 年代，霍华德（R. A. Howard）和拉法（H. Raiffa）等在决策方面的研究成果，将此理论拓展到应用层面。

（1）伯努利的期望效用理论

决策理论的任务是研究尚未发生的行为抉择。因此，决策理论一开始就在理性层面围绕着"理性抉择的准则是什么"和"未来环境将会出现何种状态"两个问题展开了研究。关于准则问题，伯努利（Daniel Bernoulli）1738 年提出了效用值的概念以及用概率反映不确定性的思想，主张建立效用函数并以期望效用值为指标度量方案的优先次序。1881 年，埃奇沃思（F. Edgeworth）提出用等值曲线（曲面）来反映方案的优先次序。

（2）冯·诺依曼和摩根斯坦的期望效用理论

20 世纪 30—40 年代，冯·诺依曼和摩根斯坦、拉姆赛（Ramsey）等先后提出了效用值运算的定理，使期望效用理论再度兴起。一般认为，现代决策理论以冯·诺依曼和摩根斯坦的期望效用理论为开端。20 世纪 50 年代，在期望效用理论的基础上，萨维奇对决策理论做出了重要的贡献：其一，提出了主观概率的概念和从优先事件推断主观概率的关系式。其二，首先从决策角度研究统计分析方法，建立了统计决策理论。

（3）霍华德的决策分析理论

1963—1971年，理性决策以规范性决策的身份在决策研究中所取得的成果——"决策分析"得到较为广泛的应用。1966年，霍华德发表的《决策分析：应用决策理论》一文，首次提出了"决策分析"一词，并逐渐形成一门学科，系统地总结了应用统计决策理论进行决策的步骤。这期间，拉法、霍华德和爱德华兹（W. Edwards）分别领导的哈佛大学、斯坦福大学、密歇根大学的决策理论研究集体在决策分析方面发表了大量的研究成果。

理性决策理论的出发点是运用科学方法来解决决策问题，要求研究过程具有清晰性和一致性，对决策中的问题、目标、约束条件和替代方案都能用文字或语言表达清楚，计算分析过程和结果可按一定规则重复进行，并符合逻辑一致性，不能前后矛盾，理性决策的学科基础是统计学、运筹学和决策分析。

戴维斯（M. Davis）总结了理性决策的三个特点：① 从后果出发选择最优行动方案；② 和管理情境无关，只考虑管理者的现状而不管所经历的过程；③ 符合概率论的各种定律。

理性决策采用的是标准化范式，标准化范式与经济学相联系，但也汲取了统计学及某些工程技术的成分。标准化范式或经济学范式的目标是建立最优化或完全理性的、普适的决策模型。也就是说，这类模型完全是以定量化的形式出现的，它体现了理性决策的原则，详细阐明了一种理想化的决策行为。

在决策研究中，由于长期受经济学范式的影响，即潜在地假定管理者是理性效用最大化的追求者，"理性的"管理者拥有同样的知识，按同样的逻辑方式推理，关注同样的威胁和机会，追求同样的目标，从而使得战略研究中对管理者的假设同质化。虽然理性效用最大化假设具有十分重要的优势：可以让经济学家将经济学问题转化为数学问题——理性选择理论，而且理性选择理论已经为经济学家赢得了诺贝尔奖，但是它并不能解释在管理认知发生作用的不确定和主观的世界中，为什么以及如何作出经济决策。

在战略决策中，几乎没有研究者接受经济学家将管理者视为同质的假定，多数学者认为，管理者的理性常常是有限的，他们的知识常常不完整，他们的注意力常常过载，同时许多管理者擅长战略决策，是天生的组织专家和创新者，因而，不同管理者的思维是不同的。约翰逊（Gerry Johnson）和胡夫（Anne Sigismund Huff）指出，在当前决策研究中，即使将研究焦点转移到分析不确定性、复杂性甚至混沌的时候，还是过于关注管理系统中非人性的东西，关于认知的功能以及有关个人和组织过程的分析在管理学研究中一直处于初级阶段。

5.2.2 行为决策阶段——描述性范式（descriptive paradigm）

当许多学者集中注意力研究经典的理性决策理论的时候，另外一些学者则从管理行为、心理学等角度出发，对已有决策理论的假设、前提作了反思，考察这些理论在人类决策行为中的真实性。

行为决策理论在发现理性决策模型偏差的基础上，建立描述实际决策行为的选择模型，并推进到应用层面。描述性范式则与心理学，特别是认知心理学有密切关系。它认为标准化范式所遵守的必要和充分条件，从描述模型的要求看往往不真实，描述性范式仅仅试图对真实的决策者的决策行为作出描述性的说明，并一步步地描述决策者的认知与思维过程。

从20世纪50年代后期开始，有一批心理学家参与了决策行为的研究，他们从实证的视角去比较理性决策模型和人们实际的决策行为，不断地发现这些模型在运用中出现的各种偏差，即使模型中最关键的因素也是这样。例如，人们从来没有，也不可能对事件的概率抱有清晰的概念，连某一事件的各种状态发生概率之和等于1这个最简单的规则，实际行为也难以遵守，埃尔斯伯格悖论就说明了这种现象。模型的其他运算规则与人们的行为同样有许多差异。针对理性决策模型与实际行为相悖的现象，决策理论研究一方面沿着理性决策的轨道发展，包括对现有期望效用理论的改进；另一方面则开拓行为决策理论的发展轨道，研究人们实际决策行为的机理。

西蒙提出有限理性理论，指出决策过程中主体认知能力的有限性，企图获得所有可能的行动方案以及所有相关的决策信息，那是徒劳无益的。因此，方案抉择的准则并非"最优"而是"满意"。西蒙从理论上论证决策过程中决策者的认知结构和价值观念的重要性，揭示出理性决策模型和人们的认知过程有系统的偏差，强调现实世界的问题都是松散耦合，决策者难以进行一次性的完整分析，采用序贯分析更为有效，序贯分析则要求决策者具有发现问题和辨识问题优先顺序的能力。西蒙在1947年出版的《管理行为》一书中对决策中的理性问题进行了精辟的分析，指出现实的人在决策时受知识的不完备性、预见的困难性、可能行为的范围等限制，不可能达到完全理性，从而提出了"有限理性"的基本假设，并首次提出了"管理决策心理学"。西蒙的工作具有划时代的意义，引发了行为决策理论的研究。

行为决策学的发展大致可以分为四个阶段：

（1）第一阶段是 20 世纪 50 年代到 70 年代初，称为奠基时期。这个阶段最重要的文章是 1978 年西蒙发表的《理性选择的行为模式》（A Behavioral Model of Rational Choice）。西蒙指出，真实人的理性是有限的，为了指导真实人的决策行为，就"要用一种符合实际的理性行为，来取代经济人那种全智全能的理性行为"。这是对传统决策理论的巨大冲击，由此导致对决策者、决策环境、决策者和决策环境之间关系等方面新的、更为深入的研究。这是行为决策的奠基时期。

（2）第二阶段是 20 世纪 70 年代中后期到 80 年代初，这是行为决策理论开拓发展的阶段。这个时期的代表作是丹尼尔·卡内曼（Daniel Kahneman）和阿莫斯·特沃斯基（Amos Tversky）发表的两篇文章，一篇是《在不确定条件下的判断：直觉推断和偏见》（Judgment under Uncertainty: Heuristics and Biases），另一篇是《前景理论：风险下的决策分析》（Prospect Theory: An Analysis of Decision under Risk）。前一篇文章指出：一般说来，人们的直觉推断是非常有用的，它们大大减少了推断过程的复杂性。虽然有时直觉推断会导致严重的和系统的偏差。后一篇文章则给出了以大量实验结果为基础得到的价值函数曲线，这条曲线突破了传统经济理论的限制，对真实人在风险情景下的决策行为有更为符合实际的描述。在这个时期，由于对这个领域的研究越来越引起学者和企业家的重视，美国芝加哥大学、康奈尔大学、杜克大学相继建立了以决策行为分析为研究重点的决策研究中心。

（3）第三个阶段是 20 世纪 80 年代中后期，这是一个整理思想、逐步深化、形成体系、应用实践的时期。在这一时期，芝加哥大学的罗宾·霍格斯（Robin Hogarth）教授出版了《判断和选择》（Judgment and Choice）一书。康奈尔大学管理学院教授杰伊·爱德华·拉索（J. E. Russo）和芝加哥大学博士保罗·休梅克（Paul Schoemaker）出版了《决策陷阱》（Decision Traps）一书。

（4）第四阶段是 20 世纪 90 年代，这是行为决策学进一步发展的阶段。在理论研究方面，卡内曼和特沃斯基提出了关于主观概率的 S 理论。该理论考虑到真实人因为对同一事件的不同描述可能会给出不同的判断，提出了与其他理论不同的模型，即概率判断不是由事件本身得出，而是依赖于对事件的描述。他们的研究重点放在对事件的描述上，不足的是忽略了决策者自身的因素，更缺乏对决策者心理机制上的深入探讨。

行为决策学的发展虽然只有数十年，但由于它注重人的行为对决策的影响，对实际决策问题有着广泛而深刻的指导意义，并取得了令人满意的应用成果。纵观行为决策学的发展及其理论与方法的分析，本书认为还存在以下几方面的问题：行为决策学的理论和方法与心理学的研究发展分不开，特别是实验心理学为行为决策学的发展提供了实验依据和支持，但行为决策学的理论还不够坚实，如决策问题识别和分析中的行为因素，包括动机、记忆、感情、认知等心理因素对问题的发现、界定的影响等；理论基础还需加强，需要与其他理论相互渗透来增强活力，如神经网络理论和模糊系统理论等，这样才能获得更快的发展和更广泛的应用；决策模式的局限性也是近十年讨论的重点，在主观期望效用理论（SEU 理论）以外发展起了诸如前景理论、权变理论等许多新的决策模式，如前景理论中的参照点的选择问题、西蒙满意策略中的"满意"标准等，但由于受决策风格和文化背景的影响，这些模式也存在一定的局限性。

5.2.3 自然决策阶段——演化论范式（evolution paradigm）

标准化范式采取一种静态并且完全规范的方式，描述性范式是开放的，总有得到修正的可能性，这两种范式本质上是一致的，即试图寻找理性决策的模型，所不同的只是前者是从正面论证，而后者是利用偏差从反面论证。支持描述性范式研究的内核仍然是传统理性观，将效用理论作为评价决策质量的标准，从而与理性主义范式下的标准化研究一脉相承。标准化范式与描述性范式的比较如表 5-1 所示。

表 5-1　决策标准化范式与决策描述性范式比较

范式要素	标准化范式	描述性范式
理论	理性原则	以认知过程为基础的实验
理论的目的	建立一个最优化的决策模型	理解真实人在确定范围内的决策
应用的目标	与完美行为作对照，通过显示决策缺陷，帮助人们达到最优化境界	通过对决策者的培训，或者通过帮助决策者改善决策环境使之更有利，达到帮助决策者提高决策水平的目标
主导方法	数学模型和计算；测量主观效用	过程跟踪；知识提取和表达
学科基础	经济学、统计学	心理学、社会学、政治学
研究者角色	机器人、工程师	教练

资料来源：J. Edward Russo 等. 决策行为分析 [M]. 北京：北京师范大学出版社，1998.

尽管行为决策理论是针对理性决策模型的不足而发展起来的，但仍然保留着理性决策的特色，忽视现实世界的情境因素，还是在类似实验室的环境下进行决策过程设计。它忽视现实世界决策者的认知结构，站在专业人员的立场，从而替代实际决策者的直觉判断。因而，理性决策、行为决策模型的主要功能仍是方案的选择。克莱因（Klein）等一批学者指出，由于存在上述缺陷，决策理论对现实世界的解释能力还很弱，与实际应用脱节，因而提出自然决策理论的概念。[①] 自然决策理论下新的演化论范式打破了古典决策理论的框架，既不同于标准化范式，也不同于描述性范式。它更明确地关注真实、动态、复杂环境中的决策，所采用的研究方法更直接地关注决策过程，以及它们在真实世界中的结果。与理性主义路径一致，自然主义范式强调描述与解释认知表征与过程。很多理性主义者认为，规范模型失败的原因是人们的非理性破坏了它们。但是自然主义范式没有陷入苛求人类理性的泥潭，指出这些模型本身没有抓住真实世界中行为的适应性特征。自然主义范式从一种新的理性观，即生态理性的维度阐释启发式思维策略，从而深化、丰富了理性的内涵。通过将研究焦点集中于人们在复杂环境中如何处理问题，自然主义范式阐明了认知过程的功能。它渐渐较少强调相对特定的认知程序，而是更多地关注在一个动态环境中知识结构是如何产生和调整的综合图式。

自然决策理论与理性决策理论的差别可以从以下四个方面来比较：

（1）决策主体的认知结构，亦即主体具备的先验知识。理性决策把它看成一种难以处理的变量，尽量回避或加以控制。自然决策则把它看作研究的焦点，强调决策主体由于阅历形成的认知结构在决策过程中的重要性。

（2）决策规则。理性决策理论围绕抉择（choice）而设置，回答"方案 A 是否是最优的"；自然决策理论则围绕匹配（match）而设置，回答"方案 A 是否与情境 S 相匹配"。方案抉择只能一次一个，即使出现多种方案时，决策者也会很快淘汰其中的多数，重点研究一个，最多两个，且作为比较之用。方案匹配则首先判断方案和情境以及决策主体认知结构是否相适应，而不是只着眼于其相对的后果值。匹配可以包含定量分析，但更多是的描述性推理。

（3）情境因素。与理性决策理论的情境无关不同，自然决策理论以情境有限为出发点，认为决策过程一定是由决策者过去的阅历驱动，同时因时空环境

---

① G. A. Klein. *Sources of Power: How People Make Decisions* [M]. MIT Press, 1998.

不同而异。理性决策理论的期望效用模型实际上只反映专家（即分析人员）的思维，而专家都有各自的专业领域和认知结构，自然决策理论则探索决策者的认知结构及其所处的时空情境。

（4）面向过程。理性决策理论面向输入输出（input-output orientation），重在选出最优（满意）方案以付诸实施。而自然决策理论面向过程，重在弄清实际决策主体的认知过程，描述决策者实际搜集哪些信息，怎样解释这些信息，应用什么样的决策规则，而不是应用理性决策的抽象分析模型，力求决策更接近实际。

由以上差异可见，过去研究决策的主要地点是实验室，这样研究出来的决策与实际决策在情境上是割裂的。在真实情境中，作出决策不是最终目的，最终目的是完成一个总的任务。因而作出决策并不代表任务的结束，而只是完成了任务中的一个环节。现实情境中的决策涉及界定问题，清楚地认识到合理的选择是什么，从而采取行动达到目标，并对行动效果予以评定，这是一个完整的行动过程。要研究动态、真实条件下的决策，就要将决策研究重新定位为行动研究的一部分，而不是选择本身。在这样的框架中，决策就是为达到一系列目标而管理和维持连续行动，而不是一套抽象的选择步骤。

自然决策理论恰是从上述管理难点即决策者的认知结构和管理情境来填补理性决策理论的缺陷，使之更符合决策实际。从标准化范式、描述性范式转向演化论范式，从"情境无关"转向"情境有限"，从事实命题和价值命题分离即"实然"和"应然"分离转向两者结合，决策理论的这一发展过程反映了完全采用科学方法来规范决策过程并不是现实可行的，不能将决策看成客观的过程而撇开决策主体的思辨，也不能把决策问题抽象成情境无关的共性问题，而要具体问题具体分析。有关自然决策理论的研究成果已经不少，但尚未形成一套清晰的类似期望效用模型那样供人们普遍应用的科学方法。从科学的角度来看，这是让步，而从应用的角度来看，却又是向前推进，科学和思辨方法相互推动，促进了决策理论的发展。

从决策理论的发展历程看，标准化范式、描述性范式、演化论范式相互促进，后一种范式是对前面范式的补充和完善，共同促进了决策理论的发展。三者的关系如图5-1所示。

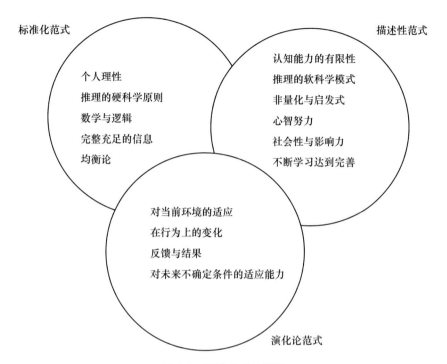

图 5-1 三种范式的聚焦

资料来源：J. Edward Russo 等. 决策行为分析 [M]. 北京：北京师范大学出版社，1998.

自然决策理论主要包括以下几方面内容：

(1) 对研究对象的再认识。过去研究所关注的决策问题可以说是经过数学语言转述的问题，大多来自经济领域。背景信息的过滤使研究在不同程度上忽略了真实决策的重要因素，即决策任务的特征。许多研究者重新审视了自然情境中的决策任务，他们提出，自然情境中决策任务的特征不一定都以最明显的程度出现，但通常几个元素就会使决策任务变复杂。传统研究忽略真实决策任务的特征，以致对决策的研究太片面、简化。

(2) 对领域特殊性的认知机制与知识的考察。传统的决策研究深深浸染了理性主义传统中普遍主义思想的影响，着力刻画统一的科学的决策模式。这样的研究路径忽略了决策中非常重要的一个因素，即专业知识在决策中的作用。比如，传统研究过度集中于在条件有限的情境中观察缺乏经验的大学生，挑选的问题大多风险适中。这样的研究能使我们更好地了解初级阶段如何获得技能，但是无法帮助我们了解行家在熟悉的环境中处理问题的规律、决策支持系统、时间序列、线索等。自然决策研究者通过比较研究各个不同领域的专家与新手，发现临床心理学家、大学委员会管理者、经济预测师等领域的专家在判断力上并没有明显优势。不过，专家和新手在如何理解问题、使用什么策略、调用什么信息、对关键信息的记忆、解决问题的速度和准确性方面存在着根本的不同。专家能够看出深层的原因，对问题也有更复杂的认识。事实证明，与决策问题相关的专业知识以及经验在决策中起着举足轻重的作用。

埃里克·约翰逊（E. J. Johnson）指出，过去的决策研究是一种结果导向型的研究，焦点常常放在结果的好坏上——如何拍板才是明智的。但是结果导向型的研究不能为产生这些结果的心理过程提供任何线索。① 约翰逊研究的案例令人信服地揭示出，关于专家问题解决的研究结论可以推广至判断与决策，尤其是当任务中含有共同元素时。

近年来，人们对具体领域专家的决策规律作了大量研究。例如，克兰德尔（B. Crandall）和卡尔德伍德（R. Calderwood）发现，有经验的新生儿护理中心的护士诊断对早产儿来说致命的感染症状的速度比实验室研究要快 24—48 小时。② 也有学者注意到："与整合信息相比，有经验的人更擅长挑选信息并对它进行编码。"③ 研究表明，在应对每天的复杂情况时，专家依靠相关领域的知识和经验评估情境，判断是否存在问题，如果存在问题，是否需要处理以及如何处理。在处理这样的情况时，经验使一个人能够寻找有价值的信息，并提出为数不多的判断、方案或假设，而不是浪费许多时间、精力却得不出什么结论。克莱因已经发现，专家经常运用"再认启动"或基于感觉的决策过程得出方案，而新手更倾向于用分析的方法系统比较多个方案。

（3）决策过程的认知模型。人们在现实情境中是如何决策的？到目前为止，没有一个统一的决策理论能回答这一问题。处理不同领域、类型的决策任务时，决策模式也不同。一些研究者就不同情境中的决策设计出了一些决策模型。他们研究的都是真实世界中的决策，即对于有着相关知识与专长的决策者来说有意义的决策。模型限定在个人决策的范围内。一类是过程模型，描述的

---

① E. J. Johnson. Expertise and Decision under Certainty: Performance and Process. in M. Chi, R. Glaser & M. Farr (Eds.). *The Nature of Expertise* [M]. Erlbaum, 1988.

② B. Crandall, & R. Calderwood. *Clinical Assessment Skills of Experienced Neonatal Intensive Care Nurses* [M]. Klein & Associates Inc., 1989.

③ R. M. Dawes. A Case Study of Graduate Admissions: Application of Three Principles of Human Decision Making [J]. *American Psychologist*, 1971, 26 (2).

是作决策时不同阶段的次序。另一类是类型模型，即对决策过程进行分类，如直觉型或分析型，并就在何种偶然情况下应使用何种模型进行讨论。

在自然情境中研究决策十分重要。决策应当是由拥有与任务相关的知识、经验的决策者在具有上述特征的情境中作出的。在复杂的自然情境中与在去情境化任务中观察到的现象有着本质的不同。实验室创造的微缩情境剥离了真实情境中的关键变量，这些变量对于行为结果有很大影响。

"跨学科研究路径"是自然决策研究的核心。要把握某一现象在不同复杂水平上的规律，需要运用更开阔的视野。战略决策制定过程涉及的范围和学科比较广泛，如图 5-2 所示。但是，大部分的决策过程仅仅关注一个或者两个学科。

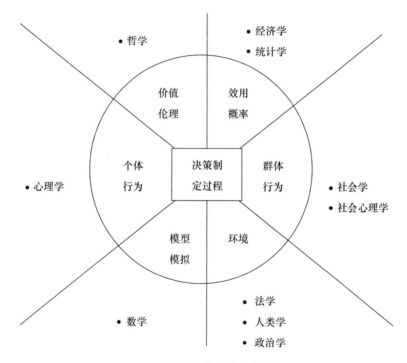

图 5-2 决策制定的学科整合框架

资料来源：E. F. Harrison. *The Managerial Decision-making Process* [M]. Houghton Mifflin, 1999.

因此，局限的视野会阻碍对战略决策作为一个综合的有机过程的全面理解。

· 145 ·

一些研究者坚持认为，理解一个复杂现象的最好方法是将它分成许多个小的部分，弄清它们的功能，再将它们整合起来。但是这个复杂的世界不是这样简单相加的结果，有些分析过程只在复杂情境中才出现，在简单任务中不可能遇到它们。某些类型的错误，如隧道视觉，只在动态变化的情境中出现。[①] 实验室中的研究仍将发挥重要作用，但只有当实验能够反映真实情境中的关键因素时，才能把握自然情境中的决策。

当研究对象是决策这样一种人的行为时，尤其当研究目的是更好地提高决策能力时，传统决策理论的理性决策目标就显得有些矛盾，由于缺乏时间分析、条件分析、原因分析等种种原因，实际工作领域的决策者发现，传统决策理论像是隔着玻璃的花，美丽却无法触及。理论与现实之间的隔阂使得纵使投入了大量的人力、物力、财力对各行决策者进行培训，高深的决策理论仍被受训者束之高阁。人们渐渐认识到，理性的实现形式不是唯一的，思维的力量源泉不仅来自理性数学分析，还来自经验和体悟，不仅来自对确定元素的计算统计，还来自从模糊中窥见锋芒的洞察力。当某种复杂的思维用抽象的语言描述出来时，当把多样性的思维过程归纳在单一框架或模式下时，看似十分清晰，其实已经偏离了思维的本来意义。

自然决策目标是不断地还原被传统决策理论抽象掉的各种因素，力求发现人脑的高级思维规律，包括目前还无法用电脑所代替的，如直觉、灵感等决策思维规律。决策科学长期在经济学的研究框架内发展，量化研究使研究结论清晰可靠，但过度关注在假设前提下存在的人即经济人，关注在数学空间中的决策，而自然决策研究则力图使研究对象回到自然状态下，还原为真实的人。

简言之，如果说传统决策是研究决策的，自然决策则是研究人是如何决策的。自然决策研究关注的是真实决策情境中人的动态决策行为，如救火指挥官的决策、陪审员的决策、飞行员的决策、商业投资决策等。具体而言，在真实决策情境中进行观察，在对决策者的动态认知过程的客观描述基础上，研究作出成功决策与失败决策的认知差异，从这个视角探索如何训练决策者在自身认知水平的基础上吸取经验，扬长避短，以提高决策能力，作出正确的决策。

---

① D. D. Woods, E. M. Roth. Cognitive Systems Engineering. in M. Helander（Ed.）. *Handbook of Human-computer Interaction* [M]. North-Holland, 1988.

5.3 决策方法

近年来,决策方法研究朝着定性与定量相结合、多学科合作的方向发展,这些学科包括经济数学、经济学、统计学、心理统计学、财务管理学、管理会计等,我们应该结合不同的专业需要,有选择地学习相关的具体方法。

5.3.1 直接判断法

这是凭借决策者的经验、知识、智慧,对已掌握的信息和未来的发展进行综合分析判断,从而直接选取较好方案的决策方法。经验在决策时起着重要的作用,经验作为决策的基础必须符合客观实际,不能主观夸大自己成功的经验。同时还要注意,经验不能只限于个人的经验,还包括集体的经验。在充分利用经验时,更要认识到经验只是历史的经验,不能代替未来,应该用经验去创造未来。

直接判断法的适用范围较广,是最古老但最常用的决策方法。在决策问题不十分复杂、决策方案不多的情况下,可以使用这种方法。在决策方案较多、各种方案彼此相差不大时,也需要用这种方法作出最后的选择。如果遇到有多个目标要求的方案,则可以用这种方法优选出能够达到主要目标的方案。特别是遇到有些方案的主要因素很难计量时,用这种方法进行优选就更加便捷有效。现代决策方法发展历史表明,虽然直接判断法是过去计划工作的主要方法,但是在广泛运用数学手段和电子计算技术的今天,这种方法仍然具有普遍的应用性。当然,就直接判断法本身而言,也发生了巨大的变化,一方面有较系统的理论指导,并与数学手段、计量方法相结合;另一方面已由依靠个人才智转为个人与集体相结合,发挥更多人的积极性和创造性,从而有效地提高了它的可靠性和科学性。

5.3.2 线性规划法

(1) 线性规划的概念。线性规划是又一种现代方法。1939 年,苏联经济学家康托罗维奇首先提出用线性规划的方法进行经济计划工作,后来经许多经济学家的深入研究,目前,线性规划已经成为一种相当成熟的计划方法。线性规划是在环境条件已定,满足规定的约束条件下,寻求目标函数的最大值(或最小值),以求取最优方案的方法。在制订计划、确定目标时,运用线性规划法可以解决两类问题：一类是最大化问题，即在有限的资源条件下，如何使效果最好或完成的工作量最多。另一类是最小化问题，即在工作任务确定的情况下，怎样使各种消耗降至最低。简言之，所谓线性规划，是使某个问题的整体效益最优化的一种计划方法。

(2) 线性规划法的操作步骤。首先确定一个目标函数，如利润、产值、产量、成本等。其次建立为实现目标函数所需满足的各种约束条件，如设备、原材料、能源、劳动力的使用限制等。最后列出方程求解，以取得最优方案。

【例 5-1】 某厂计划生产甲、乙两种产品，甲产品每台利润 70 元，乙产品每台利润 120 元。它们的钢材、铜材、专用设备能力的消耗定额如表 5-2 所示。

表 5-2 产品材料、设备耗用定额

	甲产品	乙产品	资源限额
钢材（千克）	9	4	3600
铜材（千克）	4	5	2000
专用设备能力（台时）	3	10	3000

建立模型的步骤为：① 设定变量；② 确定目标函数；③ 列出约束条件。

本例要求在既定材料消耗与设备加工能力条件下，求出利润最大时甲、乙产品的产量，所以设甲、乙产品的产量为变量，即设 x_1 为甲产品产量，x_2 为乙产品产量，最大利润用 $\max Z$ 表示。

目标函数为：
$$\max Z = 70x_1 + 120x_2 \tag{5-1}$$

约束条件为：
$$\begin{cases} 9x_1 + 4x_2 \leqslant 3600 \\ 4x_1 + 5x_2 \leqslant 2000 \\ 3x_1 + 10x_2 \leqslant 3000 \\ x_1, x_2 \geqslant 0 \text{（变量为非负）} \end{cases} \tag{5-2}$$

我们可以运用图解法求解这个问题（具体解法略）。求得 $x_1 = 200$，$x_2 = 240$，将其代入目标函数方程，得到：$\max Z = 70 \times 200 + 120 \times 240 = 42800$（元），此解为最优解。

$$F = \sum_{j=1}^{n} C_j x_j$$

线性规划的一般形式为：

$$\begin{cases} \sum_{j=1}^{n} a_j x_j \leqslant b_i \quad (i=1,2,\cdots,m) \\ x_j \geqslant 0 \end{cases} \tag{5-3}$$

其中，C_j 为价值系数，x_j 为决策变量，a_j 为消费变量，b_i 为 i 资源限制系数。

利用线性规划的一般形式可以求具有许多约束条件和未知变量的优化问题。但建立线性规划的数学模型必须具备以下几个基本条件：① 变量之间是线性关系；② 问题所要达到的目标可以用数字表示；③ 问题中应存在能够达到目标的多种方案；④ 目标是在一定的约束条件下实现的，并且这些条件能用不等式加以描述。具备上述条件的问题非常普遍，从科学研究到工业、农业、商业、交通以及军事计划等领域，都有大量的问题可以利用线性规划法使之最优化。

5.3.3 量本利分析法

量本利分析法是根据计划方案有关产品的产（销）量、成本和利润三者的相互关系，分析各计划方案相对应的经营效益或其他相关问题。

图 5-3 中，销售收入曲线 PQ 与总成本线相交于点 E，E 表示企业经营的盈亏平衡点，与 E 相对的产量 Q_E 即为保本产量，与 E 相对的销售收入即为保本收入。

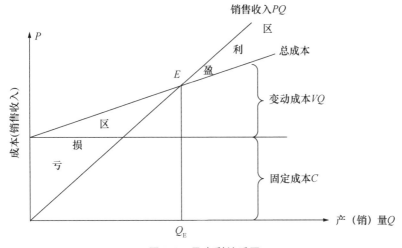

图 5-3 量本利关系图

根据上面的量本利之间的关系，我们知道：

销售收入＝产量×单价

生产成本＝固定成本＋变动成本

＝固定成本＋产量×单位变动成本

用相应的符号来表示，盈亏平衡时有：

$$PQ = C + VQ$$

5.3.4 决策树分析法

决策树分析法是用树形图来描述各种计划方案的方法，把计划方案的决策要点、备选方案展开，以取得最优解。

【例 5-2】 某公司决定建造一座大厂或一座小厂来生产新型产品，产品期望的市场寿命为 12 年。建大厂、小厂并投产的成本分别是 200 万元和 30 万元。公司对 12 年期间销售状况偏差分布的最佳估计为：高需求的概率为 0.5；中需求的概率为 0.3；低需求的概率为 0.2，在这三种需求情况下建大厂和小厂相对应的年损益值分别是 100 万元、25 万元、60 万元、45 万元、－20 万元、50 万元。公司对产量、成本、利润作了分析，研究了工厂大小和市场需求高低的各种组合条件，见表 5-3。

表 5-3 计划方案条件表

自然状态及概率	方案	年损益值（万元）	经营年限（年）
高需求（0.5）	建大厂	100	12
	建小厂	25（包括高需求条件下生产能力不足的机会损失）	12
中需求（0.3）	建大厂	60	12
	建小厂	45（机会损失减少）	12
低需求（0.2）	建大厂	－20（低需求条件下出现剩余生产能力）	12
	建小厂	50（机会损失减少）	12

资料来源：骆守俭. 管理学基础教程［M］. 上海：立信会计出版社，2001.

决策树分析法的步骤如下：

（1）绘制决策树，见图 5-4。

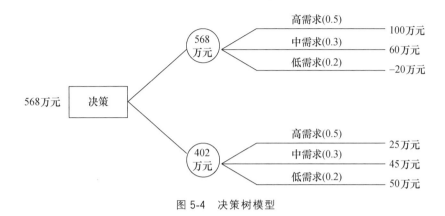

图 5-4 决策树模型

(2) 计算每个方案在经营期内的期望损益值。每个状态结点的期望损益值的计算公式如下：

$$E = \left[\sum (损益值 \times 概率) \times 经营年限\right] - 投资额 \qquad (5-4)$$

建大厂的期望损益值 = [100×0.5+60×0.3+（-20）×0.2]×12-200=568（万元）

建小厂的期望损益值 = [25×0.5+45×0.3+50×0.2]×12-30=402（万元）

(3) 择优剪枝。经比较，建大厂计划方案的期望损益值最大，舍弃建小厂的计划。

5.3.5 不确定型决策法

与前面各种计划决策方法不同，不确定型决策法是对因为影响未来计划决策的变数太多，决策对象的自然状态还无法确定，而且出现的概率也无法估计的情况的决策。在这种情况下，计划方案的选择，往往只能依靠企业目前已有的实力和近来的经营状况。

不确定型决策法主要有小中取大法、大中取大法和最小最大后悔值法等。

(1) 小中取大法。这是一种对宏观形势估计比较悲观，从最坏的结果中选取相对最好的方案的方法。它需要对几种不同的方案制成决策矩阵表，随后根据收益值的大小，依照"小中取大"的原则作出选择。

【例 5-3】 某企业准备处理一批试产以后留下的产品，决策部门对市场需求作了甲、乙、丙、丁四种销售方案调查，根据可能出现的 4 种客户需求即很需要、一般需要、低需求、很低需求的估计，分别测算出 4 种收益情况，如表 5-4 所示。

表 5-4 4 种收益情况   单位：万元

备选方案	很需要	一般需要	低需求	很低需求
甲	500	300	180	−250
乙	200	100	0	−40
丙	350	20	−10	−30
丁	100	50	10	5

要求：制作决策矩阵表并作出决策。

结果如表 5-5 所示。

表 5-5 决策矩阵   单位：万元

备选方案	很需要	一般需要	低需求	很低需求	最小收益值
甲	500	300	180	−250	−250
乙	200	100	0	−40	−40
丙	350	20	−10	−30	−30
丁	100	50	10	5	5
小中取大					5

（2）大中取大法。与小中取大法的悲观论调不同，大中取大法是一种对宏观形势乐观估计，从而进行决策的方法。决策者不肯放弃可能获得最好结果的任何机会，争取选择最好的决策方法。

还是以上题为例，要求制作决策矩阵表并作出决策。

结果如表 5-6 所示。

表 5-6 决策矩阵   单位：万元

备选方案	很需要	一般需要	低需求	很低需求	最大收益值
甲	500	300	180	−250	500
乙	200	100	0	−40	200
丙	350	20	−10	−30	350
丁	100	50	10	5	100
大中取大					500

（3）最小最大后悔值法。这是一种更接近实际工作，建立在实际工作经验基础之上的计划决策方法。解题步骤如下：

① 求出各计划方案的实际最大收益值，并打上星号"＊"，它可以由题目直接提供条件。

② 求出每个方案的实际后悔值。

③ 确定各方案的最大后悔值，并且打上星号"＊"。

④ 在最大后悔值中确定最小后悔值。

为了使解题过程更加清楚，以上过程需要列表，一般使用矩阵表。

【例 5-4】 某新开的超市要利用春节期间销售黄酒，根据市场调查，前几年相似规模的超市在这期间有销售 500 箱、300 箱、200 箱和 100 箱的，每卖出一箱黄酒获利 10 元，而由于卖不出导致变质的黄酒的损失为平均每箱 4 元。根据以销定进原则，假设该超市依据这些调查数据制订计划方案，要求用最小最大后悔值法确定该超市的最佳进货方案。

$$方案收益值＝每箱利润 \times 进货方案数－损耗 \qquad (5-5)$$

结果如表 5-7、表 5-8 所示。

表 5-7 每个方案的收益值　　　　　　　　　　　　　单位：元

	100	200	300	500
100	1000 ＊	1000	1000	1000
200	600	2000 ＊	2000	2000
300	200	1600	3000 ＊	3000
500	－600	800	2200	5000 ＊

注：＊为每个方案的最大收益值。

表 5-8 后悔值矩阵　　　　　　　　　　　　　　　单位：元

	100	200	300	500
100	0	1000	2000	4000 ＊
200	400	0	1000	3000 ＊
300	800	400	0	2000 ＊
500	1600 ＊	1200	800	0

注：＊为每个方案的最大后悔值。与实际经验相比较，发生后悔的情况只有两种：一是进货少了；二是进货多了。进货少了为"后悔值一"，进货多了为"后悔值二"。

$$后悔值一＝方案最大收益值－每箱利润 \times（经验数－方案数）\qquad (5-6)$$

$$后悔值二＝每箱损耗 \times（方案数－经验数）\qquad (5-7)$$

各方案的最大后悔值如下：100 箱是 4000 元，200 箱是 3000 元，300 箱是 2000 元，500 箱是 1600 元，所以选择 500 箱的方案进货，因为该方案的最大后悔值最小。

本章小结

本章主要介绍了决策的概念、分类以及相关的决策理论与方法。管理的其他职能（计划、组织、领导、控制和创新）都离不开决策，而且是先有决策后有其他职能。在很大意义上，决策决定着管理的成败。尤其是在不确定的条件下，决策的正确与否成为组织兴衰成败的关键。决策方法主要有线性规划法、决策树法等。

主要概念和观念

□ 主要概念

决策　　　　　满意方案　　　　风险型决策　　　　决策树

□ 主要观念

决策的过程　　决策的分类　　　决策的方法

基本训练

5.1　规则复习

（1）量本利决策法的规则是：根据计划方案有关产品的产（销）量、成本和利润三者的相互关系，计算各计划方案相对应的经营效益或其他相关问题。

（2）决策树分析法的操作步骤如下：

① 绘制决策树。

② 计算每个方案在经营期内的期望损益值。每个状态结点的期望损益值的计算公式如下：

$$E = \left[\sum (损益值 \times 概率) \times 经营年限\right] - 投资额$$

③ 择优剪枝。

（3）最小最大后悔值法的操作步骤如下：

① 求出各计划方案的实际最大收益值，并打上星号"*"，它可以由题目

直接提供条件。

② 求出每个方案的实际后悔值。

③ 确定各方案的最大后悔值，并且打上星号"*"。

④ 在最大后悔值中确定最小后悔值。

5.2 操作题

(1) 某超市计划用 1200 万元作为固定成本开设新的门店，每开一个门店的费用是 50 万元，变动成本是 40 万元，请用量本利分析法，求出该超市要开到多少家门店才开始有盈余？

(2) 某商业企业计划提高销售效益，经过对未来市场可能发生情况的分析，产生了以下三种备选方案：第一，投资 500 万元扩建原商店，销路好的概率有 70%，5 年内每年可获利 400 万元；销路不好的概率有 30%，5 年内每年要亏损 60 万元。第二，投资 200 万元改建商店，销路好的概率有 80%，5 年内每年可获利 100 万元；销路差的概率有 20%，5 年内每年获利 30 万元。第三，不追加投资，有 60% 的可能性 5 年内每年有 120 万元的获利，有 40% 的可能性是 3 年内每年获利只有 30 万元。要求用决策树分析法，对以上三种方案进行最优选择并且绘制决策树。

(3) 去年某医药商店对一家保健品企业不同包装的产品进行了试销，产品包装分别是 1000 粒、800 粒、500 粒、100 粒 4 种，可以拆开以粒为单位零售。根据去年实际试销结果，每销售一粒获利 3 元，如果过期积压每粒将损失 0.5 元。按照最小最大后悔值法，今年该医药商店的进货选择哪一种包装最好？

第6章

计 划 原 理

学习目标

通过本章的学习,应该能够达到以下目标:

知识目标:了解什么是计划职能,计划与目标、决策的关系,计划的意义和分类。

技能目标:掌握计划编制的标准和原则,熟悉计划的机制与过程。

能力目标:提高计划管理能力,掌握正确制订计划的方法。

日本富士胶片的成功转型

富士胶片成立于1934年,由于诞生在产品周期相对较长的时代,所以它选择以胶片作为公司的初始和核心事业。富士胶片努力提升和拓展自身的技术实力,研发出许多尖端技术,融入感光材料。20世纪80年代,随着信息技术和数码化浪潮的出现,富士胶片明确意识到新时代即将来临,管理层作出从传统胶片业务向数码技术转型的战略规划,并很早就开始为可能的企业转型作准备,而相应的策略与计划也是以技术发展为核心。在2000年之前，富士胶片的一半业务还是影像事业，公司利润的 2/3 也来自于此。但是，彩色胶卷的全球需求在 2000 年达到峰值，其后每年以 20%—30% 的速度下滑，2010 年该市场已萎缩至不到一成。

2003 年，富士胶片开始谋求彻底转型。经过全面和深入的调查之后，富士胶片认为走出危机的关键是要确认公司所拥有的技术，以及在哪些领域能够进一步应用这些技术。富士胶片在研判形势、构建新的成长战略之后，立即向所有员工发表一个 5 年计划，让每位员工充分理解相关战略，并于第二年就开始重组影像事业等，做到坚决执行和具体落实。

伴随着事业环境的快速变迁以及核心业务的消失，富士胶片通过整合核心技术不断地转型发展。由于对技术的推崇以及对技术前瞻式的延展，现在的富士胶片业务组合更加多元化，而且在新的事业领域取得不错的业绩。富士胶片强化开放创新，已成功转型为医疗成像和生命器械领域的千亿级营收企业。2014 年，富士胶片在东京六本木总部建立开放创新中心，这个中心的主要目的是将富士胶片的核心技术与社会实际需求融合起来，以此创造出具有新价值的产品和服务。

资料来源：李剑. 富士胶片：核心业务消失，核心技术永存. 哈佛商业评论，2016，(3).

计划是组织的一种总体行动方案，是为实现目标和使命而作的重点部署和安排。明确而清晰的计划是使组织在竞争中取胜并保持生机和活力的重要前提。计划能否成功实施已经成为决定企业竞争成败的关键与核心问题之一。计划在管理职能学说中，处在重要位置，它对其他职能的影响是不言而喻的。一个好的计划，就是成功的开始。

6.1 计划职能

管理的组织、领导、激励、协调与控制职能等，都是在计划职能的指导下进行的。

6.1.1 计划概述

1. 计划的概念

计划是指为实现组织预定的目标，对未来行动进行规划和安排的过程。具体地说，计划就是确定未来的目标是什么，要采取哪些工作步骤来达到目标，要在什么时间和范围内实现这个目标，以及由谁来进行这种活动等一系列的决策设计过程。

对于初学者，经常因混淆计划、决策、目标的概念而感到困扰，其实它们之间是相通的。一般而言，目标是指行为的指向性，是指向未来的某个目的并且要努力实现的一种结果；决策与计划都是指为了实现目标而需要作出的决定、选择和方案设计，它们往往互相渗透，紧密地交织在一起。就人的思维过程而言，决策过程与计划过程，都是提出问题、收集信息、分析条件和解决问题的一系列心理活动过程。在这个过程中，决策往往注重于一个"点"，有时间上的"点"，也有内容上的"点"，需要在某个时间点或某个具体问题上作出"决定"与"选择"，对某些拟议中的内容进行"拍板"；而计划则注重于"方案"的产生，在方案产生时，就已经包含了目标的内容，包括达到目标的条件、手段和方法等。在这个过程中，人们需要多次而不只是一次进行分析与比较；需要经过一个又一个的"决策"与连续性的"拍板"，才能做到科学决策；在设计先进的基础上，才能产生一个可靠稳妥和科学合理的计划方案。决策为计划的安排提供了依据，计划则为决策所选择的活动提供了实施的保障。由此可见，目标、决策、计划是一个紧密联系、不可分割的整体，在现实工作中要注意它们的统一性与整体性，避免在概念上作过多的纠缠，因为它们是不能截然分开的，在基本原理上是相通的。

管理者的职责是设计方案、制订计划、管理计划，而不能被计划管死，更不能被计划捆住了手脚，因为计划的稳定性只是相对的，现实情况的变化却是永恒的。管理部门制订计划并对未来作出降低风险、适应变化的安排，仅仅是对未来可能变化的一种设计，这种设计无法改变未来社会的现实，也不可能完全消除风险。现实情况常常与人们不要风险的愿望相反，在许多时候风险与收益共存，而且风险愈大，收益也愈大。所以，只有既有远见卓识又有胆识的人，才会使"成功"经常与之结伴而行，这种人固然幸运，但更加幸运的却是拥有这种人才的企业。

小思考 6-1

决策就是作出决定，是针对所要达到的目标，分析问题、解决问题的管理过程；而计划是为使组织实现预定目标，对未来的行动进行规划和安排的过程,所以,计划并不是收集材料、比较条件、分析问题、解决问题的过程。这个观点正确吗?为什么?

答: 错,错在把决策和计划两者内在的有机联系人为地分开了。就决策和计划过程而言,不管是从管理者的心理过程还是从管理者的工作过程来看,它们都离不开收集材料、比较条件、分析问题和解决问题的过程,它们的基本过程是一样的。有学者将两者加以相对区分,是因为他们的研究角度与研究方法有所不同,他们这样做是被许可的,也是必要的。

计划尤其是长期计划对管理的成败起着重要的作用,良好的计划是成功的先决条件。计划对于组织发展具有重要的意义,一般来说,有计划的公司比没有计划的公司业绩更好,寿命更长。

2. 计划的意义

对计划工作,每个人都很熟悉,但是对于为什么要制订计划,却不一定真正清楚。有人会说,制订计划是上级布置的,是领导要求做的,持这种观点的人,他们辛辛苦苦花了不少时间所制订的计划,只能是一种形式,大多只是摆设,被束之高阁,派不了什么用场。可见,所有不是从工作实际需要出发,自觉自愿制订的计划都是人为的形式主义,只会是人力、精力上的一种浪费。如何避免这种现象的发生?提高对计划工作重要性和必要性的认识,是行之有效的方法。在管理班子内部做到认识上的统一,深入认识计划工作的意义,是制订好的计划的前提。计划的具体意义有以下几点:

(1) 计划为一级组织明确了工作方向。人的行为动力理论告诉我们,在许多情况下一级组织的工作动力存在着"绳子原理"。众所周知,绳子是软的,用绳子拉东西能发挥绳子的作用。计划的作用就像拉绳子,只要使用得当,计划就能使组织中的所有成员和各个部门,都朝着同一个目标,指向同一个方向,像拉纤一样使组织这只大船破浪向前,计划发挥出了它应有的效能;如果使用不当,采取强制性的推动,计划作用就要大打折扣。计划可以分为有效性计划与无效性计划,没有效能的计划称为无效性计划。

(2) 计划能增强组织的协调精神。正因为计划为一级组织成员指明了方向,组织成员之间、各个部门之间就要协调关系,明确每一个人的具体责任和义务,在同一个目标的指引下产生合力,防止产生涣散组织力量的现象。责任、义务、利益三者统一,使协调关系在一定规则下运行,保证每个成员和各个部门在规则范围内进行活动并且相互合作,这样就能提高组织的协调能力,更加有效地完成各项工作任务。

(3) 计划能有效避免工作的盲目性。计划是一种系统性的活动,有预先的调研,有风险分析与预防,有方案比较与选择,也有目标控制与协调。通过这一系列的活动,可以使组织活动的有效性得到提高,从而克服盲目性,最大限度地降低风险。

在现代社会里,计划工作已成为组织生存的必要条件。明智的管理者都会十分重视计划的制订,通过计划的制订明确组织任务,引导企业发展,协调组织成员,从而实现企业生产利润最大化的目标。

6.1.2 计划分类和编制

由于组织活动的复杂性,使计划编制的要求越来越高,相应的计划种类也多了起来;而且在实践活动中,许多企业的计划都是综合性的,长短结合,战略、战术结合是这种综合性的具体表现。

1. 计划分类

(1) 按计划的时间跨度,可以将计划分为长期、中期、短期计划。一般认为,长期计划是确定组织今后发展的方向,计划期为十年以上;中期计划主要是确定组织具体的目标和战略,计划期是五年左右;短期计划主要是确定组织在近期内要完成的任务,具有详细的程序和操作方法,一般是指一年(含一年)以下的计划,如年度的财务预算就是一种典型的短期计划。计划越是近期的,编制工作就越要具体,越要具有可操作性,计划的可靠性一般也要越好。

(2) 按计划的广度大小,可以把计划分为战略、战术和作业计划。战略计划不同于战术、作业计划,一般是由高层管理者制订。它是指应用于整个组织,为组织确立总体目标并寻求组织在环境中地位的计划。全局性、长期性是战略计划的突出特征,战略计划需要勾画出五年后组织发展的宏伟蓝图,具有总体性、概括性和前瞻性。战术计划又称施政计划,一般由中层管理者制订,其内容包括组织各部门的目标、策略和政策,它把战略计划转化为具体的目标和政策,并且规定了达到各种目标的确切时间。战术计划中的目标和政策要比战略计划具体、详细,并具有相互协调的作用。此外,战略计划是以问题为中心的,而战术计划是以时间为中心的。一般情况下,战术计划按年度分别拟订。作业计划又称业务计划,一般由基层管理者制订,其内容是基层工作人员的具体任务与作业程序。作业计划要根据战术计划来确定计划期间的预算、利润等具体目标，安排工作流程，划分合理的工作单位，分派任务和资源，以及确定权力和责任。

(3) 按计划对象，可把计划分为综合计划、局部计划和项目计划三种。顾名思义，综合计划包括的内容是多方面的，局部计划只包括单个部门的业务，而项目计划是为某种特定任务制订的。

综合计划一般指具有多个目标和多方面内容的计划。就其涉及的对象来说，它关联到整个组织或组织的许多方面。如企业年度生产经营计划，它包括销售计划、生产计划、劳动工资计划、物资供应计划、成本计划、财务计划、技术计划等。这些计划都有各自的内容，但它们互相联系、互相影响、互相制约，形成一个有机的整体。

局部计划是属于指定范围的计划。它包括各种职能部门制订的职能计划，如技术改造计划、设备维修计划等。局部计划是在综合计划的基础上制订的，它的内容专一性强，是综合计划的一个子计划。应该注意，各种局部计划之间相互制约，如设备维修计划直接影响生产计划、供应计划和销售计划等其他局部计划。

项目计划是针对组织的特定课题而作出决策的计划。例如，某种产品开发计划、企业扩建计划、职工食堂建设计划都属于项目计划。项目计划在某些方面类似于综合计划，它的特殊性在于它是为了组织结构的变化发展而制订的，期限很可能为几年，但是在年度计划中应有它的情况反映。

(4) 按计划对执行者的约束力，可以把计划分为指令性计划和指导性计划。指令性计划是由上级主管部门下达的具有行政约束力的计划。指令性计划一经下达，各级计划执行单位必须遵照执行，而且尽一切努力加以完成。指令性计划的高度约束力要求这种计划的制订必须合理正确，来不得半点马虎，否则将给全局工作带来不可挽回的损失。

指导性计划是由上级主管部门下达的具有参考作用的计划。这种计划下达之后，执行单位不一定完全遵照执行，可考虑自己单位的实际情况，决定是否能够按该计划工作。这是一种间接的计划方法，上级为了促使下级按指导性计划工作，不能只用行政命令的方法，可以采用价格、税收、信贷等经济手段进行调节，也可对指导性计划任务的执行给予某种优惠政策，鼓励指导性计划得到落实。

计划还可以考虑根据某些指标进行分类。计划指标用数字表示，是组织在计划期内各个方面需要达到的技术经济标准和水平。计划指标可以有多种分类、按计划指标的性质,可分为数量指标和质量指标;按计划指标的表现形式,可分为实物数量指标和价值数量指标;按计划指标的作用,可分为收益指标、消耗指标和效益指标;等等。

2. 计划编制

从提出计划到落实计划,并且解决问题,是一项十分复杂而又艰巨的工作。为了提高计划编制的质量,需要事先确定统一的标准和原则。

(1) 计划编制标准

① 计划的目的性。制订计划的目的是实现组织的目标,因此应根据组织的目标制订计划。

② 计划的未来性。计划是为实现未来的目标而预先确定的行动方案,但未来是不确定的,这就决定了计划必须着眼于未来,分析各种环境因素,用动态的观点分析问题,预测可能发生的变化,确定可行的行动方案。

③ 计划的连续性。计划应当是承前启后的,过去的计划可以作为现在的计划的参考,现在的计划也必然与将来的计划相衔接。要保证计划的连续性,就必须对长期计划、中期计划和短期计划加以协调,并根据计划的执行结果不断地调整,使计划更加合理、可行。

④ 计划的普遍性。计划的普遍性一方面体现在计划编制后的贯彻、执行之中,要考虑到它对组织、激励、沟通、协调等工作的影响。不管是组织、激励还是沟通、协调工作,都要在计划目标的指导下具体安排;另一方面,计划作为一项管理职能,不管是处于哪一层次、哪个部门的管理者,都要在计划指导下制订自己的具体计划,从而保证计划的层层落实。

⑤ 计划的约束力和弹性。计划执行过程中,在没有发现计划不适应或存在缺陷以前,执行者应该严格执行,不可以轻易变更或废除,这是计划约束力所规定的要求。当然,计划也不是一成不变的,当出现继续执行计划将会使组织遭受严重损失,或根本无法执行计划时,应该在权衡利弊得失之后,果断地加以调整,这就是计划的适度弹性原则。

(2) 计划编制原则

在制订各类计划时,一般应遵循以下三项原则:

① 许诺原则。许诺原则是指合理的计划应该规定一个必需的期限,该期限应尽可能承诺履行目前决策中的任务所必需的时间,因为现在所作出的决策都是对未来的一种承诺。

② 弹性原则。弹性原则是指计划应有一定的灵活性,留有一定的余地。

由于引起未来变化的不确定性因素很多，这些因素往往会影响原定计划的如期完成，这就要求计划具有一定的弹性。弹性使计划具有较大的适应性，计划的弹性越大，由意外因素引起的损失就越小。当然，弹性越大，所支付的代价也越大。

③ 协调原则。协调原则是指在制订计划时要使短期、中期和长期计划相协调，也就是说在制订中期计划时应考虑长期计划，在制订短期计划时应考虑中期计划。比如，在短期内大幅裁减管理人员可能会降低当时的管理费用，但却不利于企业的长期发展。

如何提高计划的可靠性，始终是计划制订者和计划执行者十分关心的问题。学习和掌握国家经济发展计划的精神，是每一个企业在制订经济发展计划时必须要做的一项工作；了解和研究国家经济发展计划，是提高企业计划可靠性的重要措施。

6.2 国家经济发展计划

国家经济发展计划既是表达国家战略意图、明确政府工作重点、引导市场主体行为的纲领，也是政府履行经济调节、市场监管、社会管理和公共服务职责的重要依据。

6.2.1 国家经济发展计划是企业制订计划的依据

1. 国家经济发展计划

国家经济发展计划是指国家对经济和社会发展的战略、目标、政策、方案等进行的部署和安排。它分为经济发展计划和社会发展计划，这里主要是指前者，我国现在正在执行的"十四五"规划就是这一类计划。研究和学习国家经济发展计划，是企业制订发展计划的依据和必要准备。

经济计划的主要功能在于协调整个社会生产的比例关系，反映社会生产过程中的客观需要，协调社会劳动的要求。与上面所交代的计划种类一样，国家经济发展计划的分类也多种多样，按空间因素划分，有中央计划和地方计划；按社会生产过程划分，有生产计划、流通计划、分配计划和消费计划；等等。这些计划之间相互联系、相互制约，构成一个完整的计划体系。在学习经济计划过程中，管理者要正确认识和处理各种计划之间的关系，深入理解和把握有关内容，只有这样，才能正确处理国家经济发展计划与企业发展计划之间的关系，使企业发展计划建立在可靠的基础之上。

专题 6-1 人类发展指数

> 人类发展指数（human development index，HDI）由联合国开发计划署创立，用以衡量各个国家或地区的发展水平。为了弥补 GDP 的缺陷，从 1990 年开始，联合国启用了人类发展指数的概念，作为衡量各国发展的综合指标。人类发展指数以人的预期寿命、教育水平、人均 GDP 三项指标为核心内容，全面衡量一个国家或地区发展的总体状况。预期寿命是指出生时的预期寿命；教育水平是指成人识字率和中小学、大学的入学率。这一综合指标对提高我国综合国力有着重要的参照意义。自 1990 年以来，各国人类发展指数每年发布一次。

2. 正确认识国家指令性与指导性计划

国家经济发展的指令性计划，是国家对国民经济实行直接计划管理的具体形式，带有行政强制性和约束力。国家之所以实行必要的指令性计划，是为了保证国家重点生产和建设的需要，有利于保持宏观经济平衡，保证国民经济和社会发展战略目标的实现。国家指令性计划的范围，主要是关系国计民生的重要产品中需要统一调拨分配的那部分产品，以及关系全局的重大经济活动。

国家经济发展的指导性计划，是国家对国民经济实行计划管理的另一种形式，不带有行政强制性的计划管理。在市场经济条件下，扩大指导性计划的范围，充分发挥指导性计划的作用，有利于实现国民经济总体素质的提高；有利于企业转换机制，把企业推向市场，使之成为独立的商品生产者和经营者；有利于促使国民经济结构合理，生产要素配置合理，生产力布局合理，实现社会效益、生态效益、经济效益的有机结合和全面提高。

国家指导性经济计划实施的核心，是经济杠杆调节作用的发挥，各个经济部门主要通过运用所掌握的经济杠杆对企业形成一定的压力和利益刺激，以引导企业的生产经营活动。国家指导性经济计划管理应遵循的基本原则主要是：(1) 计划管理的宏观性；(2) 计划的政策导向性；(3) 计划指导范围的合理性；(4) 计划指标体系的科学性。

3. 正确认识不同时间序列国家经济计划之间的关系

(1) 远景规划。远景规划是国家经济和社会发展长期的预测性计划。制定远景规划的重要作用是：① 预见性，能够使人们看到未来发展的目标，减少盲目性；② 引导性，可以规范人们的努力方向，从而有可能避免决策失误，减少损失；③ 激励性，人们可以看到美好的未来，看到将来的利益之所在并为之奋斗。

(2) 长期计划。长期计划一般指计划期在十年以上的国家经济和社会发展计划，它是国家经济和社会发展的纲领性文件，需要中期、短期计划加以具体化，并且分阶段加以实施；长期计划是制订中期计划的依据，同时也是企业制定战略目标的根据；长期计划可以是综合计划，也可以是专项发展计划。

(3) 中期计划。中期计划一般指计划期在五年左右的国家经济和社会发展计划，是国家实现计划管理的基本形式。为什么中期计划以五年左右为一期，是因为一般大型项目从建设到投产、重要产品的更新换代、重大科技问题的解决，以及专业技术人才的培养等大体上需要五年左右的时间。中期计划是长期计划的具体化，同时又是制订年度计划的依据，因此它是把长期计划和年度计划衔接起来，使国家经济和社会发展计划保持连续性和稳定性的特别重要的计划。中期计划的内容一般包括计划期内国家经济和社会发展的基本任务、国民经济增长速度、重大比例关系和经济效益、工农业主要产品产量、固定资产投资规模与方向、科学成果的推广应用和先进技术的引进、财政收支、银行信贷总额和货币发行量、物价总水平、利用外资规模、人民生活水平提高幅度、各项社会事业发展的主要要求，还包括经济调控手段的运用等，所有这些都将以不同形式与途径给企业发展带来影响。

(4) 短期计划。短期计划通常是指计划期在一年（含一年）以内的计划。它是中期计划的实施计划，一般来说，国家经济和社会发展的短期计划，基本上是以年度计划的形式出现的。

(5) 滚动式计划。在制订计划时，以原定或预定计划为基础，逐期向前推进，形成滚动延伸的计划，称为滚动式计划。滚动式计划应用的范围相当广泛，以上讨论的各种计划均可采用。滚动式计划的优点在于它的适应性，可以根据情况变化，及时在滚动中作出调整；也可以把一个资金、材料上暂时有困难的长期计划变为滚动式计划，以时间换取空间逐步实现。

6.2.2 可持续发展计划

我国是一个发展中国家，当处于经济发展的起飞阶段时，特别容易忽视可持续发展问题，这是我们要高度重视的。我国政府早在 1994 年就参照联合国环境与发展大会通过的《21世纪议程》制定并开始执行《中国21世纪议程》，它包括可持续发展总体战略与政策、经济可持续发展、社会可持续发展、资源的合理利用与环境保护四个部分，共20章，78个方案领域，是我国21世纪国家发展的总体方略。

1. 可持续发展的由来

可持续发展是由世界自然保护同盟（INCN）等于1980年提出，并由世界环境与发展委员会（WCED）于1987年采纳的一个发展概念。1992年在里约热内卢召开的联合国环境与发展大会（UNCED）对可持续发展问题展开了广泛的探讨，其基本精神被许多国家所接受并且在各类发展计划中得到体现，我国对这一精神的贯彻落实是十分认真负责的。

2. 可持续发展概念的理解

对可持续发展的定义，可以从不同的角度进行理解。（1）从自然属性角度，可将其定义为保护和加强环境系统的生产与更新能力；（2）从社会属性角度，可将其作为保护地球的可持续发展战略，定义为在生存不超出维持生态系统涵容能力的情况下，改善人类的生活品质；（3）从经济属性角度，可将其定义为在保护自然资源的质量并使其提供服务的前提下，使经济发展的净利益增加到最大限度，但今天的资源使用不应该减少未来的实际收入；（4）从科技属性角度，可将其定义为建立极少产生废料和污染的工艺或技术体系，转向更清洁、更有效的技术，尽可能接近零排放或封闭式工艺，尽可能减少能源和其他自然资源的消耗。1987年，以挪威前首相布伦特兰（Gro Harlem Brundtland）为主席的世界环境与发展委员会发布了一份报告《我们共同的未来》，将可持续发展定义为既满足当代人的需求，又不损害子孙后代满足其需求能力的发展。该定义在1992年联合国环境与发展大会上达成共识，得到广泛的认同，被世界各国所接受。

3. 可持续发展计划的基本原则

（1）公平性原则，包括本代人的公平，即在推进持续发展的世界性进程中，应将消除贫困作为优先考虑与解决的问题，以实现公平的分配和公平的发展；代际间的公平，即不能只考虑这一代人的需求，而忽视子孙后代生存和发展的需求；国家间资源分配的公平，即各国按本国的环境和发展政策开发本国自然资源时，负有不致损害其他国家或管辖外地区环境的责任。（2）持续性原则，要求人类的经济活动和社会活动绝不能超过资源和环境的承受能力。（3）共同性原则，即世界各国应认识到地球的整体性和相互依存性，致力于达成既尊重所有各方的利益，又保护全球环境与发展体系的国际协定。这些原则指导着我国的长期发展方向，有利于我国综合国力的提高。

专题 6-2　联合国人类环境会议

1972年6月5日至14日，联合国人类环境会议于瑞典首都斯德哥尔摩召开，会议成果在著作《只有一个地球》和文件《联合国人类环境会议宣言》（以下简称《人类环境宣言》）中得到了反映。

《只有一个地球》指出："当前大多数的环境问题，都来自于人类对生态系统的错误行动"，"我们把征服世界看作人类的进步，这就意味着常常因为我们的错误认识而破坏了自然界"。同时明确提出从三个方面着手，重新建立地球秩序：(1)爱护共同享有的生物圈；(2)学会在技术圈中共存；(3)制定人类生存的战略。《人类环境宣言》指出："人类改造环境的能力，如果使用不当，或轻率使用，就会给人类和人类环境造成无法估量的损害"，"保护和改善环境是关系到全世界各国人民幸福和经济发展的重要问题，也是全世界各国人民的迫切希望和各国政府的责任"。

这次会议确定每年的6月5日为世界环境日。

6.2.3　综合国力

增强综合国力是国家经济发展的根本目标，也是制订经济计划的根本宗旨。

1. 综合国力的概念

综合国力是指一个国家所拥有的全部实力和潜力（物质力和精神力）及其在国际社会中的影响力。评价综合国力的成分指标是一个国家的生存力、发展力和协同力。生存力是评价一个国家现有实力的指标，发展力是评价一个国家未来实力的指标，而协同力则是衡量社会、经济制度适应生存力发展的指标。这些指标具体体现在综合国力的各种构成要素之中。

2. 综合国力的构成要素

(1) 资源力量。资源力量主要是指国家的自然资源和人力资源，主要考察自然资源的拥有量、开发技术和是否容易开发利用。它包括人力资源的数量、人口素质的高低、人口的年龄构成等。

(2) 经济力量。经济力量主要体现为一个国家的国内生产总值、国民收入、主要工农业产品产量、社会购买力水平等指标。其中，人均国内生产总值是评价和衡量经济力量的重要指标。

(3) 科技力量。科技力量一般指国家重大科技成果、科研人员在总人口中的比重、科研人员的数量和质量，以及民用科技水平能否适应经济发展的需要等指标。其中，科研人员的数量和质量，是反映科技领先水平的重要指标。

(4) 教育力量。教育力量是未来的科技力量，是指一个国家的教育规模、各类学校的数量和质量、教师数量和水平、适龄儿童教育的普及程度、中学生的升学率、每万人人口中大学生的比例、成人教育开展程度等指标。

(5) 文化力量。文化力量对综合国力具有重大而深远的意义，是属于精神方面的力量。它是指一个国家特有的历史文化对外来文化的融合力，对本国各民族力量的凝聚力，这些都可以体现为一定文化的沉淀力。历史文化应具有与时俱进的品质，能反映一个国家蓬勃向上的精神状态和对世界文化的影响力。

(6) 国防力量。国防力量包括军队的总兵力、军队的武器装备、拥有战略武器的规模与先进性、军费开支占国民收入的比重、军事科研力量，以及战时能够动员的预备兵力数量等指标。

(7) 外交力量。外交力量是衡量一个国家在国际上影响力的指标，具体包括一国同其他国家或地区建立外交关系的数量、国家在联合国的作用和影响力、国家在国际重大事件中发挥作用的大小，以及别国对本国的态度评价等指标。俗话说："弱国无外交"，外交力量既是一国国力的体现，同时又是构成综合国力的重要因素。

(8) 政治力量。政治力量包括一个国家的社会稳定性、社会制度对经济的作用、政府的开明程度，以及政治体制对社会发展的适应性等指标。

6.2.4 城市综合竞争力

在实际计划编制过程中，有人把综合国力的概念创造性地应用到一个城市的发展计划之中，他们根据实际工作的需要，提出了"城市综合竞争力"的概念。"城市综合竞争力"事实上已经成为管理工作中具有广泛应用意义的名词，尤其是在计划编制过程中。

1. 城市综合竞争力的概念

城市综合竞争力是指一个城市在一定区域范围内集散资源、提供产品和服务的能力。它包括人口、经济、社会、资源和环境的综合发展能力，城市总体实力是决定其综合竞争力的重要力量,一般而言,城市总体实力越强,其综合竞争力也越强。

2. 提高城市综合竞争力计划

提高一个城市综合竞争力的计划内容主要有:(1) 构筑城市各种生产要素汇集高地。即制订计划促使国内外商品流、资金流、技术流、信息流、人才流的积聚,并且通过这些要素转移属性,构筑要素流转枢纽。同时,发展现代交通体系,建设物流集散中心;构筑各类适用人才高地、技术高地、信息高地和产业高地。这是吸引跨国公司和全国性企业,实现中心城市地位的基础。(2) 提高城市综合服务的辐射力。要对城市进行正确定位,强化中心城市的功能。例如上海,在发挥辐射全国、服务全国功能的同时,要计划参与国际经济大循环,提高国际竞争力。这就要求上海对交通、通信、电信、信息等基础设施建设进行全面规划,为增强综合服务功能辐射力,更好地纳入世界城市体系打下基础。(3) 产业布局的调整计划。城市未来的发展依赖于产业结构的合理化。从传统工商业城市转向现代经济中心城市,需要进行产业调整,要特别注意第三产业的发展,其中金融业、城市旅游业、信息业和现代商业是需要重点扶植的产业,必须整体规划,分步实施,使其成为一个城市的支柱产业。在以上各项内容中,都要注意自主创新能力的培植,科学技术是生产力,管理也是生产力,只有在城市管理体制上进行创新,才能使提高城市综合竞争力计划得到落实。

6.3 全面计划管理和计划机制

从系统论观点出发,对企业生产实现全面的计划管理是有效的管理方法。同时,我们应该进一步从计划的机制上深化认识,改进计划方法,为全面提高管理水平作出努力。

6.3.1 全面计划管理

1. 全面计划管理的概念

根据市场需求情况,在企业内部实行全过程的、全员的计划管理,称为全面计划管理。它把企业生产和运行看作一个系统,实行有控制的计划管理,是以系统论为基础、以经济预测为起点的管理。其核心是面向市场,在市场的引导下全面提高企业的经济效益。

2. 全面计划管理的内容

(1) 全企业的计划管理。即把企业作为一个有机整体，同企业内部、外部各个方面的条件保持相互联系，在生产经营过程中，对企业各部门、各方面实行计划管理。

(2) 全过程的计划管理。全面计划管理贯穿于企业生产经营的全过程，包括从市场预测、产品开发、生产制造到售后服务的每一环节。

(3) 全员的计划管理。全面计划管理与企业内部的经济责任制和目标管理密切相关，目标的层层分解和责任制的层层考核，使得每个员工都关心计划实施，都参与计划管理，把计划的完成情况同其切身利益紧密地联系在一起。

(4) 全系统的管理。就管理思想和方法而言，全面计划管理既是企业全系统的管理，也是运用系统方法的管理。在实施过程中，一般是以预测和决策为中心执行三个系统，这三个系统分别是：① 执行监督系统，是把企业的经营目标按照责、权、利相结合的原则层层分解、层层落实，进行生产经营活动的全面调度工作，促进各项技术经济指标的实现；② 控制检测系统，是根据计划指标对计划执行过程进行检查、分析和比较，发现问题及时调整；③ 信息反馈系统，是将计划执行过程中发现的问题及时反映到决策中，以便企业决策层及时采取措施或修正计划。

6.3.2 计划机制

从行为动力上说，能不能制订出一个好的计划并且产生理想的社会效益和经济效益，是由计划的机制所决定的，因此，机制既是计划制订的动因，又是反映计划质量高低的标准，它贯穿于整个计划的制订和执行过程之中。

1. 经营机制

《全民所有制工业企业转换经营机制条例》明确规定，企业转换经营机制的目标是：使企业适应市场的要求，成为依法自主经营、自负盈亏、自我发展、自我约束的商品生产和经营单位，成为独立享有民事权利和承担民事义务的企业法人。计划经营机制是计划对企业的经营决策、动力、竞争和约束等运行机能各个方面产生作用的总称；它们相互作用，形成既相互促进又相互制约的统一关系，这样才能保证企业实现所规定的目标。企业的这一机制，将在各种计划中得到充分的反映。换句话说，一个好的计划必然是全面反映企业经营机制的计划。

2. 利益机制

计划的利益机制是指计划反映收益结构和分配结构的机能。它是计划动力机制的基础，又是企业经营机制的重要组成部分。其核心是反映企业及其成员的利益最大化，使计划制订与计划实施具有广泛的群众基础。企业中各类成员的利益结构是构成和影响计划的利益机制的重要因素，他们既有共同利益，又有各自不同的利益。计划的利益机制不单纯是某一类成员利益要求的产物，而是各类成员利益要求的产物。计划的利益机制通常通过激励条例得到具体的反映。

3. 决策机制

计划的决策机制是指计划有效性规定的程度，是计划所具有的内在有效属性。有效性差的计划即便是由最权威部门颁发，也可能会成为无效计划，究其原因很可能是由计划决策机制不良造成的。计划健全的决策机制应包含三个方面，即计划规定的利益分配、权力结构和组织保证体系。

4. 创新机制

计划的创新机制是指计划对创新行为的支持能力和对科学技术的吸纳力。创新机制来源于创新意识，同时计划的创新机制又需要通过制度创新和组织创新加以保证。凡是创新，总带有与时俱进的特点，反映这种特点的创新的基本形式有两种：一种是渐进式的，在不改变原有机制的基础上，使计划的创新机制更加完善，作用更加广泛；另一种是跨越式的，以全新的机制取代旧机制。

5. 约束机制

计划的约束机制是指计划自身对于反馈信息的调整能力。它包括市场约束、法律约束、行政干预约束、制度约束、预算约束和责任约束等。

6.3.3　计划过程

管理者制订计划时应了解计划工作的程序，计划过程是从掌握一般程序开始的。计划的内容可以千变万化，但是所有计划的工作程序基本都是一致的，如图6-1所示。

在目标确立前还有一道机会分析的程序，以决定是否把某种机会作为组织目标，计划目标是在机会分析的基础上提出的。在一项计划中可能含有多项目标，可以根据目标的价值、层次区分主次，突出重点。宏观经济形势和政策环境是制订具体计划的重要参数，企业的所有计划都是在国家经济计划指导下进行的，所以必须学习和了解这些内容，为计划的制订找到可靠的依据。提出备

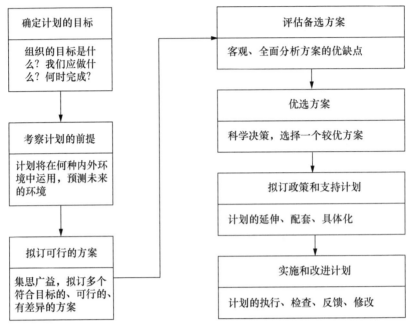

图 6-1 计划工作程序

选方案，评估方案和确定方案，是一个连续的过程，都要按照客观、全面的态度作出实事求是的选择。最后是利用计划的反馈功能，实行必要的控制，使计划得以顺利实施。

本章小结

本章主要介绍了计划的定义，计划与目标、决策的关系，计划的意义和分类。在此基础上，提出了计划编制的标准和原则，要求企业在国家经济计划的指导下，在可持续发展的原则下，制订计划。企业应把增强综合国力、增强城市综合竞争力的目标和企业经济发展目标结合起来，实行全面计划管理。为此，本章最后集中介绍了计划的机制与过程。希望管理者在了解一般计划制订原理的基础上，提高解决具体问题的能力。

主要概念和观念

☐ **主要概念**

计划　　　　　综合国力　　　　全面计划管理　　计划的约束机制

☐ **主要观念**

计划分类和编制原则　　　　　计划机制

计划过程

基本训练

☐ **知识题**

6.1　阅读理解

（1）为什么说目标、决策和计划在基本原理上是相通的？

（2）什么是国家经济发展的指导性计划？为什么要充分发挥指导性计划的作用？

（3）怎样理解可持续发展的概念？

（4）全面计划管理的具体内容是什么？

（5）为什么国家中期经济与社会发展计划一般以 5 年为一期？

6.2　知识应用

（1）判断题

① 目标、决策、计划在基本原理上是相通的。（　　）

② 人类发展指数以人的居住环境、寿命、知识和生活质量指标为核心内容。（　　）

③ 外交力量是一个国家实力的体现，又是构成综合国力的重要因素。（　　）

④ 近年来计划方法研究抛弃了定性方向的研究而朝着定量方向发展。（　　）

（2）选择题

① 计划制订应该遵循的原则有（　　）。

A. 实事求是原则　B. 许诺原则　　C. 弹性原则　　D. 协调原则

② 国家指导性计划管理的主要原则有（　　）。

A. 管理的宏观性　　　　　　　　B. 政策的导向性

C. 范围的合理性　　　　　　D. 指标体系的科学性

③ 衡量计划机制的主要内容除了经营机制、利益机制以外，还有（　　）。

A. 决策机制　　B. 协调机制　　C. 创新机制　　D. 约束机制

观念应用

☐ 案例分析

倒掉鲜奶的背后

据有关媒体报道，在当地政府的引导下，四川华西农民把饲养奶牛看成脱贫致富的阳关大道，纷纷开始养牛。四川华西乳业有限责任公司担负着对当地奶农鲜奶的收购任务，在鲜奶加工和储藏不足的情况下，为了维护奶农的利益，只好把收购上来的2吨库存鲜奶倒掉。许多人对这件事情发表了自己的看法，其中最为普遍的观点是："还有那么多处于贫困线以下的人喝不上牛奶，企业为什么不把牛奶送给他们喝呢？这样至少可以避免浪费啊！"

问题：1. 请你从市场和计划的角度，对以上观点作出分析。

2. 联系以前政治经济学"西方农场主把牛奶倒进大海，是资本主义腐朽性的表现"的提法，谈谈你的看法。

☐ 实训题

选择一家企业，看看企业有关部门的生产计划和执行情况，并对计划执行结果作出理论分析。

第三篇 组　　织

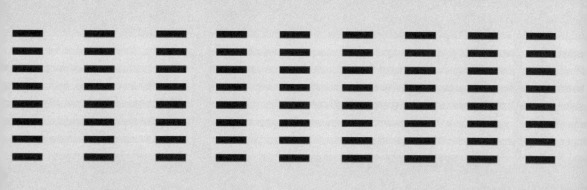

第 7 章

组织管理原理

 学习目标

通过本章的学习,应该达到以下目标:

知识目标:理解组织的含义;明确组织设计的目的和程序;熟练掌握那些常见的组织结构形式及各自的优缺点。

技能目标:了解组织变革的原因与阻力,掌握一定的策划变革行动计划的技巧。

能力目标:具有认识和识别不同的情况下应该采用哪种类型的组织结构的能力。

引例 腾讯三次组织结构调整

腾讯三次公司级的组织变革,分别发生于 2005 年、2012 年、2018 年,都紧跟战略的变化。

2004 年,腾讯在港交所上市。此时,腾讯的组织架构是典型的 U 型结构。按职能划分,开发、设计、市场销售各自为一个部门,同时支持好几个产品，主要是 QQ 和移动 QQ 等主营业务。对已经拥有约 2000 名员工的腾讯来说，这个结构带来的问题是速度慢、效率低。2005 年，腾讯进行新业务布局，将公司从按功能模块分工转为 BU 制，推动组织朝着事业部制（M型）进化，每个核心业务都变成一个大的 BU，所有一线资源切分并闭环到各个 BU，即职能部分下沉到业务线，提升各条业务线的作战能力。各条业务线也分别承担相应的业绩增长责任。这种结构调整当时带来了巨大的激励效应。

随着各个 BU 体量的增加，增长的压力越来越大，BU 对同一事务的优先级存在分歧甚至对立的认知。由于架构的限制，已经不能完全满足用户层出不穷的新需求了。2012 年，腾讯从产业发展的角度重新调整组织架构，将 BU 制升级为 BG 制（business group，事业群制），更好地挖掘腾讯的潜力，拥抱互联网未来的机会，目标包括：强化大社交网络，拥抱全球网游机遇，发力移动互联网，整合网络媒体平台，聚力培育搜索业务，推动电商扬帆远航，提高创造新业务能力。同时，聚合技术工程力量，发展核心技术以及运营云平台，更好地支撑未来业务的发展。

2018 年的结构调整，在制度层面其实没有多大的变化，只是对业务条线进行了重组，整合成立了两个新的事业群：云与智慧产业事业群（CSIG）、平台与内容事业群（PCG）；此外，整合升级了新的广告营销服务线，并成立腾讯技术委员会。两个新成立的 BG，分别承担着消费互联网与产业互联网生态融合、社交与内容生态创新的重要探索。

资料来源：腾讯 20 年三次架构调整的 6 点启示［EB/OL］. https://baijiahao.baidu.com/s? id=16297084716104410118&wfr=spider&for=pc, 2019-04-03.

从上述案例可以看出，在当今社会，激烈的市场竞争以及国际化趋势要求和推动着企业不断完善内部组织结构。本章主要探讨有关组织结构和组织变革的一些问题。

7.1 组织概述

在现实生活中，我们每一个人都不得不与各种各样的组织打交道。比如，我们中的大多数人在一出生的时候碰到的第一个组织就是医院。此后，我们要和幼儿园、学校、工作单位、银行、政府机关等形形色色的组织进行密切的接触。组织可以是营利性的机构,如海尔集团、联想集团等,也可以是非营利性的机构,如全日制大学、政府部门、非营利性的各种基金、事业单位等。

7.1.1 组织的含义

"组织"英文为"organization",来源于器官的英文"organ",因为器官是构成系统的具有特定功能的细胞结构。在我国古代,"组织"一词指的是将丝麻编结起来制成的布帛,也含有"编织"之意。随着生产活动的复杂化和语言文化的进步,"组织"一词便被人们用来说明社会现象。因此,从最一般的意义上讲,组织就如前文所提到的各种各样的社会组织或事业单位。

1. 组织的概念

管理学意义上的组织,就是人们为了达到共同目标,通过责权分配和层次结构所构成的一个完整的有机体。这个定义包含以下含义:

(1) 人是组织的主体。任何组织都是由各种各样的人通过分工协作组成的。

(2) 组织是有目标的。任何组织都是为了实现某种目的而建立起来的,都会在自己的活动中表现出一定的方向或者共同的目标。

(3) 组织要有不同的权力层次和责任制度,因为权力和责任是达成组织目标的必要保证。

(4) 组织是一个有生命力的有机体,它会成长、发展、衰落甚至消亡。

小资料 7-1 组织的目的和宗旨

任何组织都应有其存在的基本目的和宗旨,否则其存在就失去了意义。但是,组织并不能直接证明其存在的意义,它必须通过为社会提供独特的价值而证明其存在的价值。如1992年前,惠普公司的宗旨是:设计、制造、销售和支持高精密电子产品和系统,以收集、计算、分析资料与提供信息作为决策的依据,帮助全球用户提高其个人和企业的效率。1992年后,惠普公司的宗旨改为:创造信息产品以便加速人类知识的进步,并且从本质上改变个人及组织的效能。

2. 组织的有效性

一般来说，组织由三个成分组成：目标、劳力分配和权威层次。但在这三者之上，有效性才是重要的组织活动指标。所谓有效性，就是共同努力去完成一个已知目标，完成的程度就指明了有效性的大小。有效性标准主要包括以下几个方面：

(1) 产量：反映了组织因环境需要而生产出一定数量与质量产品的能力。它包括利润、销量、市场占有量、毕业生数、治愈病人数、文件处理量、接待客人数等。

(2) 效率：主要指输入输出比。

(3) 满意度：组织对员工的满意程度，包括雇员态度、调入调出情况、出勤率、怠工等。

(4) 可变性：组织能够，也确实可以对外界变化作出反应，如改变政策和结构。

(5) 发展：组织根据环境的需求促进自身的发展，如培训等。

7.1.2 正式组织与非正式组织

本书第 2 章指出，梅奥在霍桑实验中第一次正式提出了非正式组织的概念，这里我们进一步比较分析正式组织和非正式组织。

1. 正式组织

正式组织是为了完成组织所规定的特定目的与特定工作而产生的正式的官方组织结构。这种正式结构一般都是经过明确的决策产生的，而且具有法规的性质。正式组织中的工作人员按照职务关系形成一系列的职务等级，如厂长、车间主任、工段长、班组长、职工等。他们中的一些人是领导者，另一些人是被领导者，他们每个人按其职务都有一定的权利和义务。总之，在正式组织中，人们应当从事由组织目标所规定的行动，并使自己的行动指向这个组织目标。

正式组织并不意味着一成不变，相反，它的结构必须具有灵活性，才能保证每一人在工作中都十分有效地为组织目标的达成做出贡献。有关组织结构的问题，我们将在下一节中详细讨论。

2. 非正式组织

非正式组织是那些既没有正式结构，也不是由组织确定的联盟，它是为了满足人们交往的需要而在工作环境中自然形成的。譬如在一个企业里，同一车间的同事之间，或者兴趣相同的人们之间，或者因职务关系接触较多的人们之间，有各种各样的来往，从而会形成各种各样的群体。非正式组织的成员，可能是同一单位的，也可能是跨单位的；可能是同级的，也可能是不同级的。他们凑到一起，谈的问题可能和工作有关，也可能和工作毫无关系。他们可能是在传递某些信息，也可能是在一起打球、玩牌等。

在任何正式组织中都可能存在着非正式组织。一般说来，非正式组织形成的原因主要有以下几个方面：一是某种利益或观点上的一致性；二是具有共同的价值观和兴趣爱好；三是有类似的经历或背景。

因此，由以上原因形成的非正式组织具有如下特点：以情感为纽带，具有明显的情绪色彩；有较强的内聚力和行为一致性；自发产生的领袖人物对其他成员拥有精神上的支配能力；有一套见效快的不成文的奖惩制度与手段；成员间有比较灵敏的信息传递渠道；有较强的自卫性和排外性等。

观念应用 7-1　无处不在的非正式组织

比尔在工程学校毕业之后，到一家大型制造厂的实验室工作。在实验室里，比尔的任务是管理四名负责检验生产样品的技术员。一方面，比尔是他们的监督者和管理者；另一方面，比尔又受到这个集体本身的制约，正是这种制约在折磨着比尔。他很快就发现，他们每个人都在设法保护别人，所以实验室的脏活也就很难确定由谁负责。正是这个团体大大限制了比尔的作用的发挥，他们每天都只完成同样的实验工作量，根本不考虑比尔催促加快检验速度的要求。尽管比尔是上级指定的实验室主管，但是经过多次观察发现，实验室的技术员有问题的时候并不找他，而是经过走廊找另外部门的老技术员。比尔还注意到，其中三名技术员经常一起到咖啡间吃午饭。另一位技术员经常同自己的朋友到邻近实验室用餐，比尔自己通常与其他实验室的管理人员一同进餐。

问题：比尔遇到了什么问题？

分析提示：比尔实验室发生的情况说明非正式组织在起作用，比尔必须像对待正式组织一样与这些组织共事。

> **小思考 7-1**
>
> 在任何正式组织中都可能存在着非正式组织,那么,非正式组织是否在任何情况下都对正式组织起着妨碍和破坏作用?
>
> **答**:不是。非正式组织对正式组织的影响是双重的,当非正式组织的目标与正式组织的目标相同的时候,非正式组织对正式组织就起着补充和促进的作用。

7.2 组织结构与组织设计

管理人员在确定组织的基本目标以后,就必须考虑进行有效的组织设计以保证组织目标的实现。因为有效的组织设计能够为组织活动提供明确的指令,有助于组织内部人员之间的合作,使组织活动更具秩序性和预见性,并保证组织活动的连续性。因此,有效的组织设计对组织提高活动绩效、获得最大的经济效益起着重要的作用。

7.2.1 影响组织结构的因素

组织结构是指一个组织内各构成要素以及它们之间的相互关系,它描述组织的框架体系。组织结构主要涉及组织部门构成、基本的岗位设置、权责关系、业务流程、管理流程及组织内部协调与控制等。组织结构是实现组织宗旨的平台,直接影响着组织行为的效果和效率,从而影响着组织宗旨的实现。通常,一个组织的结构会反映在其组织结构图上,组织结构图是对一个组织的一整套基本活动和过程的可视化描述。

作为各种力量作用的结果,很多组织出现了比较频繁的结构变化。比如,很多大城市的医院系统以及学校系统为了适应新的要求,在过去的二三十年里,组织结构发生了很大的变化。很多工业组织也把改变组织结构看成必须面对的现实。影响组织结构的因素主要有以下几个方面:

1. 环境

环境包括一般环境和特定环境。一般环境是指对组织管理目标产生间接影响的那些经济、社会文化以及技术等环境条件。特定环境是指对组织管理目标产生直接影响的那些因素，如政府、顾客、竞争对手、供应商等。

环境是不断变化的，环境的复杂性和变动性决定了环境的不确定性。在不确定的环境条件下，管理者缺乏完整的外部环境信息，无法预测未来的变化，因而难以作出正确的判断和决策。当环境由简单的稳定性向复杂的变动性转移时，管理决策过程中的不确定性因素也随之增加。可见，只有与外部环境相适应的组织结构才能成为有效的组织结构。

2．战略

高层管理人员的战略选择会影响组织结构的设计。所谓战略，是指决定和影响组织活动性质及根本方向的总目标，以及实现这一总目标的途径和方法。研究发现，许多经营成功的企业，其组织结构都是随着发展战略的变化而变化的。一般来说，一个企业如果要保持在单一行业内发展，则偏好采用集权的组织结构。而那些实施多角化经营的企业，一般采用分权的事业部结构。为了不断适应企业新的发展战略的要求，企业就要适时地改变组织结构，以保持组织的自适应性。

3．技术

任何组织都需要通过技术将投入转换为产品，因而组织结构就要随着技术的变化而变化。对技术进行区分的一个常用标准就是它的常规性程度。常规性技术是指技术活动是自动化、标准化的操作，而非常规性技术是指技术活动内容要根据要求的不同而不同。一般来说，组织内部门技术越是常规化，组织规范化、集权化程度就越高，这时采用机械式组织结构的效率也就越高；组织内部门技术越是非常规化，组织规范化、集权化程度就越低，这时采用柔性有机式组织结构的效率也就越高。

4．组织规模

组织规模是影响组织结构的重要因素之一。研究表明，组织规模的扩大，会提高组织的复杂性程度，并连带提高专业化和规范化的程度。通常情况下，当组织业务扩张、组织员工增加、管理层次增多、组织专业化程度提高时，组织的复杂性程度也会提高。

5．人的行为

有证据表明，人可以顺应不同的组织结构，可以在不同的组织结构中高效率地工作并获得较高的满足感，特别是当人们认识到某一具体结构适合于完成组织目标时更是如此。然而，由于个人之间的差异，使得不同的人在不同的组织结构和氛围中的工作效率各不相同。

小思考 7-2

随着管理幅度的增加,所需的管理人员的数量相应减少,这样管理的费用也减少。那么对于任何一个组织来说,是不是管理幅度越大越好呢?

答:不是。组织内管理人员的控制幅度的大小应根据具体的情景而变化,控制跨度应是多种情景因素的函数。

7.2.2 组织设计的程序

组织设计就是设计清晰的组织结构,规划和设计组织中各部门的职责和职权,确定组织中各种职权的活动范围并编制职务说明书。组织设计一般包括以下几个步骤:

1. 工作划分与工作专门化

组织设计的第一步是将实现组织目标必须进行的活动划分成最小的有机联系的部分,以形成相应的工作岗位。划分活动的基本依据是工作的专门化。工作专门化是指组织中把工作任务划分成若干步骤来完成的细化程度,即组织先把工作分成若干步骤,每一步骤安排一个人去完成。因此,每个人只完成所从事的工作的一部分,而不是全部。

观念应用 7-2 　　工作专门化

20世纪初,亨利·福特(Henry Ford)通过建立汽车生产线而富甲天下,享誉全球。他的做法是,给公司每一名员工分配特定的、重复性的工作。例如,有的员工只负责装配汽车的右前轮,有的只负责安装右前门。通过把工作分化成较小的、标准化的任务,使员工能够反复地进行同一种操作,福特利用技能相对有限的员工,每10秒钟就能生产出一辆汽车。

问题:工作专门化适合于所有类型的组织吗?

分析提示:人们已经认识到了在不同类型的工作中工作专门化所起的作用,但是并不是所有的工作类型或组织形式都适用专门化的工作分工。比如,在麦当劳快餐店,管理人员使用工作专门化来提高生产和销售汉堡包和炸鸡的效率。但是,像苹果公司这样的高科技企业则可以通过丰富员工的工作内容、降低工作专门化的程度来提高生产率。

2. 工作归类与部门化

一个组织的各项工作可以按各种原则进行归并，常见的有职能部门化、产品部门化、地区部门化、顾客部门化等。

（1）职能部门化。这种方法就是按工作的相同或相似性进行分类。比如，企业对从事相同工作的人进行归并，形成生产部门、销售部门、财务部门、人事部门等。由于职能部门化与工作专业化有密切的联系，因此，按职能划分部门是许多组织广泛采用的一种方法。

（2）产品部门化。由于不同的产品在生产、技术、市场、销售等方面可能很不相同，于是就出现了根据不同的产品种类来划分部门的需要。在这种情况下，各产品部门的负责人对某一产品或产品系列在各方面都拥有一定的职权。

（3）地区部门化。对于地区分散的组织来说，按地区划分部门是一种普遍采用的方法。这种方法是当组织分布于不同地区，各地区的政治、经济、文化等因素影响组织的经营管理时，把某个地区的业务工作集中起来，并据此设立相应的管理部门。

（4）顾客部门化。顾客部门化就是根据目标顾客的不同利益需求来划分组织的业务活动。在激烈的市场竞争中，顾客的需求导向越来越明显，表现为不同的顾客在产品品种、质量、价格、服务要求等方面有不同的需求。

3. 确定组织层次

确定组织层次就是要确定组织中每一个部门的职位等级数。组织层次的多少与某一特定的管理人员可直接管辖的下属人员数即管理幅度的大小有直接关系。在一个部门中的员工人数一定的情况下，一个管理人员能直接管理的下属人数越多，那么该部门内的组织层次就越少，所需要的管理人员也越少；反之，一个管理人员能直接管辖的员工人数越少，所需的管理人员就越多，相应地，组织层次也越多。组织层次与组织幅度的这种互动关系导致产生两种基本的组织结构：一种是扁平式组织结构，一种是锥形组织结构。图 7-1 显示了这两种组织结构的差别。

扁平式组织结构的优点是：由于管理层次比较少，信息沟通和传递的速度比较快，因而信息的失真度比较低；同时，上级主管对下属的控制也不会太呆板，有利于发挥下属的积极性和创造性。其缺点是：过大的管理幅度增加了主管对下属的监督和协调控制难度。

锥形组织结构的优点是：由于管理层次比较多，管理幅度比较小，每一管理层次上的主管都能对下属进行及时的指导和控制；同时，层级之间的关系比

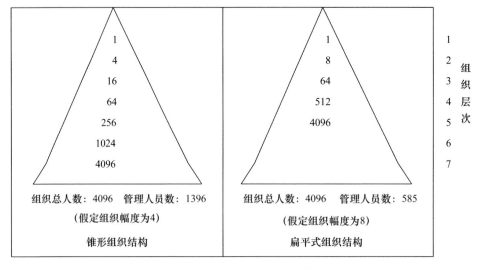

图 7-1 两种组织结构的比较

较紧密,有利于工作任务的衔接。其缺点是:过多的管理层次往往会影响信息的传递速度,因而信息的失真度可能会比较大,而这又会增加高层主管与基层人员之间的沟通和协调成本,增加管理工作的复杂性。

4. 实行授权,建立职权关系

授权是指组织内部授予的指导下属活动及其行为的决定权,这些决定一旦下达,下属必须服从。授权是组织设计的重要内容,它与组织结构内的职位紧密相连,而与个人特质无关。

任何组织内的各个部门及每个管理层次中,都必须设置一系列的职位,而且在每个职位上配置合适的人选,每个人都要具有与职位相称的职务,负有一定的责任、义务,同时具有完成工作、履行职责的权力。

7.2.3 组织结构的形式

组织结构是组织设计的结果,一般可用组织结构图来表示。组织结构在整个管理系统中起着框架的作用,并保证组织中的人流、物流、信息流正常流通。组织结构的完善程度,能够决定组织能否顺利地达到目标以及能否促进个人在实现目标过程中做出贡献。

下面我们分别介绍有代表性的一些组织结构形式:

第7章 组织管理原理

1. 直线型组织结构

直线型组织结构又称垂直式或军队式组织结构，它是最早、最简单的一种组织结构形式，见图7-2。它的特点是：组织中各种职务按照垂直系统直线排列，各级主管人员对所属单位的一切负责，组织中每一个人只能向一个直接上级报告。

这种组织结构形式的优点是：结构简单，职权明确，权力集中，决策迅速，组织稳定。其缺点是：缺少弹性，组织内部缺乏民主和合作精神，而且往往由于个人的知识能力有限而使主管人员感到负担太重甚至难以应对。因此，这种组织结构形式一般只适用于规模小、业务过程简单的企业或现场的作业管理。

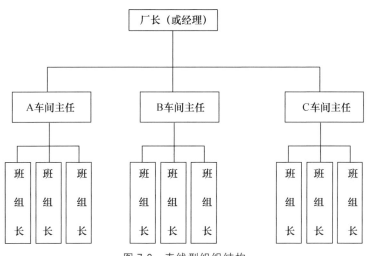

图7-2 直线型组织结构

2. 职能型组织结构

职能型组织结构又称多线型组织结构，与直线型组织结构不同，它采用按职能分工实行专业化的管理办法来代替直线型的全能管理者，即在上层主管下面设立职能机构，把相应的管理职责和权力交给这些机构，各职能机构在自己的业务范围内可以向下级下达命令和指示，直接指挥下属，见图7-3。

这种组织结构形式的优点是：能够适应现代生产技术比较复杂和管理分工比较细致的特点，充分发挥职能机构的专业管理作用；由于吸收了专家参与管理，减轻了上层主管人员的负担。其缺点是：妨碍了组织必要的集中领导和统一指挥，形成了多头领导，使得基层人员有时觉得无所适从，因此不利于明确划分直线人员和职能科室的职责权限，容易造成管理的混乱。

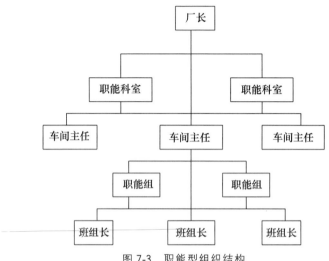

图 7-3　职能型组织结构

3. 直线职能型组织结构

直线职能型是各类组织最常采用的一种组织结构形式，如图 7-4 所示。这种组织结构形式是建立在直线型和职能型基础上的。其特点是：以直线为基

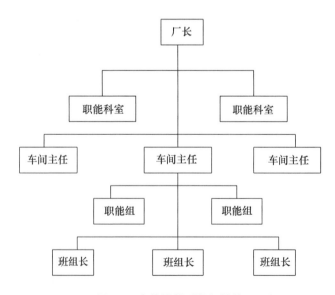

图 7-4　直线职能型组织结构

础，在各级主管之下设置相应的职能部门从事专业管理。在这种组织结构中，直线部门担负着实现组织目标的直接责任，并拥有对下属的指挥权；职能部门只是上级直线管理人员的参谋与助手，他们主要负责提供建议和信息，对下级机构进行业务指导，但不能对下级直线管理人员发号施令，除非上级直线管理人员授予他们某种职能权力。

这种结构形式的优点是：既保持了直线型集中统一指挥的优点，又吸取了职能型发挥专业管理职能作用的长处。因而，这种组织结构能够做到集中领导，便于调配人力、物力和财力；职责清楚，有利于提高办事效率；秩序井然，使整个组织有较高的稳定性。其缺点是：不同的直线部门和职能部门之间目标不易统一，相互之间容易不协调或产生矛盾，从而增加了高层管理人员的协调工作量；由于职能组织促使职能管理人员只重视与其有关的专业领域，因而不利于从组织内部培养熟悉全面情况的管理人才；由于分工细，规章多，信息传递路线长，使整个系统的适应性降低。

4. 事业部制组织结构

事业部制组织结构首创于上个世纪 20 年代的美国通用汽车公司，它是在总公司领导下设立多个事业部，各事业部有各自独立的产品和市场，实行独立核算，如图 7-5 所示。

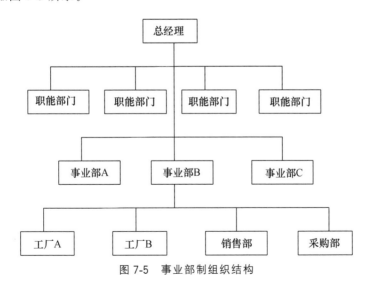

图 7-5 事业部制组织结构

这种组织结构形式最突出的特点是"集中决策，分散经营"，即总公司集中决策，事业部独立经营，这是在组织领导方式上由集权制向分权制转化的一种改革。具体地说，在这种组织结构中，事业部一般按产品或地区划分，具有独立的产品和市场，拥有足够的权力，能自主经营，并实行独立核算，自负盈亏。企业的最高管理层是企业的最高决策机构，它的主要职责是研究和制定公司的总目标、总方针、总计划以及各项政策。各事业部在不违背总目标、总方针和各项政策的前提下，可自行处理其经营业务。

事业部制组织结构的主要优点是：使高层主管部门摆脱了日常繁杂的行政事务，可以专注于公司的战略决策事务，提高了管理的灵活性和适应性，有利于培养和训练管理人才；各事业部之间有比较和竞争，可以克服组织的僵化和官僚化，提高对市场竞争环境的敏捷适应性。其缺点是：每个事业部都有完备的职能部门，由于机构重复，会造成管理人员增加和管理成本提高；各事业部往往从本位主义出发，相互之间的支持与协调比较困难，限制了组织资源的共享，因而可能影响组织长期目标的实现。

观念应用 7-3　　孰优孰劣？

在哈佛大学从事企业管理研究工作的劳伦斯和洛斯曾经研究了两家工业企业，其中一家采用事业部制组织结构，另一家则采用职能型组织结构。这两家企业的其他条件如生产项目、销售市场、生产技术、原材料等都相似。经过研究，他们认为，采用职能型组织结构的企业，在稳定的市场关系占主导地位以及在较长时间内具有相对不变的生产技术和工艺的条件下，往往会取得较好的成果。相反，事业部制组织结构在灵活性方面则是一种适宜的组织形式，特别是当其未来的任务极难预测和需要解决革新问题的时候更是如此。

问题：这项研究给我们什么启示？

分析提示：在多变的经济社会环境下，处于不同发展时期的企业，以及不同规模和类型的企业，必须选择符合自己特定条件的组织结构形式，超前或一成不变，不按企业实际盲目照搬组织结构形式，都会影响和制约企业的健康发展。

5. 矩阵型组织结构

矩阵型组织结构是由纵横两套系统组成的矩形组织结构，一套是纵向的职能管理系统，另一套是为完成某项任务而组成的横向项目系统，横向和纵向的职权具有平衡对等性。矩阵型组织结构打破了传统的"一个员工只有一个领导"的命令题原则，使一个员工同时属于两个或两个以上的部门。在这种结构中，成员并不专门设置，而是从职能组织中抽调或借用，因而其成员具有双重性：一方面，他们仍然需要对其原来所属的职能部门负责，职能部门的主管仍是他们的上级；另一方面，他们又必须对项目经理负责，项目经理对他们拥有项目职权。矩阵型组织结构如图 7-6 所示。

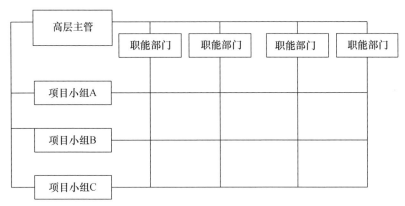

图 7-6　矩阵型组织结构

矩阵型组织结构的优点是：加强了各职能部门的横向联系，具有较大的适应性和机动性；按一定的任务要求，把具有各种专长的人员调集到一起，有利于发挥技术人员的潜力，从而攻克复杂的技术难题；有利于资源在不同产品之间灵活分配，因而对市场上激烈竞争的适应性较强。其缺点也很明显：由于项目小组是临时性的，所以稳定性比较差；组织中的信息和权力等资源一旦不能共享，项目经理与职能经理之间就有可能产生矛盾，协调和处理这些矛盾不仅需要良好的人际沟通能力，也需要付出更多的组织成本。

6．新型组织结构

传统上，组织采用的通常是垂直的、职能化的组织结构。在这种组织结构中，垂直的决策层次的划分形成了鲜明的等级制度，企业内部的所有信息趋于在等级结构中纵向交流，任何一个等级层次上的决策者都可能成为信息进一步交流的障碍；而职能化的部门设置又可能导致不同部门之间各自为政，阻碍相互之间的合作与交流。

自 20 世纪 80 年代中期以来，经济的全球化发展极大地改变了企业的外部经营环境。面对快速变化的市场条件和不断增加的竞争压力，企业管理人员以及管理学领域的学者积极探索能够适应不断变化的外部经营环境的新的组织结构形式。由此出现了一系列具有创新性质的组织结构形式，如三叶草形组织结构、网络型组织结构等。

（1）三叶草形组织结构

三叶草形组织结构是由英国的管理思想大师查尔斯·汉迪（Charles Handy）提出的，他用三叶草的三片叶子比喻现代企业所应具备的组织结构形式。这是一种以基本管理人员和员工为核心、以外部合同工人和兼职工人为补充的组织结构形式。

在这种组织结构中，第一片叶子代表从事核心业务经营的核心员工，他们受过良好的专业化培训，拥有企业建立竞争优势所需要的核心技能、信息和智慧。第二片叶子是由与企业建立了长期合同关系的组织或个人组成的边缘性结构，他们为企业提供维持日常生产经营活动所需的管理和技术服务。可以说，第二片叶子基本上由流动性大且日趋职业化的各类咨询人员或咨询公司构成。第三片叶子代表具有很大弹性的劳动力，如兼职工人、临时工人和非全日制劳动力。他们不断更换企业，以便把成本和承担的义务降到最低限度。

（2）网络型组织结构

网络型组织结构，就是一种以项目为中心，通过与其他组织建立研发、生产制造、营销等业务合同网，有效发挥核心业务专长的协作型组织结构形式。这种组织模式使传统的企业间的供求关系得到了拓展，打破了企业与其外部关联者的障碍，使得双方互惠地赢得市场，共享技术，共担风险。

网络型组织结构有三种基本形式：内部网络组织、稳定的网络组织和动态网络组织。比如，通用汽车公司的部件生产公司代表了一种内部网络组织。公司总部起到"掮客"的作用，协调八个部件生产分部的活动，每个分部在自由市场上出售自己的产品。宝马汽车代表了一种稳定的网络组织。宝马汽车的部件都需要外购，车的 55%—75% 的成本花在从外部采购的部件上。而动态网络组织，也称为虚拟组织，如耐克公司，将产品的生产和加工环节承包给外部企业，而自己拥有的是设计能力、营销网络及品牌等"虚"的东西。它可以按照自己的设计和要求，选择市场上最好的制鞋厂家作为供应商，没有有形资产的束缚，充分体现了虚拟组织的优势。

网络型组织结构的优点是：具有更大的柔性和灵活性，可以更好地结合市场需求整合各项资源，而且容易操作；结构简单、精练，由于组织中的大多数活动都实行外包，而这些活动更多的是靠电子商务来协调处理的，因而组织结构可以进一步扁平化，效率也更高。其缺点是：可控性太差。网络型组织的有效运作是靠与独立的供应商广泛而密切的合作实现的，一旦组织所依存的外部资源出现问题，组织就将处于很被动的境地。另外，由于项目是临时的，员工随时都有被解雇的可能，因而，员工的组织忠诚度比较低。

与传统的金字塔式组织结构相比，新型组织结构的特点主要有以下几个方面：

（1）网络性

新型组织结构的特点之一是它的网络性，即强调组织内部个体、群体和次级单位之间以及它们与组织环境的关键成分之间的相互依赖性。新型组织结构的边界是"可渗透"或"半可渗透"的，允许人和信息更便利地通过。

（2）扁平性

如前所述，与传统的金字塔形组织结构相比，新型组织结构更为精干，管理层次也要少得多。一方面，随着市场竞争的加剧，组织需要更迅速和更灵活地对市场和技术方面的变革作出反应，从而消除那些高耸的、控制取向的组织结构所引起的延误；另一方面，信息技术方面的变化消除了对中层经理层次的需要，这些层次的主要任务以前一直集中在组织和传递信息上。比如，在微软公司，开发小组的程序员与公司最高领导比尔·盖茨（Bill Gates）之间就没有中层领导。

（3）灵活性

随着市场竞争日趋激烈、劳动力日益多样化以及外部环境日益复杂和难以预测，要求组织具有更大的灵活性。目前，许多公司强调，要使产品和服务适应特定顾客的专门需要。因此，改善产品和服务以适应一系列顾客需要的能力日益成为竞争优势的源泉。

（4）多样性

新型组织结构可以在员工工作方式、满足不同顾客的需要以及与其他组织的联合等方面，表现出多样性的特点。比如，新型组织结构可以为员工提供多样化的工作"轨道"，包括兼职（part-time）工作、在家里从事"电信式工作"（tele-working）（在这种工作中，员工通过一台家用电脑与办公室相连）。这些不同的"轨道"是人们可以选择的，完全取决于个人的兴趣、家庭情况以及可以脱离公司的程度。

（5）全球性（国际性）

我国加入WTO以后，将有越来越多的组织与国外的竞争者接触，或直接到国外建立自己的办事处或工厂。特别是随着国际性运输和通信成本大大降低、先进的工业社会与新兴的工业化社会之间日益均衡化以及市场全球化等，出现了一种新的国际化模式。比如，韩国三星公司把就它的个人电脑事业总部设在了美国的加利福尼亚。

7.3 组织变革

组织在完成结构设计之后，管理任务并没有结束。因为组织的内外环境随时都在变化之中，组织必须适时进行变革才能应对未来的挑战。

从某种意义上说，所有组织都处于一个变化的环境之中，而且它们本身也在不断地变化。这就要求组织不断调整和完善自身的功能和结构，提高在变化的环境中求得生存与发展的灵活性、适应性和快速反应能力。组织变革就是组织根据外部环境和内部情况的变化，及时地改变自己的内在结构，以适应客观发展的需要。

7.3.1 当今世界组织变革的特点

美国未来学家阿尔文·托夫勒（Alvin Toffler）在他的《论企业改革》一书中，提出了当今世界组织所具有的三个特点：

（1）变革的速度更快、周期更短

20世纪70年代以前的企业组织结构往往是长期不变的，从采购、生产、销售到研究与开发部门和职能科室，无所不包，各司其职；工作任务和生产调度安排得妥妥帖帖，还有人事、财务和法律机构；在上层总管工作的则有副总裁多人。这种结构框架一旦形成，无论企业兴衰沉浮，都很难有根本的变动，大动干戈的变革更是稀少。但是，当今企业改革日见频繁，甚至有的一流公司往往不满两年就改组一次。

（2）变革的范围更广、数量更多

现在改革的潮流已经席卷各国，无论是大企业还是小企业，无论是经营单位还是行政管理机构，无论是学校还是医院，都在变革。过去变革往往就在本行业或本行业纵向延伸的范围，而现在已经超出了这一范围，甚至发展到与本行业毫无关联的行业与部门。例如，日本丰田公司进军建筑业，云南红塔集团进军建材、钢铁、交通和金融等多个行业。这种变革经营范围、采取多角化经营的企业，在世界大企业中占1/3以上。

（3）变革的内容更深刻、更彻底

在经济日益全球化的今天，许多大企业深知仅在价格、市场和组织结构上做一点修补和改良是远远不够的，还必须在经营战略、产品方向与结构、人事制度等方面作出根本性的改变。只有这样，企业才能在更为激烈的竞争环境中得到进一步的发展和壮大。

7.3.2　组织变革的动因

推动组织变革的因素很多，其中最主要的有以下几个方面：

（1）市场全球化

今天的组织面临着前所未有的全球性竞争，世界经济的主要竞争者大多为跨国公司。这些全球性组织的出现给国内公司造成了重新设计的压力，从而使它们的经营国际化。对于多数产品来说，都有国际市场，但是，为了使产品能在国际市场上有效竞争，公司通常要对自己的文化、结构以及经营进行改革。

（2）科学技术的迅猛发展

现代科学技术发展日新月异，新产品不断出现，产品更新换代周期越来越短。像美国电报电话公司、摩托罗拉公司等，现在开发、生产和销售新产品的周期只是十年前所用时间的一小部分，并且还在继续缩短。科技的迅速发展及其应用使企业组织的生产技术、员工素质、产品形式以及管理中的信息沟通等都发生了很大的改变。这就要求组织在市场战略、组织结构、生产技术、设备、人员等多方面进行相应的变革，以提高组织的竞争力。

（3）员工队伍的变化

随着社会的发展，员工队伍也在逐渐地发生变化。比如，今天的员工的受教育程度越来越高，他们比以往任何时候都更渴望有一个优雅的工作条件，渴望对影响到他们工作的决策有更多的参与机会等。同时，随着人才流动的增加，来自不同地域、不同民族、不同国家、不同语言的员工将越来越多，这些员工带来了各自的本土文化、生活习惯和价值观念。员工队伍的多元化导致管理思想和方式的多元化。

（4）顾客需求的变化

随着科技的发展、生活水平的提高，消费者的需求水平、需求结构、价值观与生活方式、审美观等都发生了一系列的变化。为了满足消费者的需求，组织必须及时进行调整，增强快速反应能力，这样才能在激烈的市场竞争中占据主动地位。

此外，组织目标与员工价值观的改变、组织内部矛盾与冲突的产生、组织职能的转变等都要求组织适时进行调整和改革，以适应组织内外环境的变化，提高组织的效能。

7.3.3 组织变革的阻力与对策

组织在变革过程中不可避免地会遭到抵制，至少在某种程度上遭到来自个人或组织的抵制。明显的抵制表现为罢工、生产力降低、工作质量下降甚至对工作进行破坏等；隐蔽的抵制表现为迟到、缺席增加、要求调转工作、士气低以及事故率高等。具体地说，对变革的抵制主要来自两大方面，即个人方面和组织方面。

1. 组织变革的阻力

来自个人方面的阻力因素有：

(1) 认识与习惯。人们的认识有时会出现错误，这就使得人们往往倾向有选择地看到最符合他们目前对世界的看法的那些东西。一旦确立了某种认识，他们就抵制改变它。除非形式发生了根本性的变化，否则人们可能继续以他们惯用的方式对刺激作出反应。

(2) 投入费用。如果把投入的时间、精力和金钱等都理解为投入费用，那它确实可以成为一个强有力的阻止变革的力量。这就可以理解为什么一位有经验的管理者一般总是反对来自内部或外部顾问人员有关变革的建议。

(3) 对未知因素的恐惧。工作环境中的每一项主要变革都带有某种不确定因素。变革结果的不确定性会使人感到焦虑不安。为避免对未知情况的恐惧和必须作出那种十分艰巨的决定，一些员工选择拒绝接受某些变革。

(4) 对权力和影响的威胁。组织中的一些人可能把变革看成对他们权力和影响的威胁。他人所需要的对某些事情的控制，如信息或资源，是组织权力产生的原因之一。一旦权力地位得以确定，个人或团队就会经常抵制那些在他们看来会削弱其权力和影响的变革。

来自组织方面的阻力因素有组织结构、组织文化、资源的局限性等。比如，组织变革会打破原有的各层次权力与责任的限制，调整不同层次的管理机构，因而会触及原有各层次管理机构的利益和权力，招致这些群体的抵制。

因为有上述各种抵制组织变革因素的存在,所以,我们可以说,对变革的抵制永远不会彻底停止。为了克服对变革的抵制,可以通过鼓励员工积极参与变革计划的制订和实施过程、加强信息交流与沟通等方法,把变革者的愿望变成全体员工的信念,从而形成变革的强大推动力。

2. 实施变革行动计划的对策

约翰·科特（John P. Kotter）和伦纳德·施莱辛格（Leonard A. Schlesinger）在《选择变革的策略》一文中指出,如果人们觉得他们自己的公司在变革过程中将会遭受某些损失,那么这种变革将更可能受到抵制;如果人们认为他们为变革付出的代价比他们将从变革中得到的价值高,或者认为管理当局不会考虑他们的利益,或者他们对变革的适应能力还比较低,那么这种变革的推行将面临更大的困难。

科特和施莱辛格阐述了几种策略,可供管理人员用来制订变革的行动计划:

(1) 员工教育:在变革发生前就告诉员工他们可能面临哪些问题以及解决的办法;

(2) 参与和介入:吸收那些影响计划工作的人进入计划过程,并邀请他们帮助决策;

(3) 促进:通过各种方式减少人们对变革的焦虑,如认真倾听他们的意见,给予他们情感上的安慰,给他们宽裕的时间考虑自己的前途,提供再培训的机会及其他可能的帮助;

(4) 协商:给予变革的抵制方一些刺激,以争取他们的协作;

(5) 操纵:通过有意识地设置某些手段,使反对者除了配合之外再无其他选择;

(6) 强制:通过明示或隐含的威胁,如解聘、减薪、不予晋升等,使人们按照所期望的方式去做。

观念应用 7-4 ▶ **一个严峻的寓言**

从前,一个美国汽车公司和一个日本汽车公司决定在密西西比河上举办赛船活动。他们都苦练了很长时间并尽最大可能做好了准备。

日本队以1千米的优势赢了。赛后,美国队由于失败变得灰心丧气,士气消沉。公司的管理部门决定必须找出这次失败的原因,于是组成了一个由行政管理人员组成的特别工作组去诊断问题,并提出合适的改进措施。

特别工作组在进行大量研究后得出结论,问题似乎集中于这样一个事实,即日本队有8人划船,1人掌舵;相反,美国队有8人掌舵,1人划船。由于不想急于作出判断,特别工作组建议雇一个咨询公司进一步研究这个问题。经过一段时间,并花了很大一笔咨询费之后,咨询公司也得出了同样的结论:"掌舵的人太多,划船的人不足。"

为了防止再次输给日本,美国人对这个赛船小组进行了重新设计。这个新的管理队伍包括4个掌舵经理,3个区域掌舵经理,1个人员调配掌舵经理。此外,为那个单独的划船人员制造了激励机制,为使他加倍努力工作提供刺激。

新一轮比赛日期敲定了,这次日本队赢了2千米。此时,美国公司决定裁员,划船人因表现不佳被解聘。公司把船和桨都卖了,取消了对计划进行的新的比赛的投资,给咨询公司一大笔业绩奖励金,并把预计供下年比赛用的奖金分给了高级管理人员。

问题:这个寓言讽刺了什么?从这个寓言中你得到了什么启示?

分析提示:这是一则具有挖苦意味的寓言,意在讽刺其组织在需要进行变革时表现出的缺乏想象力的做法。

组织面对的是一个变化的世界。对许多公司来说,"以往的做法"是导致灾难的处方。因此,组织需要根据环境的变化适时地进行变革。当一个组织没有效用但又不能设计出灵活和具有较强适应性的组织时,那种失败的代价会很高,就像该寓言中所讽刺的那个美国公司一样,虽然它认识到了组织设计的重要性,但设计出来的却是更加官僚的或机械的组织。事实上,这样做没有任何效用,甚至还带来了相反的结果。

7.3.4 组织变革的发展趋势

就世界范围而言,组织变革呈现出三种发展趋势:

1. 法治化趋势

强调企业组织变革中的法治化,目的是以法治取代人治,真正对社会财产和社会发展负起责任。无论是可口可乐公司还是松下公司,多少年来,并没有因为董事长的更换而倒闭，因为它有一套合法合理的体制和机制，制度是永恒的，机制是不变的，谁来当董事长，当总经理，都得按这个制度办。由制度保证的稳定，才具有可靠性。

2. 科学化趋势

所谓科学化，主要指的是企业组织结构的科学化。它具体包括科学设计企业的管理层次，科学设计企业内的相关部门，科学设计企业内的工作与运营程序以及科学设计本企业与相关企业的共生关系等。20世纪80年代以来，巨型企业纷纷开始进行中层革命，也就是减少管理层次，谋求效率与效益。

美国研究组织结构的专家郝玛·巴拉密曾经说过：减少层次和压缩规模趋势源于降低成本的需要，当然它们也反映了信息和通信技术对管理的冲击。中层管理的作用是监督别人以及采集、分析、评价和传播组织各层次的信息。但是，它的功能正随着电子邮件、声音邮件、共享数据库资源等技术的不断发展而减弱。也可以说，信息社会的到来，正在推动企业组织从金字塔式向网络化演变，这是不可阻挡的历史潮流。

3. 人本化趋势

人本化就是以人为本，以人的需求的满足、人的才能的发挥、人的价值的实现、人的生命质量的提升为企业发展的根本宗旨。

现代的企业组织结构强调企业和员工的双赢，而传统的企业组织结构强调企业的发展，忽视员工个人的发展，这是一个明显的缺陷。

本章小结

组织就是人们为了达到共同目标，通过责权分配和层次结构所构成的一个完整的有机体。它由三个成分组成，分别是目标、劳力分配和权威层次。在任何正式的组织中都可能存在着非正式组织。

组织设计就是设计清晰的组织结构，规划和设计组织中各部门的职责和职权，确定组织中各种职权的活动范围并编制职务说明书。组织设计一般包括以下几个步骤：工作划分与工作专门化；工作归类与部门化；确定组织层次；实行授权，建立职权关系。常见的组织结构形式主要有以下几种：直线型组织结构、职能型组织结构、直线职能型组织结构、事业部制组织结构、矩阵型组织结构以及新型组织结构等。组织变革就是组织根据外部环境和内部情况的变化，及时地改变自己的内在结构，以适应客观发展的需要。

主要概念和观念

□ 主要概念

组织　　　　　组织结构　　　　组织设计　　　　非正式组织

工作专门化　　组织变革

□ 主要观念

组织的有效性　　　　　　事业部制组织结构

矩阵型组织结构　　　　　三叶草形组织结构

网络型组织结构

基本训练

□ 知识题

7.1　阅读理解

(1) 简述事业部制组织结构的优缺点。

(2) 简述矩阵型组织结构的优缺点。

(3) 什么是三叶草形组织结构？

(4) 组织变革的动因是什么？

7.2　知识应用

(1) 判断题

① 在任何正式组织中都可能存在着非正式组织。（　　）

② 在一个部门中的员工人数一定的情况下，管理幅度和管理层次成正比。（　　）

③ 按照职能相似性、任务活动相似性等原则把组织中的专业技能人员分类集合在一个部门内，这指的是工作专门化。（　　）

④ 所有组织都处于一个变化的环境之中，而且它们本身也在不断地变化。（　　）

(2) 选择题

① 事业部制组织结构首创于上个世纪20年代的（　　）。

A. 美国福特汽车公司　　　　B. 德国大众公司

C. 日本松下公司　　　　　　D. 美国通用汽车公司

② 在各类组织中最常采用的一种组织模式是（　　）。

A. 直线型　　　　B. 职能型　　　　C. 直线职能型　　D. 网络型
E. 矩阵型

③ 网络型组织结构有三种基本形式：（　　　）。

A. 内部网络组织　B. 稳定的网络组织　C. 外部网络组织　D. 动态网络组织

④ 与传统的金字塔式组织结构相比，新型组织结构的主要特点有以下几个方面：（　　　）。

A. 网络性　　　　B. 扁平性　　　　C. 灵活性　　　　D. 多样性
E. 全球性

⑤ 影响组织结构的因素主要有以下几个方面：（　　　）。

A. 环境　　　　　B. 战略　　　　　C. 技术　　　　　D. 组织规模
E. 人的行行

□ **技能题**

7.1　规则复习

(1) 一个组织的各项工作都可以按各种原则进行归并，常见的有：

① 职能部门化

② 产品部门化

③ 地区部门化

④ 顾客部门化

(2) 有代表性的一些组织结构如下：

① 直线型组织结构

② 职能型组织结构

③ 直线职能型组织结构

④ 事业部制组织结构

⑤ 矩阵型组织结构

⑥ 新型组织结构

7.2　操作练习

(1) 实务题

描述你所经历的一次重大变革事件（如升学、影响比较大的班级改选等），你是怎样为变革做准备的？你当时的担忧是什么？你是怎么克服这些担忧的（比如，有人帮助你克服）？

(2) 综合题

以你所在的学校为例，分析学校的组织结构形式，并分析这种组织结构形式的优缺点。为了使学校更有效地运行，你认为学校应该在哪些方面进行一些改革？提出你的建议与对策。

观念应用

☐ 分析题

美国杜邦的组织机构改革

美国杜邦公司（DuPont Company）是世界上最大的化学公司，建立至今，已近200年。杜邦公司所创设的组织机构，曾成为美国各公司包括著名大公司的模式，并反映了企业组织机构发展演变的一般特点。

整个19世纪，杜邦公司基本上采取的是单人决策式经营，这一点在亨利这一代尤为明显。在公司任职的40年中，亨利挥动军人严厉粗暴的铁腕统治着公司，他实行的一套管理方式，被称为"凯撒型经营管理"。这套管理方式难以模仿，实际上是经验式管理。公司所有的主要决策和许多细微决策都要由他亲自制定，所有支票都得由他亲自开，所有契约也都得由他签订。他一人决定利润的分配，亲自周游全国，监督公司的好几百家经销商。在每次会议上，总是他发问，别人回答。他全力加速账款收回，严格约定支付条件，促进交货流畅，努力降低价格。亨利接任时，公司负债高达50多万，但亨利后来却使公司成为行业的首领。

然而，亨利死后，继承者的经营崩溃了。亨利的侄子尤金，是公司的第三代继承人。亨利是与公司一起成长的，而尤金是一下子登上舵位，缺乏经验，晕头转向。他试图承袭其伯父的经营作风，也采取绝对的控制方式，亲自处理细枝末节，亲自拆信复函，但他陷入公司的错综复杂的矛盾之中。1902年，尤金去世，合伙者也都心力交瘁，两位副董事长和秘书兼财务长终于相继累死，这不仅是由于他们的体力不胜负荷，还由于当时的经营方式已与时代不相适应。

正当公司濒临危机的时候，三位堂兄弟出来力挽家危，廉价买下公司。三位堂兄弟不仅具有管理大企业的丰富知识，而且具有在铁路、钢铁、电气和机械行业中采用先进管理方式的实践经验，有的还请泰勒当过顾问。他们果断地抛弃了"亨利将军"的那种单枪匹马的管理方式，精心设计了一个集团式经营的管理体制。在美国，杜邦公司是第一家把单人决策改为集团式经营的公司。

集团式经营最主要的特点是建立了"执行委员会",隶属于最高决策机构董事会,是公司最高管理机构。在董事会闭会期间,大部分权力由执行委员会行使,董事长兼任执行委员会主席。

公司抛弃了当时美国流行的体制,建立了预测、长期规划、预算编制和资源分配等管理方式。在管理职能分工的基础上,建立了制造、销售、采购、基本建设投资和运输等职能部门。在这些职能部门之上,是一个高度集中的总办事处,控制销售、采购、制造、人事等工作。

由于在集团经营的管理体制下,权力高度集中,实行统一指挥、垂直领导和专业分工的原则,因此秩序井然,职责清楚,效率显著提高,大大促进了杜邦公司的发展。20世纪初,杜邦公司生产的五种炸药占当时全国总产量的64%—74%,生产的无烟军用火药则占100%。第一次世界大战中,协约国军队40%的火药来自杜邦公司,公司的资产到1918年增加到3亿美元。

资料来源:孙一枚. 杜邦家族的变革路径[J]. 中国商界,2008,(2X).

问题:
(1) 在亨利时代,这种单人决策式的经营为什么基本上是成功的?
(2) 如果你接管杜邦公司,你会进行怎样的组织机构改革?

□ **实训题**

选择你所在城市的一个大型企业和一个中(小)型企业,通过访谈与观察的方式,分析该企业的组织结构形式,并画出组织结构图。大型企业和中(小)型企业有什么不同吗?然后写一份调查报告。

第 8 章

人力资源管理

 学习目标

通过本章的学习,应该能够达到以下目标:

知识目标:了解什么是人力资源、人力资源管理、人力资源规划、招聘、培训、绩效评估与职业发展。

技能目标:能够按照人力资源管理的基本原则和技术要求,熟练运用绩效评估方法、招聘程序、人员培训方法、职业计划与发展方法。

能力目标:正确掌握人力资源管理和发展的方法,提高人力资源管理能力。

引例 华为的人力资源管理

1987年9月15日,43岁的任正非找朋友凑了2.1万元,在深圳注册了华为技术有限公司,并成为香港康力公司的产品——HAX模拟交换机的代理商。华为一开始就很重视人才,很多华为老员工都记得,任正非经常会到人才市场吆喝招人,有的大学生还没毕业,任正非就先付路费,让其毕业后直接到华为报到。

直到上世纪90年代中期，华为才开始设置人力资源岗位和部门，并开始探索人力资源制度与体系建设。华为真正的人力资源管理是从1994年开始的，当时在销售部成立考评办公室，解决如何分配销售人员奖金的问题。但华为管理层认识到，纯粹依据业绩的考核办法与华为价值观不一致，经过两年多的实践，华为人力资源体系逐步由绩效考核变为绩效管理。这套人力资源管理体系在华为内部称为PDCA，就是通过改变计划、行动、检查、考核，不断地再改进，每个季度考评一次，不断循环、不断坚持、不断跟进目标，起到管理的作用。

就在人力资源考评机制建立的同时，以任正非为首的华为管理层认识到应该建立一整套管理体制，这成为《华为基本法》以及建立更为完善的薪酬体系的主要推动力。

从1996年开始，华为大量从国内名牌大学招聘优秀毕业生，用的"撒手锏"之一就是高起薪。当时，华为一年招聘几百名、上千名的大学毕业生，甚至一次性招聘5000人，被很多媒体称为"一次进万人"。随着大量人才的涌入，也让华为面临人才管理问题——如何将人才的潜力转化为市场的开发能力、技术的研发能力，进而转化为现实的利润？这成了华为面临的现实问题。1997年提出的基于本土特点的人力资源管理系统，指明中国的人力资源管理核心是考核和薪酬问题。这也是《华为基本法》的起源。

《华为基本法》从1995年萌芽，到1996年正式定位为"管理大纲"，1998年3月审议通过，历时几年。在这期间，华为也经历了巨变——营收从1994年的14亿元增长到1995年的26亿元，再增长到1997年的41亿元。在这样的巨变中，全文约17000字的《华为基本法》开篇首先定义华为的价值观："华为的追求是在电子信息领域实现顾客的梦想，依靠点点滴滴、锲而不舍的艰苦追求成为世界级领先企业。为了使华为成为世界一流的设备供应商，我们将永不进入信息服务业。通过无依赖的市场压力传递，使内部机制永远处于激活状态。"论述核心价值观之后，《华为基本法》在第2条即写明："认真负责和管理有效的员工是华为最大的财富。"第9条又规定："人力资本不断增值的目标优先于财务资本增值的目标"。第13条写明："机会、人才、技术和产品是公司成长的主要牵引力。"

在分配机制方面，华为推行基于"人才资本论"的"知识资本化"方针。《华为基本法》第17条写明："我们实行员工持股制度。一方面，普惠认同华为的模范员工，结成公司与员工的利益与命运共同体。另一方面，将不断地使最有责任心与才能的人进入公司的中坚层。"第18条又进一步解释说："华为可分配的价值，主要为组织权力和经济利益；其分配形式是：机会、职权、工资、奖金、安全退休金、医疗保障、股权、红利，以及其他人事待遇。我们实行按劳分配与按资分配相结合的分配方式。"

通过一系列制度安排，"人才资本论"和以此为基础的"知识资本化"分配方针在华为得以确立，并得到持续不断的执行，由此不断激活华为人及华为企业组织的内在活力。

资料来源：李正豪. 华为32年崛起之路：用好人，分好钱 [N]. 中国经营报，2019-09-30.

作为管理职能中的组成部分，人力资源管理在整个企业中的地位不断提升。在知识经济条件下，人力资源是现代企业最重要的资源，如何在社会转型以及经济全球化的过程中调动每个员工的积极性以充分利用并合理开发人力资源？这就是人力资源管理所要回答的问题。

8.1 人力资源管理概述

人类社会最重要的资源是"人"，最严重的问题也是"人"。现代管理的理论和实践充分表明，人力资源对于现代企业是一种具有无限魅力的资源，而且人才是所有组织的第一资源。美国钢铁大王卡内基（Andrew Carnegie）这样回答记者关于其成功经营诀窍的提问："将我们所有的工厂、设备、市场、资金全夺去，但只要保留我的组织人员，四年以后我仍然是一个钢铁大王。"从中我们可以窥见一斑：人力资源是现代企业生存、发展、壮大的根本动力。

人力资源管理在整个企业中的地位由过去的行政支持地位上升为与企业长远发展需求相适应的战略性地位。在知识经济条件下，一个企业的可持续发展能力、未来获利能力以及有利的现金流动状况的决定性因素不是财务资本如何殷实，而是一个企业是否拥有高素质的人力资源队伍、良好的管理以及团队精神。人力资源所掌握的知识、技术，代表的先进生产力和管理能力，正成为决定一个企业优劣的关键因素。

可见，人力资源是现代企业最重要的资源，企业间的竞争归根到底是人的竞争。现代管理越来越从"以事为中心"的管理模式向"以人为中心"的管理模式转变，"人高于一切"的价值理念得到越来越多企业家的认可。

8.1.1 人力资源

1. 人力资源和人才的概念

人力资源（human resource）是指一定范围内的人口总体所具有的劳动能力的总和，或者说是指能够推动社会和经济发展的具有智力和体力劳动能力的人的总称。从广义来说，智力正常的人都是人力资源。

人力资源既然反映一个国家或地区人口总体所拥有的劳动能力，自然就包括数量和质量两个方面。数量为有劳动能力人口的多少，质量为有劳动能力人口的各种素质，包括身体素质、文化素质、技术素质、思想品德素质等，在实际工作中为了方便起见，有时又把人力资源界定为在某一组织中的现实劳动力。[①] 这样一来，就会因为人员年龄上的不同而出现不同的划分方法，于是对人力资源就有了以下四种不同的解释：

（1）指一个国家或地区的总人口；

（2）指不受年龄限制的、有劳动能力的人口；

（3）指进入劳动年龄的人口；

（4）指现阶段的劳动适龄人口。

不难看出，以上四种解释还只是停留在数量层面上，但对一个国家或地区经济发展的作用而言，更加重要的是人力资源的质量，而不是数量。作为个体，人们在知识、能力、创造力、素质、素养和品德上永远都会存在一定的差异，这种个体差异性，使一部分人相对突出，而另一部分比较一般，这便出现了所谓人才的概念。人才是一个相对的概念，一般是指在一定群体中的那些为社会进步、经济发展和生产力提高做出较大贡献的人。许多情况下，为了统一口径、方便计算与统计工作的需要，经常把以下三种人作为"专门人才"加以归口管理：

（1）具有中专及以上学历者；

（2）技术员或相当于技术员的专业技术职务者；

（3）虽然没有上述规定的学历或专业技术职务，但在一定职业、专业技术

---

① 徐纪良. 现代人力资源开发与管理 [M]. 上海：上海三联书店，2002.

岗位上工作的人。

必须指出，以上专门人才的设定条件并不是一成不变的，随着高等教育大众化，不少地方已经提高了学历要求，把原来中专以上学历要求提高到大学专科及以上学历。不管怎么规定，以上界定条件还是比较宽松的，它既注意到人们的学历，又不是唯学历论，把那些没有中专及以上学历和专业技术职务，但是现在在某个职业、专业技术岗位上工作的人也包括进来了。可见，对于什么是人才，学术界的认识还不是很统一，不同的学科又有着不同的解释。它们有的从人员的学历考虑，也有的从人员的能力考虑，还有的从人员的创造性考虑，这些不同的学术观点对于活跃学术思想都起到了积极的作用。

观念应用 8-1

福特公司当年发现了一位技术人员，这个人是一家小公司的工程师。福特公司很想"挖"这个人，但几次都被婉言拒绝。不管福特提出什么样的条件，他就是不答应。福特公司为了得到这个人，一咬牙，就把这家公司给买下来了。

请问，福特公司的做法体现了什么思想？

分析提示：人是企业中最宝贵的财富，是企业的第一资源。在任何一个组织里总会有专门人才，他个人的作用是不可取代的。现代人力资源管理的一个基本思路就是以人为本，这种管理思想要求我们必须承认组织里存在这样的人。

由此可见，人力资源的概念在宏观意义上是以国家或地区为单位进行划分和计量的，在微观意义上则是以部门和企业组织为单位进行划分和计量的。因此，从微观角度看，人力资源主要是指企业组织内具有劳动能力的人的总和。

2. 人力资源的特征

人力资源对企业来说，是一种特殊的重要的资源。人力资源本身既是一种自然现象，又是一种社会现象。人力资源作为资源中的一个特殊部分，具有以下几个特征：

(1) 生物性

人力资源存在人体之中，是有生命的"活"的资源，与人的自然生理特征相联系，具有生物性。

(2) 能动性

人不同于自然界其他生物的根本标志之一是具有主观能动性。人具有思想、感情，有主观能动性，能够有目的、有意识地认识和改造主客观世界。在改造世界的过程中，人能通过意识对所采取的行为、手段及结果进行分析、判断和预测。在社会生产过程中人所处的主体地位使得人力资源具有了能动作用，如自我强化、选择职业以及积极劳动等。

(3) 时效性

人力资源的形成、开发和利用受到时间方面的限制。从个体角度看，作为生物有机体的人，有其生命的周期，如幼年期、青壮年期、老年期，其各阶段的劳动能力各不相同；从社会角度看，人才的培养和使用也有周期，包括培训期、成长期、成熟期和老化期。

(4) 智力性

人不仅具有主观能动性，而且还是科学文化的载体。如人类在劳动中创造了机器和工具，通过开发智力使器官等有效地得到发展，从而使自身的能力迅速提高。同时，人的知识还可以传播，传授给下一代。正是一代一代的人吸收了他们的先辈在生产和生活中积累起来的经验、知识，才形成了我们今天丰富的社会文化。

(5) 两重性

人是生产者，同时又是消费者。人的两重性要求我们既要重视对人口数量的控制，又要重视对人力资源的开发和对人才的培养。只有数量优势而没有质量要求的人力资源，会导致廉价劳动力无限制供给，使社会就业压力增加，人员经济收入减少，给社会安定带来不利因素。因此，加强人力资源的教育和培养，合理地利用、开发现有的人力，才能提高人力资源的经济效益和社会效益。

(6) 可再生性

人口再生产是人口不断更新、人类自身得以延续和发展的过程。人力资源的再生性不同于一般生物资源的再生性。人力资源除了遵循一般生物学规律之外，还受到人类意识的支配和人类活动的影响，特别是受到当时社会经济发展状况的影响。

8.1.2 人力资源管理

1. 人力资源管理的含义

一个企业的人员配备工作是举足轻重的,需要认真规划,并应有预见性,使企业内既没有人浮于事,又无人手紧缺的现象,将合适的人放在合适的岗位上,共同完成企业使命与目标。就一般定义而言,人力资源管理(human resource management)是指管理者通过人力资源计划、招聘、选拔、培训与发展、业绩评估、制定工资和福利制度等一系列活动,向组织提供合适人选并取得高水平绩效和职工最大满足的过程。

可见,人力资源管理是对人力资源的取得、开发、保持和利用等方面所进行的计划、组织、指挥、控制和协调的活动。它是研究并解决组织中人与人关系的调整,人与事的配合,以充分开发人力资源,挖掘人的潜力,调动人的生产劳动积极性,提高工作效率,实现组织目标的过程。

一切物的因素只有通过人的因素才能加以开发利用,因此,现代企业管理是以人为中心的管理,通过不断获取人力资源,把得到的人力资源整合到企业组织中,保持和激励他们对本组织的忠诚与生产经营积极性,控制他们的工作绩效并进行相应的调整,尽量开发他们的创造潜能,以保证组织目标的实现。

2. 现代人力资源管理与传统劳动人事管理的差别

总的来说,现代人力资源管理是在传统劳动人事管理的基础上发展和形成的。不过,无论从学科的发展演变来看,还是从管理思想的变化来看,人力资源管理都表现出许多新思想、新职能和新内涵,是对人的管理理论与实践的一次大的飞跃。

人力资源管理与传统劳动人事管理产生的时代背景不同,二者的区别主要有以下几点:

(1)"人"与"事"的区别。人力资源管理把人看作资源,认为人是最重要的、最宝贵的第一资源,把人力资源作为资源进行管理,即资源管理。现代人力资源管理以人为核心,强调一种动态的心理、意识的调节和开发。而传统劳动人事管理的特点是以事为中心,只见事,不见人,只见某一方面,而不见人与事的整体、系统性,强调事的单一方面的静态的控制和管理,其管理的形式和目的是控制人,把人看作成本,把人事工作、人事管理看作行政工作,属于日常行政事务。

(2)"决策"与"执行"的区别。人力资源管理把人力投资作为谋求企业发展最有前途的投资,其管理部门被看作最具战略性的决策部门,能直接带来效益与效率的部门。而传统劳动人事管理则把人事管理部门视作非生产、非效益部门,是无足轻重的职能部门,属于执行层部门。

(3)管理模式上的区别。人力资源管理是以人为中心的管理,设计出一套调动人的积极性和创造性的管理模式,把人力资源利用到相当高的水平。而传统劳动人事管理则以事为中心,固守"进、管、出"的管理模式。

(4)系统规划与侧重使用的区别。人力资源管理对企业现有的全部人员甚至包括有可能利用的企业外部的人力资源系统加以规划,制定恰当的选拔、培养、任用、调配、激励等政策,以达到尽可能利用人力资源为企业、为社会增创财富的目的。而传统劳动人事管理则是选拔、培养、任用、调配、激励等自成体系,互不干涉,未形成系统并加以规划,使人力资源得不到合理使用。

(5)全面管理与局部管理的区别。人力资源管理更着眼于未来,将重点放在人才的使用、潜能的开发和创造力的发挥上,更多地注意在吸引人才、培养人才及激励士气方面的投入。而传统劳动人事管理则着眼于人才的选拔,缺乏对人才使用的全面管理。

(6)整体协调与单一管理的区别。人力资源管理重视人与事、人与环境、物质与精神的协调和科学配合,注重人力资源与组织文化、企业再造等关系的协调。而传统劳动人事管理则忽视人与外部环境的协调配合。

8.2 人力资源规划

人力资源规划可以使人力资源得到最合理的使用,提高员工的工作效率和劳动生产率,帮助企业获得足够的管理和技术人才,以应对不断变化的需求与经济环境。

8.2.1 人力资源规划的含义、目标及分类

1. 人力资源规划的含义、目标

人力资源规划(human resource planning),又称人力资源计划。广义的人力资源规划,是指为实施企业发展战略,实现其目标,根据企业内外部环境的变化,运用科学的方法对所属人力资源的供需进行预测,制定相宜的政策和措施,从而使企业人力资源供给和需求达到平衡的过程。简单地说,人力资源规划即指进行人力资源供需预测并使之平衡的过程。

一般来说，关于人力资源规划的理解，主要有三个层次的意思：

(1) 确保组织和部门在需要的时间和岗位上获得所需要的合格人员，并使组织和个人得到任期的益处；

(2) 在组织和员工目标达到最大一致的情况下，使人力资源的供给和需求达到平衡；

(3) 分析组织在环境变化过程中的人力资源需求状况，并制定必要的政策和措施以满足这些需求。

人力资源规划的目标是，确保企业在适当的时间和适当的岗位获得适当的人员（包括数量、质量、层次和结构等方面），实现人力资源的最佳配置，最大限度地开发利用人力资源潜力，使企业和员工的需要得到充分满足。

2．人力资源规划的分类

人力资源规划按计划期的长短可分为长期人力资源规划、中期人力资源规划和短期人力资源规划。长期人力资源规划适合于企业长期的总体发展目标，对企业有关人力资源开发与管理的总战略、总方针和总目标等进行系统的筹划。其特点是具有战略性和指导性，期限一般为五年及以上。短期人力资源规划是指季度、年度人力资源规划。其特点是目的明确，内容十分具体，并具有一定的灵活性。中期人力资源规划是指一年以上五年以内的人力资源规划，它介于长期、短期人力资源规划之间。其特点是适合于企业中长期的总体发展目标、方针、政策和措施的内容比较多．但不像短期人力资源规划那样具体。

人力资源规划按其范围不同，可分为企业整体人力资源规划、部门人力资源规划、某项任务或工作的人力资源规划。

人力资源规划按其性质不同，可分为战略性人力资源规划和战术性人力资源规划。前者的主要特点是具有总体性和长期性。后者一般是指具体的人力资源规划，主要包括人员补充计划、人员分配计划、人员接替和提升计划，以及工资激励计划等。

8.2.2 人力资源规划的内容

企业所要制订的规划是多种多样的，既要制订全公司的战略规划（包括明确宗旨、建立目标、评价优劣势、确立机构等），也要制订战术规划或经营计划，同时更要制订人力资源规划。人力资源规划与公司的其他规划是并列平行的，但从某种意义上讲，人力资源规划具有更重要的意义，因为人是企业中活的资源，是最宝贵，也是最重要的资源。

人力资源规划的内容包括两个方面：

(1) 人力资源总体规划。它是指在计划期内人力资源管理的总目标、总政策、实施步骤及总预算的安排。

(2) 人力资源业务计划。它包括人员补充计划、人员分配计划、人员接替和提升计划、教育培训计划、工资激励计划、退休解聘计划，以及劳动关系计划等。这些业务计划是总体规划的展开和具体化，每一项业务计划都由目标、任务、政策、步骤及预算等部分组成。这些业务计划的执行结果应能保证人力资源总体规划目标的实现。

人力资源规划内容涉及人员补充、培训、分配使用、晋升、工资等具体方面及其内在联系，因此在制订各项业务计划时应注意相互之间的平衡与协调。若人员通过培训提高了素质，在使用及报酬方面却无相应政策，就容易挫伤员工接受培训的积极性。另外，还要做好每一项业务计划的配套平衡工作。

8.2.3 人力资源规划的意义

任何一个企业，要想有合格的、高效的人员结构，就必须进行人力资源规划。人力资源规划的意义主要表现在以下几个方面：

(1) 任何一个企业都处于一定的外部环境中，而外部环境的各种因素均处于不断的变化和运动状态。其中一些因素对企业影响甚大，并且有些因素直接影响企业的人力情况。所以，变动着的外部环境需要对人力资源的数量、质量及人员结构作出相应的调整和规划。

(2) 企业内部自身的变化对人员的影响。企业内部各种因素是在不断地运动和变化着的，人力因素自身就处于不断的变化之中。例如，离退休、自然减员、辞职、停薪留职、开除等现象都会导致员工减少；招聘会导致员工增加；在企业内部进行工作岗位的调动、提升、免职、处罚等则导致人员结构发生改变。为此，要通过人力资源规划等手段预先采取相应的措施，从而适时引导和恰当调整。

(3) 在市场经济体制下，企业内外部各种因素的变化更加激烈。例如，各种资源，包括人力资源靠市场机制的作用得到合理配置，所以，人们对企业的倒闭与诞生、劳动力市场的建立、人才的大量流动都会习以为常。为保证企业效率，内部必然要进行人员结构的调整与优化。若不进行人力资源规划，企业就难以生存和发展。

(4) 企业人力资源分布可能不合理。例如，对年龄结构、资历结构、知识结构等需要进行有计划的调整。如果一个企业中经验丰富与缺乏经验的人很多，而中间人员很少，待这批有经验的人退休之后有经验的人将会缺乏。

补充阅读材料 8-1　林肯电气的人力资源战略

林肯电气于 1895 年成立，至今已有 124 年的历史，是一家从事电弧焊产品设计、开发和制造的跨国企业。公司的初心就是用先进的技术，实现对员工、客户和股东的承诺。该公司经历百年风雨，但其对待员工的初心始终未变。1914 年，该公司就成立了职工顾问委员会，包含各个部门和层次的员工代表。该委员会的宗旨就是给员工提供较高的待遇，并通过员工的满意度带来客户的满意度。该委员会几十年如一日，先后出台了一系列保护员工权益的制度，如早在 1915 年就提供集体保险，1923 年就提出带薪休假的"先进"主张，1925 年开始试行职工持股制度，1934 年设立年度奖金制度，1958 年提出持续雇佣计划。上个世纪 80 年代，美国经济衰退，媒体也对林肯电气冷嘲热讽。在如此艰难的处境下，林肯电气坚持减少员工工作时间，但不裁员。1983 年，公司平均年终奖为 27000 美元，远高于全美平均水平（18400 美元）。从该公司的发展历程看，其发展战略与人力资源的战略性管理联系密切，奉行稳定的员工政策，这一稳定性一直伴随企业的发展。林肯电气对其身份和初心的坚守，是该公司战略的底色。尽管公司针对起伏不定的外部形势有着创新的举措，但其战略仍以人力资源规划为主线。

资料来源：冯云霞，沈怡. 战略型创业的知与行 [J]. 销售与管理，2020，(20).

人力资源规划对个人和企业都是极其重要的，因为它可以使人力资源得到最合理的使用。对个人来说，人力资源规划可以帮助其改进自己的工作技巧，使其能力和潜能得到充分发挥。同时，可以满足员工的期望，从而提高员工的工作效率和劳动生产率。对企业来说，人力资源规划可以确保有足够的管理和技术人才的供应，以应对不断变化的需求与经济环境。

8.3　人员招聘

招聘是人力资源管理的一个重要环节。成功和有效的招聘可以帮助企业获得更大的人力资源优势。

8.3.1 招聘概述

1. 招聘的概念

招聘就是发现和吸引有条件、有资格和有能力的人员来填补组织的职务空缺。企业为了适应经营环境的变化，提高竞争能力，需要不同的人员，招聘是补充人员的主要方法，也是保持组织生存与发展的重要手段。成功和有效的招聘意味着组织有更大的人力资源优势。有时如果不能引入急需的人员，组织则可能产生严重的危机。

小思考 8-1

一家药厂的行政总监刚从某高校的 MBA 班毕业，他在了解医药产业的发展前景后认为，自己的企业中缺乏医药产品的开发人才，便决定招聘几位相应的专业人才，但是他在人才市场发现，自己的企业开出的薪资水平根本无人理会，而专业人才开出的价码企业又无法承受。企业有这么几种选择：(1) 请不起就不请了；(2) 这种专业人才十分抢手，企业目前的人才缺乏问题一定要解决。请问：你有什么办法？

答：人才是企业发展的核心，可以说，有了人才，有了产品，就有了市场。在生产企业中，研发队伍是最关键的，特别是在二次创业阶段，人才的引进和培养是企业最迫切的问题。在招聘中，要花成本引入急需的人，提高企业竞争能力。

2. 招聘的双向选择

招聘是应聘人员和组织之间相互选择的过程。传统上认为招聘是以组织为中心的单向过程，是应聘人员找工作，组织向应聘人员提供工作，组织在人员选择中占有绝对的优势。组织在招聘中占主动地位，应聘人员只能被动等待组织的挑选。然而，现代的观点是招聘中组织和应聘人员之间存在双向选择，应聘人员对组织也有选择权，在组织挑选应聘人员的同时，未来的员工也在选择组织。招聘工作实际上是组织向应聘者推销岗位或职务的过程，招聘的成功在于组织和应聘人员双方对申请的职务达成共识。

除了双向选择观念以外，现代招聘活动与传统招聘活动还存在许多差别。

传统招聘活动特别强调应聘人员的技术、知识和能力必须满足组织的需求，忽略了应聘人员的心理需要；现代招聘活动则强调应聘人员的人格、兴趣和爱好应符合职务说明书、组织文化和价值观的要求。从应聘人员方面来看，传统上人们选择组织多考虑经济方面，而现代人更多地考虑组织环境、组织技术、组织发展及能否发挥自己的潜能。组织要求应聘人员不仅在知识、技术和能力上符合职务需要，而且还要求其在个性心理等方面满足组织要求。

补充阅读材料8-2　　数字化经济大趋势催生新职业

人力资源和社会保障部、市场监管总局、统计局2019年4月正式向社会发布了数字化管理师、人工智能工程技术人员、物联网工程技术人员、大数据工程技术人员、云计算工程技术人员、建筑信息模型技术员、电子竞技运营师、电子竞技员、无人机驾驶员、农业经理人、物联网安装调试员、工业机器人系统操作员、工业机器人系统运维员等13个新职业信息。

人力资源和社会保障部办公厅、市场监管总局办公厅、统计局办公室2020年2月在《关于发布人工智能工程技术人员等职业信息的通知》中指出，根据《中华人民共和国劳动法》有关规定，为贯彻落实《国务院关于推行终身职业技能培训制度的意见》提出的"紧跟新技术、新职业发展变化，建立职业分类动态调整机制，加快职业标准开发工作"要求，加快构建与国际接轨、符合我国国情的现代职业分类体系，面向社会公开征集新职业信息。经专家论证、社会公示等，确定了人工智能工程技术人员等16个新职业信息，调整变更了4个职业（工种）信息，新增了3个工种信息，正式对外发布。

这是自2015年版《中华人民共和国职业分类大典》颁布以来发布的首批新职业。近年来，社会发展带来了行业的结构性调整，这种调整不仅涉及产业行业，也涉及职场本身，大大影响就业的结构性调整。

比如，数字化管理师的诞生被认为是整体经济发展步入新阶段的必然选择。中国信息通信研究院（CAICT）发布的数据报告显示，2017年我国数字经济总体市场规模高达27.2万亿元，其对GDP的贡献更是高达55%。这一借由阿里巴巴旗下的企业服务平台钉钉而催生的新职业，正在数字化经济大趋势下发挥越来越重要的作用。

> 首批新职业主要集中在高新技术领域，是由人力资源和社会保障部组织职业分类专家，严格按照新职业评审标准和程序，从有关申报单位提交的新职业建议中评选出来，经公示广泛征求社会各界意见后确定的。
>
> 资料来源：数字化经济大趋势催生新职业［EB/OL］. 中国经济网，2019-04-04.

8.3.2 招聘方法

人力资源招聘的方法主要有两种，即内部招聘和外部招聘。内部招聘主要有提升、内部调动、内部招标等；外部招聘主要有由组织内的职员介绍推荐、利用外部的职业介绍机构、到大学和研究所招聘、广告公开招聘等。

招聘使应聘人员成为候选人，再使候选人成为接受聘用的新雇员，在这个过程中需要借助一些方法和技巧。

1. 填写申请表

在设计周全的候选人申请表中，应聘人员可以充分展示其书面交流能力，以提供自己的资历和经历等具体情况。不过，有些应聘人员在填表时，为了获得进一步面试的机会，可能会提供虚假的情报或令人误解的信息，这在一定程度上增加了选拔的难度。另外，在制表时重点应放在应聘人员具备的条件是否与职务相当上，同时注意法律和法规的要求。

2. 面试

面试是常用的一种选拔手段，它提供了一种面对面交流意见的机会。通过交谈，获得更多关于应聘人员的信息，有效判断应聘人员是否符合本公司的要求，因而面试不仅需要技巧，而且也是一门艺术。面试可以是一对一面试，也可以是小组面试。

3. 测试

测试的目的是预测应聘人员未来的工作业绩，最常见的有以下几种：智力测试，这是为了测量候选人的语言和数字能力；专业技能测试，主要用于衡量人的特定能力或才能，如空间感、动手能力、语言能力、应变能力等，可以用来衡量人的潜力，值得注意的是，某种特定的测试或许只对某类工作或活动有效；个性测试，有观点认为，个性是一个人能否施展才能、有效完成工作的基础，某个人的个性缺陷会使其所拥有的才能和能力大打折扣。

4. 情景模拟

这是近些年越来越多的组织所采用的一种较科学的选拔手段。情景模拟包括公文处理、与人谈话、无领导小组讨论、角色扮演和即席发言等，目的是衡量一个潜在的管理者在一个典型的管理环境中的工作状况。在这个过程中，会有一些经验丰富、有一定地位的管理专家和心理学家对他们进行观察和评价。在测评期满时，评审人员要对候选人的各种表现作出总评价，并得出最后结论，以此判断候选人是否具有管理才能、能否胜任管理职务等。

5. 核实材料

对资料进行核实是十分有用的，可以确定应聘人员是否具备所说的学历和工作经验，可以从应聘人员前雇主处了解该应聘人员的经验和表现。有些组织要求应聘人员至少有一位证明人，以证实其所提供的信息属实。

6. 体检

检查身体也是挑选的必要步骤之一，对于某些对体能有特殊要求的工作，体格检查具有一定的效度，其他如传染病的检查，也是避免企业今后遭受指控（如食品等行业）的重要预防手段。

8.4 人员培训

人员培训是人力资源管理的重要组成部分。由于现代科学技术日新月异，企业要使员工不断适应新形势，就必须重视对员工的培训，以提高企业在国内外两个市场竞争中保持人力资源的优势，永远立于不败之地。

8.4.1 人员培训的概念与意义

1. 人员培训的概念

人力资源管理中的人员培训是指企业根据实际工作的需要，为改变员工的价值观、工作态度和工作行为，使他们能在自己现在或将来工作岗位上的工作表现达到组织的要求而进行的有计划、有组织的培养和训练活动。这个定义包含三层意思：一是说明了人员培训的目的和要求；二是说明了人员培训的主要内容和范围；三是说明了人员培训是有计划、有目的的活动。

2. 人员培训的意义

人是生产力诸要素中最重要、最活跃的因素，一个企业组织的命运，归根结底取决于人员素质的高低。因此，加强人员培训，是一项高瞻远瞩、具有深远意义的战略决策。具体说来，人员培训的意义主要体现在以下几个方面：

(1) 培训是调整人与事之间的矛盾、提高企业人员素质的重要手段

随着社会的进步和科学技术的发展，各类职位对企业人员的要求也在不断提高，人与事的结合处于动态的矛盾之中。一般说来，我国企业人员的素质还存在文化水平偏低、管理技术落后、专业人才缺乏等弱点，与事的需要差距较大。因此，只有通过培训才能不断提高企业人员素质，"使人适事"，实现人与事的和谐。即通过必要的培训手段，使企业人员更新观念、增长知识、提高能力，重新适应职位要求，这是使人与事科学结合、提高企业人员素质的重要手段。

(2) 培训是企业迎接新技术革命挑战、实现人员素质与时代同步的战略措施

现代科学技术迅猛发展，新技术、新材料、新工艺、新观点、新思想不断涌现，出现了新兴的知识密集型产业。未来的社会将是知识密集型社会。科学技术的迅速发展必然会给企业管理工作带来巨大的影响，并提出新的要求。一些新理论、新学科很快渗透到企业管理工作中，如系统论、控制论等先进的管理科学理论已广泛应用于企业管理实践。特别是电子计算机技术、通信技术和办公自动化设备已广泛应用到企业之中。这就要求企业人员不断学习新知识、掌握新技术。因此，有计划、有步骤、高质量地培训人员，是当今世界各国为更快地发展经济、促进社会进步而采取的一致做法。

(3) 培训是发现人才、快出人才、多出人才的重要途径

随着我国现代化建设事业的发展，需要一大批各层次的人才，仅仅依靠正规的学校教育是难以满足要求的，因此必须大力发展成人教育。而人员培训是发现人才、快出人才、多出人才的一个有效途径，人员的任用和晋升与培训有密切的联系。通过人员培训，不仅可以开阔人才选拔的视野，使其智力资源得以深入开发和有效利用，而且可以建立储备库，为国家高级管理层次输送人才，实现人才的梯度开发。

(4) 培训是提高企业工作效率的关键

现代人力资本理论认为，员工的智力、技能、经验、品德是企业人力资源质量的重要组成部分。提高员工的智力水平、专业技能、品行道德，已经成为企业提高员工工作效率的关键。通过培训，可以使员工掌握与工作有关的实际知识和技能，并使他们适应和担负起新工作。许多成功的国内外企业的实践证明，它们取得成功的最重要的秘诀之一，就是极为重视对员工的不断培训；反

之,企业失败的原因往往是它们忽视对员工的培训。

8.4.2 人员培训的方法

人员培训的方法多种多样,内容十分丰富。根据这些方法的不同特点,在实际工作中,企业应根据培训的需要,合理地选择。

1. 在职培训

在职培训是指为使下级具备有效完成工作所需的知识、技能和态度,在工作中由上级有计划地对员工进行的教育培训。它具有经济性,不需要另外添置场所、设备,有时也不需要专职教员,而是利用现有的人力、物力来实现培训。同时,培训对象在学习期间身不离岗,继续从事本职工作,不影响生产。但这种培训方法往往缺乏良好的组织,如就技术培训来说,机器设备、工作场所只能有限制地提供,有些昂贵的仪器设备不宜让培训对象操作,因而影响培训效果。

在职培训主要包括以下几种方法:

(1) 实地工作培训

这种培训方法要求员工亲自去做,从实地操作的过程中学习新事物,然后由技术熟练的工人及主管作出评价并提出建议,使员工能从中获益,事半功倍。

(2) 学徒培训

参加学徒培训的员工必须长期连续性地受主管督导,还要经过长期的实地操作和学习。受训完毕,学徒的技术必须达到一定的水平。许多行业,如木匠、建筑等多采取学徒培训方法。这种方法能清楚地掌握培训进度,让培训对象集中注意力,很快适应工作要求。

(3) 工作轮换

企业可以提供工作轮换的机会,让接受培训的员工有机会被安排到不同的部门实地工作,亲自体验及了解企业的整个情况。这样,可以拓展员工的知识和技能,激发员工的工作兴趣,促进相互交流。但是,工作轮换要有周密的计划,对其他部门接受培训的员工应热情指导。

2. 非在职培训

非在职培训是指在专门的培训现场接受履行职务所必需的知识、技能和态度的培训。非在职培训的方法很多,主要包括以下几种:

(1) 传授知识。传授知识的方法有讲授、视听学习、电脑辅助教学、讨论会或研讨会等。

（2）发展技能。发展技能培训方法主要包括模拟工具训练、管理游戏、案例分析、文件篮等。

（3）改变工作态度。改变工作态度培训方法主要包括角色扮演和感受培训两种。角色扮演法使受训者能易地而处，真正体验到所扮演角色的感受及行为，能较深入地思考、分析不同角色所承担的任务与遇到的困难，同时通过观察改正自己原先的态度与行为。感受培训法比较注重群体内人与人相处的行为表现和个人感受。感受培训法让受训者尽量自由讨论，有机会表现自己的行为。通过群体内各成员间的批评、反馈，大家能够了解彼此的感受，从而更加认识自我，了解其他员工的行为，并倾听别人对自己的评价。

8.5 绩效评估

员工的工作表现对组织的生产率和竞争力的影响是非常重要的。它可以通过出勤率和工作绩效来衡量。绩效评估提供了上下级之间交流的一个契机，有助于上级更好地了解下级的想法，也能帮助下级更好地了解上级对他的工作期望。绩效评估有助于员工更好地进行自我管理，从而提高企业的生产率和竞争力。

8.5.1 绩效评估的概念

绩效评估，又称人事评估、绩效考核、员工考核，是指主管或相关人员对员工的工作进行系统的评价。绩效评估，是工作行为的测量过程，就是用事先制定的标准衡量工作成绩和效能，并将衡量结果反馈给员工的过程。绩效评估，作为一种衡量、评价、影响员工工作表现的正式系统，可起到检查及控制的作用，并以此揭示工作的有效性，从而使员工自身、企业和社会都受益。

绩效评估是目标设定、记录、评估的过程。最高管理层拟定整个组织的大目标，组织中所有单位则需制定可促进整个组织目标实现的政策措施。每一个单位都必须将组织和各单位目标作为员工绩效评估的明确标准。这一标准一旦确定，则对实际绩效必须加以记录，并按时与既定标准比较。最后，对于实际绩效必须采取行动使之与既定标准相吻合。以上步骤合起来即起到一种控制作用。绩效评估是可以产生控制及指导一个组织所需信息的一种检查程序。这种程序通常自生产第一线的基层开始，由各部门主管评估每一个员工的绩效，然后由较高层主管评估整个单位的绩效，最后由最高层领导评估整个组织的全面绩效。

8.5.2 绩效评估的原则与方法

1. 绩效评估的原则

（1）客观性原则

绩效评估必须遵循客观性这一基本原则，一方面在评估方式的设定和标准的选取方面保证客观性，也就是说评估方法的选择和使用要尽量与被考核目标的实际情况相符；另一方面在评估结果的讨论和分析上也要做到与实际评估结果应有的结论相一致，既不能任意夸大或贬低评估结果的实际意义，也不能肆意歪曲评估结果。只有遵循客观性原则，才能做到绩效评估的全面、准确，才能使员工认可评估结果，从而提高员工参与评估的积极性和主动性，取得良好的效果。

（2）公开、公平原则

绩效评估的过程和结果要对被评估对象公开，评估的时间和地点，评估采用的标准和方法都应该向被评估对象明确，使他们了解评估过程，自觉地参与评估，保证评估过程顺利进行。同时，这也保证了评估的公平性，使大家能在公开、公平的氛围下接受评估，既能保证评估过程中群众的监督，也有助于不断提高评估的质量。

（3）经常化原则

对于组织来说，绩效评估不是进行一次就可以一劳永逸的事情，员工工作质量的改进和工作效率的提高是一个永不停止的过程。组织的不断发展依赖于组织成员的不断发展和提高，这就要求企业经常对其员工进行绩效评估，甚至形成一种制度。通过经常性的定期评估，可以发现员工工作中的问题以及组织中的一些潜在问题，同时挖掘员工个人的潜力和组织的潜在优势，提高组织的竞争力。

（4）全面性原则

所谓全面性原则，是指绩效评估过程中对被评估对象的分析要从多方收集信息，全面看待一名被评估对象，进行综合性评估，不能只知其一，不知其二，或者以点代面，以一家之言代结论。总之，绩效评估的全面性原则就是指评估渠道要多元化，评估方式要多样化，评估结果要全面化，形成全方位、多渠道、多层次的立体评估体系。

(5) 及时反馈原则

对绩效评估的结果如果不及时加以反馈，将失去评估的现实意义。对每一次评估结果，都应该及时、准确地反馈给被评估对象，让他们了解，并在此基础上形成改进的方案，达到评估的最终目的。如果被评估对象不能接受评估的结果，则应尽快反馈信息，以便管理者进一步分析其中的原因，找到解决的办法。

2. 绩效评估的方法

实际运用的绩效评估方法多种多样。采用不同的评估方法，其成本及评估人、被评估人为此付出的时间和努力也有或多或少的差别。同时，不同的方法对绩效的不同方面各有侧重，因而，在选择评估方法时应视评估对象、评估目的而定。一般而言，评估方法应力求目的明确、方法简单、便于控制、易于执行。

(1) 目标考核法

目标考核法是一种主要以工作成果为依据对员工的绩效作出评价的方法。它是目标管理原理在绩效评估中的具体运用，与组织的目标管理体系以及工作责任制等相联系。作为目标考核主要内容的工作成果由工作目标被实现的程度来体现。

(2) 等级法

等级法在评估活动中使用很广泛，也是一种传统的方法。等级法要求将反映绩效的诸方面内容归纳为若干条目，如对工作的了解、工作量和质量、与他人的合作程度、对顾客的热忱、对公司的忠诚、学习能力、安全意识、按照指令行事的能力等；而且每一项内容都有优、良、中、差的分级。对员工绩效各方面有一个相对的评价，各项评价的总和即是对员工绩效的总评价。当然，这种总和也有定性与定量的区分。

(3) 排列法

排列法又称排队法。在绩效评估中，这种方法不是把每个被评估者的工作表现与某一具体的标准一项一项地对照，而是将各个被评估对象相互比较，进行由最优到最差的排列。这种方法操作简便，被广泛采用，但是也有不少弊病，不同的主管人有不同的倾向性，这些都会造成在排列中的偏向性。同时，采用这种排列法进行绩效评估，无法了解被评估对象的具体表现。

（4）书面报告法

书面报告法是实际评估中常用的方法之一。在书面报告中，评估人对被评估对象的优点、缺点和能力开发的可能性进行描述，同时提出对被评估对象的建议。这种评估方法要求评估人对被评估对象的工作有相当的了解，而且必须具有公正、坦率、细致的态度。许多人事管理工作者认为，书面报告法虽然十分简单，但若使用得当，其有效性不亚于那些繁复的方法。

（5）自我评估法

自我评估是指每个员工对照自己的工作岗位职务规范所列要求进行自我总结，这是一种下放权力、促进团队合作、增强质量意识的手段。

小思考 8-2

国内媒体经常介绍一种360°考核方法，这是美国人提出来的，就是考核一个人时，主管要考他，下属要考他，同事也要考他，不同的人从不同的角度来评价。最后总结认为，多数人都是不好不坏。什么样的评估方法是最好的呢？

答： 现实中评估方法很多，效果各异，企业应在实践中选择适合自己的方法。评估一定要定量，只有定量，才能分出个好坏来。

8.6 职业计划与发展

职业计划与发展作为企业人力资源管理中的一项重要内容，日益受到组织的重视。其中的原因有来自外部的环境因素，包括技术和市场竞争等方面的要求，同时也有来自企业内部管理的微观要求，促使企业真正根据员工的职业需求和发展要求去进行管理。

8.6.1 职业计划与发展的含义及作用

1. 职业计划与发展的含义

职业发展的重点是根据员工和组织双方的需要来开发和丰富人力资源。与职业发展相对应的一个概念是职业计划。职业计划是指个人提出职业目标并制定实现这些目标的计划的过程。职业发展从组织的角度来看待员工个人的职业,而职业计划则从员工个人的角度来看待职业。

职业发展包含两个方面的含义:第一,企业组织的绝大多数员工,作为一个个体,都有从自己现在和未来的工作中得到成长、发展和获得满意感的强烈愿望和要求。为了实现这种愿望和要求,他们不断地追求理想的职业,并希望在自己的职业生涯中得到顺利的成长和发展,从而制订了按照一定的目标不断成长和发展以及不断追求满意感的职业计划。第二,从企业组织的角度来看,在广大员工希望得到不断成长和发展的强烈要求推动下,企业人力资源管理部门为了了解员工个人成长和发展的方向及兴趣,不断提高他们的满意程度,并使其能与企业组织的发展和需要统一协调起来,相应地开发一个新的职能——职业管理(career management)。

总之,由企业组织一方,即企业人力资源管理部门或人事部门制订的使员工个人成长和发展与组织需求和发展相结合的计划就称为职业管理;而员工个人自己希望从职业生涯中不断得到成长和发展的计划,为其个人职业计划。一般来说,一个企业组织会对个人的职业计划提出指导,而员工个人也希望在听取组织意见的情况下制订职业计划。

2. 职业计划与发展的重要作用

西方国家的有关研究和管理实践经验表明,职业计划与发展对企业而言具有重要作用。

(1) 有利于促进员工的成长和发展以及提高他们的满意程度

随着社会和经济的发展,企业组织中越来越多的员工强烈要求改善和提高工作生活质量,这不仅仅只是要求得到一份工作和提高工资福利待遇,更重要的是要求在工作中能不断地得到成长和发展的机会,并能在工作中不断地提高自己的满意程度,希望参与管理,对上级的有关决策有越来越大的影响力。

企业组织的实践经验证明,只有重视开发员工兴趣,不断给员工提供具有挑战性的工作任务,并为他们的成长和发展以及参与管理创造机会和有利条件,即重视职业管理的企业,才能使员工满意,才能吸引人才,留住人才。

(2) 适应现代企业组织有效地使用人才的迫切需要

现代科学技术的迅猛发展和市场竞争的日益激烈,一方面使企业组织面临着严峻的挑战,另一方面又给企业组织的发展和变革提供了机会。如果一个企业组织不善于培养和调动本组织的员工去迎接挑战,去从事发展和变革所带来的新工作,就必然会失去企业发展的良机。实践证明,职业发展既是为员工提供成长和发展的机会,提高员工满意程度的有效途径,又是现代企业组织培养人才最经济、最有效的方法之一。

（3）有利于把员工个人需要与企业组织需要统一起来

从企业的微观管理方面看，企业人力资源管理活动，如选拔、聘用、培训和考评等具体职能的实施，根本离不开员工的自主性和内在积极性这一基础。企业必须首先鼓励并帮助他们完善和实现自己的个人目标，同时设法引导这种个人目标与组织需要相匹配，使这一过程不再是完全随机的，而是成为一个组织与员工个人双方合作共同努力，使组织需要与员工个人职业发展相符合并对员工个人进行培养的过程。也就是说，企业要想真正调动员工为企业服务和奉献的积极性，就必须站在员工的角度，真正为员工的切身利益着想，在尽力帮助员工谋求自我发展的同时，获得员工的尊敬，这样才能从根本上取得企业人力资源方面的竞争优势。

但在我国，对这一现代管理概念的认识经历了一个曲折的过程。过去长期提倡组织员工无条件服从组织的需要与安排，不得提出任何个人要求。改革开放以来，我们从计划经济向市场经济过渡，企业取得越来越多的自主权，作为社会及组织最小单元的员工个人也要求拥有考虑他们个人的愿望与爱好以及如何更好地发挥自己特长的权利。员工的创造力是无穷的，能否激发出来，使员工和组织同时受益，是现代企业面临激烈竞争所要思考的一个重要课题。按照这样的思路，现在确实到了企业也要重视员工职业发展的时候了，因为它是现代人力资源管理的一个重要组成部分。

8.6.2 职业发展的阶段及主要特征

西方有关学者和实际工作者认为，一个人职业发展的主要内容和面临的主要工作内容会随着职业发展阶段的不同而有所不同。职业发展主要分为以下几个阶段：

1. 职业准备阶段

广义地讲，一个人从出生到完成一定程度的中高等教育都可以看作为其将来进入某一职业作准备的阶段。在这一阶段，个人因家庭成员、朋友以及老师的影响，逐渐形成了自我的观念，建立起一定的世界观和价值观。个人这时有可能开始对各种可供选择的职业进行某些现实性的思考了。

2. 职业探索阶段

这一阶段开始于青年人刚涉足工作，其职业发展的特点是：个人在试探性地选择自己的职业，试图通过变换不同的工作或工作单位选定自己一生将从事的职业。这是青年人就业初期试探职业生涯的必经阶段。在这一阶段,员工常常不满足于某种固定的工作,调换工作的愿望十分强烈,如果在本单位得不到满足,则往往会离开,因此流动率较高。企业组织应该了解就业初期青年人的这一特点,给予其选择职业方面的引导,并努力为其提供多种工作机会,特别是既具有挑战性又能吸引他们兴趣的工作机会。

3. 职业确立阶段

这一阶段是大多数人职业发展的核心阶段。根据心理学家、行为学家的调查研究,一个员工经过对职业的各方探索和努力,会逐渐选定自己的职业,即立业。这时,他们在职业生涯中主要关心的便是在工作中的成长、发展或晋升,他们的成就感和晋升感强烈,而成就感和晋升感对他们的激励作用也最大。一般来说,处于这一阶段的员工,自己都具有成长和发展的计划,并会为实现该计划而竭尽全力。企业组织要多给处于这一阶段的员工提供在知识、技能上具有挑战性的工作和任务,并放手让他们大胆去干,让他们有更多的自我决策、自我管理的机会,同时要对他们的工作提供咨询和各方面的大力支持,并对他们的成果给予表扬等各方面的激励,以促进他们向更高的方向发展。

4. 职业中期阶段(又称维持阶段)

处于这一阶段的员工,特别是在这一阶段的早期,期望能够在自己确定的职业方面获得相对永久的发展,但在这一阶段的更多时期内,他们对成就和发展的期望会减弱,如果加之自身各方面素质的不断下降,则更希望维持或保留自己已得到的地位和成就;同时,他们在希望更新自己专业领域的知识和技能的同时,也会尝试学习和掌握一些其他领域的知识和技能,以便在经济停滞或萧条时保持自己的地位,以免被淘汰,或便于在被企业辞退时另谋出路。组织应该关心他们并为他们提供有利于更新知识和技能或学习其他领域知识和技能的机会。

5. 职业后期阶段(又称下降阶段)

处于这一阶段的人在准备着退休,并希望为适应退休后的环境而学习或培养某一方面的爱好,如读书、音乐、下棋等有利于身心健康的活动。组织应在他们退休前为其多创造条件,以培养或促进他们对某一娱乐活动的兴趣和爱好,同时有计划地为退休员工多开展一些娱乐活动。

补充阅读材料 8-3　重新定义职业生涯

每个人从找到第一份工作开始,一直到退出职场,这段个体生命中最重要的历程就是职业生涯。职业生涯以一份工作为前提,以一个具体岗位为坐标,以一个组织为平台,以整个社会为背景,随着时间的推移,个体职业生涯的轨迹就开始显现。虽然个体是职业生涯的主角,但社会、组织、团队、工作的发展变化,势必会引起个体职业生涯的变化。

1976年,美国学者霍尔提出易变性职业生涯;1994年,美国的另一位学者亚瑟又提出无边界职业生涯,用来表示现代职业生涯与传统职业生涯的区别。近来,"斜杠"一度成为"热词",体现的也是职业生涯发展的一个新趋势——多重职业。2007年,《纽约时报》专栏作家麦瑞克·阿尔伯在她的一本名为《一个人,多重职业》的书中描述了一种现象:越来越多的年轻人不再满足于"单一职业"这种生活方式,他们开始选择一种能够拥有多重职业和身份的多元生活,在自我介绍时他们会用"斜杠"来区分他们从事的不同职业,如"某某,律师/演员/制片人"。于是,"斜杠"便成为他们的代名词。有人断言,多重职业将成为全球职业发展的新趋势。

总体来说,当代人的职业生涯发展趋势具有三个特点:从稳定型到无边界;从生存型到自我实现型;从单一式到多元式。

互联网条件下的经济是共享经济,共享经济的本质是人尽其才,物尽其用。人才不仅只是在一个组织中有了多种职业通道、职业路径可以选择,而且可以不再只属于一个特定的组织,不再只被捆绑在一个岗位,扮演一个固定的角色。一个人可以不再追求在组织中沿着金字塔的结构向上攀升的传统职业路径,而是可以在不同的职业之间平行转换,扮演多重角色,拥有多重职业身份,这就是"斜杠"职业。

现代社会是多种职业生涯模式和路径并存。对个人而言,社会提供多种职业生涯路径,你可以一条道路做到底,也可以中途不断变化自己的路线,也可以不依赖于任何组织,成为一个个体工作者。职业生涯的多元化,大大扩展了人们职业选择的空间和自由度。

在多变的职业生涯发展新趋势下,个人的职业生涯管理应对策略可以每个人的职业锚为基点,打造职场上的职业资本。现代的职场对于个人而言,机会多、自由度大、可选择的范围广。但同时也意味着，个人必须承担起自我职业生涯管理的责任。

相对于职场的复杂与变化，一个人的职业锚相对比较稳定。职业锚是美国社会心理学家埃德加·沙因提出的一个关于个体职业定位的概念，来源于沙因对麻省理工学院斯隆管理学院44名研究生长达10多年的追踪研究。他发现，随着工作经验的增加，人们会加深对自我的认知，逐步认识到自己喜欢什么（兴趣）、擅长什么（能力、技能）、看重什么（价值观），这几方面整合成一个人的自我概念，成为其在面对职业选择时无论如何都不会放弃的东西，沙因称之为一个人的职业锚。

沙因发现了八大职业锚，分别是通用管理型、技术职能型、创新创业型、自主独立型、安全稳定型、服务奉献型、纯粹挑战型、生活方式型。其中，通用管理型的人感兴趣的是管理本身，他们具有成为综合经理的能力、动机和价值观，如透过一大堆不相关的细节直达问题核心的分析能力，人际交往能力和跨部门协调能力，当组织由于情感和人际关系问题出现信任危机时的激励能力等。技术职能型的人则愿意致力于专业化的道路，为特定的专业感到兴奋或特别擅长。创新创业型的人会将创造新的事业看成职业本身的核心，专门以创造新的组织、产品或服务为目标。这种类型的人都梦想成立自己的企业，并在他们职业的不同阶段表达这些梦想。自主独立型的人不能忍受组织中的规范约束他们的个人生活和工作，喜欢按照自己的方式、自己的节奏做事，愿意根据自己的标准追求更独立的职业或只接受能提供最大自由的组织工作。做自己想做的事、说自己想说的话，是有这种职业锚的人非常看重的。顾名思义，以安全和稳定为职业锚的人，安全和稳定在他们的整个职业生涯中占主导地位，达到以它们指导和限制所有重大的职业抉择的程度。事业单位工作通常对这些人很有吸引力。服务奉献型的人的工作价值观，在于能够为人服务或与人一起工作、为人类服务、保护环境以及帮助国家。服务奉献型的人更多的是为"更高的事业"工作，而不是为一个组织工作。与大多数人都会寻求一定的挑战性不同，对纯粹挑战型的人来说，不断地征服挑战和解决问题对他们来说是最重要的事。生活方式型的人喜欢允许他们平衡个人需要、家庭需要和职业需要的工作环境，他们希望将生活的各个主要方面整合为一个整体。对他们而言，职业也许是一种激励，但不如生活与工作平衡来得重要。在中国，这种情况似乎变得越来越多。

沙因的八大职业锚类型及相关理论给我们的启示是，职业生涯发展趋势虽然越来越多元化，但具体到每一个人，虽然可以不断变换职业，选择"斜杠"人生，丰富自己的职业生活，但要想在某一个领域取得更大的职业成就，一定要不断地自我反省和探索，及早认清自己的职业锚，确定自己的长期贡献区。只有一个人的职业锚与其所从事的职业相匹配时，才能最大限度发挥自己的潜能。

职业锚只是大体决定了一个人适合的职业发展方向，但是不论何种类型的职业锚，要想在自己确定的方向上取得职业成功，都需要具备一些通用管理型的职业能力和素养。在职业转换的可能性加大、选择多重职业的人数增多的今天，就更需要强化通用管理型的职业能力和素养。

美国管理学者迪菲利皮（DeFillippi）和亚瑟（Arthur）提出的智能职业生涯框架认为，在知识驱动的竞争环境中，企业要求员工具备三种职业竞争力，这三种职业竞争力可以被看作通用管理型的职业能力和素养。

（1）knowing-how，是指员工具备的与职业有关的知识、技能和能力。它不仅与当前组织绩效要求有关，而且有助于个人在多个雇佣环境下流动。这是一个人的人力资本。

（2）knowing-whom，指个体拥有的来自组织内部和组织外部的社交网络。它不仅有助于促进公司社会网络活动的内外部人际关系，而且可以成为个人追求职业机会和职业支持的途径。它相当于社会资本。

（3）knowing-why，体现为员工的动机、意义、认同、人格、兴趣和价值观等，反映了个体的积极心理资源情况。它相当于心理资本。

人力资本、社会资本和心理资本是通用管理型的职业胜任力，是预测个体职业成功的三大变量。这三类资本相互影响，共同促进个体的职业生涯发展。其中，心理资本是最基础、最重要的变量，它通过影响个体人力资本和社会资本的获得，进而影响职业成功。积极心理学之父卢森斯（Fred Luthans）等对心理资本作出的定义为：个体一般积极性的核心心理要素，具体表现为符合积极组织行为标准的四种心理状态，即希望、乐观、坚韧及自信。从本质来说，心理资本是指能促进个体积极发展的内部心理资源，既包括希望、乐观、坚韧、自信和积极情绪等状态类的心理资本，也包括那些和工作行为与角色紧密相关的特质类的心理资本，如主动型人格、自尊、控制点、核心自我评价、责任心、价值观等。心理资本强大的个体，在变化激烈的社会中更容易调适自己，具有更强的职业适应性和抗逆力，心理弹性更大，在遇到挫折、身处逆境时更能够坚持不懈。

人力资本是与职业相关的知识、技能和经验。受教育程度、工作任期、政治知识与技能、个人学习和培训等，都可以看作人力资本的有效指标。在知识经济、共享经济时代，人才的作用和价值超越货币资本的价值，受到组织高度重视，一个人若拥有丰富的知识和技能，这种知识和技能越是独特、不容易被替代，其在组织中脱颖而出的机会就越多，在业务技术性的岗位上崭露头角的可能性就越大，在职业生涯早期更是如此。

社会资本是指个人在组织内外部社会网络关系的数量与质量，通俗地说，就是一个人和组织内外部多少人有密切关系，有密切关系的这些人所拥有的权力、财富和声望怎样。研究表明，一个人的成功不仅依赖自己的人力资本，也依赖人与人之间的关系，其所拥有的社会资本很大程度上决定了他们的薪酬水平以及升迁机会。

在职业生涯早期，个体的人力资本对职业成功的预测力更强。在职业生涯中期，社会资本具有更强的预测力。对于管理型的职业来讲，社会资本更有助于职业成功，而对技术型的职业来讲，人力资本更具有预测作用。既然人力资本、社会资本和心理资本如此重要，那么应该如何提升和强化这三种资本呢？

我们强调人力资本是沉淀在个体身上的知识和技能。在共享经济时代，知识和技能更新迭代的速度超出人们的想象，资源丰富、信息爆炸、时间碎片化，如此等等，都对我们构成了极大的挑战。只有保持开放的心态，积极主动学习才能跟得上时代的步伐，形成自己在职场上的竞争力。在这里至关重要的是，及早认清自己的职业锚，制定自己职业生涯发展的策略。

有三种体现自身人力资本的人才打造模式可供选择：平面型人才、直线型人才、T型人才。

平面型人才就是我们前面提到的"斜杠"人才。这样的人兴趣爱好广泛，崇尚自由灵活，注重自我体验，不在乎传统的职业晋升路线，他们有多样性的知识和技能，几种知识和技能不分主次，平行发展，利用自己的比较优势形成自己的职场竞争力，如在绘画领域最会摄影、在摄影领域最懂金融等，是一个多面手。但是正因为多面，就难以做到精深，难以成为顶级专家。

直线型人才是指在某一个专业领域精耕细作，精益求精，成为真正的专家。但这种类型的人才知识面过于单一，对超越自己知识领域的东西极少关注和了解，不仅可能会成为"有用但无趣"的人，同时也会限制自己的眼界和思路，影响自己的发展。

T型人才是一种既有宽度也有深度的人才类型，横向代表宽口径、厚基础，有比较广博的知识面，纵向是专业发展的方向，特点是精深。这是一种复合式的理想人才知识结构，既专注又开放，既在某个专业领域有深厚的知识和技能，同时又对其他领域和学科有着浓厚的兴趣和求知欲，创新型人才最容易在这种人才类型中产生。例如，金融专家懂互联网，网络人才懂数据库管理，多媒体人才懂动态网站开发等，都是一专多能，在不同领域的交融中产出创新性成果。与平面型人才不分主次的知识和技能结构相比，T型人才的广博是为精深服务的，最容易形成自己职场上独特的竞争优势，成为不可替代的人才。这种人力资本的打造，需要遵循"一万个小时"定律，注重专注、勤学苦练，有追求极致的工匠精神。

社会资本与个体拥有的社会关系的数量和质量有关，但这并不是说认识的人越多，社会资本就越强大。社会资本的关键是所拥有的可以"动员"的社会关系，即需要信息时有人愿意提供，遭遇困难时有人愿意出手相助，需要提携推举时有人愿意为此背书和说话。

根据社会交换理论，人与人之间的关系也是一种社会交换关系，这里交换的可能是物质金钱，也可能是精神情感。不论何种形式的交换，一定遵循等价交换的原则，否则这种关系不可能长久。在人际关系中，一个人想要得到别人的支持和帮助，那么必须具备支持和帮助别人的能力和意愿，只有势均力敌的人际关系才是稳定和可靠的。依靠他人基于同情的支持和帮助，偶尔为之可以，但无法长久维系。这就是说，一个人想要拥有丰厚的社会资本，必须首先是一个人力资本强大的人，是一个对他人有用、对社会有价值的人。同时还要不断提高自己的沟通能力、把控自己和他人情绪的能力，能够洞察人性人情，"己所不欲，勿施于人""己欲立而立人，己欲达而达人"，以自己的实力、真诚、善心结交朋友，扩展人际网络，强化自己的社会资本。

比起人力资本和社会资本，心理资本对个人的影响更为重大。心理资本是一种积极的个体心理资源，它通过回答"你是谁？你想成为什么样的人"

使个人定义自己，打造自己，我们可以通过投资并开发"你是谁"来获取竞争优势。心理资本培养的关键，是澄清自己的价值观，知道自己真正想要的是什么，当下人们心浮气躁，面临的机会和诱惑很多，什么都想要、什么都想得到却常常什么都得不到，如工作中高薪和适合自己的发展机会常常不可兼得。个人要了解自己在职业选择和职业发展中最看重的东西，认清自己的职业锚类型，舍弃那些细枝末节，聚焦自己的核心价值观，坚持不懈地追求自己的职业梦想。开发心理资本，还需要强化自己的职业使命感，霍尔（Hall）等将职业使命感界定为一种目的感，即个人打算去做并被视为其生命目的的工作。相关研究表明，拥有职业使命感的人似乎受到某种召唤的驱动，会全心全意追求自己的职业梦想，更有动力去应对困难挫折。只有心理资本强大，才能在职业生涯的道路上积极投入，乐观向上，进一步获得更高的人力资本和社会资本，最终实现自己的职业目标。

职业生涯，是每个人都要在职场度过的人生最宝贵的经历，我们借助职业生涯去实现自己的价值，成就自己的人生。在中国当代职场上，每一代人身上都有自己成长时代的深深烙印，有自己职业上的优势，也有发展中的先天不足。20世纪50—60年代的人，长期受计划经济的影响，找工作是组织安排，职业发展是组织规定，在他们的职业生涯早期，很难自己做主。70—80年代的人虽然受到改革开放的洗礼，却也面对高房价带来的沉重生活压力，不得不屈就现实。而90年代的人一出生就面对一个不确定、多样化的职业世界，没有定力，很难抵挡各种诱惑，容易追逐时髦，迷失自己。

强调重新定义职业生涯，是倡导一种"我的生涯我做主"的积极主动的职业态度，呼吁每个人都承担自己职业开发的责任。所谓重新定义职业生涯，就是抛开社会及他人加在自己身上的各种标签符号，倾听自己的内心，澄清自己的价值观，找到自己的使命，了解自己的优势与不足，扬长避短，制定自己的职业发展战略，不懈地追求自己的职业梦想。

资料来源：周文霞，齐乾. 重新定义你的职业生涯 [J]. 清华管理评论，2016，(6).

8.6.3 职业发展的实施

前文论述了职业发展的重要性以及我们所面临的各种挑战，我们必须对员工职业发展采取切实而具体的措施。同样，由于职业发展活动本身由员工的职业计划活动和企业的职业管理活动两部分构成，因此，职业发展的实施也必须由企业和个人共同完成。

1. 提高员工对职业发展的认识

职业发展是现代企业人力资源管理与开发中一个比较新的职能，我国企业组织中的人力资源管理部门和广大员工对职业发展还缺乏了解和认识。可以说，我国绝大多数企业组织的人力资源管理部门还没有设立职业发展这一职能，广大员工对职业计划或职业管理的重要性认识不足。因此，我国企业组织的人力资源管理部门和各级管理人员要加强对职业发展的了解，加深对职业计划或职业管理重要性的认识。现代企业面临人才争夺的严峻形势，职业计划或职业管理是培养人才、调动广大员工积极性和创造性、吸引人才、留住人才的最有效方法之一。一个人在自己的职业生涯中应有一个目标，有一个计划，并按照既定目标一步步地去实现，在目标实现的过程中使自己不断成长和发展，以提高自己各方面的知识和技能，增强竞争力。

观念应用 8-2

某IT企业的CEO辞职以后，根据协议，5年之内不能再做同样的业务，当然也包括不能去竞争对手那里，即5年之内不能做IT行业的CEO，这对于他来说毫无疑问是一个损失。但他必须这样做，如果他真的做到了，便是职业化的重要开端。

问题：职业化为什么要求如此严格？

分析提示：今天，已形成了比较系统的人力资源管理的理念。职业管理是人力资源管理的新发展。谈人力资源的时候，不必过于强调个体的价值，而应强调人力资源是个体对社会、对组织的义务。另外，形成一种有利于人力资源开发或成长的机制，才是最重要的。但目前普遍存在的问题是自律程度不够，不仅缺职业经理人，也缺职业营销人，缺职业教授等，各行各业都缺职业人才。因此，职业化或者职业发展的实施必须由企业和个人共同完成。

2. 帮助员工制订各自的职业计划

在提高对职业计划认识的基础上，企业管理人员和人力资源管理部门应视企业实际情况具体地帮助员工制订各自的职业计划。

3. 培育员工基本职业素质

目前，我国企业员工的整体素质，特别是文化技术方面的素质仍需进一步提高，因此在职业计划开展与职业开发培训中，要注重对企业员工基本素质的培养。

4. 鼓励员工参加职业开发活动

企业组织应采取积极的态度和各种措施，鼓励员工积极参加职业开发的各种活动。

具体来说，企业组织应向员工反复宣传职业开发各种活动的重要意义以及主要内容和要求；要从时间和物质上给予员工参加职业开发活动的保证；要对积极参加职业开发活动，并取得明显进步的员工给予精神上和物质上的不断鼓励；要重视各种职业开发活动内容的针对性以及形式的多样性；要重视职业开发活动的效果，只有这样，才能吸引更多的员工积极参加职业开发的各种活动。

本章小结

人力资源管理是对人力资源的取得、开发、保持和利用等方面所进行的计划、组织、指挥、控制和协调的活动。作为管理职能中的派生内容，人力资源管理在整个企业中的地位由过去的行政支持地位上升为与企业长远发展需求相适应的战略性地位。

人力资源规划对个人和企业都是极其重要的，因为它可以使人力资源得到最合理的使用。人力资源规划主要是从人力资源供应与人力资源需求两个方面去预测在未来一段时间内企业所需人力资源的数量，希望达到人力资源供应与需求之间的平衡。

招聘是补充人员的主要方法，也是保持组织生存与发展的重要手段。成功和有效的招聘意味着组织有更多的人力资源优势。人员培训是人力资源管理的重要组成部分。要使企业员工不断地适应新形势的发展要求，就必须重视对企业员工的培训。绩效评估，作为一种衡量、评价、影响员工工作表现的正式系统，可起到检查及控制的作用，并以此揭示工作的有效性，从而使员工自身、企业和社会都受益。

职业计划与发展作为企业人力资源管理的重要内容，日益受到组织的重视。其中的原因有来自外部的环境因素包括技术和市场竞争等方面的要求，同时也有来自企业内部管理的微观要求，促使企业真正根据员工的职业需求和发展要求进行管理。

主要概念和观念

☐ 主要概念

人力资源　　　　　人力资源管理　　　人力资源规划

☐ 主要观念

绩效评估　　　　　职业计划

基本训练

☐ 知识题

8.1　阅读理解

(1) 简述人力资源和人才的基本概念。

(2) 简述人力资源的基本特征。

(3) 简述人员培训的特点。

(4) 简述绩效评估的方法。

8.2　知识应用

(1) 判断题

① 人力资源就是人才。（　　）

② 人力资源管理是在传统人事管理基础上发展起来的。（　　）

③ 招聘是以组织为中心的单向过程。（　　）

(2) 选择题

① 在职培训的方式有（　　）。

A. 传授知识　　　B. 实地工作培训　C. 工作轮换　　　D. 学徒培训

② 绩效评估的基本内容包括（　　）。

A. 德　　　　　　B. 勤　　　　　　C. 绩　　　　　　D. 能

☐ 技能题

8.1　规则复习

职业发展可以划分为以下几个阶段：

① 职业准备阶段

② 职业探索阶段

③ 职业确立阶段

④ 职业中期阶段，又称维持阶段

⑤ 职业后期阶段，又称下降阶段

8.2　操作练习

在经济全球化背景下，应如何对员工的职业进行管理？谈谈你的观点。

观念应用

□ 案例分析

IBM 公司的培训

IBM 是世界上经营最好、管理最成功的公司之一。IBM 公司追求卓越，特别是在人才培训、造就销售人才方面取得了成功的经验。具体地说，IBM 公司决不让一名未经培训或者未经全面培训的人到销售第一线去。该公司用于培训的资金充足，计划严密，结构合理，一到培训结束，学员就可以有足够的技能，满怀信心地同用户打交道。

IBM 公司的销售人员和系统工程师要接受为期 12 个月的初步培训，主要采用现场实习和课堂讲授相结合的教学方法。其中 75% 的时间是在各地分公司中度过的，20% 的时间是在公司的教育中心学习。

销售培训的第一期课程包括 IBM 公司经营方针的很多内容，如销售政策、市场营销实践以及计算机概念和公司产品介绍；第二期课程主要是学习如何销售。通过培训，学员能够了解并应用公司有关后勤系统，研究竞争和发展一般业务的技能。他们在逐渐成为一个合格的销售代表的过程中，始终坚持理论联系实际的学习方法，如到分公司可以亲眼看到或实践他们在课堂上学到的知识。

IBM 公司市场营销培训的一个基本组成部分是模拟销售角色。在公司第一年的全部培训课程中，没有一天不涉及这个问题，并始终强调要保证演习或介绍的客观性，包括为什么要到某处推销和希望达到的目的。

另外，还在一些关键领域对学员进行评价和衡量，如联络技巧、介绍与演习技能、与用户的交流能力以及一般企业经营知识等。对于学员们扮演的每一个销售角色和介绍产品的演习，教员们都给出评判。特别应提出的是 IBM 公司为销售培训所发展的具有代表性、最复杂的技巧之一就是阿姆斯特朗案例练习,它集中考虑一种假设的、由饭店网络、海洋运输、零售批发、制造业和体育用品等部门组成的、复杂的国际业务联系。通过这种练习可以对工程师、财务经理、市场营销人员、主要的经营管理人员、总部执行人员等的形象进行详尽的分析。这种分析使个人的特点、工作态度,甚至决策能力等都清楚地表现出来。

由教员扮演阿姆斯特朗案例人员,从而创造出一个非常逼真的环境。在这个组织中,学员们需要对各种人员完成一系列错综复杂的拜访,面对众多的问题,他们必须接触这个组织中几乎所有的人员,从普通接待人员到董事会成员。

由于这种学习方法非常逼真,每个"演员"的"表演"都十分令人信服,因此,每位学员都能像IBM公司所期望的那样认真地对待这次学习机会。这种练习就是组织一次向用户介绍发现的问题,提出该公司的解决方案和争取订货的模拟用户会议。

资料来源:根据网络资料整理。

问题:

(1) 根据IBM公司对员工进行的培训,论述培训对企业发展的重要性。

(2) IBM公司主要采取了哪些培训方法?

☐ 实训题

以班级为单位,对个人今后的职业发展进行讨论。

第 9 章

组 织 文 化

学习目标

通过本章的学习，应该达到以下目标：

知识目标：理解组织文化的基本含义，明确组织文化的结构，掌握组织文化的功能。

技能目标：了解组织文化的结构与功能，掌握组织文化建设的主要内容和步骤。

能力目标：理解并掌握组织文化的基本理论，具有分析组织文化以及建设组织文化的能力。

引例 海底捞文化转型

海底捞成立于 1994 年，快速成长长达 20 余年。2010 年前，公司一直处于快速发展期。2010 年后，随着规模的扩大、管理的复杂化，公司面临着经营扩张和管理约束的矛盾，矛盾的解决已经刻不容缓。为此，企业高层决定发动组织变革。伴随组织变革的，则是如何进行相应的文化转型，帮助成员统一认识。

2010年后，海底捞面临"外忧内患"。首先，遭遇信息技术的冲击。互联网经济对实体经济的冲击持续升温，使企业市场份额下降，对企业生存造成冲击。其次，运营效率较低。尽管餐饮业属于传统劳动密集型行业，但它实际上对信息技术也有依赖，尤其是大数据方面的影响很显著，有助于提高餐饮的服务附加值，但海底捞对此准备不足。最后，组织内部士气不高。随着"80后""90后"加入从业大军，这个群体鲜明的个性特点和海底捞的强势文化产生尖锐冲突。海底捞管理层深刻意识到，公司的管理制度已部分失效，需要重新进行文化的转型。为了促进企业变革，海底捞建立配套机制，引导员工学习和适应新文化。

在海底捞的文化转型过程中，组织采取了相应的配套措施：首先，通过组织结构的变革促进文化转型。其次，对变革过程中产生的群体焦虑用人力资源手段加以干预，增加员工对未来的信心。再次，采用信息化手段消除群体不确定心理，并打造透明和公正的氛围。最后，用培训、考核和授权等配套方法促进文化转型。

文化转型过程在经历了解冻、学习两个阶段以后，要进行再冻结，才能夯实文化转型的成果，建立新文化的根基，引导群体在新的阶段采取新的行动，实现组织目标。海底捞采用如下方法进行新文化的再冻结和固化：第一，用英雄和榜样的力量进行强有力的推动；第二，建立文化传播机制。

资料来源：冯云霞，高原. 如何驾驭变革过程中的文化转型——沙因文化理论和海底捞实践的启示 [J]. 清华管理评论，2016，(6).

企业文化作为有效的管理控制手段，能够促进和创造出卓越的经营业绩。同时，企业文化并不是一成不变的，它在保持相对稳定的同时也会随着环境的变化而发生变革。

管理者须根据企业发展需要，按照合理的路径和方法，创造变迁的动力，构建新的文化体系，推动组织内部文化的扬弃与学习，并通过多种沟通手段使新的文化逐步内化于全员的意识中，以达到通过文化变迁管理促进组织绩效提升的目标。

第 9 章 组织文化

9.1 组织文化的内涵

组织文化于 20 世纪 80 年代产生,是管理理论发展的又一次飞跃。组织文化建设是一个系统工程。我国必须从本国国情出发,借鉴国外先进经验,建设中国特色的社会主义组织文化。

组织文化起源于组织活动。作为实践,组织文化由来已久,但作为系统性理论,则是管理理论发展到一定阶段的产物。组织文化作为实践虽存在久远,但"组织文化"之词正式使用,并真正成为系统理论,则是在 20 世纪 80 年代。组织文化是美国管理学界通过对东西方国家特别是对美国和日本两国成功企业进行管理模式比较研究后所形成的产物。

二战后,在科学管理理论和行为科学理论指导下,美国企业取得令人瞩目的发展,成为世界头号经济强国。但在 70 年代的石油危机冲击下,其竞争优势大为削弱,至 1973 年,已经持续增长了 20 多年的劳动生产率也出现了停滞。而战败国日本百废待兴,在缺原料与资金、经济上几乎全部依赖美国扶持、人员素质及管理水平均远落后于美国的情况下,经过约 30 年的奋斗,以年 10% 左右的经济增长速度迅速发展,成为仅次于美国的世界经济强国。

美日经济发展的反差,引起美国管理界和企业界人士的强烈震撼和深刻反思,形成了 70 年代后期美日比较管理学研究热潮。比较研究结果表明,日本经济的成功主要在于其建立了强有力的组织文化。日本企业管理不仅重视管理方面的硬技术,而且通过强调终身雇佣制、年历序列工资制、团队精神三大法宝,坚持以人为管理核心,注重培养全体员工共有的价值观念和企业对员工的凝聚力,重视激发员工的工作热情,从而促进了经济发展。与日本企业不同,美国企业在管理过程中过分依靠个人信息和个人创造力,缺乏群体意识和企业精神。于是,管理理论突破了以个体人为研究对象和出发点的传统观点,转向以人的集合——企业为研究对象,组织文化理论由此形成。

1981—1982 年,美国管理学界相继出版了《Z 理论——美国企业怎样迎接日本的挑战》《日本企业管理艺术》《组织文化》《寻求优势——美国最成功公司的经验》四部管理名著。美国哈佛大学教授特伦斯·迪尔(Terrence E. Deal)和麦金赛咨询公司顾问阿伦·肯尼迪(Allan A. Kennedy)所合著的《企业文化》一书对组织文化作了全面阐述,初步奠定了组织文化的理论框架,这是组织文化理论真正诞生的标志。组织文化理论问世后,得到管理学界和企业界的高度重视,迅速成为研究热点。随着我国改革开放的深化,西方国家有关组织文化理论与实践的信息不断传入我国,我国开始形成对组织文化进行研究和实践的热潮。

组织文化成为现代管理理论的新内容,是有着深刻的社会客观原因的。

(1) 20 世纪 70 年代以来,由于科学技术的迅速发展,西方国家企业中的劳动性质和劳动力构成发生了重大变化,体力劳动的比重逐渐减少,以脑力劳动为主的白领人员比重逐渐增加。管理对象的变化,使传统的以严格定额制度为主要管理手段的古典管理理论和以鼓励个人奋斗为主的行为管理理论黯然失色,而以追求群体价值为主的组织文化理论则日益受到重视。

(2) 国际经济一体化趋势使企业竞争不再受到地域的限制,企业竞争更为激烈,呈现多样化。组织文化理论的研究与实践有利于企业增强自身的竞争优势。

(3) 随着企业管理理论和实践的发展,企业是人群的有机协作体这一观点日益成为管理学界和企业界的共识,促进了组织文化的兴起和推广。

1. 组织文化的含义

组织文化的实践始于日本,理论源于美国。组织文化理论问世以来,关于组织文化的定义,中外学者有多种见解和论述,至今仍处于探讨争论阶段,各种观点达数百种之多。这些观点的差异主要集中于对组织文化含义的认定范围方面。狭义的观点认为,组织文化的含义是指企业员工关于企业的价值观念的总和,包括企业价值观、经营观、风气、员工工作态度和责任心等。广义的观点则认为,组织文化是一种经济文化,是与民族文化、社区文化、政治文化、社会文化相对独立而存在的一种文化形态。从这一含义出发,组织文化是指通过企业全体员工的主观意识,改造、适应、控制自然物质和社会环境所取得的一切成果。其具体表现为一切经验、感知、知识、科学、技术、厂房、机器、工具、产品、组织、纪律、时空观、人生观、价值观、市场观、市场竞争观、生活方式、生产方式、行为方式、思维方式、语言方式、等级观念、角色地位、伦理道德规范、审定价值标准等。

我们认为,组织文化的含义既不是上述的狭义看法,也不应将其无限制地扩大化。下述定义相对较为适当:组织文化是指组织全体员工在长期的生产经营活动中培育形成并共同遵循的最高目标、价值标准、基本信念和行为规范。它是组织观念形态文化、物质形态文化、制度形态文化的复合体。需要说明的是,这里所讲的物质形态文化是指组织物质形态所体现的生产经营特色、技术特色、管理特色以及组织经济行为对社会的影响等。

组织文化从宏观上讲,是现代人类文化的一个组成部分;从微观上讲,是组织员工在特定的环境下,共同认知、认同、提炼、继承、更新和创造的基于共同价值观念和信念所形成的团队精神。它又是组织员工共同的道德规范、行为准则,并且通过组织生产、经营、生活和产品、设施、各种标记等体现。

2. 组织文化的构成要素

迪尔和肯尼迪在《企业文化》一书中认为,组织文化的构成要素由以下五项组成:

(1) 组织环境

环境对组织文化的形成影响最大,是决定组织成功与否的关键因素。

(2) 价值观

价值观是组织的基本思想和信念,是组织文化的核心。

(3) 英雄人物

英雄人物是组织价值观的人格化,且通过它为全体员工提供具体的楷模。

(4) 礼节和礼仪

礼节和礼仪是组织日常生活中的惯例和常规,向全体员工表明其所要求的行为模式。

(5) 文化网络

文化网络是组织内部的主要(但非正式的)交际手段,是公司价值观和英雄人物传奇故事的"运载工具"。

9.2 组织文化的结构与功能

组织文化由物质层、制度层和精神层三个基本层次构成。组织文化的结构影响着组织文化的功能。组织文化具有五大功能:导向功能、约束功能、凝聚功能、激励功能和辐射功能。

9.2.1 组织文化的结构

组织文化由表层、中间层、深层三个层次构成,分别称为:物质层(表层)、制度层(中间层)和精神层(深层)。

(1) 物质层是组织文化结构中最表层的部分,是组织的生产经营过程和产品的总和。物质层是精神层的载体，能折射组织的发展思想、管理哲学、工作作风和审美意识等。物质层主要包括：

① 组织标志、标准、标准色；

② 组织的自然环境、建筑风格、办公室的设计和布置方式、工作区和生活区的绿化美化、污染的治理等；

③ 产品的特色、式样、品质、包装等；

④ 组织的技术工艺设备特性；

⑤ 组织的旗帜、徽标、歌曲等；

⑥ 组织的文化体育生活设施；

⑦ 组织的造型或纪念建筑；

⑧ 组织的纪念品；

⑨ 组织的文化传播网络，如报纸、刊物、广播电视、宣传栏、广告牌等。

(2) 制度层是组织文化的第二层或称中间层，它是物质层和精神层的中介，构成了组织在管理制度文化上的个性特征。制度层是指具有本组织文化特色的各种规章制度、道德规范和员工行为准则等的总和。它对员工行为和组织行为产生规范性、约束性影响，规定了员工在共同的生产经营活动中应当遵循的行动准则和风俗习惯。制度层主要包括：

① 一般制度，即组织中一些带有普遍性的管理制度，如厂长责任制、岗位责任制、职代会制、按劳取酬的分配制度等。

② 特殊制度，主要指本组织特有的、非一般的制度，如职工民主评议干部制度、职工与干部对话制度、庆功会制度等。有良好组织文化的组织，必然具有多种特殊制度。特殊制度比一般制度更能体现组织管理的个性与特色。

③ 组织作风，主要指组织长期沿袭、约定俗成的典礼、仪式、行为习惯、活动等。与特殊制度不同，组织作风不以确定的文字条款等表现出来，也不需要强制执行，而完全依靠习惯与偏好来维持。

(3) 精神层是组织文化构成的最深层次。精神层是组织文化的灵魂，构成组织文化稳定的内核。它是组织领导和员工共同的意识活动，具体包括经营哲学、价值观念、美学意识、管理思维方式等。精神层包括：

① 组织精神，是全体员工共同遵守的基本信念，是现代意识与组织个性相结合所形成的群体意识，是对组织的观念意识、传统习惯、行为习惯的积极因素进行总结提炼及倡导的结果。

② 组织目标，是全体员工共同价值观的集中体现，也是组织文化建设的

出发点和归宿,反映了组织领导和员工的理想抱负所追求的层次。

③ 组织发展哲学,是组织领导对组织发展战略、生产经营方针和策略的理性思考及抽象概括,是组织领导在实现组织目标过程中或者在生产经营管理活动中所遵循的基本信念。

④ 组织风气,是组织文化的外在表现,是组织全体员工在长期生产经营活动中逐步形成的特有的精神风貌,是一个组织区别于其他组织的最具特色的最突出、最典型的个性作风。

⑤ 组织道德,是组织内部调整人与人、部门与部门、个人与集体、个人与社会、企业与社会之间关系的准则和规范,包括道德意识、道德关系和道德行为等。

⑥ 组织宗旨,是指组织存在的价值及对社会的承诺。

组织文化的物质层、制度层和精神层三者之间不是各自静态孤立存在的,而是一种动态的相互联系的统一体。物质层是组织文化的外在表现,是精神层和制度层的物质载体。制度层制约和规范着物质层和精神层的建设,没有严格的规章制度,组织文化建设就无从谈起。制度层是精神层和物质层的中介。精神层直接影响制度层,并通过制度层影响物质层。精神层是组织文化的内核,是物质层和制度层的思想内涵,决定着物质层和制度层的状态。精神层处于相对稳定状态,组织文化的形成受到多种因素影响,主要靠管理者有意识的培育。

9.2.2 组织文化的功能

组织文化具有五大功能:导向功能、约束功能、凝聚功能、激励功能和辐射功能。

1. 导向功能

组织文化对组织目标的规定可以直接引导员工的心理和行为。优秀的组织文化能使员工潜移默化地在本组织价值观念熏陶下,接受这种价值观念并以此自觉行动,朝着确定的目标努力奋斗。组织文化能将员工个人目标引导到组织目标上来。传统的管理方法是靠各种物质利益和鼓励个人奋斗来引导员工去实现组织的预定目标。若以组织文化为导向,使员工在潜移默化中接受共同的价值观念,由此形成的竞争力会更为持久。

2. 约束功能

组织文化虽然也通过一定的规章制度体现出来,但主要还是以无形的、非正式的和不成文的行为准则，使员工能按照价值观的指导进行自我管理和控制，弥补硬约束带来的不足和缺陷。尤其是在白领员工增多和员工素质普遍提高的情况下，这种约束功能更具有合理性和针对性。

组织文化的约束功能，与传统的管理理论单纯强调制度的硬约束不同，它虽然也有硬约束，但更强调不成文的软约束。组织文化能使员工内心深处形成一种定势，构造出响应机制。

3. 凝聚功能

只要组织文化的价值观被员工认定，就能从各方面把员工团结起来，形成巨大的向心力和凝聚力，使员工产生强烈的集体意识和对企业的归属感，从而产生对本职工作的自豪感和使命感，以及对组织的认同感，由此在新的高度上产生更强大的凝聚力，使组织获得巨大的整体效应。

4. 激励功能

组织文化能使员工产生情绪高昂、奋发进取的精神。组织文化通过激励满足员工的精神需要，它在使员工产生归属感、自尊感和成就感的同时，能够有效调动员工的积极性，从而提高工作效率和组织效益。

5. 辐射功能

组织文化作为一个系统，不仅作用于组织内部活动，而且还与外部进行交流，受到外部影响并对外产生反作用。组织文化能通过多种渠道主要包括传播媒体、公关活动等对社会产生影响，起到让社会了解组织的作用，并以良好的组织形象提高组织的知名度和影响力。

9.3 组织文化的管理职能与特征

9.3.1 组织文化的管理职能

组织文化的管理职能主要是指通过计划、组织、领导和控制等使组织资源更好地实现其目标。组织文化的作用机理，主要是协调和激励。传统的协调手段主要是执行规章制度和授予职权。组织文化主要是赋予员工共同的价值观和思维方式，从而使组织形成凝聚力和向心力，消除组织内部的矛盾和冲突，形成软硬统一的管理。与传统的协调手段相比，它是一种柔性的潜移默化的协调。

组织文化概括起来有以下管理职能：

1. 促使组织整体目标与个人目标相一致

自 20 世纪 30 年代巴纳德（Chester I. Barnard）提出组织整体目标与个人目标往往不一致观点以来，人们逐步认识到这一矛盾是组织管理中永恒的主题和难点之一，传统的管理理论在注意个人目标的同时，往往忽视整体目标，有的仅注意组织目标而忽视个人目标。随着组织文化理论的发展，员工不再只是组织中少数人为获得利润或提高生产率而被利用的对象，在实现组织目标的同时，也有利于实现个人目标，从而有利于组织凝聚力和员工归属感的形成。

2. 促使员工由低层次需求向高层次需求发展

马斯洛（Maslow）的需求层次理论反映出人们五个层次的需求，基本上可以归纳为以社会的成就需要为主的高层次需求和以生存安全需要为主的基本需求两大类。随着社会生产力的提高和管理的进步，人们的生活质量得到提高，基本需求得到满足，需求重点也会发生变化，总体趋势是生理需要比重降低而心理需要比重提高，个人安全需要比重降低而社会需要比重提高，自我价值实现的可能性加大。因此，组织文化为满足员工的高层次需求提供了可能和条件。

3. 有利于组织内部冲突的消除

通过行政方法，依靠规章制度和组织措施，可以实现统一命令和指标，但不能解决组织内部的所有冲突，甚至不能缓解矛盾。组织文化为解决这些矛盾提供了新的途径，通过使全体员工具有共同的思想和行动方式，相互理解，求同存异，将维护整体看得高于一切，从而在内心深处产生维护统一、维护团结的愿望，进而起到凝聚作用。

4. 有助于员工自我约束和控制

组织文化使员工感受到一种和谐的环境氛围，在这种氛围下，必须自觉地以共同的价值观、文化习俗与规范，约束自己的言行，起到自我约束和自我控制的作用。

组织文化之所以具有诸多管理职能，是由其自身的基本特征所决定的。

9.3.2 组织文化的特征

组织文化具有以下特征：

1. 具有鲜明的时代性、民族性

组织文化的形成依赖于一定的客观环境，反映着一定历史时期所提倡的时代精神及其所属民族的文化传统。

2. 具有传统性和革新性

组织文化具有一定的历史继承性及相对稳定性。但作为一种管理手段，它又是可以革新和塑造的。组织文化的形成不仅受传统和历史的影响，也要依靠人们的能动创造。尤其是当组织内外环境发生较大变化时，及时调整原有传统中不合时宜的部分，充实新的符合时代要求的新鲜内容，才能使组织跟随时代潮流不断发展。随着全球经济一体化和人们交流的不断增多，组织文化的革新性和可塑性越来越鲜明。

3. 具有客观性和系统性

组织文化是在一定的社会人文物质环境下，基于组织传统、观念及思想升华逐渐形成的；是组织内部相互联系、相互作用的不同层次和不同部分组成的有机整体；是经过组织员工集体实践并被认同的共同理念。组织文化能使分散的力量凝聚在一起，共同朝着组织的目标努力奋斗，从而发挥系统的整体效应，取得事半功倍的成效。

9.4　组织文化的建设

组织文化建设是一项长期且复杂的系统工程。各国组织文化建设实践证明，必须采用不同的适合本国国情的方法来建设具有自身特色的组织文化。

9.4.1　组织文化建设的必要性

我国经济体制改革已将企业推向市场，现代企业制度的建立使企业成为自主经营、自负盈亏的市场经济主体。因此，企业必须根据市场经济体制的要求转换经营机制，而这必然要求组织文化进行革新和转型。

管理是通过决策、组织、控制、激励和领导等环节来协调人力、物力、财力和新的资源，以期更好地达到组织目标的过程。现代管理理论认为，在作为管理对象的人、财、物、信息、时间等方面，人在管理中具有双重地位：既是管理者，又是被管理者。管理过程各个环节的主体都是人，人与人的行为是管理过程的核心。

"以人为中心"是现代管理最重要的思想。组织文化理论正是顺应这一趋势而诞生的一种管理理论，在以人为中心管理思想的指导下，人被作为资源加以开发和利用。

对任何一个组织而言，其物力、财力、信息资源往往都是有限的，而人力资源的开发永无止境。我国大多数组织生产力水平还有待提升，资金、原材料等资源相对紧缺，而人力资源则相对丰富，因此开发管理好人力资源具有特殊的重要意义。只有人的潜能得到最充分的发挥，物力、财力、信息资源才可能得到更好的利用，组织的效益才能提高。就这一点而言，对于正处在改革发展中的企业来说，组织文化建设具有极大的必要性。

9.4.2　组织文化建设的主要原则

关于组织文化的理论和实践，西方国家的经验比较丰富，可适当借鉴。但我国的文化传统、社会制度、历史背景、经济结构和企业组织模式均与西方国家有很大的不同，因此，我国组织文化建设必须从本国国情出发。

1. 组织文化建设要以人为中心

人在组织文化建设中具有双重身份，既是组织文化建设的主体，又是组织文化建设的客体。坚持以人为中心，必须从这两方面着手，充分发挥人的中心作用。

组织文化建设必须依靠人，不仅依靠组织领导，更要依靠广大员工。员工既是组织文化的创造者，又是组织文化的建设者、发展者。组织领导应使组织文化建设成为员工的自觉行动，充分发挥员工的积极性、主动性和创造性，集中组织全体员工的能力和智慧，将组织文化建设好。

组织文化建设的首要目的是使组织获得生存和发展，而组织生存和发展的目的则是满足人们不断增长的物质和文化需求。因此，组织文化建设的最终目标是为了人。组织应通过充实组织文化，在潜移默化中帮助员工树立正确的价值观和对组织的责任感，引导员工加强品德修养，提高思想觉悟。

2. 组织文化建设要有特色

个性是组织文化建设的重要内容。组织文化只有形成特色，才能充分发挥应有的作用。建设具有个性的组织文化，首先要密切联系本组织和所属行业的实际，包括组织的发展历史、发展战略，组织的优势和特点，组织人员的素质等；其次是要突出重点，特别是精神层的内容表述，要抓住重点并带动全面，从而收到较好的整体效果。

3. 组织文化建设是系统性工程

在组织文化建设中，精神层、制度层和物质层三者相互依存，缺一不可。只重视精神层的建设，而缺乏制度层、物质层的支持和辅助，精神层就会成为空中楼阁。

9.4.3 组织文化建设的重点与步骤

1. 组织文化建设的重点

组织文化建设应重点处理好以下几方面内容：

(1) 重视环境因素的分析

一是应当重视分析我国传统文化和组织所在地的文化习性。组织文化建设要有鲜明的民族性，对传统文化既要继承发扬其积极之处；又要摒弃其消极之处。同时应重视组织所在地的文化对组织文化的影响，利用其积极因素，改造其不利因素。

二是必须了解国家宏观政治经济发展目标及时代要求。我国社会主义组织文化建设，首先在政治上要始终坚持共产党的领导，以马克思主义、毛泽东思想、邓小平理论为指导。其次在经济上要符合国家的经济发展战略要求，提高经济效益。随着改革的深化，应当不断充实调整组织文化的模式和内容，使之符合时代要求。

三是必须正确分析企业的内部环境因素。分析企业中应发扬光大和必须摒弃的具体内容，明确组织文化建设的有利条件和不利因素，针对实际提出需要加强和改革的措施。

(2) 树立正确的价值观念

必须明确当前社会主义企业的价值观，树立经济效益与社会效益相一致、微观效益与宏观效益相结合的效益观念；将正确的价值观体系深植员工的心中，并为每个员工提供可以充分发挥其聪明才智和专长的环境和机会。

(3) 培育积极向上的组织精神

应积极培育和造就高素质的企业家，提倡开拓进取、顽强拼搏的企业精神，要以适当方式使企业精神深植员工心中。

(4) 塑造有特色、有魅力的组织形象

在组织内部应重视组织的产品质量提高、员工素质培养、环境建设、规章制度建设；对外应重视做好产品广告等宣传工作，善于抓住可充分向社会展示企业形象的机会，积极树立本组织的完美形象。

(5) 在组织内部形成民主和谐的人际关系

组织领导应在组织内部努力营造和谐的人际关系，尤其是中层领导应发挥人际关系建设的中介作用，并发挥班组长在人际关系建设中的基石作用，努力形成和谐、安宁、互助、向上的新型人际关系。

2. 组织文化建设的步骤

第一，确立发展战略，即规划组织未来一定时期内所要达到的目标以及为实现目标所采取的基本战略。

第二，制定组织文化系统的核心内容，即确立组织价值观念和组织精神，为组织文化建设设定基本框架和努力方向。

第三，进行组织文化表层的建设，主要是物质层和制度层的建设，从硬件设施和环境因素方面为精神层的建设作准备。

第四，向组织员工进行深层的价值观念的导入和渗透。

9.4.4 组织文化价值观的建设

第一，员工的职前和职后教育。企业在招聘员工之时，即应以其价值观作为衡量标准，选择与之相符的人选。同时还应对在职员工进行宣传教育。通过招聘时对员工的选择和对在职员工开展教育培训，进行职前和职后两个方面的组织文化价值观建设。

第二，先进人物的树立与宣传。先进人物是组织文化的象征者。先进人物能以自身的言行为企业员工提供榜样。在组织文化建设中，通过树立与宣传体现组织价值观的典型，可以获得建设和强化组织文化的事半功倍的效果。

第三，礼节和仪式的安排与设计。礼节和礼仪可以使组织文化呈现直观性，加深组织员工对组织文化的感性理解。管理者通过对组织仪式进行和谐的安排与设计，能使员工对组织文化有更深刻的理解和认识。

第四，文化网络的建设。文化网络是信息传递的非正式渠道。管理者应承认文化网络存在的客观必然性和重要性，并应与一些重要文化网络保持适当联系，对文化网络的信息进行合理引导，对文化网络信息中的关键人物进行组织价值观的教育，使文化网络对组织文化建设发挥积极作用。

9.4.5 组织文化建设的误区

第一，组织文化建设的非系统性和盲目性。决策者必须将组织文化建设作为一项与组织战略相适应的系统性工程，才能克服组织文化建设的非系统性和盲目性。

第二，组织文化价值观的"假、大、空"现象。组织文化建设必须从组织的历史、现状和经营特点出发，才能克服组织文化价值观的"假、大、空"现象。

第三，组织行为与对外宣传的价值观念不一致。组织文化建设应将组织行为纳入其框架，这样才能使组织的实际行为与对外宣传的价值观相适应，使组织文化发挥应有的作用。

9.4.6 组织文化的诊断与重塑

组织文化诊断是企业诊断中的一项专题诊断，对组织文化进行全面准确的诊断是建立优秀组织文化的必要前提。

组织文化既具有独特性，又具有开放性，因此相应的组织文化诊断一般有内部诊断和外部诊断两种方式。内部诊断是由组织内部人员组成组织文化诊断小组进行诊断；外部诊断是由组织外聘专业咨询机构人员、管理研究部门或大学专家教授深入组织进行诊断。组织文化诊断方法主要有讨论法、观测法、调研法。

现代企业是在风险中经营，外部环境的变化和内部企业战略的调整均要求组织文化进行相应变革和重塑。组织文化重塑可通过树立英雄人物、确认外部挑战、进行仪式转变、为新的价值观的建立提供培训、聘请外部专家进行帮助、建立新的组织文化具体形象、注意重塑过程中的安全性和稳定性来实现。组织文化重塑并无固定模式可参照，应视组织实际情况而定。组织文化建设的目的是提高组织内部凝聚力和完善激励机制，故组织文化的诊断和重塑应以员工能否全面接受作为考虑的出发点和归宿。

本章小结

组织文化由于具有管理上的多种功能而受到管理学家的重视。组织文化是指组织全体员工在长期生产经营活动中培育形成并共同遵循的最高目标、价值标准、基本信念和行为规范，是以观念、物质、制度形态存在并且发生作用的文化复合体，这同组织文化的结构有着直接的关系。

物质层、制度层、精神层构成了组织文化的结构，使组织文化具有导向功能、约束功能、凝聚功能、激励功能和辐射功能，这些功能保证了组织文化管理职能的实现。具体而言，第一，促使企业整体目标与个人目标相一致；第二，促使员工由低层次需求向高层次需求发展；第三，有利于企业内部冲突的消除；第四，有助于员工自我约束和控制。

以人为本，以特色为突破口，建设我国自己的组织文化是各级领导和经营管理者光荣而艰巨的任务,每一个员工都应在各自的岗位上为组织文化这一系统性工程的建设作出努力。

主要概念和观念

组织文化	物质层	制度层	精神层
企业精神	企业经营哲学		

基本训练

9.1 组织文化的功能有哪些?

9.2 组织文化包括哪三个层次?各层次又包含哪些内容?

9.3 如何进行组织文化建设?

第四篇　领　　导

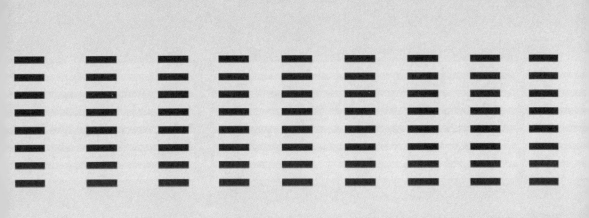

第 10 章

领　　导

学习目标

通过本章的学习,应该能够达到以下目标:

知识目标:了解领导活动的历史发展,理解领导两重性,理解并掌握领导活动中的三个基本要素:领导者、追随者、领导环境。

技能目标:根据领导的内涵和基本特征,掌握领导艺术的特征和领导素质的基本内容,加强领导技能的培养。

能力目标:理解并掌握特质理论、领导行为和领导风格、领导权变理论等领导的基本理论,具有分析各种领导理论的贡献及局限性的能力。

引例 西点军校如何培育领导力?

西点军校自 1802 年建校以来,培养出了 2 位总统、4 位五星上将、3700 名将军,在美国陆军中,40% 的将军来自西点军校;二战后,在世界 500 强企业的历任高管中,有 1000 多名董事长、2000 多名副董事长,以及 5000 多名总经理来自西点军校,全美任何一所商学院都没有培养出如此多的管理精英，西点军校为什么能够培养出这么多位将军和企业界领军人物？支撑它的核心因素究竟是什么？

西点军校严格秉持以下理论：身体力行。根据西点军校的理解：一个领军人物让别人做的事情如果自己不做，基本上等于没有执行力。仅仅有了身体力行的意识还远远不够。西点军校所提倡的领导力、执行力其实是一种习惯。"当你没有这种习惯的时候，你说等到了那种情境下，我自己就可以做出别人所没有做出的事情，这不太可能。"现在，最大的挑战是，这种意识如何才能转化为习惯？

西点军校援用古希腊人的一种观点，认为人的体能、大脑和精神三者相互依赖，不可分割。一个人凭借大脑的知识、健壮的体能，能够形成强大的精神力量，这种精神力量能支持人在任何情况下都可以做到岿然不动。而顽强的精神，是一个人在社会中成功的关键，对一个组织的成功也极为重要。

西点军校的使命包括：责任、荣誉、国家。西点军校学员的角色定位为：在战场上是斗士，在社会上是公仆；平常做一个品德高尚的领导者，在军队里是一个职业军人。基于这样的角色定位，西点军校在对学员的整个培育过程中，建立起自己的基本原则，包括六个方面：

第一是全身心投入。在西点军校的领导力训练中，学员要完全进入这个环境，一天24个小时，一周7天，一年中除去假期，还有47个星期，即 $24\times 7\times 47$ 小时，全部都要遵循这个原则。

第二是标准。在学习中会暴露出自身发展中的缺口，找到缺口，对照标准进行弥补，在品格上进行改善提高。

第三是模范。每个人都要身体力行，47周中的每24个小时，每个人都是一个领军人物，都是一个领导人。你的行为举止会对别人产生影响。

第四是"长灰线"。长灰线是西点军服上的一个标志，它代表着200多年来西点军校的传承和责任。

第五是激发。即激发每个学员的热情。

第六是发展。学习的重点是不断提升自身素质，让意识逐渐成为习惯。

西点军校有一套完整的训练体系，一开始就给学员以强烈的挑战，让他通过这些经验去发展自己，这是发展性的经验。正如西点军校自己所宣传的那样，学员在进来之前是一颗煤球，受到两大因素的作用，第一是压力，第二是热量，当这两大因素的强度都了极点，到了煤球几乎不能承受的程度，这样，最后出炉时，就成钻石。没有压力，没有热量，钻石永远出不来。西点人用"hard"个词来形容这种精神，代表像岩石一样坚硬，不可摧垮。对那些经历过这种严酷训练的学员而言，就什么事情都不在话下了，无坚不摧。

资料来源：欧朝敏，贺仁杰，王瑞. 西点军校领导力培养及其启示［J］. 高等教育研究学报，2014，37（3）.

西点军校的实践说明领导力是可以培养的，经过科学训练和实践历练，每个人的领导力都会得到提升。

10.1 领 导 概 述

领导是管理工作的一项重要职能。在任何社会、任何组织中，都离不开领导。无数事实证明，大到一个国家，小到一个工商企业的兴衰成败，都同领导水平的高低有极大的关系。在人类社会的实践活动中，领导不可或缺。

10.1.1 领导工作是人类自觉的实践活动

领导工作是人类自觉的实践活动，是永恒的、特殊的、重要的实践活动。

1. 领导工作是人类永恒的实践活动

领导工作产生于人类的共同劳动，并随着社会分工的发展而发展。从原始社会开始，人类为了生存就必须进行劳动，而劳动又必须是集体的、社会的形式，以弥补自身能力的不足，因此就必须有人指挥和协调，这就是人类领导工作的发端。

人类的实践活动与动物相比有三个根本不同的特点：第一，它是有意识的，有特有的目的性和计划性。第二，它是有组织的，有特有的规范性和秩序性。人类的实践活动是自觉组织起来，有组织地进行的。有组织就有领导。第三，它是不断发展的，有特有的累积性、传承性、普遍性和进步性。这三个特点决定了领导工作必然贯穿于人类社会的始终，贯穿于一切形式的社会实践活动过程中。

在 21 世纪知识经济初见端倪的时代，强调自我领导、超级领导，虽然领导的内容、方式、方法不同，但领导始终存在，不然物质生产、精神生产就不能有序地进行。所以，只要有人类存在，就有领导，领导是人类永恒的实践活动。

2. 领导工作是人类特殊的实践活动

领导工作有自身的规律和特点，同其他形式的实践活动是不同的。领导工作是统率性的实践活动，它最重要的特点是具有多因素性、多功能性、高综合性，并且具有鲜明的人文特征。作为一个领导者就要具备领导工作所需要的多方面知识，形成综合性的领导能力，综合处理领导工作中遇到的方方面面的问题。所以，领导者不是具体处理某个方面问题的"硬专家"，而是综合处理多个方面问题的"软专家"，领导科学是"软科学"。至于领导工作具有鲜明的人文特征，是说领导者不是单纯的效率专家。单纯的效率型领导者是不会受到追随者拥戴和欢迎的，那是管理者。领导者必须是熟知人和人类的社会学家、人类学家，必须有深厚的人文素养和人文精神。一般而言，领导者的知识结构应该是复合型的，主要包括政治学、法学、经济学、管理学等，管理学当中就包括领导科学，还包括本行业、本领域的业务知识。从以上意义可以看出，领导工作是人类特殊的实践活动，有自身独有的规律和特点，领导者有它特有的知识结构和能力结构，因此领导工作也是一种专业。

3. 领导工作是人类重要的实践活动

任何一个组织所要完成的工作任务，都是单独的个体绝对无法完成的，必须有人把分散的力量凝聚起来，把无序的活动协调起来，这就是领导工作。在这个过程中，领导者又处于中心位置，起着发动的作用，牵一发而动全身。因此，领导工作十分重要。俗话说，"人无头不走，鸟无头不飞"；"火车跑得快，全凭车头带"；"三军易得，一将难求"；"一将无能，累死三军"，都说明领导工作的重要性。

综上所述，我们必须以科学的精神和态度对待领导工作。同时又要看到，在不同的历史时期，领导工作的内容、特征是不同的。每一个历史时期的领导实践都受到当时物质资料生产方式、社会政治关系、科学文化水平等因素的制约，同时又被它们深刻地影响。

10.1.2 领导理论的历史发展

领导理论是随着管理学的形成和发展而逐步发展起来的。其发展经历了三个基本阶段：

第一阶段，是19世纪末到20世纪初的"古典管理理论"阶段，主要代表人物有泰勒、法约尔、韦伯等。当时的主要任务是系统探讨经济管理和提高劳动生产率问题。1911年，泰勒在美国正式出版《科学管理原理》，标志着科学管理时代的开始。在泰勒提出的科学管理原理中，就包含科学领导的原则和方法，如"管理的例外原则"。

第二阶段，是20世纪20年代开始的"人际关系—行为科学"理论阶段，代表人物有梅奥、罗特利斯伯格，以及后来的马斯洛、麦格雷戈（Douglas McGregor）、卢因（Kurt Lewin）等，其主要目标是探讨管理活动中人的行为以及行为产生的原因，包括对人的本性和需要、动机和行为等进行分析研究，以便调节人际关系，调动人的积极性。梅奥领导的霍桑实验具有开创意义。当时他们所研究的人际关系主要是领导和下属及群体的关系，而如何激发和引导人的行为，以及领导者自身的行为问题，恰恰是领导问题。

第三阶段，是二战后，以社会系统学派、决策理论学派、系统管理学派、经验主义学派、管理科学学派等为主的现代西方管理理论阶段，被称为"现代管理理论丛林"，代表人物主要有巴纳德、西蒙、罗森茨韦克（James Rosenzweig）、德鲁克、伯法（Elwood Buffa）、孔茨、韦里克（Heinz Weihrich）等。这一阶段在吸收现代科学发展新成就的基础上，提出了现代管理的一系列理论和方法，逐渐发展成为包括各个领域和行业，如工商管理、公共管理乃至整个社会在内的全面的社会管理理论，诞生了现代管理学，因此，20世纪被称为"管理的世纪"。

由此可见，管理科学理论中包含着丰富的领导理论，管理学中孕育着领导科学。一方面，研究管理学必须研究管理中的领导问题，因此随着管理学的丰富，领导科学也日益丰富起来。很多管理学家，特别是那些著名的管理学家的管理学著述中，都包含着大量的领导理论内容。另一方面，一些学者和学术群体专门研究管理中的领导问题，领导科学逐渐从管理学中分化出来，日益成为一个相对独立的学科。

领导活动具有自然属性和社会属性二重性的特征。一方面，领导活动具有自然属性。领导活动产生于人类的共同劳动和社会分工，因此，具有不同社会制度下共同的一般规律和特点。另一方面，领导活动更具有社会属性。领导活动总是在具体的社会形态中进行，因而不同社会制度下的领导活动又有其特殊的本质和特殊的发展规律。自然属性和社会属性不是并列的关系，社会属性居主导地位，决定和体现着领导的本质。

综上所述，领导是一门科学。它综合运用多学科知识研究领导问题，并因此形成新的知识。领导科学是关于领导理论、方法、艺术的知识体系，是一门新兴的应用型科学。它通过传播领导理论，指导领导工作，开发领导能力，提高领导活动的自觉性、创造性和有效性。

10.1.3 领导是一门艺术

领导工作不但是科学，而且是艺术，是科学与艺术的统一。领导艺术使领导工作丰富多彩，生动活泼，也使我们对领导工作的研究愈加复杂，充满魅力。

所谓领导艺术，简单来说，就是指在实施领导的方式、方法上所表现出来的创造性和有效性。一方面，它必须是创造性的。领导艺术是真、善、美在领导活动中的自由创造与发挥，达到了艺术的境界。另一方面，领导艺术必须有效，即带来领导绩效。领导艺术要接受实践的检验，带来真正的领导绩效，否则谈不上艺术。

领导艺术是因人而异的，是领导者素质的综合运用与反映，最忌模仿。领导艺术具有随机性和非模式化的特征。把一种领导艺术普遍化为一种工作方法之后，模式化了，就不再是领导艺术，而某位领导者在众多复杂的矛盾中，善于抓住主要矛盾，在这方面体现出创造性，又出神入化为领导艺术。

与领导艺术相对应的是权术。研究领导艺术必须同权术相结合，进行比较研究，这样才能深入。所谓权术，也就是弄权之术。历史上研究权术的著名代表人物有两个，一个是我国战国时期的法家思想集大成者韩非，韩非反对王道，主张霸道，提出了法、势、术相结合的理论，认为法、势、术三者相辅相成，不可偏废。术就是权术，他认为权术就是君主藏于胸中、不可告人的暗中驾驭下属的方法。另一个是15—16世纪意大利思想家马基亚维利，他指出，权术是为了夺取政权、保持政权而使用的手段。

补充阅读材料 10-1　马基亚维利主义

马基亚维利是15—16世纪文艺复兴时期意大利的思想家，他的代表作是《君主论》。马基亚维利从国家政治、历史发展上考察君主统治策略、方法。他认为，要控制、征服一个国家，不仅要夺取它的土地和人口，而且要根据被征服者的不同情况，依靠统治者的能力、智慧、武力采用相应的策略。马基亚维利指出，权术是为了夺取政权、保持政权而使用的手段。他的

> 名言是："只要结果正确，手段总被赞许。""为了达到目的，可以不择手段。"所以，君主在实行统治的过程当中，既可以是狮子，也可以是狐狸，为了统治，常常不得不背信弃义，不讲仁慈，不讲道德。马基亚维利的观点因极端无道德性，被称为马基亚维利主义，后来发展为法西斯主义。

领导艺术与权术相比较有以下区别：

第一，领导艺术出于公心，而权术则是谋于私利，为了个人、小集团的私利而行事。

第二，领导艺术公开运作，而权术则是暗里进行。领导艺术具有公开性、透明性，而权术具有神秘性，历史上具有明法暗术之说，权术就是搞阴谋。

第三，领导艺术可以公开示人，权术则是秘而不宣。

第四，领导艺术的理论基础是辩证法，权术的理论基础是诡辩论。领导艺术和权术都具有灵活性。列宁说，现实生活中有两种灵活性，客观地运用灵活性则是辩证法，主观地运用灵活性则是辩论。权术就是主观地运用灵活性，今说今有理，明说明有理，总是我有理，即诡辩论。

在研究领导艺术和权术的过程中必须把握一个重要原则，就是分清敌我。在对敌过程中，我们必须用革命的两手反对反革命的两手，要讲究谋略，要有策略，对敌人进行分化瓦解，各个击破。耍弄权术，实行伪诈，用对待敌人的方式、手段对待自己的同事是绝对不能允许的。

10.1.4 领导与管理的关系

领导和管理是领导学、管理学以及公共行政、工商管理所有学科中最基本的概念。对这两个概念各自内涵及其相互关系的理解，是我们讨论一系列领导问题、管理问题的出发点。在现实中，我们常把领导与管理混为一谈，但它们并不是完全相同的。

首先，两者的共性。从行为方式看，领导和管理都是在一种组织内部通过影响他人的协调活动，实现组织目标的过程。从权力的构成看，两者都是组织层级岗位设置的结果。

其次，两者的区别。从本质上说，管理建立在合法的、有报酬的和强制性的权力基础上，而领导则既可能建立在合法的、有报酬的和强制性的权力基础上，也可能更多地建立在个人影响权和专长权以及模范作用的基础上。

领导者不一定是管理者，管理者也不一定是领导者。领导从根本上来讲是一种影响力，是一种追随关系。人们往往追随那些他们认为可以使其满足自身需要的人，正是人们愿意追随他，才使他成了领导者。因此，领导既存在于组织中，也存在于一定的群体中；既存在于正式组织中，也存在于非正式组织中。管理者是组织中有一定职位并负有责任的人，存在于正式组织中。为了使组织更有效，应该让领导者从事管理工作，也应该把每个管理者都培养成好的领导者。

10.2 领导的基本要素

领导活动中有三个基本要素：领导者、追随者、领导环境，三者缺一不可，构成了关于领导的三个基本概念。本书用追随者概念取代原先的被领导者概念，补充了一些新的研究成果，扩展了原来被领导者概念未能容纳的内容，这更能体现时代精神，也体现了领导的本质。

10.2.1 领导者

1. 领导者的含义

"领导"一词有多重含义，有时指领导活动、领导过程和领导功能，有时指领导者，有时兼而有之。美国著名领导学家约翰·科特（John Kotter）认为："'领导'一词在日常生活中有着两种截然不同的含义。有时，领导指的是有助于引导和动员人们的行为和（或）思想的过程；另一些场合中，它指的是处于正式领导职位的一群人，希望他们起着这个词前一种含义中所指的作用。"[1]

据学者统计，目前世界上关于"领导"的定义有350多种，关于"领导者"的定义有160多种。这并不是说"领导""领导者"是主观随意的概念，而是人们从不同的学科和角度如政治学、组织学、管理学和心理学等方面来研究和把握的结果。那么，从领导科学的角度该如何给"领导者"下定义呢？彼得·德鲁克（Peter Drucker）指出："领导者的唯一定义是其后面有追随者。一些人是思想家，一些人是预言家，这些人都很重要，而且也很急需，但是，

---

[1] 约翰·科特. 变革的力量 [M]. 万云军译. 北京：华夏出版社，1997：2.

没有追随者，就不会有领导者。"① 领导者与追随者的相互界定，揭示了领导者的实质，不同于领导者与被领导者的相互界定，仅囿于形式。因此，这是具有时代精神的概念，是关于领导者的本质定义。

追随者不同于被领导者，被领导者是天然存在的，追随者是靠领导者的魅力和努力争取来的。在一个组织内，领导者的下属都是被领导者，但不一定是追随者。被领导者中有积极的追随者、一般的追随者、不追随者，有的甚至是反对者。领导者的责任，就是使他们转化为追随者。如果被领导者都不再追随，领导者实际上就名存实亡了。这说明，领导者扮演主动者、创造者和发动者的角色。古往今来，卓越的领导者都能够创造和征召追随者，成就领导事业。追随者概念比被领导者概念外延更广，不仅包括组织内成员，也包括组织外成员；不仅包括领导者的下属，还包括领导者的上级。领导者就是这样上下左右开展"内政外交"活动，组织起高强的人力资源系统——广泛的追随者队伍，齐心合力，团结奋斗，共同实现组织目标。

现实生活中，导致产生领导和追随关系的因素很多，如品德、知识、才能、信仰、专长、情感等。因此，有各种各样的领导者与追随者，如家长和孩子、教师和学生、教练和学员、牧师和信徒等，他们之间都可以说是领导和追随的关系。领导的核心内容，就是通过引导和影响建立追随关系。根据产生形式，领导者可以划分为两大类：一类是从群体、社会中自发产生出来的；另一类是经过选举或组织任命正式产生的。

2. 领导者的职责

组织中人人各司其职，领导者亦然。抽象地讲，领导者肩负四方面的责任：政治责任、法律责任、工作责任、道德责任。其工作责任的展开，就是所谓的领导者职责。毛泽东所说的"出主意""用干部"，了解情况和掌握政策，领导就是预见，就是对领导者主要职责的高度概括。② 当代领导科学的发展，从学科意义上提出了一系列关于领导者职责的系统论述，根据西方学者的研究，领导者有四项基本职责：拥有远景、提出战略、形成联盟、激励鼓舞等。

从我国的国情和特色出发，用我们习惯的语言表述领导者职责，国内专家达成了共识，可概括为五点：领导决策、领导用人、沟通与协调、激励鼓舞、

---

① F. 赫塞尔本等. 未来的领导[M]. 吕一凡，胡武凯等译. 成都：四川人民出版社，2000：6.

② 《毛泽东选集》（第2卷）[M]. 北京：人民出版社，1991：527.

思想政治工作。其中，领导决策相当于前文中的拥有远景、提出战略，领导用人和沟通与协调相当于形成联盟，激励鼓舞是东西方的共识，思想政治工作则是我们的传统、优势。

3. 领导者的权力

领导者的构成要素中包括权力，领导者和权力这两个概念是密切相关的。领导者将权力作为实现组织目标的手段，要达成一定的目标，就要借助权力。权力是一种关系，只有在人与人之间才有权力。权力的实质是依赖关系，按照罗宾斯的说法，"它是依赖（dependency）的函数。B 对 A 的依赖性越强，则在他们的关系中 A 的权力就越大。"[①] 领导者的权力来自两个方面：职务和职务外的个人因素。法约尔在 1916 年出版的《工业管理和一般管理》一书中，首先将权力划分为职务权力和个人权力（非职务权力）。韦伯把权力划分为三种类型：一是法理权力，被授予权位的人拥有发号施令的权力，其基础是合法。二是传统权力，是基于世袭、继承、血缘关系的发号施令的权力，其基础是传统观念。三是超凡权力，是基于个人的英雄业绩和高尚品德的权力，其基础是心理的虔诚信仰。实质上，这三种权力类型也可以归结为职务权力和个人权力。

从根本意义上说，权力一般来源于组织因素，所以职务权力即指本来意义的权力。职务权力（position power）简称职权，是领导者为履行自己的职责而具有的发号施令的影响力。它来源于法定的职务或职位，是外部（上级、组织、阶级、法律）赋予的权力。职务权力一般都是组织以条文形式明确规定的。除人们所熟知的外，职务权力还有一个重要方面，是控制信息资源。某些来自组织上层、其他部门或外界的信息，经常是领导者先获知，领导者能控制它们流通到何种程度，并有解释的权利，同时对其加以宣传，从而影响追随者。职务权力同职务具有不可分性，有职就有权，去职则无权。职务权力同职务成正比，职务越多，享受的权力也越大。

个人权力（personal power）是职务之外的，由于个人的特质如品德、知识、才能、业绩、声望或其他个人因素而获得的影响他人心理和行为的能力，也即个人影响力。个人影响力是一种具有持久性的，可超越时空地影响、支配、控制他人的力量或能力。葛德纳（John Gardner）认为，领导是一种说服

---

① 斯蒂芬·D. 罗宾斯. 组织行为学［M］. 孙健敏等译. 北京：中国人民大学出版社，1997：355.

或示范的过程。个人权力在领导中的作用是显而易见的，它不是通过行政命令的方式行使，而是通过自身的素质和言行起作用，被人自觉接受，是内在的作用与影响。

综上，权力是一种影响力，它又有广义和狭义之分。狭义的权力指职务权力——职务影响力、强制性影响力，这是本来意义的权力概念。广义的权力则包括职务权力和个人权力，后者包括个人影响力、非强制性影响力。职务权力带来的强制性影响力与个人权力（非职务权力）带来的非强制性影响力共同作用，即构成现实的领导力。

4. 领导者的素质

领导者的素质是领导者任职的基本条件，对领导活动成败、效率高低都有重要影响。

领导者的素质就是领导者在一定先天禀赋的基础上，通过后天实践锻炼和学习所形成的，在领导活动中经常发挥作用的本质要素。

领导者素质具有时代性、综合性、层次性的特点。

第一，领导者素质的时代性。一代之治有一代之才，不同的历史时期和不同的任务对领导者素质有不同的要求。领导者的素质既有稳定性的一面，一经形成，便相对稳定地发挥作用；又处于不断变化之中，这也是领导者素质时代性的表现。

第二，领导者素质的综合性。领导者素质是一个相互关联的整体，它们在领导活动中总是综合地而非各自孤立地起作用，这是由领导工作本身的综合性所决定的。

第三，领导者素质的层次性。处于不同层级、肩负不同责任的领导者，对其素质的要求是不同的。随着领导者等级地位的提高，管理能力的重要性增加，技术能力的重要性减少。

对领导者素质理论的概括，必须适合时代的要求。领导者应该具有哪些素质呢？从我国国情和中国特色社会主义的要求出发，领导者的基本素质可概括为德才兼备，进一步具体化就是革命化、知识化、专业化、年轻化，这可以从政治素质、文化素质、能力素质、身体素质四个方面阐明。

补充阅读资料 10-2　领导干部的专业化

> 党中央提出干部"四化"方针：革命化、知识化、专业化、年轻化。其中，专业化应该是双内行的专业化，一方面是业务工作的内行，熟悉本领域业务发展的规律和特点，同下属有共同的语言，拥有专长权、专家权；另一方面是领导工作的内行，熟谙领导工作发展的规律和特点，知道如何科学地进行领导，如何有效地实施领导。双内行的专业化才是党中央对广大干部的要求。

德才兼备的"德"字体现在领导者的层级上。领导者层级越高，道德素养也应该越高，对高阶层领导者的品德要求要高于中下阶层领导者。首先，这是因为高阶层领导者的品德影响他的决策心理和领导行为，也影响下属执行决策的心理和行为，从而影响整个组织的前途和命运。其次，高阶层领导者只有具备高尚的道德风范，才能使下属产生同感和模仿效应。

德才兼备的"才"字是指领导者的业务知识、工作能力。首先，在知识经济时代，社会进步速度加快，社会公共生活中的科技含量提高，因此领导者必须加强学习，不断吸取新业务知识，这样才能把握本行业工作的规律和特点，成为业务工作的内行，带领下属完成工作任务，提高工作效率。其次，领导者要学会怎样当领导，真正成为领导工作的内行。目前，很多领导者是从专业技术岗位、业务岗位走上领导岗位的，他们在具体业务方面是行家里手，但对领导工作并不熟悉，不会而且也不知道该怎样当领导，不自觉地以旧的角色面对新岗位，结果是领导失范，指挥无章法。因此，领导者要结合工作实际，借鉴古今中外一些好的案例，认真学习管理科学，从具体工作的内行转变成领导工作和管理工作的内行。领导者只有不断提高领导水平、领导能力和领导艺术，才能尽到领导责任，科学有效地实施领导，这是保证管理和服务质量的一个重要方面。

党中央提出的领导干部要实现革命化、知识化、专业化、年轻化即"四化"的要求，最准确地揭示了领导者的素质特征，最鲜明地反映了时代的特色和人民群众对干部建设的愿望，可谓言简意赅，提纲挈领，是领导者素质理论的极好概括和表述。如果展开来说，则可以从以下四个方面加以阐明：

第一，政治素质。领导干部要讲政治，包括政治方向、政治立场、政治观点、政治纪律、政治鉴别力、政治敏锐性等方面，这是对领导者首要的要求。

第二，文化素质。文化素质即文化程度、文化素养。学问、知识是人的智慧的内在根据，是德、才发展的基础。高尔基曾经说过：人的知识愈广，人的本身也愈臻完善。作为一名现代的领导者，必须具备现代科学文化知识，具有较高的文化程度，这样才能走在时代的前列。

第三，能力素质。能力素质是各方面素质综合作用的结果，是在长期的社会实践中逐步发展起来的。能力不能脱离人而独立存在，现实生活中人们的能力都是不相同的，且有大小之别，所以能力也是领导者的一种内在素质。领导能力不强或没有领导能力，即使在其他方面有良好的素质，也不能成为合格的领导者。一般来说，领导者的能力素质主要包括思维能力、协调人际关系能力和表达能力等。

第四，身体素质。身体素质在不同的领域有不同的含义和指标。领导者的身体素质是指健康的体魄和健康的心理。越处于高层和肩负繁重的职务，越需要优良的身体素质。

10.2.2 追随者

1. 追随者的含义与分类

所谓追随者，是指在领导活动中与领导者有共同的利益和（或）信仰，追求共同组织目标的人。在许多研究者看来，领导者的概念是确定的，而作为领导三要素的追随者的含义则不确定，甚至名称也未确定，如被领导者、拥戴者、下属、支持者等。

追随者是一个新的具有时代精神的概念，逐渐被人们所接受。我们之所以选择追随者这一概念，首先是为了强调他与领导者有共同的利益和（或）信仰，追随者追随的不仅仅是领导者，更是"愿景"，是共同的理想。追随者与领导者也有着共同的政治利益、经济利益等。追随者和领导者往往是在同一面旗帜下进行着共同的事业。

其次，追随者这一概念更能体现他们在领导活动中的主体地位。追随者追随的是与领导者共同拥有的愿景，这个愿景也含有他们所表达的意见。如果领导者违背了愿景，不再与他们拥有共同的价值观和利益，他们就可能退出领导活动，或者追随新的领导者。追随者有自己的独立意识，有自己的意志和选择权。

最后，追随者这一概念含有更大的范围，他们是领导者的信任者、支持者、服从者、拥戴者,是愿景的编制者、实现者和分享者。他们不仅包括下属,而且可能包括组织中的每一个成员,甚至是上级;他们也许是组织外的其他成员,甚至是跨文化的异域成员。

总之,追随者与领导者是领导活动的主体,他们一起去畅想愿景,主动追求共同的利益,实现共同的价值观,是充满生机和活力的主人翁。

2. 追随者与领导者的关系

追随者与领导者的关系,由于文化的不同而有差异。随着时代的发展,全社会人员的整体素质迅速提高,如民主意识、科技意识、自我意识等均今非昔比,追随者与领导者的关系呈现出新的特征。

第一,追随者与领导者在人格上是平等的。他们之间所体现的乃是一种民主的、自由的、平等的社会关系。随着与领导者实现共同的愿景,追随者不仅仅是在追随领导者,而且是在追随愿景。这个"愿景"正是追随者和领导者之间的心灵契约,组织是领导者和追随者之间的"契约箱"。现在,领导者和追随者之间不再是"人身依附关系",而是平等的契约关系。

第二,追随者与领导者在身份上是相对的。追随者与领导者的身份处于不断变化中。在不同的时间、不同的场合、不同的组织中,领导者可以变成追随者,追随者也可能变成领导者。随着领导者对追随者的培养以及组织的发展,追随者也可以成为新的领导者;而且在不同的组织同盟中,领导者与追随者的地位也是不断变化的。

第三,追随者与领导者存在着互相追随的关系。本尼斯(Warren Bennis)和唐森德(Robert Townsend)认为:"好的领导者应该也是好的追随者。……领导者和追随者有很多共通之处:善于倾听,合作精神,以及与同伴共同对付竞争的问题。"[①] 领导者有主动权,追随者也有很大的主动权,如果在领导过程中发生了变化,追随者可能追随到底,也可能放弃追随。

第四,追随者与领导者在权力上是相互制约的。领导者的权力来自组织的法定权力,更来自追随者的认可,没有追随者的承认,领导者将有权无威、形同虚设。追随者也要服从自己认可的领导权威的指挥,与领导者默契合作,否则,追随者违反自己认可的领导权威的意志,也就是违背自己的意志。

追随者对上级领导者也有权力,即潜在影响力,这种潜在影响力亦称为

---

① 〔美〕华伦·本尼斯,罗伯特·唐森德. 重塑领导者[M]. 吴金根,吴群译. 北京:九州图书出版社,1999:8.

"对抗权",对上级领导者行使权力有制约影响作用。追随者的对抗权主要来自领导者对追随者的依赖。依赖分为多种,最明显的是领导者系追随者所选出和公认,追随者有权更换领导者。所以,最基本的依赖形态是领导者必须满足追随者,以此保持领导地位。当然,在领导者系任命的组织中,拥有职务权力和对上级权力中枢负责时,领导者职务的保留固然会受追随者的影响,但绝非后者所能完全控制,追随者很难撤换领导者。这种情况下,对抗权的主要来源是领导者须依赖追随者以达成维系其职务的组织目标,并由追随者对其领导绩效进行评估。

从事实来看,追随者要做到"追随",特别应具备以下条件:第一,领悟能力,即领会理解领导者的思想和意图,为共同的"愿景"奋斗。第二,配合能力,既兼顾全局,又独当一面,做好本职工作,与领导者默契配合。第三,贯彻能力,即坚定不移地贯彻领导的战略意图,克服困难,达到预期目的。第四,服从意识,这是追随者责任意识的表现。追随者自己参与设计愿景、自己选择领导者,就要服从愿景和领导者。服从意识是领导活动中的关键因素。

10.2.3 领导环境

1. 领导环境的含义

领导环境有广义和狭义之分,狭义的领导环境是指领导者所在的组织,广义的领导环境是指组织及其赖以存在和发展的外部条件的总和,我们这里取广义的概念。

领导环境亦称领导情境、客观环境、生态环境,是一个历史的发展着的概念。从工业社会到信息社会,领导环境的外延和内涵都在发生着深刻的变化,领导者所在的组织不再被比喻为工业社会中的"机器",而是被比喻为信息社会中的"网络"。领导环境的基本含义有以下三点:

第一,领导环境既包括客观的物质因素和条件,也包括主观的精神因素和条件,如人的思想、心理活动、精神状态等,它们都是领导者认识和实践的对象。环境还是一种态势,其各个方面的条件、因素都处于动态发展中,由此派生出诸多矛盾和变化,形成领导者及其追随者客观上面临的新任务、新问题。

第二,领导环境是一个多层次的开放的有机系统。首先,它是指领导者所在的组织系统。其次,它包括领导集体及指挥子系统在内。再次,它还包括上下左右各类相关系统,如上级领导单位、下属单位、横向纵向与之发生各种工作联系的部门和人员等。领导者就是在这样的工作环境中开展"内政外交"的领导活动。最后，它还涉及整个国家、社会乃至国际环境的大系统，这都制约和影响着领导者及其领导活动的内容与方式。一般地说，领导者层次越高，面对的领导环境越复杂，变化越难掌握，随机性也越大。

第三，领导环境中包含组织特有的工作任务，这是领导环境的重要内容。社会中每个组织都有其特定的工作任务，它是组织存在的依据，也是组织成员凝聚到一起的基本条件。所以，领导者所面对的领导环境，当然包括客观的工作任务在内。领导者的责任，是把工作任务改造提升为主观上清晰的领导目标，并率领追随者完成。

2. 领导环境的分类

领导环境包括以下几类：

（1）自然环境。自然环境是指组织所管辖和治理的地理空间，它包括地形地貌、山川河流、大气气候、自然资源、土地面积等。这是领导者进行战略规划和领导行为的基础，在正常情况下，组织系统应该和自然环境保持和谐，领导者应该追求人与自然的和谐，把保持生态平衡作为可持续发展战略的基础。

（2）政治环境。政治环境主要是指组织所面对的国家政治制度，如国家政权的性质和组织形式、阶级关系、政党制度，尤其是国家领导体制。政治环境对领导者行为有着直接作用，尤其是对领导者思想和伦理、领导绩效考评和晋升奖惩等方面的作用更直接。无论是强调政治与行政二分，还是强调政治与行政合一，政治环境都是决定组织部门领导合法性的一个非常重要的因素。

（3）经济环境。经济环境主要是指作用于组织的物质技术和经济制度，即马克思经济理论中的经济基础。组织中的领导者必须用尽可能少的经济投入提供尽可能优质的物品和服务。这就是说，物质技术水平的高低直接影响管理的效率和水平，而经济制度和生产关系对领导者的绩效起着重要的作用，尤其是当今这个以经济建设为中心的时代。

（4）文化环境。广义的文化包括科学技术、信息传播、宗教文明、伦理道德、历史传统、思想意识形态等，每个组织都存在于某一文化环境之中，而领导者处于文化氛围中，必须和周围的文化环境相协调，文化环境对他们有着深刻的影响。在当今全球经济一体化和政治多元化的环境中，领导者需要回应全球的多元文化。从微观的角度看，领导者应该关注本组织的文化建设，它和组织结构一样重要。

（5）社会环境。人口、民族、社区等构成组织的社会环境。领导者应该注意社会各阶级、集团、民族和社区的利益和偏好，这样才能制定好的政策，如人们对廉政的看法、对环保和绿色食品的看法,以及社会的稳定程度、社会对政府的态度等。

3. 领导环境的变革

领导环境总是处于发展变化之中,当前社会生活中的一些变化引人注目,正在深刻地改变着领导环境。领导者既要认识,又要适应,更要因势利导,主动变革领导环境,使领导者自身、追随者和领导环境跟随时代一起提升。

领导者和追随者应该看到新的社会契约和组织的变化。在知识经济迅猛发展的今天,知识更新、科技进步使得许多组织解体和消失,过多的人员特别是知识更新跟不上的人员被解雇或者转移到其他行业或部门。许多公共部门和民营组织都在进行裁员,缩小规模,并将事业集中在少数产业上。越来越多的工作人员都是临时约聘,终身雇用的员工则在减少,人们在短期内可能更换较多工作。事实证明,对组织与领导的忠诚和就业保障在这个风雷激荡的时代像许多珍稀物种一样绝迹了,取而代之的是新的契约。[①] 查尔斯·汉迪(Charles Handy)认为,未来是超乎想象的,"组织并非像过去那样是一种有形的、实在的、具体的场所","事实上,有些组织无异于契约箱,在与并不露面的供应商、代理商、各种各样的专家签约"[②]。

10.3 领 导 理 论

领导理论已经成为一个完善的成熟的理论系统。知识经济时代的来临,又促使领导理论进一步发展。

10.3.1 领导特质理论

领导特质理论是指从领导者的性格、生理、智力及社会因素等方面寻找领导者特有的品质或应有的品质的理论,也称领导素质理论。领导特质理论研究从19世纪末开始,到20世纪六七十年代,形成了众多理论观点和假设,80年代以后,特别是随着知识经济时代的来临,领导特质理论研究继续深入,取

---

① 詹姆斯·M. 库塞基,贝瑞·Z. 波斯纳. 成功领导人 [M]. 杨婷译. 兰州:兰州大学出版社,1998:3.

② F. 赫塞尔本等. 未来的组织 [M]. 胡苏云,储开方译. 成都:四川人民出版社,1998:389.

得很多新的成果，至今方兴未艾。

1. 领导特质理论研究概述

早期一些管理学家和心理学家试图区分领导者与被领导者，分离出领导特质。他们以领导者的个性、生理或智力等因素为观测点，企图制定出有效领导者的标准，以此作为选拔领导者的依据。该研究一般从以下五方面入手：

(1) 生理特质，如身高、体重、体格健壮程度、音容笑貌和仪态举止等。

(2) 个性特质，如自信、热情、正直、负责、勇敢、魅力、独立性和内控性等。

(3) 智力特质，如记忆力、判断力、逻辑能力以及反应灵敏程度等。

(4) 工作特质，包括责任感、首创性和事业心等。

(5) 社会特质，包括沟通能力、指挥能力、协调能力、控制能力、人际关系等。

2. 当代领导特质理论的新发展

进入 20 世纪 80 年代，由于环境的快速变迁，知识经济对领导者提出了新的要求，新的领导特质理论研究又一次达到高潮。美国学者詹姆士·M.库塞基（James Kouzes）和贝瑞·波斯纳（Barry Posner）是当今卓有建树的领导学专家，他们认为领导是每个人的任务，领导是人类组织中不可或缺的重要事务。他们从 1980 年开始调查近千家企业及政府行政部门，而后于 1987 年和 1995 年又进行两次调查。他们发现排在前四位的特质是：诚实、有愿景、懂得鼓舞人心、能力卓越。

当代领导特质理论的新发展仿佛是向该理论的出发点复归，实质上是进入了更高级的研究阶段。它在权变理论综合把握领导情境的基础上，对领导者的特质进行了新的研究。更多、更广泛的研究是从后天的领导实践及社会生活中寻找领导者特质的共同点和发展途径。

10.3.2 领导行为和风格理论

从 20 世纪四五十年代起，随着行为科学的兴起，研究者逐渐转移到领导行为的研究上来。研究者认为，当领导者试图去影响下属的行为时所采用的、被下属所感受到的行为模式就是领导风格。领导风格理论在概念上与特质理论非常相近，但特质理论的核心是关注领导者自身的实际特点，而领导风格理论则集中对领导者所展现的领导能力进行研究。

1. 领导行为四分图

该行为理论实验来自20世纪40年代末期俄亥俄州立大学进行的研究。研究工作以斯特格迪尔（Ralph M. Stogdill）和沙特尔（Carroll L. Shartle）为核心，并有许多人参加。他们希望确定领导行为的独立维度，列出了1000多种刻画领导行为的因素，最后归纳为结构维度和关怀维度。结构维度指的是领导者更愿意界定和建构自己与下属的角色，强调组织的需要，以达成组织的目标。领导者主要依靠给员工提供组织结构方面的条件来使之作出令人满意的成绩。关怀维度指的是领导者尊重和关心下属的看法与情感，更愿意建立相互信任的工作关系。它以人际关系为中心，尊重下属意见，强调员工需要。高关怀维度的领导者帮助下属解决个人问题，平易近人，公平对待每一个下属，并对下属的生活、健康、地位和满意度十分关心。

按照这两个维度，他们设计了"领导行为描述问卷"（leader behavior description question，LBDQ），要求下属回答他们对组织、形势、团体的特点、团体工作成绩的衡量、各种情况下有效的领导行为等问题的看法。最后，他们把领导行为分为四种类型：高关怀、低结构；高关怀、高结构；低关怀、低结构；低关怀、高结构。（见图10-1）其中，"高关怀"即指领导者高度关怀尊重下属，建立高度信任的人际关系，"低关怀"则相反。"高结构"即指领导者高度关注界定和建构自己与下属的角色，高度强调组织的需要，"低结构"则相反。

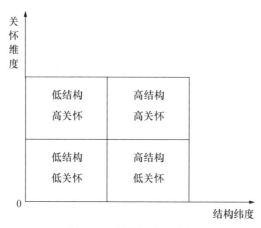

图10-1 领导行为四分图

俄亥俄州立大学研究小组的研究结果表明，不同的领导方式对工作效率和员工情绪有直接的影响。他们发现高结构、低关怀的领导风格容易造成领导和下属的对立情绪,导致下属满意度低、缺勤率高且流动性大,工作效率较低。斯特格迪尔等人认为,所谓领导行为就是领导者领导群体去实现目标的行为。领导行为的结构维度和关怀维度并不是互相排斥的,可以而且应该把它们结合起来,这两方面的结合会产生以上四种类型。他们认为,一位两方面维度都很高的领导人,其工作效率与领导的有效性必然较高。

俄亥俄州立大学的这项研究工作有重要的意义,他们发现了领导行为的两个最基本的考察维度,所提出的四种领导风格也为以后的许多类似研究奠定了基础,后来许多领导理论如管理方格法就是以此为基础发展起来的。

2. 管理方格法

在管理方格图中,共有五种典型的领导方式:(1)贫乏型管理。即对下属和工作都漠不关心,这种领导方式一般将会导致失败,这是很少见的极端情况。(2)俱乐部型管理。领导者支持和体谅下属,努力创造一种和睦的组织气氛和舒适的工作节奏,使下属心情舒畅。(3)任务型管理。领导者强调对生产任务和作业效率的要求,强调完成企业的生产目标,而把人的影响降到最低。(4)中庸型管理。这种领导方式能够使得对人的管理和对生产的关心程度保持平衡,一边注意计划、指挥和控制使工作得以完成,一边注意对下属的引导鼓励以保持士气和满意度,但缺乏革新精神,员工的创造性得不到充分发挥,在激烈的竞争中难免失败。(5)团队型管理。该方式表明在"对生产的关心"和"对人的关心"这两个因素之间并没有必然的冲突,反而可以使组织的目标和个人的需要最理想、最有效地结合起来,使下属了解组织目标,关心工作成果,进而形成利害与共的"命运共同体"关系,士气旺盛,下属进行自我指挥和自我控制,能够极好地完成任务。

这种管理方格法可用来帮助领导者认清自己的风格,并进行相应的培训。领导者应该客观地分析各种情况,把自己的领导方式改造为团队型管理,以求得极高的效率。至于改造,可以分为以下步骤:(1)学习,主要学习管理方格法的基本原理。(2)评价,即同一部门的管理人员集中讨论确定本部门在管理方格图中所处的位置。(3)小组讨论,对团队型管理的规范进行讨论和分析。(4)确定组织目标。(5)讨论如何实现目标。(6)巩固成果,把培训过程中的成就巩固下来。

10.3.3 领导权变理论

在 20 世纪六七十年代逐渐形成了权变理论，因其重视情境对领导行为有效性的影响，又称为情境理论。该理论认为，并不存在一种普遍适用的"最好的"或"不好的"领导方式，领导是一个动态过程，领导者在一定的情境条件下通过与下属交互作用来实现理想。因此，其领导绩效有赖于领导者、被领导者、情境等因素的交互作用。

1. 费德勒权变理论

第一个领导权变理论是由弗莱德·费德勒（Fred Fiedler）提出的领导权变理论。该理论指出，有效的群体绩效取决于以下两个因素的合理匹配：情境对领导者的控制和影响程度，与下属相互作用的领导风格。所以，首先要"确定情境"和"确认领导风格"，然后进行二者的匹配，最后提出改进绩效的方式。

首先，费德勒根据他的研究阐明了领导情境的三个关键方面，即职位权力、任务结构、领导者与下属的关系，它们有助于决定采取何种领导风格最为有效。根据这三个权变因素可以评估环境是否对领导者有利。

其次，要确认领导风格。1953 年，费德勒进行了一次领导项目研究，试图根据"最不受欢迎的同事"调查表的得分来衡量领导者的个性，从而确定领导风格。

最后，要进行领导与情境的匹配。费德勒研究了 1100 个工作群体，对 8 种情境的每一种均对比了关系取向和任务取向两种领导风格，并得出结论：任务取向的领导者在非常有利的情境和非常不利的情境下工作更有利。

费德勒认为，个体的领导风格是稳定不变的，因此，提高领导者的有效性只有两条途径：第一条途径是替换领导者以适应情境。如果领导者不能适应他所在的领导情境，那么只有用另外一个领导者来替换他。第二条途径是改变情境以适应领导者。重新建构任务和领导者的职务权力，如果可以做到这一点，就可以让环境更符合领导者的风格。

2. 豪斯的途径—目标理论

罗伯特·豪斯（Robert J. House）是加拿大多伦多大学的组织行为学教授，著名管理学家，他的途径—目标理论是近年来在国内外颇受重视的比较新的理论，具体如图 10-2 所示。

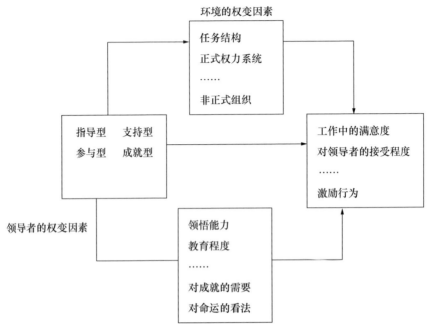

图 10-2 途径—目标理论

该理论的第一个要点是"目标",领导者的工作是帮助下属实现他们的目标,并提供必要的指导和支持以确保他们各自的目标与群体或组织的总体目标一致。该理论的第二个要点是"途径",有效的领导者通过明确指明实现工作目标的途径来帮助下属,使他们能顺利达成目标,在过程中要给予下属多种满足需要的机会。

按照途径—目标理论,领导者的行为被下属接受的程度取决于,下属将这种行为视为获得满足的即时源泉还是视为未来获得满足的手段。领导者行为的激励作用在于:第一,它使下属需要的满足与有效的工作绩效联系起来;第二,它提供了有效的工作绩效所必需的辅导、指导、支持和奖励。通过实验,豪斯认为"高工作"与"高关系"的组合不一定是最有效的领导方式,还应该补充环境因素。他认为存在四种领导方式:(1)指导型;(2)支持型;(3)参与型;(4)成就型。领导者向下属提出具有挑战性的目标,希望下属最大限度发挥潜力。

可见,与费德勒的领导行为观点相反,豪斯认为领导者是灵活的、有弹性的，同一领导者可以根据不同的情境表现出不同的领导风格。

随着社会的发展，很多专家、学者从不同的角度对领导理论进行研究，这些理论正在不断发展之中。

本章小结

本章主要介绍的是领导活动的性质及历史发展。领导工作是人类自觉的实践活动，是永恒的、特殊的、重要的实践活动。领导理论是随着管理学的形成和发展而逐步发展起来的。按照公认的说法，其间经历了三个基本阶段：19世纪末到20世纪初的古典管理理论阶段；20世纪20年代开始的人际关系—行为科学理论阶段；二战后的现代管理理论丛林阶段。

领导不但是一门科学，而且是一门艺术，是科学与艺术的统一。领导艺术使领导工作丰富多彩，生动活泼，也使我们对领导工作的研究愈加复杂，充满魅力。领导艺术是因人而异的，是领导者素质的综合运用与反映，最忌模仿。与领导艺术相对应的就是权术。研究领导艺术必须同权术相结合，进行比较研究，这样才能深入。

领导活动中有三个基本要素：领导者、追随者、领导环境。三个要素缺一不可，构成了关于领导的三个基本概念。其中，追随者概念扩展了原来被领导者概念所不能容纳的内容，体现了时代精神，也体现了领导的本质。

领导理论已经成为一个完善的成熟的理论系统。本章介绍了领导特质理论、领导行为和风格理论、领导权变理论等领导的基本理论，分析了各种领导理论的贡献及局限性。

主要概念和观念

□ **主要概念**

领导　　　　　领导者　　　　　领导环境　　　　　领导权变理论

□ **主要观念**

领导素质　　　领导艺术

基本训练

☐ 知识题

10.1 阅读理解

(1) 简述领导艺术与权术的区别。

(2) 如何理解领导与管理的关系？

(3) 简述领导素质的基本内容。

(4) 从中国的国情和特色出发，领导者的职责有哪些？

10.2 知识应用

(1) 判断题

① 现实的领导力是职务权力带来的强制性影响力与个人权力带来的非强制性影响力的二力合成。（   ）

② 领导艺术最重要的特征是随机性。（   ）

③ 领导的实质是权力和权威。（   ）

④ 现实生活中可以导致产生追随关系的因素主要是追随者自身的非理性因素。（   ）

(2) 选择题

① "不在其位，不谋其政"说明领导职能具有（   ）。

A. 权力合法性　　B. 主导性　　　C. 规范性　　　D. 公正性

② "领导科学是一门软科学"这句话可以反映出领导者素质具有（   ）。

A. 综合性　　　　B. 时代性　　　C. 层次性　　　D. 灵活性

③ "领导者不是纯粹的技术专家、效率专家，而是熟知人和人类社会的人类学家、社会学家。"这句话说明领导的构成包括（   ）。

A. 权力

B. 对人的认识与理解

C. 与组织和群体成员的联系

D. 领导的风格、作风以及营造出来的组织、群体氛围

④ 领导与管理的其他职能相区别的主要之处，表现在（   ）。

A. 领导的权变性　　　　　　　　B. 领导贯穿于各项职能之中

C. 领导更多地与人相联系　　　　D. 领导是发展的

⑤ "人人都是领导者"这种观点反映了下面哪种理论（   ）。

A. 费德勒权变理论　　　　　　　B. 情境领导理论

C. 途径—目标理论　　　　　　D. 领导替代理论

⑥ 管理方格法中最有效的领导风格是（　　）。

A. 中庸型管理　B. 任务型管理　C. 团队型管理　D. 俱乐部型管理

□ 技能题

10.1　规则复习

（1）简述领导艺术的概念与特征

所谓领导艺术，就是指在实施领导的方式、方法上所表现出来的创造性和有效性。它首先是领导者素质和经验的综合体现，是在领导科学和方法基础上的一种创造性发挥和升华。

领导艺术主要有三个特征：

① 领导艺术最重要的特征是具有创造性，是与模式化、程序化相对立的；

② 领导艺术因人而异，所以对领导艺术可以学习，但切忌模仿；

③ 领导艺术注重实效，以是否完成领导任务、达到组织目标为评价标准。

（2）领导行为的结构维度和关怀维度

① 结构维度指的是领导者更愿意界定和建构自己与下属的角色，强调组织的需要，以达成组织的目标。领导者主要依靠给员工提供组织结构方面的条件来使之作出令人满意的成绩。它包括进行组织设计，制订计划和程序，明确职责和关系，建立信息通道，安排并确定工作日程，强调工作的最后期限。

② 关怀维度指的是领导者尊重和关心下属的看法与情感，更愿意建立相互信任的工作关系。它以人际关系为中心，尊重下属意见，强调员工需要。高关怀维度的领导者能够帮助下属解决个人问题，平易近人，公平对待每一个下属，并对下属的生活、健康、地位和满意度十分关心。

10.2　操作练习

（1）实务题

在抗击新冠疫情的斗争中，许多领导者为了人民的健康和生命安全，身先士卒，无私奉献，有的甚至献出了自己的生命，他们被誉为"中华民族的脊梁"。而有些领导者在疫情防控工作中玩忽职守、敷衍塞责、擅离疫情防控岗位去办私事，造成局面混乱。还有些领导者搬出种种借口，逃避到抗疫一线工作，给疫情防控工作造成不可挽回的损失。

提示：① 结合领导者素质理论对这种情况加以分析。

② 要注意我国公共部门领导者的基本素质可概括为德才兼备。

③ 要注意德才兼备的进一步具体化为"四化"。

考生在回答以上三点的基础上可以自己发挥，分析要有条理、有深度。
（2）综合题

艾柯卡的领导艺术

1964年，艾柯卡因为在福特汽车公司推出野马牌畅销车而闻名全国。1985年4月，《时代》杂志封面上刊登了他的肖像，通栏大标题是："他一说话，全美国都洗耳恭听！"

人们在总结克莱斯勒汽车公司的成功之道时，都十分看重艾柯卡的领导魅力和领导艺术。用艾柯卡的话来说："我设法寻找那些有劲头的人，那样的人不需要多，有25个我就足以管好美国政府。在克莱斯勒，我大约有11个这种人。"他曾说："我见过许多比我精明的人和许多对汽车行业懂得比我多的人。然而，我已超过他们。为什么？因为我厉害吗？不。待人粗暴而轻率的人，成功的日子是不长的。"

在讲话时，艾柯卡特别注重听众的心理。他说："使用听众自己的语言同他们讲话是重要的，这件事如果做得好，他们会说'上帝，他说的就是我想的'，他们一旦开始尊重你，就会跟你到底。他们跟随你的原因不是因为你有什么神秘的方法，而是因为你在跟随他们的想法。"

他尽力鼓励别人提出哪怕是超出他们实际能力的想法与建议，在别人拿出具体办法前，他尽量做到不去干预和影响他们的设想。他还习惯在与下属交谈后，让对方将所谈的意见或建议写成书面文字，使这些想法具体化，以弥补口头交谈之缺陷，防止自己被仅仅是娓娓动听的言辞打动而采纳了不成熟或不切实际的意见。

艾柯卡在工作中十分注重保护下属的积极性，例如，当某位下属的意见未被采纳时，他总让对方知道自己的建议是有效的，只是由于条件限制不能即时实现，以鼓励下属今后提出新的建议。当需要对下属进行表扬或批评时，他奉行这样一条原则："假如你要表扬一人，用书面；假如你要使他难堪，用电话。"书面表扬能体现对成绩的看重和充分肯定。当下属工作中出现失误时，过分的难堪则会大大挫伤甚至毁灭他们的积极性。

艾柯卡在接管整顿克莱斯勒汽车公司的时候，为了开源节流，渡过难关，他决定缩减员工薪金11亿美元，其中最高层经理人员减薪10%，而他自己的年薪只有象征性的1美元。由于他能够以身作则，得到了工会和全体员工的理解和支持，公司上下一心，使克莱斯勒汽车公司起死回生。艾柯卡在他的自传中说:"领导者意味着树立榜样。当你自知处于领导地位时,人们就仿效你的一举一动。……我要使我的员工和我的供应商都会这样想:'他已经为我们树立了榜样,我要效法他。'……我把这种做法叫做牺牲均等,当我开始作出牺牲时,我看到凡是需要的地方别人也在作出牺牲,也正是这样,克莱斯勒才度过危机。"

① 根据上述案例,艾柯卡成功的领导经验说明领导的实质是什么?
② 结合上述案例,你认为艾柯卡采用了什么样的领导方式?

资料来源:根据网络资料整理。

观念应用

□ 案例分析

"孔夫子"做成的"粗人"——彭德怀

彭德怀威震天下的气概似乎给人以"粗人"雄士的印象,连他自己都说他是个"粗人",看来他真是"粗"得可以了。但是,他却是用他称为"孔夫子"的书籍和文化知识养育出来的大将军。

早年他就上过私塾,念过"人之初,性本善……"尽管后来由于家贫辍学,他也没有放弃书本,而是一辈子爱书如命,读书不辍。井冈山斗争时期,任红五军军长的彭德怀尽管有许多事要做,但只要能借到军事政治书籍,就要随身带上,挤时间精心阅读,即便在战斗间隙也要拿出来翻看。他曾对通信员张洪远说:"没有文化什么都难,等于睁眼瞎。我们天天打仗,不懂的事问不到先生,只有想办法多读些书,不懂就问书本。"他读起书来十分痴迷,忘乎所以,特别地投入。

中华人民共和国成立后,他更是手不释卷,对书中出现的问题总是态度鲜明,而且要刨根问底,甚至请教专家,一定要弄清楚。他开始广泛寻求书刊,有买来的和借来的,也有要来的,书越来越多,桌上、床上、柜里、箱中到处都是书。凡到过他家的人都称他的居室是个图书馆。

他常说:"学文化不是为了学几个字记豆腐账,而是为了学一门本事为人民担责任,学出一个好脑袋,为人民多想点问题。"他也鼓励别人读书学习:"出去要带书报。我去办事,你就在汽车上学习。"这样,"出去带书报"就成了他身边工作人员的不成文规定。

庐山会议后，他从中南海搬出，移居京郊吴家花园。搬家时，他让工作人员将他的元帅礼服、常服、狐皮大衣、地毯、名家字画等统统上交，并说："凡是当老百姓用不着的，我都不要。但书一本也不能丢！"结果，各种书籍整整装了20多箱，真正应了老话："孔夫子搬家——全是书。"

资料来源：徐文钦. 彭德怀：就是惦记我那些书[J]. 传承, 2012, (3).

问题：

（1）该案例说明了什么？

（2）彭德怀是如何加强文化修养和提高自身素质的？

实训题

中华民族是讲究修养的民族，重视自身修养，特别是重视领导者自身修养。孔子说："政者，正也。子帅以正，孰敢不正？""其身正，不令而行；其身不正，虽令不从。""苟正其身矣，于从政乎何有？不能正其身，如正人何？"《大学》指出："大学之道，在明明德，在亲民，在止于至善。……古之欲明明德于天下者，先治其国；欲治其国者，先齐其家；欲齐其家者，先修其身；欲修其身者，先正其心；欲正其心者，先诚其意；欲诚其意者，先致其知。致知在格物。……自天子以至于庶人，壹是皆以修身为本。"

你准备如何提高自身修养和素质，请结合领导素质理论写一份计划书。

第 11 章

激　　励

学习目标

通过本章的学习，应该达到以下目标：
知识目标：了解各种激励理论和影响激励效果的因素。
技能目标：运用激励基本原理，掌握各种激励方法。
能力目标：灵活运用各种激励理论创新激励手段，提高为实现组织目标提供支持的能力。

引例　只有合理的激励机制才能促进创新蓬勃发展

一份华为总裁办签发的邮件在公开后引发网络热议。这份邮件内容显示，华为对 8 位 2019 届顶尖毕业生实行年薪制管理，薪酬为每年 100 万元至 200 万元不等。这反映了人才在华为公司中的价值，也是华为在通信行业成功的原因。

长期以来，人才在中国是一个模糊的概念，在劳动力市场并无相对应的价格。中国人的收入一般由"能力"决定。如果人才强调专业知识与能力的话，能力则主要是高效完成任务的一种素质，这种素质大部分时候并非由专业能力决定，更多与能量、聪明有关，能量往往意味强大的社会关系与背景。

这与中国改革开放以来处于发展中阶段有关。在这个阶段，中国14亿人口组成巨大的增量市场，进入市场的大部分企业只要能够抓住市场机会、紧俏资源等，都能获得收益。因此，在相当长的一段时间内，社会分配偏向那些获取资源的人。这些人中的一部分在体制内掌握资源，另一部分是企业家、投资者、生意人等。这两部分在财富分配中处于塔尖的人群是追求GDP快速增长时代的产物。

从行业角度看，大量的研究报告证实，行业垄断是造成行业工资差异的主要原因，这成为中国收入分配差距拉大的一个重要原因。应当说，这种分配不是基于企业竞争力，而是凭借垄断地位获取。

互联网企业在中国成为能够给予技术人才高薪酬的主要行业，但这些互联网企业属于服务业，某些企业形成市场垄断地位，依靠中国市场规模优势赢得巨额利润，从而有能力支付高薪。但大部分互联网企业处于长期亏损状态，之所以也能给技术人员高薪，是因为风险投资可以长期提供支撑。

从经济结构看，资源和财富很多流向非专业技术主导的资产领域。资金源源不断投向基础设施建设、房地产领域，导致这些领域异常繁荣，从业者收入颇高，高校培养的优秀人才也大规模流向这些领域。相反，制造业受累于这种发展模式，成本压力不断上升，市场价格竞争加剧，影响技术研发投入，所谓技术人才因此也没有太高薪酬。比如很多微电子专业的高才生毕业后去做券商研究员，而不是进入半导体企业搞研发。

过去，我们并不是一个依靠专业分工的效率型经济体，而是资源分配型，并且这种资源分配不是基于市场机制，因此，专业人才大多不如能够获得资源的那些人得到的回报多。十八大以来，让市场在资源配置中起到决定性作用成为改革的主要目标，发展是第一要务，人才是第一资源，创新是第一动力。当创新取代关系成为企业第一动力后，人才的价值才会有真实的体现。应当说，只有具备合理的激励机制，才会有创新的蓬勃发展，因此，应给予技术人才合理的报酬（包括股权），保护他们的知识产权，这样才会鼓励更多的学生学习科学技术，参与到中国创新发展事业中去。

华为因为长期大力投入研发并且给予技术人才高回报，才赢得全球5G

技术的巨大优势，成为行业领先者。人们对华为模式的赞赏与模仿有利于中国整体科技创新氛围与趋势的形成，并珍视人才资源，形成人才竞争，推动人才培养，吸引人才流入。

资料来源：只有合理的激励机制才能促进创新蓬勃发展［N］. 21世纪经济报道，2019-07-25.

本案例说明，人才以及策动人才的激励机制，始终是组织发展、社会进步的重要动力。管理的领导活动通过激励原理影响他人，激发人们对组织做出贡献，从而实现管理的目标。这些都需要我们了解对员工进行激励的理论与实践。

11.1 激励职能

在管理活动中，激励是一项重要的职能，只有激励到位，管理活动才会有更高的效率。

11.1.1 激励概述

"激励"一词，译自英文"motivation"，一般是指有机体在追求某些目标时的主观愿意程度，含有激发动机、鼓励行为、形成动力的含义。从心理学角度来讲，激励指的是激发人的动机的心理过程。通过激励，在某种内部或外部刺激的影响下，使人始终维持在一种兴奋状态中。将激励这一概念运用于管理，就是通常所说的调动人的积极性的问题。所以，激励就是指管理者设置一定的条件和刺激，促进、诱导被管理者形成动机，并引导行为指向目标的活动过程。

不难想象，当物资、资金、设备、技术等变量确定时，人的积极性就成了影响企业效益和生产效率的决定因素。所以，从某种程度上来说，员工的积极性可以看成企业成长的生命线。苏联学者通过研究发现，一种好的激励方法可以使生产效率提高 1/3，美国学者也认为，如果受到充分的激励，员工能力的发挥可以从 20%—30% 提高到 80%—90%。

补充阅读资料 11-1　1963 年心理学家奥格登（Orgdon）的警觉性实验

实验是在选定人数相等的四个组中进行的，方法是调节某一选定光源的发光强度，记录实验者对光照强度变化的感觉，从而测定其警觉性。A 组为控制组，不施加任何激励，只是告诉他们实验的要求和方法；B 组为奖励组，对其觉察的正确和错误给予奖励和惩罚，即每看对一次，奖励 5 分钱，每看错一次，则罚款一角钱；C 组为个人竞赛组，告诉他们这个组的成员是挑选出来的，被认为是具有较强觉察能力的，现需要测试哪一个成员觉察能力最强；D 组为集体竞赛组，告诉他们这个组要同另一组进行比赛，看哪个组成绩好。结果如图 11-1 所示。

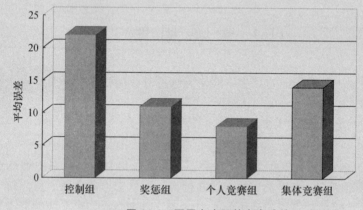

图 11-1　不同心态下的竞赛成绩

实验表明，个人竞赛组成绩最好，没有激励措施的控制组成绩最差。这说明有无激励、用哪一种方法进行激励对人们的行为表现影响非常明显。

资料来源：杨锡山等. 西方组织心理学 [M]. 北京：中国展望出版社，1986.

11.1.2　激励的心理原理

1. 人类的行为模式

激励是研究企业中影响和控制员工行为的重要内容之一。老行为主义者认为，人的行为就是刺激的函数。人的行为就像我们扣动扳机会射出子弹那样机械和简单，即所谓 S-R 模式，也就是说对于一种刺激，人们会有某种同样的反应。由于这一行为模式过于机械,把人等同于机器,因此受到不少学者的批评。新行为主义者对这一模式进行了改良,在中间加入个体变量,使人们对行为的研究摆脱了机械反应的观点,即 S-O-R 模式,也就是说,当一种刺激变量出现并为人接收时,个体要经过充分的选择,才会作出恰当的反应;或者说,同一刺激出现时,会由于个体主观状态的不同,发生不同的反应。个体变量的内容十分丰富,包括个体的需要、兴趣、价值取向、道德观念等。

观念应用 11-1 ▶ **第四次婚姻会怎样?**

假设一个男子连续有过三次婚姻,每次都是以对姑娘的狂热喜爱开始,又以怨恨抛弃结束。现在,这位男子又第四次喜欢上了一位姑娘,那么,结果会怎么样呢?根据老行为主义者的观点,这位男子已经有了三次抛弃妻子的行为,由 S-R 模式可以得出结论,他还会第四次抛弃这位姑娘,这是由经验得知的。

问题:那么,真正的结果会是怎么样的呢?

分析提示:也许前三次的悲剧是由于姑娘的脾气不好、太自私造成的,或者这位男子过去确实有喜新厌旧的毛病而现在已经改了,他要与这位姑娘相守终身了。由此可见,对第四次婚姻的结果的预测,必须在考虑各种环境和外部刺激条件的同时,充分分析该男子的个体动机以及观念的因素,这样才可能作出比较妥帖的预测。所以,用 S-O-R 模式对行为进行预测和解释更为合理。

我们研究如何激励人的行为朝着预设的目标前进,就是基于这样一种基本的假设,即当人在意识清醒的状态下,他的行为总是有目的的,这种行为总是被一种目标所引诱着,这种引力源于这种目标行动总是能满足他的某种(些)需要。这就是人类行动的基本模式。

2. 激励的心理过程

激励的心理过程也就是人的动机的激发过程。激发人的动机的心理过程的模式可以表示为:需要引起动机,动机引起行为,行为又指向一定的目标。也就是说,人的行为都是由动机支配的,而动机则是由需要所引起的,人的行为是在某种动机的策动下为了达到某个目标的有目的的活动。

激励的心理过程如图 11-2 所示。

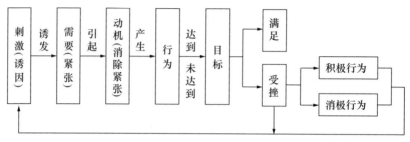

图 11-2 激励的心理过程

(1) 需要

需要是有机体在内外条件的刺激下，对某些事物希望得到满足时的一种心理紧张状态。人的有些需要是与生俱来的，但是大多数需要都是后天产生的。需要是动机的源泉，是行为的根本原因。比如，当我们长时间没有补充水分时，体液会不平衡，机体会发出信号，使我们产生口干等机体不适，产生心理紧张，意识到喝水的需要；当青年男女遇到可以倾心的异性时，会激发出强烈的爱与被爱的需要。

人的需要有很多特点，首先，人的需要具有多样性。比如，就生理需要而言，人们会有对各种食物、水、服饰、住房和交通工具的渴望。同时，人们还渴望在人生旅途中遇到知己，在遇到困难时希望得到亲情和友情的支持。再者，人们总是期望通过某种活动来展现自己的才华，希望自己能拥有各种能力，在闲暇时能感受各种感官的和精神的刺激。所以，人们自身的需要本来就繁多。人类需要的多样性除了上面所描述的需要本身的多样性以外，还表现为满足每种需要的方式也是多样的。比如，同样是解决饿的问题，我们可以在家里解决，也可以到小饭店去进餐，甚至到一些装饰得非常豪华的场所去享用一番。

其次，人的需要具有发展性。一方面，人类需要的内涵是随着时代的变化而不断变化的，所以，人的需要还带有强烈的时代气息。比如，目前人们对自己容貌的关注程度比以往强烈得多，以致有不少人为了美容和美体不惜对自己大动干戈。另一方面，个体需要的层次也随着其社会化的进程而不断发生变化，比如一些人随着年龄的增长和价值观的变化，可能越来越关注自己潜力的发挥，对物质的追求与对非物质的追求如地位、友谊、尊重和认可等相比，前者所占的比重会逐渐降低，而后者所占的比重会越来越大。

最后，人的需要具有重复性。当人的需要得到满足后，内心得到平衡，心理紧张会暂时消失，需要强度逐渐降低以致被忽视。但一段时间以后，在内外刺激的作用下，平等被打破，人的这种需要还会再次变得强烈而为人们所意识到，并再次引起心理上的躁动。比如，人们对物的需要会随着物的消耗而出现明显的周期性变化。

(2) 动机

动机是维持人指向某一目标的行为的驱动力，是人们行为的直接动力。动机最主要的功能体现在对行为的导向和维持两个方面。动机会促使人们寻找和发现能够满足需要的目标并将自己的行为指向这一目标，同时避开与需要的满足无关的目标，从而使人的活动范围和精力趋于集中，提高活动效率。这就是动机的导向功能。而当我们满足需要的行为需要比较多的时间，或者在满足需要的进程中遇到障碍时，动机可以起到稳定行为方向的作用。动机越明确、越强烈，这种稳定和维持作用就越强。比如一个高度期望通过学习来改变自己境遇的学生，会刻苦发奋、坚忍不拔。此所谓动机的维持功能。

(3) 需要转化为动机。虽然人身上总是存在这样或那样的需要，但它只有在一定的条件下才能转化为动机，才能起到引导人的行为的作用。人的需要转化为动机需具备一定的条件，一是需要在内外刺激下被唤醒并强烈到一定程度，也就是人们意识到自身有这种需要并相当地希望得到满足；二是必须有能够满足这种需要的对象（现实的和设想的）出现；三是具备实现可能性的肯定评价，如果实现愿望的主客观条件没有实现的可能，或者是风险大于收获，一般情况下这种转化会被终止。

(4) 动机与行为的关系。人的动机和行为之间的关系是十分复杂的，虽然动机与行为表现出高度的关联性，但动机与行为的关系并非简单的一一对应关系，某一动机可以导致许多种行为，而同一种行为又可能由多种动机所引发，这需要引起管理者的高度注意。比如，同样是乐善好施，既可能出于善良的本性，也可能出于赎罪的愿望；想保持线条优美，既可以进行体育锻炼，也可以走节食之路。所以在管理中，我们要坚持动机和效果的辩证统一性，既要看动机如何，也要看行为的结果如何。

综上所述，激励的心理过程就是管理者通过设置一定的能够满足诱发被管理者的诱因，激发其指向组织目标的动机和行为的过程。

小思考 11-1

在关于当代大学生就业状况的调查中，人们发现那些有着明确的职业规划的企业特别受毕业生的追捧，这是为什么？

答： 当代大学生个性强烈，对未来充满希望，他们渴望通过工作表现不断得到肯定和提升，以展示自己的才华，实现自己的抱负。而明确的职业规划，使大学生看到了希望，知道只要有能力、有才干，就可以不断提升自己的价值和地位，职业规划中各阶段的职位安排是满足大学生不断进取提升自己的需要，在这里，职业规划为大学生明确地呈现了满足自身需要的目标，有着巨大的激励作用。因此，这样的单位特别受大学生的追捧也就不足为奇了。

11.1.3 激励类型

1. 物质激励

物质激励是一种古老而有效的方式，包括货币与实物，如工资、津贴、奖金、住房等。从某种意义上说，人们参与劳动和工作的重要目的是为其自身和家庭谋取生活资料。人们为了家庭的幸福，通过诚实劳动，以自己的勤劳和智慧换取尽可能多的报酬，他们在个人财富积累的同时也会带来整个社会财富的增加，既符合按劳分配、多劳多得的原则，又有利于社会主义市场经济的发展。所以，我们不必"谈钱色变"，不要把按劳取酬同一切向"钱"看画上等号。

2. 精神激励

精神激励就是用精神因素和心理上的满足来激发员工的劳动热情和积极性，如授予称号、颁发奖状和奖章、开会表扬、宣传事迹、参与管理、主动与员工接触等。我们知道，人不仅有物质需要，而且还有精神需要，随着社会的发展与进步、社会财富的丰富，人们劳动的首要要义将越来越超越谋求生存的层次，而向着充分发挥自己的潜能和为社会做贡献的方向发展，最终劳动会变为人们的一种自觉，一种精神上的享受。即使在现阶段，人们除了对物质生活的追求以外，同样也存在着其他各种各样的心理需要，更何况任何事物都存在着一定的两面性，这也说明了精神激励存在的必要性。如机械化大生产、操作的标准化虽然极大地提高了生产效率，但同时也容易使员工在单调的机械重复中产生厌倦和烦躁，从而反过来降低生产效率，因此适当地使工作丰富化也是精神激励的重要手段。

3. 混合激励

有不少激励措施是精神激励和物质激励的混合体，如旅游、各种聚会和派对、带薪休假、提级、培训、考察等。事实上，也只有将物质激励与精神激励很好地结合起来，才能更好地引导和激励员工的积极性，带来物质文明和精神文明的双丰收。单纯的物质激励，虽然能一时满足人的某种需要，但如果长此以往仅仅只依靠物质激励的单一手段，那么，就有可能使员工变得目光短浅，过分讲究实惠，甚至使人的精神境界日渐颓废，最终导致管理者与被管理者之间日益对立；而如果只有精神激励而不讲求物质激励，那么，员工在生活无法改善的情况下积极性也不能维持长久。所以，在激励员工时，应该注意精神激励与物质激励相结合的原则，充分激发员工的积极性、归属感和创造力。

11.1.4 激励的有效性

1. 激励的可能性

激励是激发人的潜能的工程。人们之所以可以通过激励来控制和提高工作效率是因为以下原因：

(1) 人的潜力有待开发

通常情况下，人们只是利用了自身能力的很小一部分。研究表明，人们表现出来的记忆能力和他在这方面的潜能相比，只能算冰山一角。

20世纪初，心理学家威廉·詹姆斯（William James）研究发现：一个普通人只运用了他的能力的10%；1964年，心理学家玛格丽特·米德（Margaret Mead）提出，每个人只用了他的能力的6%；上世纪80年代，有心理学家指出："一个人所发挥出来的能力，只占他全部能力的4%。"

所有迹象表明，人的潜力还有许多没有被开发出来。

(2) 人的能力的发挥与环境相关

人的工作的积极性和创造性的发挥是各种环境因素相互作用的结果，比如，在竞赛的场合与在平时相比，人的速度和力量等都会有很大的差异。有的人在危急时刻会表现出很高的智慧，也就是我们所说的急智。俗话说"男女搭配，干活不累"，也说明了人的工作热情与性别环境的相关性。

> **观念应用 11-2**　　能炼几炉钢?
>
> 某冶炼厂的一个炼钢车间总完不成任务,经理很恼火,经过"甜言蜜语"和"威逼利诱"仍没能改变这种状况。
>
> 这天,厂长来了,他对快要放工的工人问道:"你们今天白班炼了几炉?"工人回答:"6炉。"他没说什么,只是拿起粉笔在地板上写了一个"6"就离开了。夜班工人来了,看见地板上的"6",不解其意,就问白班工人。白班工人回答说:"厂长来过了,他问我们能炼几炉钢,我们告诉他6炉,于是他就在地板上写了这个'6'。"
>
> 第二天一早,厂长又来到这个车间,看到"6"已经被夜班工人改成了"7"。白班工人来了,看到了地上大大的"7",他们想超过夜班,就更努力地干了起来,到了交班时,他们竟写上了"10"。就这样,他们在激烈的竞赛中使车间的产量得到了大幅度的提升。
>
> 问题:为什么会有这样的效果呢?
>
> **分析提示**:在竞赛的环境中,员工的工作积极性和创造性得到充分的发挥,人的能力的发挥与环境因素有极大的关系。

(3) 人的能力的发挥与人的自我状态有关

人的能力的发挥与人的自我状态密切相关。比如心境好的时候,我们会感觉到神清气爽,做事特别麻利,思路特别活跃;反之,如果心境不佳,则意气消沉,做事时总是碰壁,思路堵塞。当我们对某项活动特别感兴趣时,便会竭尽全力,动足脑筋,变得有创造性;而当我们对某项活动没有兴趣时,便会敷衍了事,随便应付,更谈不上有创造性突破了。

(4) 大多数人的潜能是相似的

智力研究的结果表明,人的智力在整个人群中呈正态分布,如图11-3所示,也就是说大多数人的潜能是相似的,之所以人们表现出来的实际能力有很大区别,是因为他们的潜质没能得到很好的开发。所以,我们可以通过适当的手段来激励和开发人们这种没有得到显露的潜力。

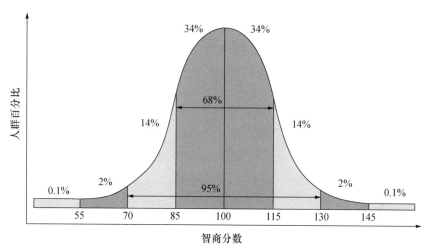

图 11-3 人的智力的分布

2．激励的个别性

激励所要达到的目的是提高人的活动性，使人能够主动并最大限度地发挥自己的能力，包括挖掘自己的潜力。人们需要的不同以及对满足需要的对象的嗜好的不同等一系列特点，决定了激励方法的个别性。如果要有效地激励他人（其实激励自己也是相似的），就必须充分了解激励的心理过程，熟悉人们的各种需要以及他们乐于接受的满足形式和满足对象。激励是一个心理过程，对不同的对象必须采用不同的激励方式，因人制宜，区别对待，才可能取得良好的效果。

3．激励的有限性

激励可以激发人的潜力，但这并不是无限的，因为人的潜力并不是无限的。我们通过激励来调动人的积极性和提高人的劳动效率，必须建立在维护员工的心理健康和身体健康的基础上，如果片面强调激励的作用，造成对员工健康的伤害，就违背了激励的初衷。为了提高激励的有效性，我们必须对员工的潜力有所了解，不给员工设置比其已显露出的能力高很多的目标，以免对员工造成伤害，挫伤员工的自尊心和自信力。

观念应用 11-3 　人能跑多快？

有个笑话说，世界短跑纪录是这样被打破的，因为这个人背后有一只大老虎在紧紧地追赶他。可能吗？请你设想一下，你在 400 米的田径场上奔跑，已经快跑不动了，这时你不停地鼓励自己"我还能跑"。

问题：你还能坚持多久呢？

分析提示：人的潜力是有限的，设置过高的目标，不能起到激励的效果，相反可能会挫伤员工的积极性和自信心。

11.2　激 励 理 论

很多学者对激励进行了研究，形成了不同的激励理论，下面对西方主要的激励理论进行分析。

11.2.1　西方主要激励理论

1. 内容型激励理论

（1）马斯洛的需要层次理论

马斯洛（A. H. Maslow）在 1943 年所出版的《人的动机理论》一书中，提出了需要层次理论，他把人的需要归纳为五个层次，并由低到高形成阶梯，如图 11-4 所示。

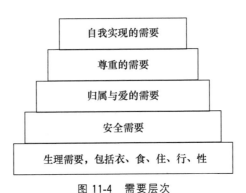

图 11-4　需要层次

① 生理需要

生理需要是人类最基本的需要，这种需要是人类为了维持自身和种族的生存和发展所必需的，它指饥有食品、渴有饮料、寒暑有衣服和庇护所、患病有药物治疗等。这些需要如果不能满足，就会有生命的危险，关系到人的生存和发展，所以是最强烈的，是不可避免的最低层次的需要。

一般情况下，一个一无所有的饥寒交迫的人，他行动的主要动机很可能是生理需要的满足而不是别的什么东西；一个缺乏食物、安全、爱好和尊重的人，很可能对食物的渴望比别的东西更强烈，这时如何继续活下去就是他考虑的最主要和最紧迫的问题，别的问题都将被推到幕后。

所以，如果所有的需要都不能被满足的话，那么，有机体就会被生理需要所支配，换言之，生理需要是人类最低层次和最基本的需要。

② 安全需要

当生理需要被满足之后，就会出现一种新的更为高级的需要，即安全需要。这时人们会谋求安全，包括劳动和职业的安全、生活的稳定、希望摆脱失业和免于灾难等。马斯洛指出，生理需要被满足以后出现的安全需要，有时"几乎成了行为的唯一组织者，能调动有机体的一切能量去工作"。

③ 归属与爱的需要

归属与爱的需要是人类的又一更高层次的需要。人有喜欢集群的天性，摆脱孤独的需要。人如果不被任何一个团体所接纳，就会产生不安、焦虑的心理反应。人要追求友谊、理解，通过交往融入社会。最极端的例子就是，现在有些人家庭非常富庶，可以开着私家车上班，但他们的工资收入往往还不足以抵消私家车的运行费用，但是他们却乐此不疲。

④ 尊重的需要

当人的归属需要被满足之后，就会出现尊重的需要。这种需要包括两方面的内容，即自尊和受人尊重。马斯洛认为，自尊意味着在现实环境中希望有实力、有成就、能胜任和有信心，以及要求独立和自由；受人尊重则意味着要求有名誉或威望，可看成别人对自己的尊重、赏识、关心、重视或高度评价。马斯洛还特别指出：自尊需要的满足使人产生一种自信的情感，觉得自己在这个世界上有价值、有实力、有能力、有用处。而这些需要一时受挫，就会使人产生自卑感、软弱感、无能感。

⑤ 自我实现的需要

这是人的最高层次的需要。它是一个人最大限度地发挥自己的全部潜能，实现社会价值的欲望。马斯洛在谈到自我实现的需要时说过：即使以上所有的需要都得到满足，我们往往（如果不是经常的话）仍会产生新的不满，除非本人正在干着合适的工作……自我实现的需要，指的就是促使他的潜能得以实现的向往。这种向往可以说成是希望自己越来越成为所期望的人物，完成与自己能力相称的一切事情。

马斯洛需要层次理论把人的需要归纳为五个层次，有其合理性，给我们以物质和精神奖励要同时注重的启示。作为管理者在注重员工的物质需要的同时，更应关注员工多层次的精神和心理上的需要。但同时我们也要看到这种理论的机械性和局限性，比如，我们可以观察到一些人在生理需要并没有得到满足的时候，也产生了非常崇高的精神追求。需要层次理论相对应的管理措施如表 11-1 所示。

补充阅读材料 11-2

表 11-1 需要层次理论相对应的管理措施

需要的层次	诱因（追求的目标）	管理制度与措施
生理需要	薪水、健康的工作环境、各种福利	身体保健（医疗设备）、工作时间（休息）、住宅设施、福利设备
安全需要	工作保障、意外伤亡的防止	雇佣保证、退休金制度、健康保险制度
归属与爱的需要	友谊（良好的人群关系），接纳，与组织一致	协谈制度、利润分配制度、活动制度、互助金制度、娱乐制度、教育训练制度
尊重的需要	地位、名分、权力、责任、与他人相比薪水的高低	人事考核制度、晋升制度、表彰制度、资金制度、选拔进修制度、委员会参与制度
自我实现的需要	能发展个人特长的组织环境，具有挑战性的工作	决策参与制度、提案制度、研究计划、劳资会议

资料来源：俞文钊. 管理心理学［M］. 兰州：甘肃人民出版社，1985.

（2）赫兹伯格的双因素理论

1966 年，美国心理学家赫兹伯格（Frederick Herzberg）在《工作与人性》一书中提出了双因素理论，这一理论不仅为管理学家所重视，在消费行为的研究领域也引起了广泛的关注。

20世纪50年代后期，赫兹伯格对203名工程师和会计师采用"关键事件法"进行调查研究后得出结论：对激励而言，存在两种不同类型的因素，它们彼此独立，且能以不同的方式影响人们的行为。一类因素能促使人们产生对工作的上进心、事业感和发展的欲望，称为激励因素；另一类因素只能使人产生对工作的满意感，稳定、安心地工作，称为保健因素。换言之，前一类因素较多地与工作内容紧密相连，对这类因素的改善，或者说如果这类需要能得到满足，员工就会受到很大程度的激励，这有助于充分、有效、持久地调动他们的积极性。而后一类因素往往与工作环境紧密相连，如果处理不当，或者说这类需要得不到基本的满足，员工就会产生不满意的反应，积极性受到挫伤。由于这类因素带有预防性质，因此叫做保健因素。激励与保健因素具体如表11-2所示。1968年，赫兹伯格在《哈佛商业评论》上发表了《再一次，你如何激励职工？》一文，对满意与不满意因素进行了进一步的比较分析。

表11-2　激励与保健因素

保健因素（外在因素）	激励因素（内在因素）
公司（企业）的政策与行政管理	工作上的成就感
技术监督系统	工作中得到认可和赞赏
与上级主管的人事关系	工作本身的挑战意味和兴趣
与同级的人事关系	工作职务上的责任感
与下级的人事关系	工作的发展前途
工作环境或条件	个人成长、晋升的机会
薪金	
个人的生活	
职务、地位	
工作的安全感	

基于上述分析，赫兹伯格修改了传统的"满意—不满意"观点，认为满意的对立面不是不满意，而应该是没有满意；不满意的对立面也不是满意，而是没有不满意，具体如图11-5所示。

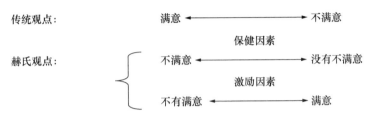

图 11-5 传统与赫氏关于"满意—不满意"观点的比较

因此,赫兹伯格认为,作为管理者,首先必须确保员工在保健因素方面得到满足,这些基本需要被满足了,员工就不会产生不满,这是保证员工努力工作的基本条件。如改善工作环境和条件、建立良好的工作关系、提供合适的薪金、具有稳定的雇佣关系等,都是保证员工努力工作的前提。另一方面,管理者必须充分利用激励方面的因素,这些方面的需要被满足了,员工就会产生极大的工作热情和积极性。如工作的丰富化,为员工创造做出贡献的机会,使员工在工作中不断提高能力、得到成长等,是调动员工创造性和主动性的重要措施。激励因素与保健因素的比较如图 11-6 所示。

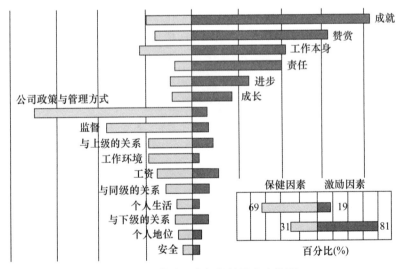

图 11-6 激励因素与保健因素比较图

双因素理论告诉我们,激励因素是工作的一部分,工作本身就是一种激励因素;而保健因素是指外部的奖酬,它在工作以后或工作场所以外才具有意义和价值,在工作进行过程中,它只能产生很小的激励作用。当员工受到较大的内在激励时，他们对外部因素引起的不满往往有较大的忍受能力；反之，这种忍受能力就会削弱甚至消失。

双因素理论与需要层次理论既有联系又有区别，前者注重对满足需要的具体对象的研究，而后者注意人的需要结构。事实上，仔细观察，不难发现，双因素理论中的保健因素正好对应于需要层次理论的生理需要、安全需要、归属与爱的需要三个层次，而激励因素则与尊重的需要和自我实现的需要相对应。

双因素理论在激励理论中占有很重要的地位，其主要贡献在于：第一，指出工作本身也是激励因素，在强调工作标准化的今天，"工作丰富化"应该引起管理者的重视；第二，对工资和奖金管理的指导作用，也就是说工资和奖金只有同员工的绩效挂钩，才能成为激励因素，否则，只能成为保健因素。

补充阅读资料11-3 *"空姐营业员""白领保姆"应者寥寥*

> 杭州报喜鸟专卖店提出按"空姐标准"（即身高1.68米以上，英语六级，形象良好，年薪5万）招收营业员。无独有偶，当地不少家政公司也正在以月薪3000元为一些归国华侨和外商寻找能够用英语会话、会接听国际长途电话、懂得护理和按摩的"白领保姆"。
>
> 广告刊出后引起各种议论，半个月后，只接到寥寥十几个报名电话。一位大学生在接受采访时说："英语六级的人怎么会屈就于一个营业员的职业？而'十项全能'的人才，更不可能安心做一个保姆，哪怕薪水再高。"

2. 过程型激励理论

（1）弗洛姆的期望理论

1964年，美国心理学家弗洛姆（Erich Fromm）在《工作与激励》一书中提出了著名的期望理论，这一理论的来源是卢因和托尔曼（Edward Tolman）所提出的认知观念以及古典经济理论中的效用概念。期望理论的基本观点是：激励是由人们期望的工作结果支配的。人们只有在预期其行为有助于达到某种目标时，才会被充分激励起来，并采取行动以达到这一目标。弗洛姆认为，激励就是选择的过程，个人如果有了预期目标，为了预期目标的实现，必须采取某种行动；另一方面，个人在行动前，还会对各种可能采取的行动进行比较，最后选择一个自认为最有可能达到预期目标的行为。弗洛姆的理论模式围绕着效价（valence）、工具性或手段性（instrumentality）、期望（expectancy）三个概念而建立，又称为VIE激励模式。

期望理论将工作看成一个中介目标或一级目标，人们真正想实现的其实是二级目标，也就是行为的最终结果。所谓效价，反映了二级目标在人们心目中的地位和意义，也就是目标对于满足个人需要的价值。二级目标在人们心目中的地位越高，个人对这种结果的渴望程度也越高，效价的值就越大。而期望值则反映了人们实现一级目标的可能性，它的值在0至1的范围内变化。所以，工作只是人们实现最终结果的手段，并不是他追求的最终结果。激励的效果，或者说激励对人们行为的推动力量，取决于期望值与效价的乘积，表达式如下：

$$激发力量 = 效价 \times 期望值$$

即
$$F = V \cdot E$$

其中，激发力量是指人的动机强度，即调动员工积极性、激发其内在潜力的强度。

虽然期望理论并不直接关心内在激励因素和外在激励因素之间的区别，但它的二级目标都可以用内在激励因素和外在激励因素来区别，只是这种区别在期望理论看来似乎并不重要。例如，金钱可能是外在激励因素，如果某人非常缺钱，那么金钱的激励效果是相当大的。在这里，我们可以看到期望理论实质上与需要层次理论有相似的地方，就是在一个人的需要结构发展的不同阶段，某种需要对他有不同的意义，当他的需要发展到新一层次时，原来的某种需要的满足对他来说可能不再有很大的引诱力量。

同时，我们应该弄清楚一个问题，就是期望理论是以个人的知觉透视为基础的，二级目标的效价取决于受激励者的知觉系统，因此，作为管理者，为了调整二级目标在受激励者心中的地位，在改变激励对象的认知方面是可以有一番作为的。

根据期望理论，管理者为了激发员工的积极性，还必须创设适当的工作环境，帮助员工提高实现一级目标的可能性。只有在效价和期望值方面同时作出适当的安排，才可能很好地激励员工。

(2) 亚当斯的公平理论

公平理论亦称权衡理论或社会比较理论，是美国心理学家亚当斯（John Adams）于1967年提出的。这种理论讨论报酬的公平性对员工积极性的影响。

这一理论认为，人们对工作的满意度取决于其在群体中的公平感，而这种公平感是横向和纵向两种比较的结果。人们在判断自己的付出是否得到了应有的回报时，首先会将自己同别人比较，这就是横向比较，并对此作出积极或消极的反应。这时的比较不是报酬绝对值的比较，而是一种相对值的比较。公平理论可以用下列公式表示：

$$\frac{Q_P}{I_P} = \frac{Q_X}{I_X}$$

式中，Q_P 代表自己对所获报酬的感觉；I_P 代表自己对所投入量的感觉；Q_X 代表自己对别人所获报酬的感觉；I_X 代表自己对他人投入量的感觉。

如果比较的结果是 $\frac{Q_P}{I_P} > \frac{Q_X}{I_X}$，则说明这个人得到了过高的报酬或付出的努力较少。这时，他一般不会要求减少报酬，而很可能会自觉地增加投入量。但不久他就会因重新过高估计自己的投入而对高报酬心安理得，于是投入量又恢复如初。如果比较的结果是 $\frac{Q_P}{I_P} < \frac{Q_X}{I_X}$，则说明此人对组织的激励措施感到不公平。此时他可能会要求提高报酬，或自动减少投入量，从而达到心理上的平衡。而当 $\frac{Q_P}{I_P} = \frac{Q_X}{I_X}$ 时，员工会保持较好的稳定性。

公平理论揭示了这样一个事实，就是职工对自己是否受到公平合理的待遇是十分敏感的。个人在组织中更加注意的不是他所得报酬的绝对值，而是与别人相比较的相对值。在比较的时候，人们总是高估自己的投入，而对自己的报酬倾向于低估。由于这种感觉上的错误，人们往往会对自己的报酬产生不满，从而对企业和个人造成破坏性的影响。因此，作为管理人员，必须细致而又及时地体察员工在这方面的心理状态，如果确实存在不公平，应及时加以调整；如果是员工个人知觉上的偏差，则应及时加以说明和引导。

小思考 11-2

现在不少企业在奖金分配时采用"模糊"法，即在奖金分配时对具体数额保密，并要求员工相互之间不能打听。采用"模糊"方式进行奖金分配的目的是什么？

> 奖金分配作为一种阶段性集中的奖励分配方式，是对员工工作绩效的综合性激励措施。之所以采用"模糊"方式，是企图避免员工在互相比较时出现不良心态。"模糊"分配是基于这样一种认识，即大家既然不知道相互的奖金所得，所以也就无法比较，这样也就不会因对自己投入高估和对自己收益低估的习惯心理而觉得失衡。
>
> 但这种方法实施的效果不是十分理想，事实上这样做的结果是让人产生更多的猜疑，结果人人都觉得自己的实际所得比应该得到的少。所以，要真正避免人们不恰当的比较，还是应该在细化奖金核算方法上下功夫，政策的合理化和透明化才是解决问题的真正出路。

3. 强化理论

强化理论属于行为主义学派，侧重于研究个体外在的行为表现，强调人的行为结果对其行为的反作用。人们通过研究发现，当行为的结果有利于个体时，这种行为就可能重复出现，反之则会消退和终止，这种状况称为"强化"。

行为主义的代表人物是美国心理学家斯金纳（B. F. Skinner）。通过研究，他认为人的行为可以分为两类：一类是应答性行为，是不学就会的本能性行为；另一类是操作性行为，是必须经过学习而发生的行为。从反应与环境之间的联系来看，应答性行为是环境对人起作用而引起的反应，如婴儿的吮吸反射、抓握反射；操作性行为是人们为了达成某种目的而作用于环境的结果，如消费者在多次购买的基础上形成的"品牌忠诚"。斯金纳认为，人与环境相互作用的结果如果能满足他的需要，这种行为出现的频率就会增加，即强化刺激。凡能增加反应强度的刺激物，即称为强化物。人们可以通过控制强化物来控制行为，从而改造行为。人的行为习惯实质上都是强化的结果。

强化可以分为三种：正强化、负强化、自然消退。

（1）正强化。在管理中，以某种强化物奖励组织所期望的行为，使其出现的频率和强度增加，就是正强化。例如，给予赞赏、加薪、提升、培训机会、考察等，即以某种形式对员工作出肯定的表示，就会使员工现行行为重复出现。

（2）负强化。在管理中，预先告知什么是企业不希望看到的行为，以及这种行为会带来什么不愉快的结果，以促使员工避免或减少出现这类行为，就是负强化。如各种违纪的处理办法预先让员工了解，员工为了避免受到处罚，就可以努力控制自己少出现或不出现违纪的现象。

（3）自然消退。自然消退是指在管理中，当出现某些企业不希望出现的行为时，企业不予理睬，以表示企业的不支持和对这种行为的轻视，一段时间以后，这种行为会逐渐消失。

在管理中应用强化理论时应该注意以下几点：第一，强化必须及时，若迟延较长时间，则强化的效果会减弱。第二，正强化宜在大范围内进行，而负强化宜在小范围内实施。第三，负强化只是告诉员工什么行为是不受欢迎的，而没有告诉员工应该怎么做，所以在进行负强化时，应该同时对员工进行指导。第四，自然消退的方法有时会被员工理解为默许，所以使用时应慎重。

观念应用 11-4 ▶ 美国国际商业机器公司等的行为改造措施

美国国际商业机器公司等广泛运用正强化的措施对员工行为进行控制，从而使生产效率得到很大的提高，运营成本大幅降低，具体做法如下：

（1）为每一工作岗位确立可计量的标准和目标；

（2）经常把各种信息反馈给员工，使其看到自己对企业的贡献；

（3）给优秀者以奖励，具体办法是：提供与工作表现挂钩的奖金，给予一定场合的表扬，给予自由选择工作的权利，提供发挥潜能的工作机会，给予更大的权力或发言权。

问题：为什么这种做法会提高生产效率？

分析提示：公司在管理过程中大规模应用正强化措施，及时反馈，对员工的良好行为进行奖励，从而有效地提高了生产效率。

11.2.2 激励原则与方法

1. 激励原则

（1）目标结合原则

在进行激励的时候，关键是诱因的设置，也就是目标的设置，这个目标应该是企业目标和个人目标的结合。只考虑企业目标，忽视对员工需要的满足，这样的目标没有激励作用；只考虑员工需要的满足，忽视这种目标与企业目标的关联性，可能会产生与企业目标无关的行为，这样的激励也就失去了意义。因此，在设诱因、置目标的时候，只有将企业目标和个人需要的满足有机结合起来,才能将员工的行为引导到企业发展的轨道上来。

(2) 物质与精神兼顾原则

物质需要是人类最基本的需要,员工要维持劳动力的再生产、维持家庭的正常运转,就必须有一定的物质收入;同时,人的许多精神需要也要有一定的物质基础去支持,如欣赏文艺、旅游、社交等。所以,在今天,人们需要的满足往往是物质需要和精神需要混合的满足。单纯追求物质需要的满足,会导致堕落和拜金主义,而迷信精神激励又会导致唯意志论和精神万能论。所以,在进行激励时,走极端的做法,即只强调物质奖励或片面强调精神作用都可能产生对组织有害的结果。

(3) 正、负强化相结合原则

激励中最常用的方法就是正强化和负强化,正强化导致愉快的感受,需要被满足,行为出现的频度和强度增加;负强化伴随着不快的感受,被激励对象为了回避这种感受,行为会逐渐消退。虽然这两种强化方向都能对员工的行为进行控制和改造,但从总体效果上来说,宜多用正强化,少用负强化。因为正强化能让员工清楚地理解行为的标准,能使他更加明确目标和应该努力的方向;正强化的同时还伴随着愉快的体验,能使受激励者更加乐意接受教育。负强化往往只是让员工知道什么不能做,而对应该如何做的问题并没有作出回答,因此负强化的结果只是消退了不良行为,但不能建立起正确的行为反应;同时,在运用负强化时伴随着员工的是不愉快的体验,这又很容易引起与教育者的对立情绪。因此,在管理中应多运用正强化,少用或慎用负强化。

(4) 针对性原则

激励的起点是满足员工的需要,而员工的需要存在着个体差异和动态的变化,如果我们只用一种方法对待所有的员工,或者长时间使用同一种方法,那么激励的效果就要受到影响。我们只有因人制宜,因时制宜,结合受激励者的个性特点,不断研究和采用新的激励方法,才能使激励收到良好的效果。

(5) 公正性原则

亚当斯的公平理论告诉我们,激励必须公正。如果忽视了这一点,就会挫伤员工的积极性。如果激励时掺入主观意愿,搞亲亲疏疏,非但使激励收不到实效,还会滋生不良风气,最后使员工离你而去。

(6) 适度性原则

奖励要适度,过高的物质奖励和过度的表扬都会使受奖励的人心有不安,同时也会给被表扬的人造成太大的环境压力,尤其是在风气不是很理想的单位，别人可能会由开始时的疑惑，发展为对他采取敌意的态度或有意地孤立他；过分的处罚则会让员工认为你是有意为难他，使他丧失改正缺点的信心，严重时还有可能造成双方情绪上的对立。

2. 激励方法

（1）强化激励。即通过对某种行为给予肯定或否定的评价，并结合一定的强化物，以鼓励某种行为重复出现或使某种行为得到消退。奖金、提升、培训等奖赏就是通过正强化使员工的优良行为得以发扬；而批评、降级等处罚就是通过负强化使员工的不良行为得以消退，从而实现对员工行为进行控制和改造。

（2）目标激励。即通过设立明确的目标使员工了解努力的方向，从而自觉地表现出企业所期望的行为。目标是行为的先导，如果将企业的目标层层分解，为每个员工明确与企业总体目标相联系的分目标，则对员工的行为有良好的导向和激励作用。

（3）情感激励。即通过对下属的关怀，建立良好的情感纽带，从而激发员工的积极性。管理者与被管理者之间并不一定是对立的关系，如果管理者能经常关心下属，同下属交心，建立朋友关系，在下属遇到困难时为其排忧解难，给予及时的帮助，就会得到下属积极的回应。

（4）榜样激励。即通过树立、表彰标兵和先进人物，使企业形成一种积极向上的风气，形成一种你追我赶的工作氛围。在工作中，领导要善于发现和培养榜样，及时宣传，并认真组织群众学习榜样。

（5）支持激励。即通过对员工提供工作条件和工作指导，为员工扫除前进道路上的障碍，使员工能够保持积极的工作热情，放开手脚大胆工作。

（6）工作激励。即尽量使工作丰富化，增加工作的内涵，减少工作的枯燥感。工作的丰富化，能使员工更加爱岗乐业，员工的工作积极性也就自然得到提高。

（7）成长激励。即提供员工成长和发展的机会，使员工在得到物质上的好处的同时，也使自己的能力不断得到攀升。员工因自我实现需要的满足，会激发起很高的工作热情。

（8）差异激励。即利用各种标志，让员工之间的差别明显化，给员工制造一定的压力。在不甘落后的心理作用下，员工会加倍努力提高自己的级别，形成人人争先的局面。有的企业实行挂牌上岗、色牌管理等措施后收到了良好的效果，可见差异激励的作用是功不可没的。

11.3 激励实践

在工作实践中，有很多激励手段，这些手段在管理过程中都起到了积极的作用。

11.3.1 常用激励手段

1. 职业保障

这是允诺工作期满一定年限后，可以签订终身合同的一种做法。一般人到了一定年龄，竞争力减弱，便开始为退休后的生计考虑，倾向于职业安定。签订终身合同，解除了员工临近退休时缺乏竞争力阶段的失业威胁，满足了员工的安全需要。这种激励手段对中年后求稳定的员工比较有效。

2. 奖金

奖金是薪金中的一个组成部分，虽然都是货币，但前者具有更大的激励作用。一方面，人们的感觉有一种适应的倾向，固定部分的薪金在领取一段时间以后，会让人感觉麻木；同时，人的行为是波动的，固定部分的薪金无法对波动的行为起反应，也就无法对行为作出激励。而奖金的作用机理正好与之相反，因此会有较大的激励作用。

3. 送股

现在一些企业使用给员工送股的办法，起到了一定的作用。员工持有了企业的股份，与企业的关系就更加密切了。由于他的身份发生了变化，从一个薪金的领取者转变成企业所有者的一分子，就会更加关心企业，表现出更积极的态度；甚至对他人的行为态度，也会从以前的"好好先生"转变为铁面无私的包公。

4. 休假和旅游

由于员工长期生活在某一环境中，工作的紧张和枯燥会使他们产生压力，因此在一个工作周期后，员工都渴望换一个空间、转换一下角色以释放工作压力，休假和旅游正好能满足员工的这种需要。这种激励虽不以实物兑现，但能在满足员工精神放松的同时，起到促进团队建设、加强人际沟通的作用，成为企业预案中的重要组成部分。

5. 培训

大多数员工都有成长和发展的需要。他们渴望得到培训，增长自己的才能，以提高应对竞争的能力。不少人在一个岗位上工作久了，希望换到更有挑战性和难度更高的岗位，以改善收入状况和表现自己的能力。培训满足了员工成长的需要，能起到激励的作用。

6．提升

提升能够满足人们追求成功的欲望。身份和地位的改变能使员工在同事、亲友、妻儿面前赢得尊重，满足自我实现的需要。不难发现，人们一般总是喜欢到有充分提升机会的部门工作。在这种环境中，员工会满怀信心，给自己制定明确的目标，努力为企业工作。

7．表彰

表彰不仅可以满足人们的尊重需要（被他人尊重），而且实际上是在告诉受表彰者"你已经走在他们的前头，和他们不同"，为了保住这种势头，受表彰者会更努力地工作。同时，表彰还等于向他人宣布什么是应该做的，明确了目标，有示范效应，这时受到激励的将是一批人。

8．认可

及时对属下的工作给予认可，承认他的独到见解，对他的创造性活动表示赏识，可以鼓舞下属的士气，让他在情感上贴近你，从而激发更大的工作积极性。

激励的手段还有很多，这里不再一一列举。需要注意的是，上述方法在实际运用时，只有根据当时的环境和具体的对象结合使用，才可能奏效。

补充阅读资料 11-4　　**松下幸之助的激励 21 条**

（1）让每个人都了解自己的地位，不要忘记定期和他们讨论他们的工作表现；

（2）给予奖赏，但奖赏要与成就相当；

（3）如有某种改变，应事先通知，员工如能先接到通知，工作效率一定比较高；

（4）让员工参与同他们切身有关的计划和决策的研究；

（5）给予员工充分的信任，会赢得他们的忠诚和依赖；

（6）实地接触员工，了解他们的兴趣、习惯和敏感事物，对他们的认识就是你的资本；

(7) 注意经常聆听下属的建议；

(8) 如果发现有人举止反常，应该留心并追查；

(9) 尽可能委婉地让大家清楚你的想法，因为没有人会喜欢被蒙在鼓里；

(10) 向员工解释要做某事的目的，他们会把事情做得更好；

(11) 万一你犯错误，要立刻承认，并表示歉意。如果你推卸责任、责怪旁人，别人一定会看不起你。

(12) 告知员工他所担负职务的重要性，让他们有责任感；

(13) 提出建议性的批评，批评要有理由，并帮助其找出改进的方法；

(14) 在责备某人之前要先指出他的优点，表示你只是希望能够帮助他；

(15) 以身作则，树立榜样；

(16) 言行一致，不要让员工弄不清到底该做什么；

(17) 把握住每一个机会向员工表明你为他们骄傲，这样能够使他们发挥最大的潜力；

(18) 假如有人发牢骚，要赶紧找出他的不满之处；

(19) 尽最大可能安抚不满情绪，否则所有人都会受到波及；

(20) 制定长期、短期目标，以便让人据此衡量自己的进步；

(21) 维护员工应有的权利和责任。

资料来源：石玉. 松下激励员工21法 [J]. 中国人才，1994，(11).

11.3.2 激励中常见问题分析

1. 注意个体差异，手段多样化

通过对需要的研究可以看出，人的需要具有多样化的特点。这种多样化表现为两个方面：第一，需要本身的多样化，如人们存在各种各样的物质和精神需要。第二，满足需要的对象的多样化，如同样是满足解渴的需要，人们可以有多种不同的选择。因此，在设置满足需要的激励目标时，应注意个体的这种差异，手段要灵活多样，有较强的针对性。

2. 注意心理发展，内容新颖化

人的心理特点与时代的发展紧密相连，需要也随着时代的变化而变化，所以运用激励时刺激物的内容也应该跟上时代的步伐，不断推陈出新。如我国对劳模的奖励,开始时只是一张奖状,后来是奖状加实物如茶杯等,再后来,则是奖状加上可观的奖金,而现在奖励的形式就更广泛了。

3. 注意时效,兑现及时化

从行为的强化效果来看,及时兑现允诺的奖励会起到良好的效果。行为强化的实验研究告诉我们,奖励物与行为之间的时间间隔越短,这种行为就越容易保持。所以看到企业所期望的行为时,应该立即进行强化,给予奖励。这样做也可以让员工对行为有正确的辨识,及时消退不良行为。

4. 注意目标设置,等级梯度化

在激励中,目标的设置要注意有适当的等级梯度,从而引导员工不断向上发奋图强。如果一开始目标就设置过高,会使员工望而却步,使激励失效;而如果一开始目标设置过低,则让员工在完成任务时缺乏成就感,激励的效果也很难保证。

5. 注意信用,标准稳定化

激励工作中的信用问题不容忽视,信用问题主要表现在奖励不兑现、兑现时缩水和乱加指标等方面。有的管理者喜欢乱许诺,事后因时过境迁而忘记,或因在这件事上一个人无法做主,结果无法兑现诺言,严重挫伤了员工的积极性。有的时候,因估计不准确,开始时奖励标准定得不科学,结果到时无法兑现而只好缩水,从而失信于员工。更有甚者,看到员工奖金拿多了,甚至超过了自己的水平,便随意地修改指标,这会使员工感到没有奔头,更会挫伤员工的积极性。

11.3.3 激励制度建设

1. 激励制度的建立

激励制度的建立要紧密结合企业的特点、任务的特点、员工的特点和时代的特点,不能照搬照抄,要吸取各种激励理论的精华进行严密设计,同时,在制度建立过程中还要注意以下四点:

(1) 告知。要使激励起到应有的作用,建立明确的制度是必要的。只有事先告知员工什么样的行为会受到鼓励,什么样的行为会受到抑制,员工才有可能自觉按照企业规章规范自己的行为,并且当员工发生错误行为而受到处罚时,也不易产生委屈和抵触的情绪。

(2) 认同。激励制度是组织文化的一部分,应该体现人本主义的精神,只有员工充分认同的激励制度,才会在员工的心目中有公平感而被接纳。因此,在激励制度建立过程中，应该充分听取员工的意见，让全体员工对这种规章制度有认同感，这样才能受奖时心安、受罚时心服。

（3）稳定。激励制度中的标准是员工的行为准则，因此不能有随意性，今天说这样做好，明天又改了标准，这样会使员工迷失方向，行为混乱。

（4）合理。奖励要适度，过高的物质奖励会给企业造成过重的负担，成本过分扩大，同时也限制了今后调整的空间；过分的处罚同样也会让人无法接受，人们会把这种制度看成对员工的歧视和刁难，从而造成员工与企业之间的不合作关系。

2. 激励制度的内容和结构

激励制度的内容和结构可灵活多样，一般包括以下四方面的内容：

（1）对企业期望的目标行为进行确认，如生产经营指标、知识创新能力、团队合作精神等。

（2）对目标进行量化处理。

（3）明确考核的对象和范围。

（4）确定奖励和惩罚措施。

（5）确定考核的时间节点和周期。

3. 激励制度的更新

激励的基础是需要的满足，而需要是个动态发展的过程，随着时代的变化而不断变化，因此，激励制度也应该根据员工的这种发展而不断更新。同时，企业的目标也在不断变化，每一阶段企业都将实践新的使命和目标，这也要求对激励制度不断更新。

激励制度的更新应着重解决以下问题：奖惩标准的调整、奖惩额的调整、奖惩方法的调整等。

本章小结

激励是管理中的一项重要职能，管理是以人为中心的管理，人力资源是管理中的首要资源，因此，研究调动员工的积极性和发挥员工潜力的问题，就离不开激励原理的理论指导。

通过本章学习，我们了解到所谓激励，就是指管理者设置一定的条件和刺激，促进、诱导被管理者形成动机，并引导行为指向目标的活动过程。激励的基础是人存在着各种需要并渴求得到满足。

在进行激励时，我们应该处理好的最基本的一对关系就是，企业目标和个人需要之间的关系。只有将两者有机结合，才能使员工的积极性得到激发，使其行为既充分满足个体的需要，又不脱离企业的目标。

在进行奖励的时候，作为管理者应该注意物质激励和精神激励的关系，两者不可偏颇。只强调物质奖励或片面强调精神作用都可能产生对组织有害的结果。

本章还介绍了主要的激励理论，这些理论从不同角度阐述了激励的原理。内容型和过程型激励理论侧重于人的需要、理解、认识等心理因素，而强化理论则强调人的行为结果对其行为的作用，在管理实践中要结合起来使用。

本章最后介绍了做好激励工作必须坚持的原则，即：（1）目标结合原则；（2）物质与精神兼顾原则；（3）正、负强化相结合原则；（4）针对性原则；（5）公正性原则；（6）适度性原则。

主要概念和观念

□ 主要概念

激励　　　　　激励的心理过程　需要　　　　　动机

□ 主要观念

激励的有效性　内容型激励　　　过程型激励　　强化理论
激励原则

基本训练

□ 知识题

11.1　阅读理解

（1）简述激励的心理过程。

（2）简述需要的特点。

（3）简述马斯洛需要层次理论的主要观点。

（4）简述强化的方法和应用要点。

（5）简述激励应注意的问题。

（6）简述激励制度的结构。

11.2 知识应用

(1) 判断题

① 激励的类型包括物质激励和精神激励两个方面。（　　）

② 动机和行为具有一一对应的关系。（　　）

③ 在激励中正强化和负强化的使用有着同等的地位。（　　）

④ 员工在考虑其是否得到公平待遇时，往往更注重纵向的比较。（　　）

⑤ 支持激励要求上级为员工提供工作条件和工作指导，为员工扫除前进道路上的障碍。（　　）

(2) 选择题

① 下列各项中能满足马斯洛需要层次理论所指的安全需要的有（　　）。

A. 雇佣保证制度　　B. 休假制度　　C. 退休金制度　　D. 参与管理制度

② 提出双因素理论的是（　　）。

A. 勒温　　B. 马斯洛　　C. 泰勒　　D. 赫兹伯格

③ 需要具有（　　）等特点。

A. 多样性　　B. 重复性　　C. 对应性　　D. 发展性

④ 期望理论告诉我们，激发力量的大小取决于下列因素：（　　）。

A. 效价　　B. 期望值　　C. 期望　　D. 目标难度

⑤ 强化的类型有（　　）。

A. 正强化　　B. 负强化　　C. 自然加强　　D. 自然消退

□ 技能题

11.1 规则复习

(1) 需要在什么情况下才会转化为动机？

(2) 强调激励有限性的意义是什么？

(3) 激励中应该注意哪些原则？

11.2 操作练习

(1) 实务题

张某大学毕业，来到某公司应聘车间主管的岗位。在面试时，主考官问道："你上任后将如何带领你的员工一起奋发前进？"小张回答说："我将严格按公司的规章制度办，充分利用经济利益机制，对部下进行严格的管束，以形成一个令行禁止的有战斗力的团队。"你认为主考官对小张的回答会满意吗？为什么？

(2) 综合题

最近,王总参加了一个人力资源培训班。学习期间,他获得了许多新的管理知识,十分欣喜。让他深受启发的是教授关于激励的演讲。那节课上,教授讲道:"激励人的因素有很多,如富有挑战性的工作、让人觉得有趣的工作、时常带来新鲜感的工作、行动的自由、承担责任、成就感、成长的需要……良好的人际关系、薪水……"他觉得,这位教授在激励因素中将薪水列在最后一位,这多好啊!这样企业可以既省钱,又最大限度地使用好员工的智慧和能力。培训结束后,王总便经常和部下谈挑战、谈成长,而很少考虑部下提出的加薪要求。你觉得这样下去会出现怎样的结果?为什么?

观念应用

□ 案例分析

林肯电气公司

林肯电气公司由约翰·林肯(John C. Lincoln)创建于1895年,总部坐落在美国俄亥俄州的克利夫兰。林肯电气最初是一家电动机和发电机的生产商,1907年约翰的弟弟詹姆斯·林肯(James F. Lincoln)加入公司。这两兄弟的技能和兴趣是互补的。约翰是一位技术天才,他在有生之年获得了50多项发明专利,从一种加工肉的装备,到电钻机、矿井门启动装置、电弧灯,可谓五花八门。詹姆斯的专长则在管理和行政领域,他刚进入公司时是销售人员,但很快就成为总经理,林肯电气公司的发展毫无疑问受到他的观念的影响。经过120多年的发展历程,林肯电气已经成长为弧焊设备设计、开发和制造的全球领导者。

1. 公司结构

林肯电气现在拥有47家制造工厂,以独资和合资的方式分布于19个国家,其分销商和销售处组成的全球网络覆盖了160多个国家。2016年2月,该公司对其组织结构和领导体制进行了调整,将原来的5个部门改为3个,以实现更高的运营效率。这三个部门分别是由"北美焊接部"和"南美焊接部"合并而来的"美洲焊接部",由"欧洲焊接部"和"亚洲太平洋焊接部"合并而来的"国际焊接部",以及包括切割、焊接、钎焊的全球业务和美国零售业务的 Harris 产品集团。

2. 激励管理

长期以来,林肯电气因其激励管理制度享有盛名,这个独特之处与数十年培养起来的敬业又专业的员工一起,是林肯电气竞争优势的主要来源。即使在 20 世纪 90 年代早期,由于盲目扩张而导致公司处于困境时,公司仍设法支付了奖金,而不是为了省钱而停发。在经济大萧条期间,虽然公司减少了工人的工作时间,并采取了其他成本削减的措施,保证就业和奖金发放的政策依旧保留了下来。2008 年发放的奖金平均为 28873 美元。2010 年,资深记者 Frank Koller 以林肯电气为对象写作《火花》一书,以展示这个不同寻常的跨国企业是如何挑战传统智慧和塑造现代人力资源管理的。

林肯电气激励计划的理念和程序对于管理层和员工一视同仁。林肯电气不设最低小时工资。员工为公司工作两年后,便可以分享年终奖金。该公司的奖金制度有一整套计算公式,全面考虑了公司的毛利润及员工的生产率与业绩,可以说是美国制造业中对工人最有利的奖金制度。

林肯电气将"保证持续聘用计划"作为其考核和薪酬体系的有力补充。这个计划保证员工不被辞退,并保证员工被持续雇用。实际上,公司自从 1951 年该计划试行以来从未辞退过员工。该计划于 1958 年正式实施。在公司看来,保证聘用是其激励计划的一个至关重要的元素。如果没有这样一个保证,员工由于害怕失去工作,很有可能抵制生产能力和效率的提高。接受该计划的同时,员工也要同意根据形势需要接受分派的任何工作,并在任务繁忙时加班。

林肯电气不仅关心就业,还致力于提升员工的就业能力。该公司在员工招聘和员工教育上投入巨大。公司发行的季刊 ARC 就起着一部分招聘的作用。同时,林肯电气运行着几十个培训项目。例如,1917 年成立的林肯电气焊接学校就为学员提供焊接安全和电弧焊接工艺的理论、技术和实践指导,至今已有数十万名员工从这里毕业。同时,林肯电气将与教育机构开展合作,在俄亥俄州之外建立培训设施。

资料来源:

1. http://www.lincolnelectric.com/en-us/Pages/default.aspx.

2. D. F. Hastings. Lincoln Electric's Harsh Lessons from International Expansion [J]. *Harvard Business Review*,1999,77.

问题:(1)你认为林肯电气公司使用了何种激励理论来调动员工的工作积

极性?

(2) 为什么林肯电气公司的方法能够有效地激励员工的工作?

(3) 你认为这种激励制度可能给公司管理层带来哪些问题?

☐ **实训题**

走访两家企业的人事部门,了解一下它们的激励制度,与你所学到的激励知识比较一下,有哪些值得学习和改进的地方?

第 12 章

沟　　通

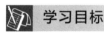 学习目标

通过本章的学习,应该达到以下目标:

知识目标:掌握沟通的概念、沟通的过程、沟通的基本理论,了解沟通的类型和误区。

技能目标:掌握沟通方法,提高沟通技能。

能力目标:熟悉各种沟通类型以及妨碍沟通顺利进行的因素,防止产生不良沟通方式。

引例 **通用汽车的沟通管理**

如何确保员工与管理层之间的纵向沟通以及部门与员工之间的横向沟通,保证信息的畅通传递,对管理者来说是一项很重要的任务。通用汽车(简称 GE)十分重视沟通的作用,重视沟通渠道的建设。

GE 最高层认为,沟通是公司发展战略最重要的部分之一。杰夫·伊梅尔特(Jeffrey R. Immelt)(GE 董事长兼首席执行官)被问及刚刚上任就遇

到"9·11"事件，最先想到的是什么，伊梅尔特说，他最先想到的就是"沟通"，他要把他的思想、公司的战略告诉 GE 全球的员工，员工的想法也可与他沟通，双方一起建立相互理解、为了共同目标携手努力的环境。

伊梅尔特认为，当企业面临变革或危机时，最重要的事情就是与员工进行沟通。伊梅尔特花 70% 的工作时间进行沟通，把自己的想法及时告诉员工，并聆听员工的想法，这些最终都是为了使 GE 上下凝聚成一股力量，朝前发展。

伊梅尔特的前任杰克·韦尔奇（Jack Welch）提出的"无边界行为"，打破了 GE 13 个业务集团的界限，使 GE 像"小公司"一样灵活，"无边界行为"已经成为 GE 非常重要的管理价值观。GE 所有员工都已接受了这种工作方式，相互之间有非常好的沟通环境和团队合作的氛围。"无边界行为"不但不会和有序的组织管理发生冲突，反而为 GE 创造了一种自由、轻松、平等的沟通环境。

沟通是 GE 文化与用人之道中非常重要的一部分，无论是从下到上、从上到下的纵向沟通，还是平行的横向沟通。

（1）GE 的沟通渠道

GE 有 13 个相互独立的业务集团，加上公司不同的职能部门，传统与现代的沟通渠道在这里互相交叉，同时运用。根据不同的交流内容，沟通的渠道也不同。网上交流、电话交流、面对面交流、便笺式交流……传统与现代的交流方式在 GE 共存，目的却只有一个，即保证信息的畅通、沟通的顺畅。

圆桌会议、全体员工会议、优秀员工座谈会等这些集体的沟通方式也每天都在进行。门户开放政策即 Open Door 政策同样在 GE 实施，不流于形式，且得到真正的执行，使 GE 成为奉行 Open Door 政策最坚决、最彻底的公司。韦尔奇开创了一种风气，坚决杜绝那些官僚主义、形式主义。所以，Open Door 政策得以在 GE 实施，成为上下级沟通的有效渠道。

（2）无边界

在"无边界行为"理念下，GE 打破 13 个业务集团的界限，广泛地进行横向交流。按照人力资源、公共关系、销售、市场、财务等不同职能部门，建立许多松散的组织、协会，如人力资源协会等。这种职能上的协会经常横跨 13 个业务集团开展相关的沟通活动，比如就激励方法进行畅谈，对价值观的感受进行交流。每一个业务集团也非常重视与员工的沟通，业务集团或地区总部经常对公司最近的发展情况作及时总结，公布在公司的内部网络上，让员工及时了解。

(3) 员工大会

GE 定期举行员工大会，通过卫星直播、网上直播等方式进行。如网上直播形式的员工大会，每隔一两个月就进行一次，针对不同的问题在不同的地区或在全球范围进行。沟通是互动的，在 GE 内部，有各种内部媒体，与网络一起构成了沟通的平台，及时发布公司最新信息与管理层动态。这些渠道最终让 GE 全球 30 多万员工能够在第一时间及时了解 GE 领导人及高层的想法，了解公司的发展目标与政策调整的信息。公司的 CEO、各级经理也定期与员工进行面对面的沟通。除此之外，还经常召开不定期的员工大会。例如，GE 全球的 CEO 或 13 个业务集团的 CEO 以及其他高层领导到中国访问时，公司会特别安排员工与他们进行面对面的交流。这是一种很难得的沟通机会，员工可以把自己的想法直接告诉公司的高层领导。

(4) CEO 民意调查

CEO 民意调查是 GE 的 CEO 了解全球员工想法的一种非常重要的沟通方式。该民意调查每年进行一次，通过第三方专业的调查咨询公司设计专门的问卷，面向全球员工展开调查。调查问卷中包含是否喜欢 GE 的价值观，怎样看待正在实施的 6 个西格玛，对现在的工作是否满意等问题。CEO 民意调查在不记名的情况下进行，所有员工都可以毫无顾忌地说出自己的意见与建议。由专业的调查咨询公司对问卷进行统计，得出最后的数据结论。GE 根据这个客观的调查结果作出专门的报告，根据报告提出解决问题的方法。通过这种调查，公司 CEO 会对全球员工的想法有一个非常客观的了解，了解员工对公司的满意程度，以及对公司的中肯建议。

(5) "群策群力" 计划

韦尔奇受自己在克劳顿村与学员课堂交流方式的启发，决定在整个 GE 推行 "群策群力" 计划。

"群策群力" 计划的运作方式是座谈会，GE 邀请内部几十到一百不等的员工参加，聘请公司外部的专业人员，如大学教授来启发和引导员工进行讨论，而员工的上司不在场。在座谈会开始时，经理可能到场提出一个议题或安排一下议程，然后就离开。由外部人员启发和引导员工自由讨论，员工可以把自己的问题列成清单,认真地对这些问题进行争论,然后准备在经理回来时反馈。外部专业人员是经过GE高层慎重确定的,在外部专业人员的帮助下,员工和经理之间的这种交流变得容易得多。在座谈会上,GE要求经理必须对每一项意见都当场作出决定,对大部分问题都必须当场给予明确的答复,若有的问题不能当场回答,对该问题的处理也要在约定好的时间内完成。任何经理都不能对员工提出的这些意见或建议置之不理,这对消除官僚主义起到了巨大的作用。

有了座谈会,许多技术与管理上的问题可能会在平等而热烈的争论中得以迅速解决。通过"群策群力"计划,GE从员工那里得到了许多宝贵的意见和建议,为GE创建了一种能够平等交流与沟通的文化。通过这种沟通,每一名员工的想法都能得到重视,每一名员工都能够发挥作用;而经理通过对员工教练式的指导,也最终取得了良好的领导效果。

(6) 自上而下的沟通

GE的CEO,前任是韦尔奇,现任是伊梅尔特,他们都会经常给全球员工发电子邮件,告诉全球员工公司业务的变化等情况,与员工分享他们的体验。每名员工都有机会与CEO进行没有任何阻隔的交流。每名员工都曾为收到有韦尔奇电子签名的E-mail而惊喜,但后来会习惯,因为韦尔奇会经常把他对公司的看法直接告诉员工。

在GE扁平化的公司架构中,有了这种开放式的管理与沟通方式,使得距离已经缩小到让CEO可以直接和普通员工沟通的程度。在没有E-mail的年代,对海外员工,韦尔奇通过传真来实现便条式管理,在GE中国一名员工的办公室里,有韦尔奇亲笔签名的一张传真便条被复印后珍藏在墙上。

人们曾经一遍又一遍地问韦尔奇:"你是如何把GE的价值观移植到别处的?"韦尔奇告诉他们:"我们之所以能做到这一点,是因为它们本身都是极简单的价值观,那就是人的尊严和发言权。"在GE,这种尊严包含被重视、被关注、被在乎,而这一切来自他们的CEO。

从韦尔奇决定再造克劳顿村时,他就把CEO为员工上课看作一种绝佳的沟通方式。20年间,在克劳顿村举行的这种培训共有280次,他只错过了一次,而当时他正在做心脏搭桥手术。韦尔奇在任期间,几乎每个月都要去克劳顿村一两次,在20年的时间里,他得以与GE 18000名经理进行直接面对面的沟通。韦尔奇不喜欢发表演讲,而更愿意与员工进行公开、广泛的交流。与参加培训的员工交流之前，韦尔奇习惯提前将一份手写的便笺交给学员，上面写着准备讨论的一些问题，如"你遇到的最大挫折是什么，我能否给你提供帮助？""你希望看到 GE 哪些方面发生变化？""如果你被任命为 GE 的 CEO，你将做些什么？"等等。

在初级培训班上，韦尔奇会先让班上的学员做自我介绍，从而尽量多地了解他们的个人信息。之后，韦尔奇会倾听学员对 GE 的各种看法，包括对什么地方不满意，以及若他们处于 CEO 的位置上会怎样改变这些情况。

韦尔奇不但自己这样做，受百事可乐前总裁罗杰·恩里科（Roger Enrico）的启发，他决定让 GE 领导团队的每一名成员都要为员工上课。1995 年，韦尔奇在《财富》杂志上读到一篇文章，文章讲述了恩里科带领他的团队如何向公司的管理人员教授领导技能。于是，韦尔奇决定在 GE 推广这种做法。

现在，在 GE 克劳顿村的授课教师中大约有 85% 为 GE 的各级领导。事实证明，这不仅为 GE 的各级领导与学员之间的沟通提供了绝佳机会，也为学员树立了成功的榜样，起到了明显的激励作用。克劳顿村成为 GE 员工进行思想交流的大舞台，成为沟通信息、激发激情与活力的中心。

这种沟通方式在 GE 已经成为传统，伊梅尔特继续与员工沟通，每个地区的 CEO 以及每个业务部门的 CEO 同样频繁地参加新员工的见面、员工培训、员工大会等活动。GE 充分利用一切可以利用的机会与员工进行沟通与交流。

资料来源：宋杼宸，安琪. 企业文化激活沟通 [M]. 北京：电子工业出版社，2014.

沟通能使冲突平息，沟通能使人心平气和，沟通还能为组织增添意想不到的巨大力量，同时它也是信息力量的直接体现。

12.1 沟通概述

1. 沟通的概念

沟通一般是指组织内部人与人之间的信息交流，它是组织协调的工具，又称意见沟通。沟通的核心内容是信息交流，通过信息交流，使组织成员相互之间交换信息。观点、意见、情感和态度，以达到相互了解、信任与合作的目的。英国作家萧伯纳指出,假如你有一个苹果,我有一个苹果,彼此交换以后,我们每个人都只有一个苹果;但是,如果你有一种思想,我有一种思想,彼此交换以后,我们双方都有了两种或两种以上的思想。这再一次印证了一位哲人的话:快乐与别人分享,快乐的效能就增加一倍;痛苦与别人分担,别人的痛苦感受将减轻一半。沟通的协调功能是人际关系的润滑剂,沟通是协调的重要工具;意见沟通是影响行为的工具,也是改变行为的杠杆。因此,有关意见沟通的问题,总是受到管理学者的重视。

补充阅读资料12-1 虚 拟 沟 通

虚拟沟通主要是指人作为沟通主体,使用互联网信息技术,从事非面对面的交往互动的过程。虚拟沟通发生在由互联网信息技术支持的空间中,人们处于非面对面的状态下,但却可以接触、交换到大量丰富的信息。随着科技的发展,虚拟沟通已普遍可以满足人们视觉和听觉的需要。随着类似于电子邮件、微信、微博、抖音、快手等互联网信息通信平台的出现,越来越多的人每天都会涉及这样或那样的虚拟沟通,与不在身边的人甚至世界另一端的人沟通交流。

"虚拟沟通"这一词语,分为"虚拟"和"沟通"两部分。其中,"虚拟"是技术性的,技术让人们具备在线上进行影响现实生活的操作的能力;而"沟通"则是社会性的,沟通活动的起源可以追溯到史前人类甚至更远,在没有信息技术的时代,沟通也是存在的,人类的许多文明都是在沟通过程中产生的,甚至可以说沟通创造了人类和人性中的许多美好事物。虚拟沟通往往基于特定的社会关系,种类和形式也有多样性,如电子商务、虚拟团队、学术社区、社交媒体以及一对一、一对多、多对多。简单地说,虚拟沟通内涵丰富、外延广阔,涉及互联网信息技术并可以与不认识的人或机器(含虚拟人物)交流,但其重点还是体现在沟通上。

(1) 虚拟沟通中的联系

在虚拟沟通中发生的交往互动,主要围绕货币、权力、知识、兴趣等进行。这些主要内容范畴一方面很大程度界定了沟通者之间的关系,另一方面发挥着沟通纽带(也称连带)的作用,将不同的沟通主体联结起来。也就是说,沟通者作为社会交往主体,以互联网科技设备的端口作为信息节点,通过这些沟通纽带与其他主体发生互动。不同的虚拟沟通纽带或主要内容范畴，对社会的影响方式存在显著差异。其中，电子货币通过财务活动建立人与人之间的联系；权力通过"指挥与被指挥"活动建立人与人之间的联系；知识通过智力活动建立人与人之间的联系；兴趣通过激发人们内在动机后表现出的活动建立人与人之间的联系。

(2) 虚拟沟通中的基本意识

虚拟沟通的非面对面特征，使得人们对人和事物的理解、认知过程，与传统沟通中人们对人和事物的理解、认知过程存在差异。这些差异有可能使信息传递产生非预期的效果。在多对多的虚拟沟通中，信息发出者呈现出多元性，使沟通内容复杂化。在这种沟通形式下，每个信息发出者都可以根据自身的意愿发出相应的信息，而信息接收者能够看到每个信息发出者发出的信息，并能选择是否转发。该种形式的虚拟沟通，影响力也不限于信息发出者与信息接收者之间。例如，疫情期间大家通过网络平台建立沟通群来交流信息，群内成员能看到信息并将其转发到其他群，其他群的成员可以再进行转发，经过多次这样的过程，该信息的阅读量在非常短的时间内可以达到甚至百万次以上。这种信息传递过程，可以使任何事物都具有公共性，成为人人都能知晓的社会焦点。

在虚拟沟通中，信息受众具有不确定性。不确定性源于信息受众的类型存在差异。当下社会对多元文化的包容促进产生更丰富和谐的环境，但人与人之间迥异的文化差距则对信息的准确性要求更高。这种不确定性源于互联网中的用户的社会背景在真实世界中呈现出多元性。互联网用户众多，具有不同的文化程度、认知水平、经济状况、年龄、国籍、社会阶层等，这些因素会影响他们对一条信息的反应和理解，这也是由社会成员本身具有的差异所决定的，强调的是沟通对象的价值观和潜在反应的差异。

若要使虚拟沟通产生预期的效果和效力，则参与者之间应建立起基于事务的信任关系，还要注意沟通方法。例如，高频次的虚拟沟通适合简单的沟通内容，需要参与者更多理性思考的沟通活动则应适度降低虚拟沟通频率。另外，大多数虚拟沟通内容在短期内有效，虚拟沟通参与者应将最新的信息内容融入交流过程中。只有在信任建立起来后，沟通参与者才能充分进行交流。

> 虚拟沟通参与者在沟通过程中要保持理性。虚拟沟通是当下社会中一个逐渐成为主流形态的新产物，优势和问题都非常明显，并不断拓展着多元社会的边界。但其核心离不开沟通的本质，即交流信息和建立情感，从而敞开多维的人生，让有限的生命充盈且饱满。另外，人们在使用网络平台进行沟通、互动、交流时需要保持自觉性。
> 资料来源：郝洁.虚拟沟通：疫情之下人生的扩展[J].清华管理评论，2020，(6).

2. 沟通中的误区

这样的现象是我们经常看到的：在一些组织中，决策者不断地作指示，秘书们忙着将这些指示整理成文并下发到各部门，但一段时间以后，那些决策者会恼火地发现，他的命令或在执行过程中变了样，或执行得相当缓慢，有些甚至根本没有被执行。出现这种现象的原因有很多，而其中一个常见的原因是人们对沟通的误解。

误区一，沟通就是发布信息。我们经常听到这样的话："我告诉他了，谁知他还是不懂……"显然，信息虽然被接收，但含义的传递出了问题；也会听到这样的话："这个消息已经发出去了"，言下之意，接收者应该收到他的信息，但事实上恰恰不是如此，这个信息可能在哪儿被耽搁了，或者根本未引起接收者的注意和重视。所以，在沟通中，把信息传递出去只是沟通的开始，我们应该关注信息的含义是否被接收者理解，应该关注信息在传递过程中是否被扭曲，还要关注信息是不是真正传递到了相应的接收者那里等关键问题。

误区二，将沟通与态度的转变混为一谈。沟通之后，我们非常希望看到对方在态度方面作出转变，但同时我们必须记住，态度的转变只是沟通的结果之一。沟通的目标是非常丰富的，比如，让对方了解自己的意图，向对方表明自己的观点，甚至在沟通中自己的态度作出了转变，等等。因此，不能把对方的态度是否有了转变作为沟通效果的检测指标，这样做只会加大沟通的障碍，让对方觉得你是唯我独尊、不可理喻的。

误区三，沟通只是发生在意见不一的时候。意见相左是一个渐变的过程，开始时些许的不一致很容易被我们忽视，而当我们发现相互的观点大相径庭时，沟通已经变得相当困难了。我们会发现双方好像突然失去了谈话的基础，因为有太多的问题需要解释，于是双方都对能否有效沟通失去信心，最终导致放弃。所以，沟通应该经常进行，这样才能防患于未然，使双方经常处于协调的关系之中。

误区四，沟通只会增加成本。沟通需要成本，这是不言而喻的。沟通需要时间和一定的场所，有时可能还需要借力于某种形式。所以，有些看上去非常讲究效率的管理者会说："他们只要按照我所说的去做就行了，至于为什么要这样做，不是他们应该考虑的事情。"其实，这样做的实际结果是执行者失去动力，他们会感到自己是无力和无助的，于是在执行中便失去了主动性、积极性、责任心和创造性，遇到错误照做不误，遇到困难停滞不前或等待命令。由此可以看出，良好的沟通不会只增加成本，而是会减少执行中的总成本；相反，减少沟通看上去减少了成本，但将会导致执行总成本的成倍增加。

3. 沟通的作用

今天的管理学界正在热情地研讨一个崭新的名词——执行力，这些人认为，虽然现在管理理论可用"管理的丛林"来比喻，理论和手段名目繁多，但真正行之有效的方法似乎很少，他们看到许多企业的衰败并不是因为缺乏强有力的产品，或没有有魅力的使命以及规划周全的企业发展蓝图，而是因为这些企业的使命或精湛的决策未能得到有力的贯彻，因此提出执行力才是管理的基本问题。而这种执行力的获得和提高，其中一个至关重要的因素就是沟通。著名管理学大师彼德·德鲁克也曾明确地将沟通作为管理的一项基本职能。无论是计划的制订、工作的组织、人事的管理、部门之间的协调还是决策的落实，都离不开沟通。实践证明，良好的企业必然有良好的沟通。沟通在管理活动中具有不可替代的功能，是企业健康发展的关键因素之一。沟通对于管理的作用，主要表现在以下几个方面：

（1）激励作用

组织内部沟通的良好和顺畅，有利于构建适宜的人际环境、营造充满信任和理解的工作氛围，从而起到振奋员工士气、激发员工工作热情、提高员工工作效率的作用。

马斯洛的需要层次理论告诉我们，随着人们生理和安全需要的满足程度的提高，他们高一层次的需要，如交往的需要、尊重的需要将被唤醒，成为他们渴望满足的主导需要。而当今社会，随着科技的进步，社会生产力已经有了快速的提高，大部分人低层次需要的满足已经达到了相当的水平，他们的主导需要已经进入高一层次，因此，我们不难发现，经济因素虽然还是影响他们积极性的重要因素，但他们开始更多地关注人际交往的需要，尊重和被关注成为他们对待工作的态度和去留抉择的重要原因。良好的内部沟通，可以有效地增进相互的理解和支持，形成良好的社会心理环境，使上下左右团结一致，成为有效的整体，从而激发全体员工的积极性和协调性，使整体效能得到有效提高。

（2）创新作用

俗话说"三个臭皮匠，顶个诸葛亮"，集体的智慧要远远高于个体的智慧。人们发明"头脑风暴法"进行智力激荡，使个体有限的智慧得到成倍增加，究其实质，也是对沟通的充分利用。在沟通中，通过相互讨论、启发，共同思考和探索，往往能迸发出创意的火花。例如，惠普公司要求工程师们将手中的工作显示在台式机上，供别人品评，以便大家一起出谋划策，共同解决困难。

不同层面的员工对企业的关注点不同，他们的知识结构和能力结构也不同，如果他们能进行良好和顺畅的沟通，将有助于问题的发现和解决；各层面员工的信息和想法如果得到充分的分享，企业的创新就会变得容易许多。比如，海尔的一名喷漆操作工对喷漆时所用的支架的改革点子，使企业花在这方面的成本一年就省去了好几十万元；松下的意见箱制度也充分说明了这一点。

（3）交流作用

沟通的一个重要职能就是交流信息。这种信息交流可以是企业内部的，也可以是企业内部与外部的。企业内部的交流，有利于企业各组织各环节之间的分工协作，分享更多的智慧；企业内部与外部的交流，有利于企业获取市场信息，提高对市场的敏感度。只有企业内部之间、内部与外部之间信息交流通畅了，才有可能及时捕捉到有利于企业发展的各种信息并及时剔除妨碍企业发展的不良做法。比如，客服部门就是一个企业与顾客沟通的最便捷、最有效的渠道，如果它能在产品（服务）设计与消费者之间起到好的桥梁作用，那么，企业向社会提供的产品就会更符合消费者的需求。消费者的需求得到满足的程度，是昭示企业生命力的重要指针。

（4）联系作用

企业是生存在社会环境中的一个个体，它不是与世隔绝的。从系统的观点来看，它也是社会大系统下的一个子系统，只有不断与外界进行能量的交换，才能吐故纳新，保持活力。企业要与社会各部门保持良好的联系，要在社会公众面前保持良好的形象，要及时了解对手的实力和合作者的状况，要及时捕捉商机、避免危机，必须与方方面面进行良好和顺畅的沟通。沟通使企业与整个社会联系起来，与消费者联系起来，使企业及时了解生存环境和消费者的需求，使企业的使命和蓝图更符合实际。

12.2 沟通类型

按照不同的标准,沟通有如下几种分类:
1. 按照沟通者的相互位置划分

信息沟通的渠道很多,总体来说,凡是能传递信息的媒体都可以看作沟通渠道。如果仅从沟通者在信息沟通中的相互位置来考察,那么沟通可分为如下几种:

(1) 聚联式沟通

图 12-1 所示的沟通为聚联式沟通,在这里存在着一个信息中心,在沟通时,处于中心外围的沟通者只能通过信息中心接收和发送信息。在这样的沟通渠道中,每个信息只要通过两个点就能传递给需要信息的接收者,所以这种形式有利于信息的高速沟通和流向控制。同时,我们也不难发现,处于信息中心位置的人,对信息传递的质量和信息的传递与否有着很大的权力,从信息中心传递出去的信息是经过他处理的信息,所以他有权对信息加以筛选,他还有权力和机会选择信息的接收者,因此,很容易形成行政专断,如秘书专政,把领导架空。这样的形式会让处于外围的沟通者得不到平等的沟通权力,而且这些人之间也无法进行沟通,因此会产生不满的情绪。

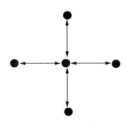

图 12-1 聚联式沟通

(2) 单联式沟通

图 12-2 所示的沟通为单联式沟通,没有信息中心,信息的传递是以两两传递的方式进行的,一个信息要传递出去,可能要通过许多这种两两传递的环节,传递速度很慢,而且因为信息在传递过程中要通过许多中间人,很容易造成信息失真,最后以讹传讹。在这种信息沟通渠道里,信息的传递没有一定的方向,有时会造成传递中断,形成信息堵塞,给工作带来不便。

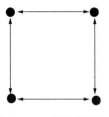

图 12-2　单联式沟通

（3）互联式沟通

图 12-3 所示的沟通为互联式沟通，在这种沟通形式中，信息的流转非常快捷，每个人获得信息的机会几乎相等，所以组织中的人们会产生很高的满意度。但采用这样的信息沟通形式，信息的传递没有方向，容易引起混乱。因为任何信息都很可能在非常短的时间内流传出去，因此会导致接收者信息负担过重。

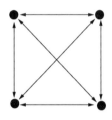

图 12-3　互联式沟通

（4）分联式沟通

图 12-4 所示的沟通为分联式沟通，这种形式把一个团体分成了若干个子系统，子系统之间没有沟通，相互封闭，这会造成子系统之间因沟通失灵而产生误解和冲突；同时，也会在子系统内部形成利益共存的局面，滋长小集团利益，从而威胁整个组织的团结与协作。

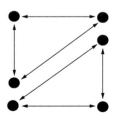

图 12-4　分联式沟通

从上述几种沟通的渠道结构来看,聚联式沟通是效率最高的,由于形成了信息中心,一方面可以加速信息的流转,但另一方面也因为会减弱中心以外成员之间的相互沟通,从而使人们的满意度降低。当我们必须在满意度和效率之间作出选择时,可能聚联式的沟通渠道结构是一种较好的选择,因为满意度的问题可以通过非正式渠道沟通如工作午餐、派对、酒会、新闻发布会等形式来解决。

2. 按照沟通的信息载体划分

按照信息载体的不同,沟通可分为语言沟通和非语言沟通,语言沟通又可分为口头沟通和书面沟通两类,详见图 12-5。

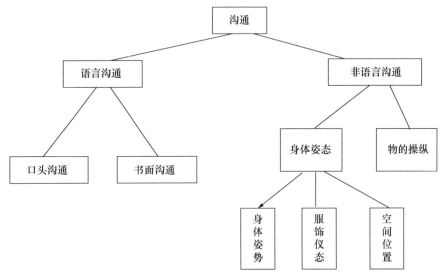

图 12-5　沟通按信息载体分类

(1) 书面沟通

书面沟通是用文字编码进行信息交流的沟通方式,如通知、通告、报告等。这种以书面记录方式固定下来的沟通,优点是信息内容便于保存和核对,对于需要长期保存结果的沟通来说是非常合适的。但是,这种沟通在实施时比较烦琐,不如口头沟通便捷。比如,花 1 小时写就的文稿如果通过口头沟通,往往只需要 15 分就可将信息传递完毕。另外,书面沟通的效果在很大程度上还受制于沟通双方对文字的驾驭和理解能力。

在进行书面沟通时,经常不能像口头沟通那样得到对方的反馈信息,因此最好对沟通的结果及时加以检查,以确认沟通的效果。

(2) 口头沟通

口头沟通是运用口头表达进行信息交流的沟通方式,如谈话、游说和演讲等。口头沟通是所有沟通方式中最简捷的方式,传递速度快并且能够及时获得反馈信息,能够立即弄清楚沟通的效果。同时,在以这种方式进行沟通时,可以运用语调、姿态等辅助信号,帮助对方加深理解。

当然,这种沟通方式除了信息传递速度上的优势和能够及时了解沟通结果的长处外,也存在一些缺点。比如,沟通结果不能保存,这对于一些需要长期保存沟通结果的沟通者说,是非常不利的。同时,口头沟通很容易受到"噪音"的干扰,如果沟通中传递的渠道过长,中间传递者过多,则很容易导致信号失真。

(3) 非语言沟通

非语言沟通包括身体姿态和物的操纵等,这种沟通传递的信息非常有限,所以单独使用起来是非常困难的。一般情况下,除非万不得已,它们一般都用来辅助对方正确理解自己传出的信息,而不是单独使用。比如,眼神是专注还是游移,肩膀是轻轻耸动还是垂头丧气,眉毛是舒展还是收紧等,都会给另一方传递有用的反馈信息,以便进一步加大沟通的力度。

在沟通过程中,我们除了通过身体姿态和物的操纵传递丰富的情感信息外,还可以通过服饰打扮以及双方距离的调整来传递和解读沟通者比较隐蔽的信息。如正规的穿戴可能暗示着沟通者非常重视这次交流,双方距离的变化预示着彼此间交流的投机程度等。

大多数人往往比较注重语言沟通,而对非语言沟通则不太重视。比如,一份报纸曾报道:某外资企业欲与国内一食品加工企业合作,经过考察,外企对中方的硬件和生产工艺非常满意,但就在最后签订协议的关键时刻,一位工人随手擤鼻涕的小动作使中方的努力前功尽弃。后虽经中方反复解释,还是无功而返。由此可见,非语言沟通所起的作用是不容忽视的,在进行沟通时,既要重视语言方式,也要重视非语言方式,做到彼此兼顾,相得益彰。语言沟通和非语言沟通的比较见表12-1。

表 12-1　语言沟通与非语言沟通的比较

方式			内容	目的
面对面	语言沟通	口述	指示和要求	上下级意见交流
		书面	工作要求	考察报告、通报情况
	非语言沟通		手势、表情	情感交流、工作示范
小组	语言沟通	口述	部门会议	解决问题
		书面	日程表	建议
	非语言沟通		停顿、沉默	收集真实情感

资料来源：胡巍. 管理沟通：原理与实践［M］. 济南：山东人民出版社，2003.

3. 按照沟通的途径划分

按沟通的途径，可将沟通分为正式沟通与非正式沟通。

正式沟通是按照组织构建的正式管道进行的，如汇报制度、例会制度以及组织之间的公函往来等。正式沟通的优点是权威性强、信息不易被扭曲，是组织沟通中的主要形式。

非正式沟通是指在正式沟通形式之外的信息传递和交流，形式灵活多样，如员工之间的私下交流、小道消息等。非正式沟通是正式沟通的有力补充，有时还能起到正式沟通起不到的效果。如意见的征询、人际关系的调整，往往采用非正式沟通效果更好。但是，组织中的非正式沟通往往也是小道消息形成和扩散的主要渠道，它对组织的作用可能是正向的，也可能是负向的，应该引起管理者的注意。

4. 按照信息流通的方向划分

按照信息流通的方向，可以将沟通划分为上行沟通、下行沟通和平行沟通。

(1) 上行沟通

它是指下级人员逐级向上反映，让上级主管了解下情的沟通。下级人员反映工作情况时要尽可能减少个人情绪对信息真实性的影响，保证信息的客观性；如果是为集体利益，会比为个人利益更容易被上级接纳；出于个人的某些意图，有意讨好个别领导，"以人划线"反映情况是十分落后与庸俗的做法，容易引起上级领导人员之间关系紧张，危害组织的稳定。

(2) 下行沟通

它是指通过组织层次，将组织的目标、计划、打算、方针、政策、要求和规章制度逐级向下传达的沟通。有意中断下行沟通的中层管理者，要注意他的真实动机，这种做法一般会危害组织的统一性和战斗力。

（3）平行沟通

它是指组织内同一层级之间的沟通，良好组织状态之下的平行沟通是在上级总体目标指引下的沟通，是一种既有竞争，更能增进友谊的沟通。在沟通中一方不应损害另一方的利益，而应在平等竞争条件下进行沟通。上级主管不能以个人情感评价沟通质量，否则会引起下级有意"投其所好"，使沟通信息失真。

5. 按照反馈信息回授量多少划分

按照反馈信息回授量多少，可将沟通划分为单向沟通、双向沟通和综合沟通三种。

（1）单向沟通

电台、电视台播音员向听众传达信息，或者一般商业广告信息传播，如果不采取有意的回授手段，传递者同接收者之间，没有视听觉方面的信息沟通，完全是单向的信息灌输。这种沟通，保证了信息不受任何干扰，完整而快捷地传达到接收者。这种没有反馈回授的信息传播，称为单向沟通。单向沟通因为缺乏反馈回授信息，所以属单方面的不完整的沟通。

（2）双向沟通

它是指信息传递者直接面对接收者，传递者不仅可以看到接收者的表情、状态，而且与接收者之间还可以按不同方式互相交流，进行实质意义上的沟通。双方都可以根据沟通状况随时变通沟通内容和方式。这是依赖反馈信息进行的完整沟通，反馈信息对双方行为方式的干预和作用特别明显。例如，谈话、座谈会、咨询等都属于双向沟通。

（3）综合沟通

它是一种拥有单向沟通和双向沟通特点的全面型沟通。除采取补充手段外，一般情况下，信息传递者从接收者那里回授的信息是不完整的，只能部分获得回授。例如，教师根据懂了还是疑惑的学生表情来调整自己的授课内容和表达方式，这种沟通属于"独白"，因回授信息有限，对传递者的行为调整要求很高，有时会形成调整困难。尤其是初次上课的教师，开始会产生课堂适应困难，在过分紧张时如果有意创造机会，增加回授信息量，如对学生提问，则可以调节教师心态，使其稳定情绪，从而收到良好的效果。

12.3 沟通障碍

沟通障碍是指妨碍沟通顺利进行的一切因素，主要有以下几个方面：

1. 编码和解码

编码是信息传递者将其要传递的内容符号化的过程，译码则是接收者将收到的符号进行还原的过程。信息的准确传递，需要双方对符号拥有相同的认知，否则会引起沟通困难，在信息还原时出现南辕北辙的结果。

（1）经验背景

信息传递者在对信息进行编码时应该充分考虑接收者的经验背景，因为经验背景的不同会使译码还原时出现困难和错误。使用不同的语言会使沟通无法进行，这是人们熟知并会自觉避免的。但事实上，即使使用相同的语言，沟通的效果也会有很大的差异，对于这一点，沟通双方往往不能给予足够的重视。比如，对某些内容的概括及术语的使用，传递者如果不考虑接收者的情况，而只是依照自己的知识结构进行编码，若双方的经验背景不相重叠，接收者解码时就会出现错误，从而无法正确理解传递者的真实意思。

（2）编码中的内容安排

为了提高沟通的效率，我们必须适当提高信息量，减少冗余度。因此，在编码时必须对传递的信息进行仔细的研究，信息的内容要言简意赅，直奔主题，不要用太多的修饰词，使接收者能很快明白所传递的信息内容。信息内容的安排还要注意首尾效应，对重点之处进行适当的重复，以引起接收者足够的重视。

补充阅读资料 12-2　首尾效应

首尾效应是指这样一种心理现象，即当传递的材料在内容和结构上存在相似性时，前面的材料会对尾部的材料产生干扰（前摄抑制），而尾部的材料也会对前面的材料产生干扰（倒摄抑制）。这两种干扰的结果就是当我们在进行信息沟通时，往往前面的材料和尾部的材料容易沟通成功（即被理解和记住），而中间的材料往往会因干扰而被忘却，造成沟通的失败。

2. 心理因素

在沟通中，人们的情绪状态、认知特点等心理因素也会影响沟通的效果。

(1) 情绪状态

人的情绪状态对人的注意水平有着重大的影响，平和的情绪状态对沟通是不利的，因为这时信息传递者很难吸引接收者的注意。在平和的情绪状态中，信息接收者容易分心。所以，有经验的沟通者一般都很注意情绪的调节，例如，在演讲者出场时，用音乐或鼓动的方法制造一种激动的情景，这对演讲者的顺利开场显得特别重要。需要注意的是，负向情绪与正向情绪对沟通效果的加强都是有益的。一般情况下，在感到压力和威胁时，或者有好感而感到亲近时，人们都会对信息的内容处于高度的关注状态。

(2) 知觉选择性

人们总是处于信息的海洋中，但并不是对每种信息刺激都能感受到，大部分信息是被人们不自觉地过滤掉的，这是不以人的意志为转移的心理活动规律，即所谓"视而不见，充耳不闻"。而那些没有被过滤掉的部分，往往是与接收者的需要、兴趣、意向相关的内容。

因此，在沟通时，控制对方知觉选择的方向是非常重要的，这就要求信息传递者在组织信息内容时，必须充分考虑对方的需要和兴趣。

(3) 空间位置

空间距离越远，越不利于沟通，这是常识性的问题，但是随着信息技术的进步，地域上的距离对沟通的妨碍作用日益减弱，而空间位置的作用正引起越来越多的人的注意，这方面的研究也正在增多。在2人或多人小组会谈中，相互间的距离、座位的安排对双方的心理会产生十分微妙的影响。图12-6描述了2人会谈中座位的安排与双方心理距离的关系，由左往右，心理距离由大变小，由此可知，沟通效果也由左到右依次增大。同样，在谈判、商务用餐、会议等各种场合，座位的安排由于其隐含的信息会引起人们心理的变化，在实际安排中应该十分小心。

(4) "巨大性"和"微小性"心理效应

在上下级沟通中，因为双方地位不同，往往会出现一种被称为"巨大性"和"微小性"的心理障碍，在这种沟通中，处于高级地位或主管地位的人，在他的下级的心目中有一种"巨大性"的心理形象；反过来，下级在上级的心目中有一种"微小性"的心理形象，造成下级不能或不敢畅所欲言，为了防止出现这种现象，在交谈中上级语气要平和，少威严，表现出适当的热情，下级也

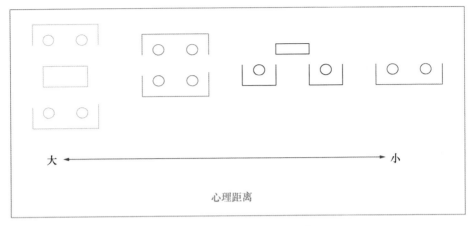

图 12-6　沟通位置与心理距离

要进行积极的心态调整。如果把交流沟通看作一次展示自己的机会，那么沟通的事前准备也就会比较充分。由于事前准备比较充分，就不会太紧张，容易正常发挥。巨大性和微小性障碍会随着交流次数的增加和交往频率的提高而自动消失，最后会进入正常的平等的沟通状态。所以彼此间增加接触，随着关系的逐渐协调，交流的困难也就逐渐减少。

3. 自我状态

著名社会心理学家伯恩（Eric Berne）首创并加以发展的分析理论，是关于沟通行为中调整自我状态的经典理论。他将沟通中人的心理状态分为三种类型，即父母自我状态 P、成人自我状态 A、儿童自我状态 C。需要注意的是，这三种心理状态与生理年龄无关，只是反映了三种不同的行为特点。

通常情况下，每个人的心理成分中都有三种"自我状态"同时存在，有时它们会有不同的比重，这时我们会看到一些人一贯地以 P、A、C 三种状态中的某种自我状态与人交往；有时它们占有相同的比重，这时我们会看到一些人能很好地调节它们，相机行事，根据实际需要进入 A 状态或 P 状态，或 C 状态。

P 状态，指父母对待子女的态度及行为，当一个人板起脸孔教训人或表现出高高在上的地位时，就是 P 状态的一种表现。它以权威性和优越感为标志，经常表现为统治人、责骂人、训斥人以及其他权威作风。

A 状态，注意事实资料的搜集和客观理智的分析，能够站在客观的立场上冷静地分析情况，这种状态表现出客观和理智，不受 P 状态和 C 状态的干扰。

C 状态，指以儿时的方式去思考问题、解决问题、作出行为，对事物的认识缺乏客观性，理智容易被情绪所左右，没有主见，像孩子一样需要成人的指点和帮助。

三种状态在个体身上汇合，以性格的形式加以表现，平时它们隐藏在人的潜意识中，每个人身上所体现出来的三种状态的具体比例有所不同，但是在适宜条件下它们总会流露出来，每个人总是处于某种自我状态下同别人进行相互作用。在与人交流沟通时，自我状态不总是固定的，往往在不同的状态下进行着转换。

因此，在与人的交往中，管理者必须确切了解对方在沟通时所处的心理状态，以便作出正确的回应，取得良好的沟通效果。

(1) 互应性交流。这是一种正常的交流，相互作用是平行的，也称平行沟通。例如：

下级："这个周末会有加班任务吗？"（A）

上级："在我看来，会有加班任务。"（A）

或者，

上级："这个任务一周内能完成吗？"（A）

下级："如果没有其他干扰，我看能完成。"（A）

上述两种沟通都能顺利完成，因为是平行沟通，如图 12-7 所示。即只要是平行沟通，沟通就能完成。

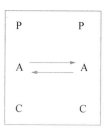

图 12-7 平行沟通

再如：

下级："科长我身体不好，想回去休息，可以吗？"（C 对 P）

上级，"可以，回去吧！"（P 对 C）。

又如，某人违反了纪律：

上级："下次不能再犯了。"（P 对 C）

下级:"好的。"(C 对 P)

因为是平行沟通,沟通也能顺利完成,如图 12-8 所示。

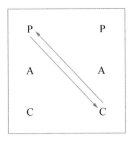

图 12-8 平行沟通

(2)交叉性沟通,沟通会中断,甚至发生冲突。例如,调工资时:

下级:"这次调整我能否提级?"(A 对 A)

上级:"你连目前的任务都完不成,还想提级?"(P 对 C)(见图 12-9)

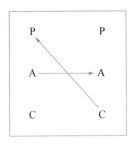

图 12-9 交叉性沟通

(3)隐含性沟通。这是一种复杂的交流,在交往中,真正的信息往往没能真正表达出来,而是隐含在另外一种社交客套之类的交流中,如一位上级想把下级派往外地,这样有利于考察,但同时考虑到他可能不愿意去,于是向下级发出了两种信息。这时如果对方不配合,很容易导致沟通失败。

甲:"你看,我厂在南京的办事处最好去一位得力的同志。"

乙:"是的,你说得对。"

甲:"你看谁去好呢?"(直接表现出来的沟通方式是 A 对 A)

此时甲本意是暗示让乙去(隐含表现出来的沟通方式是 A 对 C),但又不想直说,而乙正好不想去,于是回答说:"那就让丙去吧,丙是个……"如图 12-10 所示。

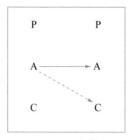

图 12-10 隐含性沟通

因此,礼节如果失去真诚,就会变得虚伪。当然,在有些场合下运用隐含性沟通是必需的,如不便直言的外交场合。

综上所述,只要处于平行状态,人们的沟通就能顺利进行。但在管理中,为了排除沟通上的心理隔阂,选择 A 状态进行沟通应该是比较合适的,这样做容易引起对方以 A 状态作出相应的心理反应。同时,在沟通时应尽量避免使用"你必须、你应该"等命令式词语,以减少冲突的发生。

12.4 沟通指导

有效的沟通需要指导。沟通要针对不同的类型选择有效的方法。要学会表达、倾听、反馈等,防止产生不良沟通方式。

1. 学会表达

正确表态是沟通的前提,无论是书面沟通还是口头沟通,都需要我们能正确表达自己的想法。空洞和缺乏逻辑的文章,混乱的语义表达,都会使沟通失去基础。因此,平时要注意学习,加强书面和口头表达能力的训练。同时,在表达时必须充分考虑对方的知识经验背景,用对方能够理解的语言进行表述,切忌卖弄学问,否则会弄巧成拙,影响沟通效果。

2. 学会"说话"

能言的人要学习"会言"。这里的能言,是指天生有一副好口才,伶牙俐齿、能说会道,不管在什么场合,也不管在什么人面前,都能滔滔不绝。但有时唇枪舌剑,得理不饶人,这样的人虽然能言,但是人们会因此害怕他,因为他说话经常不分场合,不分对象,是属于沟通中有语言运用缺陷的人。会言是指在沟通中,表达要同所在的场合氛围相协调,要选择双方感兴趣,能吸引对方积极参与或者是双方都熟悉的话题内容。总之,沟通中的语言交谈是门艺术，掌握艺术就要好好地学习，语言艺术是在有目的的锻炼中培养出来的。

3. 学会交谈

学会与员工交谈，这是每一个管理者都不可缺少的技能。从协调意义上说，愉快的工作就是谈话，是探索性的对话，这种对话不是与别人简单地"通话"，而是双方简便、直接、真诚的谈话，通过谈话使对方拥有激情、树立信心、提高自尊。

请你体会，在下面"观念应用分析12-1"中的各类不同情境下，一场简单的谈话将会给对方留下什么？与通常的谈话相比，这样的谈话有什么不同？由此再领会一下管理者应该具备的沟通技能。

观念应用分析 12-1

一位有威信的领导，在对下属授权之后，非常自然地说："相信你的能力，此事全权委托给你！"

面对青年员工的一次过失行为，这位领导说："这不是你的原意，相信你以后不会再出现类似的闪失。"

对一个即将出门去参加一次重大考试的孩子，家长吩咐："我相信你一定能考好。"

丈夫下班回来，看见正在厨房忙碌的妻子和桌上准备好的饭菜，尝了一下味道后对妻子说："今天的菜肴怎么这么好吃，你辛苦了。"

问题：试分析上面的对话材料，对沟通活动有哪些启示？

分析提示：案例中的每一个场面，都因为艺术性的对话而使周围洋溢着信任、和谐、协调的气氛。这个氛围是如此重要，它迅速传递到交谈对方，被对方接收，也被对方理解。此外，交谈者之间还有"心的交流"，每个人都拥有愉快、坚定、积极的心态，争取把任务完成得更好，从而让对方放心。同时，大家一定会感觉到，参加谈话的人的文化层次、素质条件都是较好的，能使人放心的，这是氛围形成的基础，是不可缺少的一个条件。

4. 学会倾听

让自己静下心来倾听别人的想法，是需要一定的毅力的，尤其是别人的地位比自己低、想法与自己相左时，倾听会显得更为困难。倾听是沟通成功的重要基础之一。沟通经常是双方思想的交换，没有倾听，就不能很好地交换信息，也就不会有积极的沟通。积极倾听要做到专心、客观和完整。听的时候要有明确的目的，这样才能抓住对方所说的要点，完整而准确地理解对方的意思和想法。

5. 积极反馈

反馈是检查沟通是否顺利的主要方法。作为信息的传递者，要注意接收者的反馈；而信息的接收者，也应该积极主动地对传递者进行反馈，以便检查意思、想法究竟是否得到了正确的传递。相反，如果双方都不注意反馈，那么，意思和想法是否被正确理解就无法知晓，沟通的效果也就难以保证。

6. 要有健全的人格

在沟通过程中，管理者的人格魅力显得尤为重要。令人信服、有亲和力的人，会使沟通变得顺利许多。

（1）言而守信

孔子说："民无信不立"；曾子提出修身、齐家、治国、平天下，都把个人修养放在第一位。为人处世一定要讲诚信，商业社会是最讲诚信的社会，管理工作中更要做到言必信、行必果，以管理者的人格魅力取信于员工，才能做好沟通协调工作。

（2）为人大度宽容

人与人之间免不了会产生矛盾，如何处理呢？一种是耿耿于怀，另一种是虚怀若谷，"相逢一笑泯恩仇"。我们要对员工宽容大度，即使是对犯了错误的员工，人非圣贤，孰能无过？制度无情，人却有情，有了情就可以做到互相谅解。

（3）不要为一点成绩而沾沾自喜

在沟通协调工作中会发现，那种做了一点好事，唯恐别人不知道的人；那种事情做得不多，但却可以讲上半天，洋洋洒洒写下一大篇的人，他们在人际关系方面往往处理得不好。管理者要做脚踏实地的人，不要受到一点表扬就飘飘然，要知道许多情况下成绩是大家共同作出的。

7. 在沟通中学会调控情绪

管理者不要为一点小利，为一点"小损害"而大动肝火，要用理智去控制调节自己的情绪，这样才能做好协调工作。

利用认识评定法，迫使自己使用"我的方法是否恰当""是不是还有更好的方案"这样的提问，对自己的工作再作一番思考，这样有助于主动调节情绪。转移注意力，适当进行心理宣泄，也是调节情绪的常用方法。

8. 经常检查沟通网络

应经常检查组织中的沟通网络是否健全，若不健全，则可能是沟通网络设计有问题，导致信息沟通不畅，反映意见的途径不畅通。企业要为员工打造良好的全面的信息沟通网络，创造广开言路、有利沟通的环境，厂务政务要尽可能公开，利用媒体的舆论监督作用，提倡民主经济作风。企业各级管理部门要长期坚持深入群众，坚持调查研究，了解员工的疾苦，为员工排忧解难。

9. 防止产生不良沟通方式

在沟通中常见的错误方式有以下几种：

(1) 强行表达自己的意见，经常打断别人的话题；

(2) 在沟通中喜欢诉苦，对外界无端抱怨；

(3) 搬弄是非，喜欢议论他人；

(4) 一边与人沟通，一边做自己的事情；

(5) 不适当的身体语言；

(6) 当着领导的面讲一些溢美之词。

本章小结

沟通是管理中的一项重要职能，管理的方方面面都离不开沟通，沟通需要建立在信息有效传递的基础上。通过本章学习，我们了解到沟通一般是指组织内部人与人之间的信息交流，它是组织协调的工具，又称意见沟通。沟通的核心内容是信息交流，通过信息交流，使组织成员相互之间交换信息、观点、意见、情感和态度，以达到共同了解、信任与合作的目的。

按照不同的标准，沟通可分为不同的类型，针对不同的类型，需要选择有效的方法。沟通障碍是指妨碍沟通顺利进行的一切因素。要学会表达、倾听、反馈等，防止不良沟通方式，学会有效沟通的方法。

主要概念和观念

□ 主要概念

沟通　　　　沟通障碍

基本训练

思考题：沟通障碍中的心理因素有哪些？

实务题：收集日常出现在学生寝室里的不良沟通方式，加以归类并作出成因分析。

第五篇　控　　制

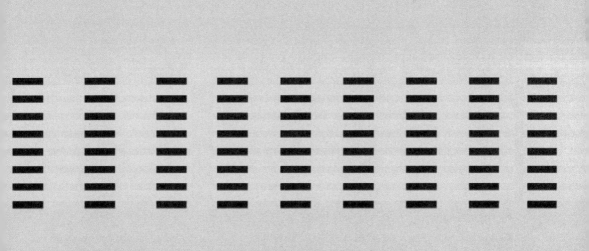

第 13 章

控制与协调

 学习目标

通过本章的学习,应该达到以下目标:

知识目标:了解控制职能原理的变化过程;能够运用信息论的观点理解传统的控制职能;了解什么是规范失调、规范化进程、企业的核心竞争力。

技能目标:能够按照协调原理,提高组织协调的技能。

能力目标:熟悉各种控制与协调的方法,做好组织的协调工作。

引例　德胜洋楼的管理神话

德胜(苏州)洋楼成立于1992年,从事美制现代木(钢)结构住宅的研究、开发设计及建造,是美国联邦德胜公司的全资子公司。德胜洋楼在中国定制别墅市场具有强大竞争力,占有约70%以上的市场份额,年销售收入约4—5亿元。公司的核心价值观是"诚实、勤劳、有爱心、不走捷径"。和这四条价值观相匹配,德胜洋楼有很多别具一格的规定。以该公司规章制度为主要内容的《德胜员工守则》在2013年第3版发行前,该书旧版已重印 30 次，销量达 50 万册，被誉为"中国企业管理圣经"。以下是部分内容摘录：

公司永远不实行打卡制。员工应自觉做到不迟到、不早退。员工可以随心所欲地调休，但上班时间必须满负荷地工作。

员工不得接受客户的礼品和宴请。具体规定为：不得接受 20 支香烟以上、100 克酒以上的礼品及 20 元以上的工作餐。

所有管理人员永远不能脱离一线，每月在一线代岗或顶岗至少一天。管理人员首先必须是出类拔萃的员工，然后才是管理者。

同事生病或受伤时，必须停止工作或休息，立即向上级反映，上级应给予相应的帮助，因为你生病或受伤时也需要同事这么做。

公司不能接受员工因公办事而自己垫付资金的事情发生。这种侵害员工利益的情况如长期持续，将会给公司带来很大的隐患。同时，员工也不能因办私事巧立名目，以欺诈的手段报销因私费用。

员工每年代表公司招待家庭成员一次，每人不超过 60 元，每次不超过 10 人。家庭成员指配偶、子女、夫妻双方的父母及其他直系亲属。如果未招待家人而用空头发票来报销，则视为欺诈行为。

员工每年代表公司向正在上学的子女（从小学到大学本科毕业为止）赠送一件礼品，如学习用品、服装或鞋帽等，价格不超过 200 元。

必须按照先质量、后价格的原则，在确保质量的前提下商谈价格。脱离公司质量标准的价格优惠，是绝对不能接受的。在采购过程中，禁止向供货商索要钱物，不准吃请。

本案例说明，如何使管理者和组织成员同心协力实现管理目标，不仅取决于"控制"，同时还取决于作为组织成员的各方对管理目标和实施方式的理解，并在多大程度上能够达成一致。好的管理制度才是达到控制、协调关系的良方。

13.1 控 制

所谓控制，就是监督各项活动是不是按照计划进行，以便及时进行"纠偏"。没有计划，控制也就成了无本之木；同时，控制又是计划得以实现的保证，没有控制，计划很可能就会落空。

13.1.1 从控制到协调

1. 五职能说中的控制

法约尔是管理职能学说的创始人，在他的五要素理论中，最后一个要素就是控制。他认为，控制就是要证实一下各项工作是否与既定计划相符合，是否与下达的指标及既定原则相符合。控制的目的在于指出在工作中的缺点和错误，以便加以纠正并避免重犯。总之，控制就是为了保证按既定计划和指令去完成任务的那些活动。

2. 七职能说中的控制

美国管理学家古利克（Luther H. Gulick）和英国管理学家厄威克（Lyndall F. Uruick）对泰勒、法约尔、福莱特（M.P. Follet）等的理论作了系统的总结，提出了管理七职能论（POSDCORB）。这七种职能是指计划、组织、人事、指挥、协调、报告、预算，原来的控制被取消了，被预算所代替。

补充阅读资料 13-1　POSDCORB

> 这是管理七职能说的英文缩写，即计划：planning；组织：organising；人事：staffing；指挥：directing；协调：coordinating；报告：reporting；预算：budgeting，除"协调"因方便发音取了单词前两个字母之外，其余都是取英文单词中的首位字母。

3. 三职能说中的控制

三职能说认为，为了实现有效的管理，在企业内部必须具备三种职能，这就是计划、组织和控制。它们之间的关系是，计划职能为组织和控制职能提供依据、目标和要求；组织职能为计划职能提供组织上的保证；控制职能是实行计划的手段，又是使组织职能充分发挥作用的保证。

不难看出，三职能说是企业围绕计划而进行的一种管理，是在计划确定经营目标以后，通过组织活动把企业的各种要素组合起来，在控制的检查和监督之下，纠正各种可能出现的偏差，达到预期经营目标的过程。控制内容主要有生产控制、质量控制、库存控制、成本控制和财务控制等。

职能学说关于控制的认识，就今天的系统论看来，显然过于狭隘了，因为它只限于对计划执行的控制，确切地说它只是财务、产品流程的控制而不是整个管理意义上的控制。

专题 13-1　控制任务与方法

> 控制任务：企业实施控制的主要任务是实现计划。这里有"维持现状"和"打破现状"两种情况：一是及时纠正偏差，使得执行结果符合计划要求；二是当内外环境发生意料不到的变化时，及时修订计划，确定新目标，执行新标准。
>
> 控制方法：预算和财务控制，生产和库存控制，质量和成本控制。

4. 控制的内容和工商企业的控制标准

（1）控制的内容

控制内容也就是控制的对象，根据美国管理学家罗宾斯的归纳，包括以下五个方面的内容：

① 对人员的控制。对人员控制的主要方法是进行系统的评估，通过评估对绩效好的进行奖励，对绩效差的进行纠偏。

② 对财务的控制。预算是有效的控制工具，改变预算要有严格的程序。应保证有合理的现金存量和合理的债务负担，保证组织资源得到有效的利用，并且严格审核各期的财务报表。

③ 对作业的控制，是指从原料投入最终产品和服务的转换过程中，对生产、工艺、服务质量等作业方面的控制，一般包括生产、质量、合格率、原料进出、库存等方面。

④ 对信息的控制。要求建立一个管理信息系统，为管理者迅速作出调控反应提供可靠的信息。

⑤ 对绩效的控制。根据不同组织所设置的目标取向，进行综合衡量和控制。对于企业可以用生产率、产量、市场占有率、能源耗用指标、员工福利、员工满意度等指标进行衡量。

对以上控制内容，可以采用定性、定量的标准衡量，数字化和定量化更容易达到准确的控制。

（2）工商企业的控制标准

① 时间标准，是指完成工作的时间限度。

② 生产率标准，是指计划确定的单位时间内所完成的工作量。

③ 消耗标准，是指完成任务过程中各种资源消耗情况，以劳动力、能源和原料消耗为主要指标。

④ 质量标准，是指产品合格率或劳务服务质量。

⑤ 员工行为标准，是指员工整体素质的提高和执行规定情况的考核。

13.1.2 控制论意义上的控制职能

自维纳（N. Wiener）1948年创立控制论以来，经过几十年的发展，到了20世纪70年代以后，控制论进入大系统控制论阶段。大系统控制论中的控制是指在各种耦合运行的系统中，保持系统平衡或限制在某一个范围内运作，从而实现系统设计目标的一切手段。

由此可见，控制过程实质上是一个信息传递过程。控制活动是要把系统运行的标准信息传递出去，再把系统输出的部分信息反馈回来，利用反馈信息对企业总体目标实现调节作用，以保证整个系统的正常运行。控制过程的内在机制是信息的反馈，生物学意义上的反馈其实就是指前次的行为结果对后续行为的调节作用，这种作用可以是促进、巩固或强化，也可以是制止、减少或消退，起到协调组织系统实现组织目标的作用。

专题 13-2　　反馈

按照系统论和控制论的观点，反馈是指系统中一个变量的变化，通过一系列因果关系重新影响到这个变量本身的现象。

反馈有两种基本形式，即正反馈和负反馈。正反馈是指系统中过去行动的结果，加强系统后继行为的强化作用；负反馈是指系统中过去行动的结果，减弱或稳定系统后继行为的调节作用。负反馈原理在工程技术系统中的应用十分广泛，如稳压电源、恒温器的调节系统中都使用了负反馈的技术。

从"专题13-2"可以看出，传统意义上的控制是一种对计划的控制，而不是对整个组织系统的控制；传统意义上的控制方法，仅仅是生产、财务和质量方面的控制方法，它属于生产流通过程中的控制方法，而不是整个管理上的方法。现代管理自始至终都强调以人为中心的管理，对人和人之间的关系一般使用协调而不是控制；通过协调人际关系和各个部门的职能，使整个组织和谐、平稳、创造性地进行工作,使传统意义上的控制转变为协调,用加强人际沟通来实现协调组织系统的目的。

13.2　协　　调

协调是保证组织步调一致、有序运作的管理工作,是充分体现管理者管理原则与领导艺术相结合,发挥个人魅力和管理水平的一项工作。协调包括对外协调与对内协调,公关和沟通是其核心工作,两者都是围绕提升企业的核心竞争力而展开。

13.2.1　协调原理

前文已述,组织不分大小,它们之所以能够形成一级组织,是因为人们之间具有共同的目的和一致的行动,协调就是指人们为了追求共同的目的而形成的一致行动。共同的利益和目标,成员之间相互承担义务和相互服务,是组织协调的基本条件。协调由组织提出,对其成员的行为进行一致性规范,使个体行动围绕企业的中心任务而进行调整。群体成员的规范失调是协调时需要特别关注的对象。

1. 规范失调

规范失调是指群体成员不能适应组织规范,无法用现存规范约束自己行为的状态,它使成员产生一种在组织无益处、无价值的感觉,同其他成员疏远甚至处于孤立状态,主要表现为迷惑、不知所措、不安、焦虑、恐惧和无能等心理困惑。归因外指,非理性地强调客观,是规范失调者的共同表现,他们在组织中往往被认为"素质低",进而被人忽视。产生这种状态的主要原因是组织规范已经发生了较大的变化,而个人仍然处于以前规范的氛围中,对新的组织规范不能适应,归因外指使个人的社会化进程遇到困难。规范失调不仅会影响个人的社会适应能力,而且会影响一个组织的正常生产秩序,在社会变革比较激烈的时候,对这种现象尤其要给予高度关注。

补充阅读资料 13-2　　归因

归因是指人们对他人或自己的行为进行分析,推论出这些行为内在原因的过程。最早对归因进行研究的是美国心理学家海德(F. Heider),他认为对周围世界的一致性理解和控制环境也是人的一种需要，正确归因，是这种需要获得满足并使一级组织实现协调的基础。归因分为内归因和外归因，内归因指向人格、情绪、自己的努力程度等人的内部条件；外归因指向外部条件，如试卷难度、工作环境、别人的态度、客观机遇等。归因取向如何在一定程度上反映了个体的能力、气质和人格特点，也会影响组织协调工作的正常进行。

2. 规范化过程

规范化过程是指群体在采取决定时的折中现象。人们在群体研究中发现，每个群体在作出集体决定的过程中，群体作为所有个人意见的"仲裁员"往往抛弃其中最保守和最冒险的决定，接受所有个体决定的某种折中观点。法国学者莫斯科维奇（Serge Moscovici）称这种现象为规范化过程。群体决定比个人决定更容易趋向稳定和保守，在其他如对从众现象、群体规范形成等的研究中也得到了验证，并且有人把从众行为看作规范化过程的成因。管理者的任务是掌握规范化过程的规律，恰当地运用集体力量来克服个人智慧方面的欠缺，做好协调工作。做好协调工作的一个重要方面，就是协调的中心任务一定要明确，那就是围绕企业核心竞争力进行协调。

13.2.2 核心竞争力

核心竞争力是指企业对技术、治理机制和集体学习实行有机组合、高度协调和统一，从而使企业在多个事业中产生稳定效益的一种关键能力，又称企业的核心能力。

核心竞争力是美国战略学家普拉哈拉德（C. R. Prahalad）和哈梅尔（G. Hmamel）在1990年提出的，一经提出就引起了世界各国管理学工作者的高度重视。如果把企业比作一棵大树，那么树干和主要分枝就是企业的核心产品，小树枝是经营单位；树叶、花朵和果实是最终产品；而提供抚育、营养和稳定根系的则是企业的核心竞争力。在全球范围内展开的企业竞争，应该是核心竞争力的竞争，而不是传统理论中的产品和资本的竞争，这种理念将促使经营管理者从现有的管理观念中跳出来，把注意力转移到更深层次的问题上。

确认核心竞争力的标准一般有三个方面：（1）核心竞争力能为企业通往多种市场提供潜在的发展通道；（2）凭借核心竞争力产生的最终产品能为消费者的福利和生活质量的提高做出显著的贡献；（3）核心竞争力是使竞争对手难以

模仿的综合因素。管理者在协调工作中要把核心竞争力作为企业的主要资源加以培养和使用,首先要求管理者能辨认哪些是核心竞争力以及它的分布、数量和质量,同时在企业范围内加以调配使用,并通过对组织结构、信息交流、人事制度、组织文化等方面的协调,使其得到充分的利用和长期的培育。

小思考 13-1

日本本田公司的汽车、摩托车、发电机、剪草机和电动雪橇等是享誉全球的产品,尤其是汽车,在世界汽车市场占有很大的份额,美国的年轻人对它情有独钟,因此汽车是本田公司产品中的核心竞争力。这种讲法对吗?为什么?

答:错。这种讲法混淆了核心产品和核心竞争力的概念。知道内情的人都了解,本田公司以上产品之所以誉满全球,是因为本田所有整机的发动机十分出色。发动机是本田公司的核心产品,围绕发动机而形成的本田技术、本田研发制度、用人机制、管理经验和组织文化等综合能力,才是本田的核心竞争力。核心竞争力是企业的一种能力。

13.2.3 利益结合原则与协作

1. 新管理哲学原理

福莱特的"利益结合原则"被人们誉为"新管理哲学",她关于群体原则和协调方法的基本理论,对企业内部的协调工作和解决组织内部矛盾与冲突,具有现实指导意义。

(1) 群体原则

福莱特认为,组织的管理要力求使每个员工的潜力得到发挥,每个人的潜力不会自动生成,也不会自动地发挥出来,需要主观条件和客观条件的配合。就员工而言,他要认识到"个人的潜力,在它被群体生活释放出来以前,始终还只是潜能而已"。但是并不是所有的群体都能使人释放潜能,群体具有民主性,使成员在群体中得到尊重和感到无拘无束是很重要的条件,于是,福莱特提倡用民主讨论的会议形式营造发挥潜能的合适场所。她说:民主是社会意识而不是个人主义的发展,人们可以通过会议讨论和协作,相互激发起潜在的思想,并在对共同目标的追求中表现出团结而不是利益冲突。她还进一步指出:

只有通过群体，人们才能发现自己真正的本性，成为真正的人，一个自由的人。

福莱特关于群体原则的一系列论述要点包括：

① 个体要依靠组织，个人要依靠团体；

② 个人的潜能要通过组织才能得到发挥；

③ 民主的团体有利于个人潜能的发挥；

④ 民主协商，开会讨论，有利于不同思想的交融，产生新的思路。

小思考 13-2

多项选择：福莱特的利益结合理论属于（　　）的理论观点。

① 经济人；② 人际关系理论；③ 社会人；④ 复杂人；⑤ 需要层次理论；⑥ X 理论；⑦ Y 理论；⑧ 超 Y 理论。

答：②，③，⑤，⑦

（2）协调方法

在现实社会生活中，组织内部冲突带有普遍性，这种冲突可能由于对利益、地位、名誉的态度不同所引起，也可能是性格不同、工作作风不同所引起。因为是发生在组织内部，冲突双方不具有敌对的性质，冲突的正误、是非不一定泾渭分明，这给解决矛盾造成很大的困难。各个单位，特别是在各级领导层中存在的不团结现象，解决起来总是十分困难。福莱特关于组织内部协调方法的分析，为解决这类问题提供了重要的启示：

① 压服对方的方法。正因为矛盾冲突发生在组织内部，对矛盾的是非性质与界限难以论断。例如，由于积极与消极、冒进与保守、改革与传统、性格开朗与孤僻等差异所引起的冲突，在实际工作中就是经常见到的，矛盾双方常常会使用压服对方的方法来处理这类矛盾，这会给内部协调工作造成障碍，甚至使矛盾扩大。福莱特明确指出，压服的方法，只会使另一方压而不服，总伺机反抗，并且双方都可能因此去物色自己的追随者而使矛盾扩大化。如果这种矛盾发生在管理者之间，或者是高层管理者之间，其危害程度更大，这是不难理解的。

② 冲突双方各自多作让步的方法。这是一种双方妥协的方法。采取这种方法，必须要由有权威的更高一层的领导人作为调解人出面进行协调，才可能

使冲突暂时平息下来,取得短暂的平衡。但是从长期看,冲突并没有真正解决,双方都会感到妥协解决是"和稀泥"。"一旦时机成熟,双方都会故意提高解决冲突的原有条件",使冲突解决比原来更有难度。

③ 双方利益结合的方法。协调者通过深入分析,找出冲突双方最大利益的"结合点",随后在利益结合点的指引下找出解决冲突的具体办法。其实,矛盾冲突对双方是"两败俱伤"的事情,无论是对企业的目标利益还是个人利益,乃至于个人的身心健康,冲突所引起的心理压力和工作损失都是十分严重的。企业经济效益提高、经营改善、事业发展才是双方利益结合点的最佳选择;在事业发展中解决团结问题,是协调工作的基本思路。好的领导者所拥有的不是个人的追随者,而是一起工作的伙伴;他追求的是工作成功的快乐,使所有员工享受到工作的快乐,需要用自己的人格魅力和亲和力来影响周围的人,在这个基础上建立起来的威信,才是解决矛盾冲突的可靠力量。

要提倡共同的权力观,离开一级组织,个人的权力也将不复存在;要提倡能在一起工作,本身就是茫茫人海中的一种缘分,企业发展的共同利益使大家走到了一起;只要心中想到别人,在任何时候都设法为对方提供方便与帮助,许多矛盾冲突自然而然就没有了滋生之地。

协调必须在早期进行,不要等问题成堆了再进行。协调中一定要注意冲突双方的协作精神,这是心理学为我们提供的理论指导。

2. 协作

协作是指相互作用的各方联合起来,为达到共同的目标而协调各自的活动。协调活动的结果,不仅有利于对方,也有利于自己。相互协作的关键在于各方的利益是否一致,若各方的利益相斥,一方需要的满足会影响他方需要的实现,则会出现竞争,而不是协作;反之,若通过协调各方的利益能达到一致,目标实现便有赖于各方的共同努力,良好协作的局面也将如期出现。除此之外,影响协作效果的因素还有以下几种:

(1) 彼此间相互信任的程度,信任是协作的基础;(2) 性格因素,多疑、自私、气量狭小等性格阻碍人们相互协作,而大度、宽容、豪爽等性格则能促进协作;(3) 组织制定与提倡的激励条件,如提拔和使用条件、领导用人风格、环境和氛围等。但不管是出于什么样的原因,信息沟通状况都是各种因素发生作用的共同作用源,良好的沟通可以克服以上所有因素中的消极面。因此,管理中要十分注意沟通的作用,协调工作更是如此。

本章小结

本章在介绍管理的控制原理以后，立足以人为中心的管理思想，从一般的控制向协调原理作了过渡，全面系统地介绍了控制、协调的原理。法约尔是管理职能学说的创始人，他提出了协调和控制职能，但是，古利克等在总结前人理论时，把法约尔的五职能说改为七职能说，而且取消了控制职能。读者在学习过程中要从管理的整体职能和以人为中心的管理思想，去理解这个变化过程并且就此作适当的延伸，与实际管理工作相结合进行全面把握。

在控制内容中，本章系统介绍了不同职能学说，介绍了传统理论中的控制任务和方法。同时对原本属于会计学内容的财务预算等作了点到为止的处理，意在腾出时间和空间，使学生在全面管理上多掌握一些知识。协调是指人们为了追求共同的目的而形成的一致行动。在协调中经常会遇到规范失调的人，他们在归因上有过分指向外部的特点，需要重点给予帮助。企业的核心竞争力概念，愈来愈受到人们的关注，提高企业核心竞争力是协调工作的主要任务。福莱特的利益结合原则和协作方法，为协调工作提供了新的思路。

主要概念和观念

☐ 主要概念
规范失调　　　　核心竞争力　　　　协作

☐ 主要观念
现代管理中的控制　利益结合原则

基本训练

☐ 知识题

13.1　阅读理解

(1) 如何理解现代管理中的控制？

(2) 简述群体原则的要点。

13.2　知识应用

判断题

(1) 现代管理中的控制职能主要是指对计划的实施进行全程跟踪并根据实

际情况进行调整。（　　）

（2）归因外指，非理性地强调客观，是规范失调者的共同表现。（　　）

（3）核心竞争力主要是指产品技术特征、生产能力特征、产品价格特征等。（　　）

□ **技能题**

操作练习

根据伯恩的理论分析自己在不同的沟通情境中会采用哪种自我状态，为什么？

观念应用

参加一次办公室会议，注意观察员工们在沟通时所运用的方法。

第六篇 创 新

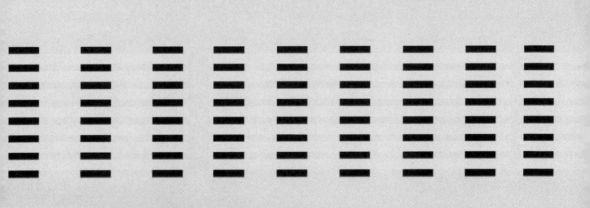

第 14 章
数字时代的创新

学习目标

通过本章的学习,应该达到以下目标:

知识目标:掌握数字经济的含义以及数字时代企业管理的特点;了解新经济形式下管理创新的内容。

技能目标:在了解企业再造的含义的基础上,掌握企业流程再造的基本技能。

能力目标:熟练掌握几种最新的管理模式(尤其是团队管理模式、学习型组织)的特点及适用条件,并具有分析某一组织典型管理模式的能力。

引例 海尔集团的"人单合一"

海尔的创业是从 1984 年开始的。1984 年,它还是一个资不抵债、濒临倒闭的集体所有制的小厂,员工只有几百人。全年的收入折合美元只有 53 万美元,亏空就达到 22 万美元。张瑞敏做厂长后,先制定了 13 条管理规定,整顿纪律。1985 年,为提高员工质量意识,海尔把 76 台有问题的冰箱当众砸毁,后不断提高产品质量并进行创新,成为全球白色家电的著名品牌。

2005年,海尔首次提出"人单合一"。人单合一,人就是员工,单就是用户,合一就是把员工的价值和用户的价值合一。海尔通过砸组织、去中层,打造一个具有"三自"和"三新"特点的庞大系统。"三自"是指自主人、自组织、自循环,"三新"是指新模式、新生态、新范式。而这个生态系统,永远不是静止的,而是无穷循环的。就犹如一个可以滋养万物竞相生长的"森林",不同的动物、植物、微生物都可以在"生态圈"中相互依存,共同成长,生生不息。

人单合一模式有六要素,分别是:企业宗旨、管理模式、组织架构、驱动力、财务体系、物联网。(1)企业宗旨是企业应该为社会创造更大价值,人员理念应该从"股东第一"变为"员工第一",让每一个员工充分发挥自己的能力,实现自己的价值;(2)管理模式方面,海尔人单合一模式的理论依据主要是互联网和物联网,强调价值理性为先导,形成目的与手段的统一,支持并联的多变平台,变成一个共创共享的生态系统,形成一个创造价值、传递价值的协调一致的体系和机制;(3)组织架构方面,海尔人单合一模式的组织架构是创造用户个性化需求的非线性组织;(4)驱动力方面,海尔人单合一模式的薪酬,是用户付薪及创客所有制的自驱力;(5)财务体系方面,海尔人单合一模式的财务体系创新了共赢增值表;(6)物联网时代,海尔生产的是用户传感器,用户交互的是体验而不是产品。

人单合一最重要的就是将"自然人"变成"自主人"。在海尔,每个人都是创业的主体,每个人都可以充分发挥想象力、发展潜在价值。活力的释放经历了从自然人到创客,到小微组织,再变成链群合约生态的过程,而链群就是生态链上的小微。所有的小微都可以根据市场需要自由组合。在没有各级领导、没有职能部门的前提下,依靠链群合约自主作出决策。要做到这一点,前提就是要归还"三权",也就是将决策权、用人权、分配权等企业CEO才拥有的权力,归还给员工。链群合约,就体现了"所有参与人的最优策略组成"。海尔的链群合约生态完全颠覆了科层制。传统组织是"产销人发财"各司其职,但现在变成一个个小微,小微围着用户转,聚合成链群,实现用户体验的迭代优化,这中间没有层级汇报。

海尔首创的人单合一模式,被世界很多企业实践、证明和认可。从1998

年以来,海尔共有十几个案例被哈佛商学院采用,最有代表性的三个,分别是1998年的《海尔:激活休克鱼》,2015年的《海尔:与用户零距离》和2018年的《海尔:一家孵化创客的中国巨头》。这三个案例之间的逻辑关系是:第一个案例说明海尔发展非常快,而且是颠覆性的创新发展;第二个案例是对第一个案例的支持,说明没有人单合一模式就不可能实现这么快的发展;第三个案例是国际认可的结果。海尔的发展历程说明企业要根据时代的变化持续创新,跟时代一起变。

海尔的发展历程与人单合一模式如图14-1所示。

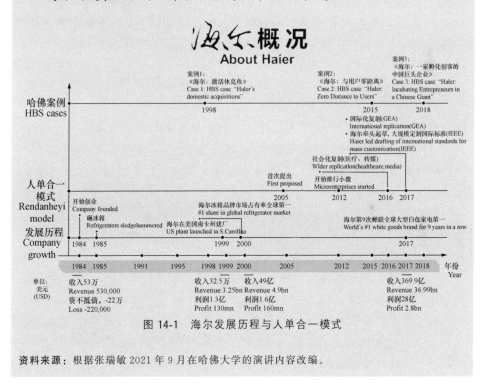

图14-1 海尔发展历程与人单合一模式

资料来源:根据张瑞敏2021年9月在哈佛大学的演讲内容改编。

从案例中可以看到,海尔集团已成功实现了从传统的制造企业向现代信息化企业的转变,市场响应速度大大提高,国际市场竞争能力进一步提升。可见,面对科学技术的快速发展,在复杂、变革、不确定的环境下,企业只有不断创新,跟上时代的步伐,才能保持持续的竞争优势。

14.1 创新原理

创新是管理的一个永恒主题。自从约瑟夫·熊彼特1911年在其《经济发展理论》一书中开创性地提出"创新理论"以来，创新问题就在经济学中占据了重要地位。熊彼特认为，创新就是建立一种新的生产函数，把一种从未有过的有关生产要素和生产条件的新组合引入生产系统。今天，"不创新，即死亡"这句话已经成为管理者的一大呼声。在激烈的全球竞争环境中，企业要想取得成功，就必须在先进的管理理念的指导下，创造出新的产品和服务，并采用最先进的技术。

小资料 14-1

约瑟夫·熊彼特在1911年出版的《经济发展理论》一书中认为："创新是生产手段的新组合"，它包括以下五种情况：

（1）采用一种新的产品，也就是消费者还不熟悉的产品或一种产品的一种新的特性。

（2）采用一种新的生产方式，也就是在有关的制造部门尚未通过经验鉴定的方式，这种新的方式决不需要建立在新的科学发现的基础之上，并且也可以存在于商业上处理一种产品的新的方式之中。

（3）开辟一个新的市场，也就是有关国家的某一制造部门以前不曾进入的市场，不管这个市场以前是否存在过。

（4）掠取或控制原材料或半成品的一种新的供给来源，不问这种来源是已存在的，还是第一次创造出来的。

（5）实现一种工业的新的组织，比如造成一种垄断地位，或打破一种垄断地位。

熊彼特的创新概念涉及产品创新、技术创新、市场创新、环境创新和组织创新等方面。此后，在此基础上，人们对组织管理的全过程进行创新的探究，并在此基础上提出了"管理创新"的概念。

管理创新是指为了更有效地运用组织的资源以实现预定目标所进行的一种

创新活动和管理过程。管理创新贯穿于组织的各项管理活动中,并通过对决策、计划、组织、领导、控制等职能的创新推动着管理向更有效地运用资源的方向前进。

14.1.1 管理创新的内容

1. 管理理念的创新

人的创新行为是受其思想观念支配的,因此一切创新源于观念的创新。管理理念的创新在整个创新体系中起着非常重要的作用。具体说来,管理理念的创新包括以下三个方面的内容:

(1) 服务型管理观念。当劳动者和劳动对象在知识社会中已获得改变后,对管理者在组织结构中的角色定位提出新的要求。管理者的职责在于确定企业发展方向,同时能够不断地给组织和员工提供完成工作所需的资源,而不是给已经能够完全独立工作的员工施加太多的控制。

(2) 学习型管理观念。知识经济要求企业更加重视知识的积累和更新。通过学习型的管理,构建"学习是工作、工作是学习"的新型教育模式,为员工的终身教育、不断获取新知识营造环境支持,并逐步将企业培育成学习型组织。

(3) 团队型管理观念。有效的团队事实上是组织结构的最大精简。在集团组织中,各成员公司与集团中心之间相互依存,其整个组织结构更具弹性,并随着市场环境的变化而变化,与市场保持持续的平衡。

2. 管理理论的创新

进入数字经济时代,对传统的管理理论提出了严峻的挑战。从企业管理的角度看,企业组织结构向分散化、虚拟化和智能化发展,而这种结构的管理将更加复杂。组织结构的分散化要求加强管理协调与合作,管理的概念与对象也发生了变化;与此同时,随着大数据、人工智能、市场国际化的形成,企业的界限逐渐模糊。凡此种种,在数字经济条件下,都促使企业管理在理论与实践的结合上不断创新。

3. 管理内容的创新

企业的经营管理涉及对人、财、物、产、供、销、科技、信息、时间以及企业制度的管理等。随着企业逐步成为学习型组织、知识型企业,企业的各项管理都将被赋予新的内涵,形成新的变化。在知识经济时代,人的知识、智能的作用日趋显现,人本管理、能本管理、知本管理思想得以充分体现,通过人力资源开发和人力资本经营，充分发挥知识型管理者、知识型员工在创新活动中的作用，从而实现对生产制造、质量管理、市场营销、财务成本管理、会计核算、物流配送等管理的创新发展，进而推动企业管理适应新形势下瞬息万变的市场竞争需要。

4. 企业技术的创新

企业技术的创新是为了满足顾客和消费者不断变化的需求，提高竞争优势而从事的以产品及其生产经营过程为中心的包括构思、开发、商业化等环节的一系列创新活动。创新的范围基本可概括为产品创新、工艺创新、市场开拓创新、开发利用新的资源、组织和管理创新五个方面。显然，技术创新是企业技术进步的具体化过程，通过新产品、新工艺和新服务的创新与改进，新资源的开发与利用，新生产方式的建立与运行，实现企业竞争力的提高。事实上，企业生存和发展就是围绕市场通过持续不断的技术创新来实现的。

14.1.2 创新过程及管理

创新就是创造性地提出问题和解决问题。一个完整的创新过程基本包括八个阶段：

1. 提出问题阶段

提出问题阶段要对结果和障碍进行发散。所谓结果，是指通过问题的解决可以得到的好处；所谓障碍，是指阻止解决问题的各种因素。要列出可能的结果和障碍，这样才会更加清楚努力的方向，并且更容易提出有价值的问题。

2. 寻找资料阶段

寻找资料阶段的发散加工包括找到与问题有关的尽可能多的数据，然后在收敛加工中尽量找出最重要的数据。

寻找资料阶段要做的是寻找到与已提出问题有关的尽可能多的材料，但这些材料中有些与要解决的问题无关，这就需要将有关的信息与无关的信息区分开，找到对解决问题有意义的事实材料。

3. 弄清问题阶段

在弄清问题阶段，发散加工的任务是尽可能多地实现对问题的重新定义，收敛加工的任务则是尽量找出对问题的最佳定义。这就涉及问题的定义和再定义。通过发散加工，会形成基本知识，当用语言将这个问题表述出来时，就对问题进行了初步的定义。但这时的定义往往不够准确，需要对问题进行再定义。所谓再定义，就是重新认识问题，考虑已有的表述形式是否恰当，是否体现解决者真正的意图。

为了对一个问题进行准确适当的描述，应从以下四个方面进行考虑：

（1）形式。使用"如何……"这种句式进行描述，会更多地启发思路，从而不会被限制在某一个方面。

（2）责任。一定要明确责任，因为没有人会为一个不是自己负责的问题去操心。

（3）行动。准确描述行动，使人清楚采用什么方式解决问题。

（4）目标。务必要表现出问题的目标或目标区。

4. 生成方案阶段

本阶段的发散加工最重要的任务是"宣泄"，即将出现在脑海中的所有想法用最快的速度写下来，再使用一些技巧帮助产生更多的创意。收敛加工的任务与上两个阶段大体相似，通过击中问题的要害、寻找相关信息和聚焦目标，最终选择最好的方案。

5. 寻找制定标准阶段

该阶段的发散加工任务是找到各种可能的评价标准。收敛加工的任务与其他阶段大体相似，首先是击中标准和寻找相关信息，除此之外还要使选中的标准尽可能具体化，最终保留下那些最具体的与问题有关的标准。

标准是选择方案的根据，只有满足标准的方案才能被接受。日常生活中，也会根据一些标准决定行动，如根据天气情况决定穿什么衣服。有时标准十分清楚，如到餐馆点餐，会考虑自己的饥饿程度、食物的价格以及进餐的时间限制等因素。但是当面对满足这些条件的一些食物时，具体选择哪一个就带有相当的偶然性，这时标准很模糊。解决问题时，标准越明确，作决定就越容易。因此，明确的标准对作决定十分重要。

6. 评价选择方案阶段

该阶段的发散加工主要有两个任务：确定筛选和改进方案的标准，减少方案数量的同时提高其质量；产生一些解决方案。在收敛加工过程中，相应地对标准和方案进行收敛，具体包括筛选、精选和修改，首先是对发散加工中确定的标准进行收敛；其次是根据这些收敛后的标准对解决方案进行收敛。

该阶段已经获得很多可能解决问题的方案，但大多只是粗略的方案，在之前的阶段就要对这些方案进行辨别，找出其中最有价值的方案并加以改进。当方案满意时就进入实施阶段，否则要返回前面的某一阶段进行修改后再进行选择。

7. 实施方案阶段

实施方案阶段可以分为两个子阶段：制订计划与执行计划。计划是方案进一步细化的操作步骤。一个完整的实施计划应该详细阐述要做什么、在哪里做、在什么时间做、怎样做以及为什么做等要点。使用它来指导人们的行动就像使用地图指导人们的方向一样。通过以上各个阶段对方案实施的充分考虑，就可以开始制订一个现实的行动计划。这个行动计划应该包括对具体的时间、地点、执行人和方式等的详细阐述，还要考虑到责任者的动机和能力等问题。

8. 总结阶段

总结一定要及时，不能问题解决了就万事大吉，而要仔细想一想解决问题的整个过程和方法。及时总结解决问题的模式可以积累经验，下次再遇到这类问题，就可迎刃而解了。在解决一个问题以后，可以构造出新的问题，同时可以利用解决这个问题的方法来解决这些新问题。

14.1.3　当代管理创新的实践——流程再造

在工业社会的管理模式中，法约尔将管理的职能总结为计划、组织、指挥、协调和控制五大要素。传统管理模式的基本流程是：战略设定、组织构建、岗位设计、不同岗位的目标—任务—人力资源配置、完成任务、绩效考核和奖励惩罚等。流程再造的根本动力来自管理哲学的变化，它关注的是满足客户的最终需求。面对新的情况应反思：组织的管理系统应如何适应环境的变化？模块是否可以随意组合？管理系统是否有足够的柔性？管理模块中有无空间让员工按自己的意愿发挥创意？等等。在此基础上，管理者应根据本组织的实际，以实现组织效率和效益最大化为目标，对整个管理系统从体系架构、策略完善等方面进行重新设计，完善流程再造。

1. 流程再造的定义

流程再造也译为"公司再造""再造工程"。它是1993年开始在美国出现的关于企业经营管理方式的一种新的理论和方法。所谓流程再造简单地说就是以工作流程为中心，重新设计企业的经营、管理及运作方式。而按照该理论的创始人美国麻省理工学院教授迈克·哈默（M. Hammer）与詹姆斯·钱皮（J. Champy）的定义，流程再造是指"为了飞跃性地改善成本、质量、服务、速度等重大的现代企业的运营基准，对工作流程进行根本性重新思考并彻底改革",也就是说,"从头改变,重新设计"。① 为了能够适应新的世界竞争环境,企业必须摒弃已成惯例的运营模式和工作方法,以工作流程为中心,重新设计企业的经营、管理及运营方式。

2. 流程再造的基本思想

流程再造的基本思想包括以下几个方面:

(1) 以作业流程为中心

根据哈默的定义,流程再造是从根本上对企业原有的业务流程进行重新考虑和重新设计,特别是要集中精力于那些能产生最大效益的流程,而不是从企业的部门或其他组织单位入手。实际上,只要对流程实施了再造,那么真正有必要存在的组织结构形式就会越来越清晰。因此,流程再造不是企业精简机构、划小核算单位,也不是时间、组织、程序的标准化,而是以流程为中心,根据协调与整合的需要重新构建组织,只有通过这种"过程变革"才能适应21世纪市场环境的要求,使企业组织为企业绩效的根本性改善提供切实可靠的保障。

(2) 以顾客满意为导向

从顾客满意(CS)做起,是流程再造的一大特征,从世界范围看,20世纪80年代以来,销售者—顾客关系中的决定性力量已经发生了转移,销售者已不再占上风,顾客开始起决定性作用,如果不了解这一重大变化,企业在激烈的市场竞争中必然失败。因此,流程再造强调根据顾客的需求决定公司业务的内容,对业务流程进行彻底更新,通过调整、信息反馈、全员参与等的持续改善,使企业始终处于战略主导地位。

(3) 以组织扁平化为特征

实践证明,企业实施流程再造必然从传统的以职能为中心、以控制为导向、层次重叠的机械式组织结构转变为以过程为中心、以顾客为导向、层次扁平的有机式组织结构。这样控制幅度增大,中间管理层次减少,管理成本大为降低,继而组织的个性也会发生变化,向自主管理的组织迈进,一方面提高了组织的应变能力,以适应顾客需求的变化;另一方面增强了员工的责任感、积极性,使员工从中获得更高的满足感和成就感。

(4) 以信息技术为手段

流程再造的实现离不开信息技术的完善和发展。新的业务流程、新的管理

---

① 〔美〕迈克尔·哈默,詹姆斯·钱皮. 企业再造:企业革命的宣言书[M]. 王珊珊等译. 上海:上海译文出版社,2007.

思想和新的组织形式都是在信息技术应用的基础上实现的。

14.2 数字经济与创新

21世纪，互联网的发展改变了整个世界的运作方式。世界已经进入数字经济时代。随着数字技术的蓬勃发展和向各领域的全面渗透，数字经济已成为当今经济社会发展的主旋律和新引擎，世界各国将发展数字经济上升为国家发展战略。

数字技术的出现和广泛应用很大程度上改变了创新的内在本质，给创新行为、创新资源整合、创新过程、商业模式等带来诸多影响和挑战，甚至使创新产生颠覆性改变。数字创新作为一种新兴的创新模式，引起了国内外学者的特别关注，它通过数字技术和关键互补资源、知识共享平台以及知识的驱动重组已有的创新资源和创新过程，为分散的创新模式提供了重要的链接接口，重塑了创新主体之间的价值共创方式，并衍生和扩张了诸多的新产品和新服务，可为依赖于传统要素的产业赋能，推动产业转型升级，是催生新动能、创新驱动经济高质量发展和提升国际竞争力的重要战略工具。

14.2.1 数字经济的概念

20世纪90年代，"数字经济"（digital economy）一词首次出现。1996年，唐·塔斯考特（Don Tapscott）提出数字经济的概念，他在《数字经济：网络智能时代的前景与风险》一书中提出数字经济是一个广泛运用ICT技术的经济系统，包含基础设施（高速的互联网接入、计算能力与安全服务），电子商务（在前端与后端大幅利用ICT的商业模式）以及运用ICT的B2B、B2C和C2C交易模式。尼格洛庞帝（Negroponte）于1996年发表著作《数字化生存》，指出数字化生存是由数字化、信息化和网络化等对人类生产生存方式带来巨大变化而形成的一种全新的生存方式。经济合作与发展组织（OECD）指出，随着云计算、机器学习、远程控制、自动机器系统的出现，物联网技术逐渐成熟，使ICT与经济之间的融贯联系大幅增加。数字经济发展迅速并渗透世界经济运行的多个方面，包括零售（电子商务）、交通（自动化车辆）、教育（大规模开放式网络课程）、健康（电子记录及个性化医疗）、社会交往与人际关系（社交网络）等领域，数字化创新和新型商业模式引领了社会工作和贸易方式的转变。由此可见，信息经济、互联网经济和数字经济，是对不同时期新型经济业态的描述，三者发展的核心驱动力都是信息技术。近年来，伴随着信息技术的不断发展及其与国民经济各行业融合程度的逐渐增强，衍生的新产品、新业态和新商业模式逐渐增多，数字经济更能体现当前新型经济的发展特征。

当前的数字经济正处于快速演变、与国民经济运行全面融合的阶段，人们对数字经济内涵的认识目前很难统一。国际上对数字经济的理解有广义与狭义之分：狭义的理解是将数字经济视为一种产业经济，数字化货物和服务的生产、消费与分配活动需从依附于传统国民经济活动的部门中剥离出来，发展成为国民经济中独立的核心产业，即数字化产业。数字化产业主要包括以信息为加工对象，以数字技术为加工手段，以数字化产品为结果，以国民经济各领域为流通市场，其本身没有明显的利润，但可显著提升国民经济其他行业利润的公共性产业。

广义的理解将数字经济视为一种经济活动。2016 年 G20 杭州峰会通过的《二十国集团数字经济发展与合作倡议》提出，数字经济指的是以数字化信息与知识作为生产要素，以信息化网络为载体，以 ICT 的使用来促进效率提升和宏观经济结构优化的经济活动的总和。随着数字技术的发展，数字经济被赋予愈加丰富的内涵。现有研究对数字经济的理解大都基于要素、技术及活动融合的视角，即将数据视为关键生产要素，将数字经济看作依托信息技术的有效使用来提升效率、优化经济结构的经济活动。有学者指出，相较于传统经济，数字经济可以运用其特有的数据信息及信息技术传送手段实现对传统经济的有效渗透，并最终推动经济高质量、可持续发展。张雪玲、焦月霞将数字经济视为信息时代的一种经济形式，认为数字经济以信息技术为工具，依托现代信息网络，推动业务流程及生产经营活动的社会性变革。[①] 与之类似，左鹏飞、陈静认为，数字经济以数据为内核，以信息技术为支撑，使数据要素与传统生产要素协同互动，推动产业转型升级。[②] 由于数字经济的发展与跨越式发展的信息技术紧密相连，动态发展特征使得数字经济内涵的界定比较困难，学术界尚未达成一致。

---

① 张雪玲，焦月霞. 中国数字经济发展指数及其应用初探［J］. 浙江社会科学，2017，(4).

② 左鹏飞，陈静. 高质量发展视角下的数字经济与经济增长［J］. 财经问题研究，2021，(9).

本书采用 2021 年 6 月国家统计局发布的《数字经济及其核心产业统计分类（2021）》中的数字经济的含义，即数字经济是指以数据资源作为关键生产要素、以现代信息网络作为重要载体、以信息通信技术的有效使用作为效率提升和经济结构优化的重要推动力的一系列经济活动。

14.2.2 数字经济的分类与驱动因素

在以上关于数字经济的概念中，数据资源、现代信息网络和信息通信技术是必需的要素。据此，国家统计局从"数字产业化"和"产业数字化"两个方面明确了数字经济的基本范围，将数字经济产业范围确定为数字产品制造业、数字产品服务业、数字技术应用业、数字要素驱动业、数字化效率提升业五个大类。数字经济核心产业是指为产业数字化发展提供数字技术、产品、服务、基础设施和解决方案，以及完全依赖数字技术、数据要素的各类经济活动。可以看出，数字产品制造业、数字产品服务业、数字技术应用业、数字要素驱动业属于数字产业化部分；数字化效率提升业属于产业数字化部分。数字产业化为数字经济的核心产业，是数字经济发展的基础。

联合国贸易和发展会议（UNCTAD）发布了《2019 年数字经济报告》，提出数字经济发展的两个驱动因素分别是数据和数字平台。数字平台又可以分为交易平台和创新平台，交易平台是以在线基础设施支持多方之间交换的双边或多边市场；创新平台以操作系统或技术标准的形式，为代码和内容制作者开发应用程序和软件创造环境。

补充阅读资料 14-1　　全球数字经济发展现状与趋势

20 世纪 90 年代初，随着 TCP/IP 协议、万维网（World Wide Web）协议先后完成，互联网开启了快速商业化步伐，各种新型商业模式和互联网服务被开发出来并推向市场，涌现出一大批互联网企业。针对这一现象，有学者提出了数字经济概念。2008 年国际金融危机爆发后，随着 3G 移动通信网络的普及和移动智能终端的出现，数字经济发展进入移动化阶段，共享经济、平台经济等新业态、新模式迅猛发展。近年来，随着大数据、云计算、物联网、人工智能等技术发展并进入商业化应用阶段，数字技术的赋能作用进一步增强，并加快向国民经济各行业渗透，推动经济向数字化、网络化、智能化方向转型。数字经济的规模和范围得到极大扩展，涵盖了以数字技术为支撑、以数据为重要生产要素的丰富的产品、服务、商业模式、业态和产业。在自身内在发展规律和各国政策的推动下，数字经济发展呈现出以下特征和趋势：

（1）颠覆性创新频发。传统产业的技术创新以渐进性的增量创新为主，主导技术出现后会保持较长时间。当前，以数字技术为代表的新一轮科技革命和产业变革突飞猛进，数字经济领域不断产生新的技术并进入工程化、商业化阶段，还有一些更前沿的技术正在孕育萌芽、蓄势待发。新技术的成熟和应用催生出新产品、新模式、新业态，对原有产品、模式和业态形成冲击和替代，也带动一批新兴产业在新领域高速成长，对既有产业形成冲击并使产业竞争格局发生重构。

（2）产业赋能作用增强。数字技术是典型的通用目的技术，可以在国民经济各行业广泛应用。随着数字基础设施不断完善，物联网、人工智能等新一代数字技术不断成熟，数字技术加速与国民经济各行业深度融合，产业赋能作用进一步增强，深刻改变企业的要素组合、组织结构、生产方式、业务流程、商业模式、客户关系、产品形态等，加快各行业质量变革、效率变革、动力变革进程。

（3）全球科技产业竞争加剧。近年来，世界主要国家都不遗余力加强在数字科技创新、技术标准和国际规则制定等方面的布局，谋求在全球数字经济竞争中抢占先机。一方面，数字经济增长速度快、发展潜力大，日益成为各国经济发展的重要动能和国民经济的重要支柱。另一方面，新一代信息技术将推动形成一个万物互联、数据资源成为重要价值来源的社会，对关键数字技术、设备、平台和数据的掌控直接关系到个人隐私与信息安全、产业安全、政治安全、国防安全等国家安全各个方面。因此，数字经济已成为全球竞争的焦点。

（4）数字经济治理不断加强。数字技术在推动经济增长、丰富和便利人民生活的同时，也产生了个人隐私受到侵害、平台垄断和不正当竞争、资本无序扩张、劳动者权益保障不够等方面的问题。近年来，世界主要数字经济大国都开始加强数字经济治理，推动数据安全立法，加大反垄断力度，加强科技伦理建设，鼓励科技向善，提升数字经济的包容性，努力让社会更好、更充分分享数字经济发展成果。

资料来源：史丹，李晓华. 打造数字经济新优势［N］. 人民日报，2021-10-15.

14.2.3 数字经济对组织管理的影响

人类社会发展的历史经验表明,每一次经济形态的重大变革,往往催生并依赖新的生产要素。正如劳动力和土地是农业经济时代主要的生产要素,资本和技术是工业经济时代重要的生产要素,进入数字经济时代,数据正逐渐成为驱动经济社会发展的新的生产要素。在数字经济时代,数据管理将成为推动数字经济时代前进的重要动力,提高数字生产力和数字创新能力将成为管理的核心。数字经济对管理的影响可以从以下几个方面来理解:

1. 数字经济对企业管理观念的挑战

数字经济时代经济的增长不再过分依赖经济资源,而更加取决于数据资源。数据要素具有获得的非竞争性、使用的非排他性、价值的非耗竭性、源头的非稀缺性等独有特征,能够通过对其他生产要素的数据化提升效能。这些特征以及数字资源对经济增长所起的巨大作用将对管理提出新的要求。传统管理,基本上是人异化为物的管理,人的主动性遭到压制。数字经济条件下,企业对工作时间和地点的要求可能不再那么统一,工作弹性加大,线上线下相结合,虚拟与现实相结合,如有的公司实行按个人方便的时间上下班制,一些知识型企业上下班的时间、地点和工作的界限越来越不像过去那么清晰,员工可以灵活安排自己工作的方式与时间。管理者必须重视个人价值的崛起以及营造新的工作环境,甚至工作场景。

2. 数据驱动的平台化组织模式

支撑数字创新的新组织模式正在从垂直整合向双边分散的形态转变,开源和众包等模式将创新轨道从组织内部向跨企业边界和创新网络边缘推动,形成了基于数字化平台和以需求为导向的组织模式,并以平台化的数字产品或服务和共享的数字基础设施为中心,最终形成更加灵活和可扩展的创新生态。这种情况下,企业不再把传统工业经济时代沿袭下来的速度、数量、产值作为追求的目标,不再只注重以往的流水线、节拍等严密的分工组织形式和工艺流程,而是重视人的主观能动性、独立性、创造性。虚拟企业、平台企业等新的组织及管理模式正在冲击着传统的企业生产管理方式。

3. 融合是新生产或新服务方式产生的前提

数字经济冲击着人类社会的方方面面,由于其使用的广泛性及信息传输的方便快捷等优点,在企业经营上具有巨大的应用价值。特别是电子商务的发展将形成新的交换体制,冲破时空的限制,构建新的市场规则。在互联网这个全新的平台上如何开展企业经营活动，已成为企业面临的重大课题。数字化环境下，无处不在的传感器、嵌入式终端系统、智能控制系统、通信设施通过物理信息系统（CPS）形成一个智能网络。通过这个智能网络，人与人、人与机器、机器与机器、服务与服务之间能够形成一个互联关系，从而实现横向、纵向和端到端的高度集成。在数字经济范式下，智能技术群是数字经济创新发展的基本驱动力，在数字产业化过程中不断实现数字技术的融合创新，以多种技术的集成形成乘数效应。比如，数字孪生通过整合实体、数据、技术三大核心要素，可以构建物理实体、虚拟实体、孪生数据、连接和服务五个维度的数字孪生体系架构，但其实现的前提是需要集成互联网、云计算、人工智能、区块链、物联网、工业互联网、虚拟现实和增强现实等数字技术。

在数字经济范式下，通过集成改变了用户发现、商品及服务购买、生产制造等的方式。例如，微信集成了生活服务信息，可以实现打车、购物、预约挂号、租房、防疫、支付、转账、信贷等功能。再如，航空、石化、钢铁、家电、服装、机械等行业出现的工业互联网平台，汇聚共享并有效整合了产品设计、生产制造、设备管理、运营服务、物流和售后服务等方面的数据资源，在融合发展中呈现跨界运营、价值共创和产业融合等横向分层的特征。

4. 组织和运行形式的变化

企业根据市场的需求和自身的竞争优势与劣势，借用企业外部的力量，将可利用的企业外部资源与内部资源整合在一起虚拟运行，是数字经济时代企业组织形式的一个发展趋势。企业虚拟化的目的是增强企业竞争优势，提高企业竞争力。虚拟运作的类型包括：

（1）人员虚拟。即打破传统的组织界限，通过多种方式借"力"引"智"，使外部人力资源与自身资源相结合，以弥补自身智力资源的不足。

（2）功能虚拟。即借助于外部具有优势的某一方面功能资源与自身资源相结合，以弥补自身某一方面功能的不足。其主要形式有虚拟生产、虚拟营销、虚拟储运和虚拟广告设计等。

（3）企业虚拟。即彼此实施合作竞争战略的有共同目标的多个企业间结成战略联盟，为共同创造产品或服务、共同开创市场而实施全方位的合作。企业战略管理是企业顺应环境变化，将本身的资源优势与企业外部环境相结合，以实现企业经营目标、履行企业使命的重要途径与手段。

5. 智能和互联是数字经济新基础设施的主要特征

数字经济底层架构的核心是连接。智能和互联是数字经济新基础设施最显著的特征,智能的发展方向主要体现在产品/服务智能、装备智能和过程智能三个方面;互联的发展方向是人、企业、政府机构、物品智能互联的自适应、生态化网络。万物互联加速了生产要素在人与人、物与物、人与物、用户与产业、需求与供给之间的流动,通过连接数的增加、市场规模的扩大和应用场景的拓展,市场主体运用技术和数据形成了新的经济形态,如平台经济、共享经济、算法经济、零工经济、数字服务等。比如,电子商务平台是面向农业、工业及服务业的交换和消费过程,电子商务的安全认证、在线交易、物流配送、支付结算等都必须基于开放共享、智能互联的网络平台。在智能互联的驱动下,产业结构将体现为以电子商务为核心的消费互联网和以无界制造为核心的产业互联网。消费互联网和产业互联网都是数字经济的重要载体,消费互联网注重与消费者的连接,产业互联网强调数字技术与产业的深度融合,本质上是连接企业。

14.2.4 数字经济与管理现代化

进入 21 世纪,由于科学技术特别是电子信息技术的发展与运用,迫切要求企业实行现代化管理。因为没有管理的现代化,高新技术就不可能带来应有的高效率和高效益。要实现管理的现代化,必须做到以下几个方面:

1. 管理思想现代化

管理思想现代化就是要把企业看作自主经营、自负盈亏的市场竞争主体,树立市场观念、竞争观念、效益观念、金融观念、时间和信息观念、人才开发观念以及战略观念等。具体地说,21 世纪管理思想的发展趋势主要表现在以下几个方面:

(1) 由务实性管理趋向虚实结合管理,甚至更注重务虚性管理。制度、纪律、体制、组织等务实性管理依然重要,必须建立健全一整套正规的秩序,但企业士气、员工素质、领导作用、企业价值观、人才观念等方面的务虚性管理更加重要。

(2) 由以物为中心趋向以人为中心,再趋向系统管理。在管理中充分考虑外部环境因素,根据企业经营目标,以物为载体,以人为中心,开展全方位的管理工作。

(3) 由以生产管理为重点趋向以经营管理为重点,再趋向以资本管理、数据管理、信息管理为重点。满足需求、创造需求、一切使顾客满意已成为管理思想的重点。

2. 提升管理人员的数字素养

数字技术的快速发展，需要提升管理者的数字素养。早在 20 世纪 70 年代，就有学者提出了信息素养的概念。进入 21 世纪后，数字素养的概念应运而生。数字素养表现为能够熟练应用各项数字技能，对海量数据进行收集、整理、评估和利用等生存技能和行为。近年来，我国国民数字素养日益受到重视。对管理者而言，要涵养与飞速发展的数字时代相匹配的隐私保护意识、信息安全知识，培养良好的使用习惯，掌握信息获取的主动权，让数字技术服务美好生活。

补充阅读材料 14-2　　提升全民数字素养

2021 年，中央网络安全和信息化委员会印发《提升全民数字素养与技能行动纲要》（简称《行动纲要》），对提升全民数字素养与技能作出安排部署，提出 2035 年基本建成数字人才强国，全民数字素养与技能等能力达到更高水平，高端数字人才引领作用突显，数字创新创业繁荣活跃，为建成网络强国、数字中国、智慧社会提供有力支撑。

《行动纲要》提出，到 2025 年，全民数字化适应力、胜任力、创造力显著提升，全民数字素养与技能达到发达国家水平。数字素养与技能提升发展环境显著优化，基本形成渠道丰富、开放共享、优质普惠的数字资源供给能力。初步建成全民终身数字学习体系，老年人、残疾人等特殊群体数字技能稳步提升，数字鸿沟加快弥合。

《行动纲要》围绕 7 个方面部署了主要任务：一是丰富优质数字资源供给；二是提升高品质数字生活水平；三是提升高效率数字工作能力；四是构建终身数字学习体系；五是激发数字创新活力；六是提高数字安全保护能力；七是强化数字社会法治道德规范。围绕主要任务和薄弱环节，《行动纲要》还设立了数字社会无障碍和适老化改造提升工程等 6 个重点工程。

3. 管理方法系统化

所谓管理方法系统化，就是把系统分析方法应用于企业生产经营管理，把复杂的生产经营问题条理化和简单化，为企业管理人员全面理解问题和解决问题提供模式和方案。

4. 管理手段技术化

管理手段技术化是科学技术越来越深入地应用于管理领域的必然结果，它集中地体现为各种现代管理技术在管理活动中的广泛运用。所谓现代管理技术，是指在现代管理中应用的各种现代数学方法、定量化管理方法和先进技术手段的统称。现代管理技术最主要的特点就是以现代科学理论为依据，以现代科学技术为基础，是系统论、信息论、控制论、系统工程、行为科学以及计算机科学技术等学科的原理、技术和方法在管理活动中的具体运用。

5. 管理决策智能化

在由工业经济时代向数字经济时代过渡的过程中，企业各种决策的制定都需要通过智能技术，只有开发智力，才能将科学技术转化为直接的生产力。这里需要指出的是，智能化管理不仅是以电子计算机为主体的高科技在管理活动中的广泛运用，而且是大多数管理者以较高的智慧、较高的思维水平和较高的谋略能力来经营和管理企业的一种高质量的管理。

6. 管理过程规范化

管理过程规范化是21世纪的一个世界性课题，世界500强企业，强就强在管理过程规范化。它们家家都有管理操作规范文本，这些文本少则几百页，多则数千页，战略、市场营销、生产作业、新产品开发、财务、人力资源、决策等方面的管理工作基本规范化了，因而使绝大部分管理工作成为常规，有条不紊，省力高效。德鲁克指出，20世纪管理学最伟大的贡献是管理者对被管理者——工人的体力劳动的规范化，工人的劳动生产率提高了50倍。管理学在21世纪面临的最大的挑战是提高管理者自己的管理工作的劳动生产率。管理过程规范化是管理者对自己的管理工作的规范化，是亟待解决的高级阶段的课题。

14.3 组织管理新模式

在数字经济的发展和冲击下，组织将彻底改变工业经济社会处理问题的方式，采用新的管理模式，进行管理方法的革命。新的管理模式很多，这里只介绍几种比较常见的或比较重要的管理模式。

14.3.1 柔性管理模式

柔性管理即灵活性管理，是现代企业为适应日益激烈的全球竞争和飞速革新的技术革命而对企业内部进行管理的途径。柔性管理模式的主要特点是实行小批量、多品种生产，对顾客需求迅速作出反应，并利用电脑技术调整生产线，降低成本。

1. 适应顾客需求——定制化

在过去很长的时间里商务意味着标准化产品的大批量生产和大批量分销。企业家以其规模经济向同一化的市场传递以同一价值观创造的财富。但是，消费市场经历了较长时间的供过于求之后日益成熟起来，消费者对于产品的鉴别和认识能力逐步提高，千篇一律的规格和样式不能满足消费者个性化的需求，产品的生命周期也变得越来越短，新产品和消费者的需求像时装流行色一样不可靠。在这种情况下，许多学者提出了"定制化"的概念，即企业根据消费者的具体要求设计、生产和分销产品。

小资料 14-2　定制营销

在早期市场上，许多卖主针对每位顾客的要求设计产品。例如，裁缝为每位特定的顾客量体裁衣，鞋匠根据每位顾客的脚的尺寸来做鞋。这些卖主都是根据订单生产，因为他们不可能预先知道顾客需要的尺寸和材料。后来，随着大机器生产和流水线作业的出现，生产商为了降低成本、方便储存，用机器生产出大批量的、标准化的产品。这个时期的产品以福特 T 型车为主要代表，即标准的引擎、座位、颜色（任何你需要的颜色都是黑色）和部件。尽管人们在福特 T 型车刚出现时乐意大量购买它，但它很快就明显地不适应消费者的需求。很多消费者把这种车买回家后，自己动手对车进行改装，以期与别人的有所不同。因而，根据消费者的要求，今天的福特车有几百种不同的车身和引擎的组合，还有从空调到无线电装置的各种额外装备。厂家可以根据消费者的要求专门生产出他喜欢的车型。

2. 员工第一——以人为本

柔性管理本质上是一种以人为本的管理。现代市场经济中，企业要使顾客满意，首先要以员工满意作为基础和前提。许多企业因此宣称其宗旨是"员工第一、顾客第二、股东第三"。为了实现柔性化生产，使企业保持高效、灵活的反应能力，企业应当激发员工的责任感，调动他们的积极性和创造精神，使他们保持较好的工作状态，为企业不断创造新的价值。

3. 不同的柔性

从生产的角度来说，柔性管理就是企业向其用户提供广泛系列的产品。柔性从战略角度考虑有四种基本类型：混合柔性、新产品柔性、产量柔性和交货时间柔性。所有其他类型的柔性都是这四种基本类型的变种。

（1）混合柔性，一般可以用一个生产体系在任何一个时间点上所生产的产品种类来衡量。高度的混合柔性意味着开辟生产范围较宽的产品线，同时也带来更大的市场份额和盈利能力。

（2）新产品柔性，指新产品推出的速度。该柔性可用从最早的产品设计到第一批产品可出售的生产运行的时间来衡量，越短的时间意味着新产品柔性越高。

（3）产量柔性，指在不损害效率和质量的前提下改变生产量的能力。

（4）交货时间柔性，指企业的交货速度，即从接到顾客订单到将产品发送到顾客手中的时间长短。

小思考 14-1

产量柔性与产量波动是不是一回事？为什么？

答：不是一回事。因为二者虽然都是生产量的改变，但产量波动可能同时带来更高的生产成本和更低的产品质量，而产量柔性意味着企业可以根据需求量的变化调整自身产量而不影响生产成本和产品质量。

14.3.2 团队管理模式

"团队"是一个20世纪90年代被频繁使用的词汇。当前，世界各国的企业为了有效整合组织的各个部分，越来越多地以团队为基础设计组织，所有组织都在努力扁平化，通过建立各类团队提高生产经营的效果和效率，为此可以预言：以团队为基础的组织必将繁荣于21世纪。

1. 团队的定义

所谓团队，就是由一群不同背景、不同技能、不同部门的人所组成的一种特殊类型的群体，它以成员高度的互补性、知识技能的跨职能性和信息的差异性为特征。

团队与传统的部门结构或其他形式的稳定性群体相比所具有的优点主要在

于：第一，它可以使不同的职能并行进行，而不是顺序地进行，从而大大地缩短了完成组织任务的时间；第二，它可以迅速地组合、重组和解散；第三，团队成员可以自我调节、相互约束，促进员工参与决策过程，增强组织的民主氛围，并且削减组织中的某些中层管理职能。

团队不同于一般的工作群体，它是一种特殊类型的群体。所有影响群体的因素都会影响团队，但是，并不是所有的群体都是团队。从工作绩效的角度来说，工作群体的绩效，仅仅是每个群体成员个人贡献的总和。而团队则不同，其成员努力的结果使团队的绩效水平远大于个体成员绩效的总和。关于团队与工作群体之间的差别，参见表14-1。

表14-1 工作群体与团队的差别

工作群体	团队
强烈地、清楚地被关注的领袖	分享领导角色
个人责任	个人和共同的责任
群体的目标与更广泛的组织使命相同	团队自己提交的具体团队目标
个人的工作——产品	集体的工作——产品
召开有效的会议	鼓励开放式讨论和积极解决问题的会议
间接通过对他人的影响测量绩效（例如，该企业的财务绩效）	通过评估集体的工作——产品直接测量绩效
讨论、决定和委托	讨论、决定和一道从事实际的工作

2. 团队的类型

随着团队数量的增加，团队的类型变得多种多样。这里介绍三种比较常见的团队类型。

(1) 问题解决型团队

这种团队一般由来自同一部门的5—12个"钟点工"组成，他们每周用几个小时的时间聚在一起，讨论如何提高产品质量、生产效率和改进工作方法。团队的成员们在解决问题的技术方面接受培训，然后就如何改进工作程序和工作方法相互交换看法和提供建议。但是，这种团队一般没有权力根据这些建议单方面采取行动，而是把那些超出其控制范围的问题报告给管理层。

(2) 自我管理型团队

问题解决型团队在解决实际存在的问题时虽然是有效的，但是在调动员工参与决策过程的积极性方面略显不足。这种欠缺导致企业努力建立新型团队，即真正独立自主的团队。这样的团队拥有过去只有管理层具有的决策权。这表现为他们不仅注意问题的解决，而且执行解决问题的方案，并对工作结果承担全部责任。彻底的自我管理型团队甚至可以挑选自己的成员，并让成员相互进行绩效评估。这样，主管人员的重要性就下降，甚至可以被取消。

（3）多功能型团队

多功能型团队由来自同一等级、不同工作领域的员工组成，他们来到一起的目的是完成同一项任务，任务完成后又回到各自的部门。实践证明，这种团队是有效的，能使组织内（甚至组织之间）不同领域的员工之间交换信息，激发出新的观点，解决面临的问题，协调复杂的项目。当然，多功能型团队在形成的早期阶段往往要消耗大量的时间，因为团队成员要学会处理复杂多样的任务；而且在成员之间，特别是那些背景不同、经历和观点不同的成员之间（尤其是跨国性的团队），建立起信任和真正的合作也需要一定的时间。

观念应用 14-1　团队即胜利

美国影印机市场的超级巨人——施乐公司崛起于20世纪60年代，但70年代中期陷入低谷，80年代开始采用"全面质量管理"和"塑造团队精神"两大法宝全面改造公司，至1989年终于扭亏为盈，并开始重霸天下。

施乐团队建设的一条重要原则是鼓励员工之间互相"管闲事"，对同事业务方面的困难，不但不能等闲视之，而且应该予以全力支持。施乐有三句口号专为这种"管闲事"所设：把每个人之间的墙推倒；让互相帮助成为一件愉快自然的事；合作从"管闲事"开始。

施乐的团队建设卓有成效，讲述施乐团队制胜经验的《抱团打天下》一书中的名句"独行侠难成大事，胜利来自团队"一时成为当年美国企业家的口头禅。

问题：根据施乐的变化，分析团队建设在企业管理中的意义。

分析提示：从团队的含义、类型、对组织目标实现的有效性方面进行分析。

3．团队的有效性

有助于团队成功的因素有哪些？图14-2为团队有效性模型，这个模型表明，组织文化、团队设计和奖励促使形成提高团队有效性的一系列团队运作。从有效性返回团队运作的反馈环说明，这两个组成要素经常相互作用。

从图14-2可以看出，构成团队有效性的要素包括以下四个：

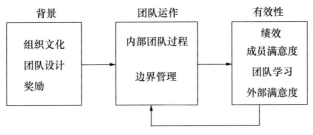

图 14-2 团队有效性模型

(1) 绩效。团队成员的产出如何,一般可以根据质量、数量、及时性、效率和创新等加以测量。

(2) 成员满意度,指团队成员如何通过承诺、信任和满足个人需要产生某种正面经验。

(3) 团队学习,指团队成员怎样获得新的技能、视角并作出变化着的环境所需要的行为。

(4) 外部满意度,指团队成员怎样满足诸如顾客和供应商等外部委托人的需要。

反过来,团队有效性又是团队运作的函数,它有两个构成要素:

(1) 内部团队过程,即团队成员彼此相互作用以完成任务并使他们始终是一个团队。

(2) 边界管理,即团队确定其边界、辨识关键性的外部委托人并与那些人相互作用。

背景包括团队存在于其中的组织文化、设计团队的方式以及如何奖励团队的成员。

(1) 组织文化,即通过符号、故事等传播关于团队和团队工作的价值观。

(2) 团队设计,即团队被组织在一起的方式,包括团队的构成、任务的性质等。

(3) 奖励。不论奖励的方式如何(比如,个人奖励、集体奖励或是二者的结合),都要考虑到必须与团队的工作类型相一致。

团队有效性模型对团队管理起到指南的作用。一旦确定了团队的背景,该模型就会提出一系列问题作为有效的团队管理的某种指针。这些问题包括:

（1）我们是谁？（即理解团队构成）

（2）我们想要成就什么？（即确定团队目标）

（3）我们怎样把我们自己组织起来以达到我们的目标？（即建立某种团队结构）

（4）我们将怎样运作？（即规定团队运作）

（5）我们怎样持续地学习和改进？

通过对以上问题的回答，一定会提高团队的有效性。

4．建立团队时应注意的问题

尽管从20世纪90年代起团队就已经成为一种时尚，但不是所有团队都是成功的。在企业中，组织结构的设置应服从于企业战略的需要。是否要运用团队和怎样运用团队，是管理者应该认真考虑的问题。只有在团队是最有效的达到战略目标的方式时，才能采用它，绝不能为了赶时髦而建团队。

那么，如何决定是否使用某种团队方式呢？使用团队方式至少应具备以下条件：

（1）工作需要不同范围的技能、观点或专门知识。

（2）工作的不同构成要素具有高度的互相依赖性。

（3）有足够的时间组织和构建团队。

（4）组织的奖励结构和文化支持使用某种团队方式。

（5）正在形成的问题足以加以提炼。

（6）成员们可以受到信任，不故意妨碍团队的努力成果。

（7）个人渴望某种团队经验。

除此之外，建立团队时，也要注意以下一些问题：

第一，成本较高。团队活动除了花费资金成本外，还会耗费很多时间，有时会因此而缺乏充裕的时间完成日常工作。

第二，妥协折中。团队中也可能出现"从众现象"。当团队中意见分歧很大时，往往有许多成员出于面子或屈于权威而与多数人保持一致，或采取无原则的折中方式。这样往往使团队不能发挥出最佳潜能。

第三，角色混乱。团队运作中应时刻避免职责不分，以及集体决策中看似都负责但实际上谁都不负责的现象。

小思考 14-2

一般来说，团队的规模大好还是小好？为什么？

答案：团队有大有小，不过，好的团队规模一般都比较小。因为如果团队成员很多的话，就很难形成凝聚力、忠诚感和相互信赖感，而这些却是高绩效的团队所不可缺少的。所以，管理人员要塑造富有成效的团队，就应该把团队成员人数控制在十几个人以内（有人认为应该在 12 人以内）。如果一个自然工作单位本身较大，而你又希望达到团队的效果，那么可以考虑把工作群体分化成几个小的工作团队。

14.3.3 学习型组织管理模式

学习型组织是美国麻省理工学院彼得·圣吉（Peter Senge）博士 1991 年在《第五项修炼》一书中提出的。圣吉认为，企业本身是一个系统，它像人一样可以通过不断的学习来提高生存与发展的能力。现实中有的企业寿命很短，其主要原因就是在学习能力上有缺陷，即"学习智障"，这种缺陷使得企业在环境改变时不能迅速应变，因此，只有提高学习能力才能保证企业的生存和发展。

那么，什么是"学习型组织"？圣吉认为，学习型组织就是一个具有持久创造能力去创造未来的组织。而学习型组织管理模式就是通过培养弥漫于整个组织的学习氛围，充分发挥员工的创造性思维能力，从而把组织建设成更加符合人性的、具有高度柔性的、扁平化的有机组织。

1. 学习型组织管理模式的特点

学习型组织在管理模式方面有很鲜明的特点，主要表现在以下几方面：

（1）精简

这里所说的精简，并不是像传统的企业管理那样，只是简单地在员工总数上做减法，而是在加强企业教育、要求员工积极学习的基础上，使一个人可以干几个人的活，甚至可以以一当十，然后再进行减员。只有经过这种学习型的精简，企业才会产生根本性的变化，产生真正的高效率和高效益。

（2）扁平化

学习型组织的结构是扁平的，即从最上面的决策层到最下面的操作层，中间的层次很少,上下级之间可以面对面地对话。这种组织结构形式不仅可以提高工作效率,更重要的是能产生巨大的能量。

(3) 有弹性

弹性就是适应能力,这种适应能力主要来自全体员工的不断学习。市场是瞬息万变的,只有时刻准备才能适应市场变化。学习型组织管理模式要求各部门、全体员工通过不断学习,时刻做好准备,以便市场不论如何突变,企业都能抓住机遇,应变取胜。

(4) 善于不断学习

这是学习型组织的本质特征。所谓善于不断学习有四层含义:一是强调终身学习,即组织成员保持终身学习的信念,力图在工作和生活的各个阶段坚持学习;二是强调全员学习,即企业组织各个层次的所有人员都要全身心投入学习;三是强调全过程学习,即学习必须贯穿于组织系统运行的整个过程;四是强调团体学习,即不但重视个人学习和个人智力的开发,更强调组织成员的合作学习和群体智力的开发。

(5) 自主管理

自主管理指的是员工要根据企业的发展战略和目标,自己发现生产中的问题,自己选择伙伴组成团队,自己进行调查与分析,自己制订计划、实施控制并实现目标。

2. 建立学习型组织的方法——五项修炼

圣吉将心理学、教育学以及系统科学的理论应用于企业管理之中,从而开发出建立学习型组织的一整套方法,提出了所谓的"五项修炼"。具体包括以下几方面:

(1) 自我超越

自我超越指员工应该学会如何扩展个人的能力,创造出自己想要的结果,并且塑造出一种组织环境,鼓励所有员工自我发展,实现自己选择的目标和愿景。

(2) 改善心智模式

改善心智模式是指要持续不断地清理、反省以及改进我们内在世界的图像,并且检视内在图像如何影响我们的行动与决策。同时,员工之间也应该有效地表达自己的想法,并以开放的心灵容纳别人的想法。

(3) 建立共同愿景

所谓愿景,即愿望与远景,这里指的是组织未来发展的远大目标以及组织成员的共同愿望。共同愿景对学习型组织非常重要,它可以为组织的学习聚焦和提供能量。只有当人们致力于实现共同的目标、愿望时,才会产生自觉的、创造性的学习。

(4) 团队学习

圣吉认为,在现代组织中,团队学习非常重要。这是因为现代企业的基本单位就是团队,因此,学习的基本单位也应由个人变为团队。当团队真正在学习时,不仅整体产生出色的成果,而且其成员也会得到超乎寻常的成长。

(5) 系统思考

系统思考要求人们纵观全局,形成系统思维模式,使人们思考诸多影响因素之间的内部关系,而不是把这些因素割裂开来。

总之,在知识经济条件下,现代企业管理的主要目的之一就是开发人的创造能力,为了保障这种能力的获得,必须发展企业所拥有的学习能力。对于圣吉所提出的五项修炼,虽然企业可以根据实际需要从任何一项修炼入手,但最终总会发现,只有将五项修炼融会贯通,才能建立起真正的学习型组织。

观念应用 14-2　微软公司的学习型组织

比尔·盖茨和他的微软公司从创业开始就敏锐地把握了电脑行业的发展命脉,并持续不断地推陈出新。为使创新成为企业生存和发展的内在动力和活力,必须首先解决学习型组织的问题。盖茨认为,越是拥有大量聪明人的公司,越是容易退化成一个由傲慢的、极端独立的个人和小组组成的混乱集体。为此,团队必须学习,团队应该成为一个学习型组织,所以进行不断学习和交流是非常必要的,并且学习是创新的基础,一个学习的团队才能是创新的团队。

微软创建的学习型组织遵循三大理念:自我批评、信息反馈、交流共享。同时,微软大力提倡在非正式场合下的学习,如相同职能部门的经理层人员把每日的午餐会作为学习交流的场所。微软员工还利用电子邮件频繁地进行交流,一本新书,一篇好文章,一种灵感创意,都是员工通过电子邮件交流的内容,这种形式被他们形象地称为"东走西瞧"。

问题:从学习型组织的角度分析微软公司的成功之道。

> **分析提示**：从上述案例可以看出，在当今时代，学习即财富，学习即成功，正是学习的成功保证了微软一跃成为新的电脑霸主。这一事实说明，在知识经济时代，最成功的企业必定是学习型企业。

14.4 新型企业管理者

这里所说的管理者，主要指的是组织决策层的管理人员，或者叫做企业领导者。对于任何企业来说，最基本而又最难得的资源就是企业的领导者。很多组织都面临着一个不断寻求具有必要的能力来有效地进行领导的人才的问题。而在当今数字经济时代，如何做一个成功的新型企业管理者，更是关系到一个企业成败的非常重要的因素。下面从三个方面分析如何做一个21世纪的新型企业管理者：

14.4.1 新型企业管理者管理思想的创新

管理思想就是企业生产经营的指导思想，是对企业生产经营过程中发生的各种关系的认识和态度的总和。随着社会主义市场经济体制目标的确立和世界信息技术的冲击，我国企业管理者的管理思想必须进行相应的变革。这种变革至少表现在以下五个方面：

（1）效益观念。在市场经济体制下，企业从事生产经营活动，必须讲究经济效益，力争以尽可能少的人力、物力、财力和时间的投入，获得尽可能多的产出。因此，需要进一步克服过去盲目追求速度、规模而忽视效率、效益的思想。

（2）市场观念。在全球市场经济的激烈竞争中，所有产品和服务的价值最终都要通过市场交换来实现。因此，必须树立市场观念，按照价值规律办事，企业才有可能生存和发展。

（3）竞合观念。管理者应积极参与国内、国际市场的竞争，开辟新的市场，才能在竞争中取胜，但同时要有合作意识，在生态系统中明确自己的生态位。特别是数字经济时代，新型企业管理者必须有系统的观念。

（4）信息观念。在数字经济时代，企业经营离不开信息和数据，"管理的艺术在于驾驭信息"，没有准确及时的信息，企业经营就会陷入盲目，而失灵的信息更会导致决策失败，引起组织混乱甚至瘫痪。

（5）人才开发观念。人才是企业宝贵的资源，企业的竞争，归根到底是人才的竞争。21世纪，企业管理者应进一步加强对人才开发的认识，要善于发现人才，合理使用人才，要吸引人才并用有效的办法激励人才成长；同时，也要允许人才合理流动，在流动中做到人尽其才。

14.4.2　新型企业管理者应具备的素质

企业领导者的个人素质，是指企业领导者应具备的各种条件在质量上的综合。近年来，21世纪的中国企业领导者应该具备哪些素质这一问题，已经引起企业界和管理界的高度重视，人们倾向于把未来我国企业领导者应该具备的素质归结为一个较为完整的素质结构，主要包括企业领导者的思想素质、专业素质、社会交往素质、心理素质、组织和协调素质等几个方面。

1. 思想素质

企业领导者的思想素质是指企业领导者在行为、作风中表现出来的思想、道德、品行等方面的特征。良好的思想道德素质会给领导者带来巨大的影响力，使人产生敬爱感。同时，领导者的优良品格能吸引人，促使人去模仿，即我们常说的"榜样的力量是无穷的"。

2. 专业素质

企业领导者的专业素质是指企业领导者应该具备的专门的业务知识和专业技能。如果企业领导者有着丰富的业务知识和正确处理问题的能力，他就会使下属感到满意，并在下属中产生影响力。这种影响力是超越于职权之外的，但却赋予了企业领导者一种威信，在行使职权时会使下属有信赖感，因而能自觉地服从其命令和指挥。

3. 社会交往素质

现代社会的特点是各行各业出现更多的相互交融与渗透，与之相适应，企业领导者的社会交往观念也会发生很大变化。为了适应社会生活的剧烈变化，提高对新闻舆论界的辐射效果，获取社会其他行业及社会各界的支持，企业领导者应建立更加科学、更加合理的社会交往结构。比如，可以通过社会交往搜集各种信息，也可以通过社会交往提高企业的知名度。

4. 心理素质

随着市场竞争的日益激烈，企业及企业领导者所面临的社会压力和心理压力也越来越大。尤其对企业领导者来说，如何通过心理调节化解压力，无论对企业还是对他们自己,都是非常重要的。一个心理素质比较高的领导者,主要表现为在日常的工作关系中比较开朗、幽默、有耐心、能容忍、热情而稳重等,而在企业面临重大决策甚至出现危机的时候,能够理智、镇定、临危不乱。

5. 组织和协调素质

组织和协调素质也是企业领导者必须具备的基本素质。比如,合理地配备人力资源和其他资源,建立科学完整的责任制体系;协调好企业内部上下级之间、各部门之间以及企业与外部的消费者、贸易伙伴之间的关系等。

14.4.3 时代呼唤知识型企业家

数字经济时代更加注重知识的作用,对企业领导者提出了更高的要求,因此出现了一个新的名词:知识型企业家。所谓知识型企业家,是指具有广博的知识与技能,善于不断学习和更新知识,善于应用新的知识并将其物化为人们需要的产品或服务的复合型管理人才。

数字经济时代的竞争是全方位的竞争,知识型企业家面临的是比工业经济时代更为严峻的挑战:认识、了解与学习新技术和管理方法,跟踪世界潮流,领导企业参与国际竞争。为迎接这些挑战,知识型企业家需要具备一种综合的能力结构,其中主要包括以下几方面:

1. 卓越的信息应用能力

信息是知识经济时代最重要的资源,如何将接收到的信息转化为具有创造力的资源,进而变成实实在在的财富,就要求企业家具有一定的信息应用能力,包括信息的选择、处理、分析这样的一套整合能力,也包括有效决策能力。

2. 强烈的创新意识

数字经济时代的重要特征,首先是创新行为越来越依赖于市场需求。企业家的目光要盯住市场,广泛从市场和顾客中吸取灵感。其次是创新正逐渐从平行式的量的创新向纵深式的质的创新转变。因此,企业家的创新更多地表现在信息整合、知识集成上。此外,信息时代的企业家应该坚持"持续创新",尤其是在技术和管理方面。

3. 全新的规划企业的能力

在数字经济时代,信息技术为企业带来的不仅是高效的生产工具,而且是全新的管理方法。知识型企业家应该把企业信息系统的建设与战略目标的实现有机结合起来,因此,知识型企业家必须是既懂管理又懂技术的全面型人才,这样他才能站在业务流程化的立场上规划企业的长远发展战略,使企业立于不败之地。

4. 动态地发展个人知识的能力

当代终身教育思想广为传播,它宣扬个人在一生中不断寻求接受教育和自我学习的观念。作为 21 世纪的新型企业家,更应该在清楚地了解自己目前的知识水平的基础上,主动地摄取新的所需要的知识。此外,知识型企业家在不同领域的转换将更加频繁,这就要求他们必须具有较强的更新和补充新知识的能力,以适应不同特点、不同类型的管理需要。

本章小结

作为全书的最后一章,本章主要展望了 21 世纪管理科学发展中可能面临的一些问题。首先,介绍了数字经济的含义以及数字经济时代组织管理的特点和面临的新挑战。数字经济对企业管理的影响主要包括以下几个方面:数字经济对企业管理观念的挑战,数据驱动的平台化组织模式,融合是新生产方式或者服务方式的前提,企业组织和运行形式的变化,智能和互联是数字经济新基础设施的主要特征等。

数字经济时代管理现代化的内容包括:管理思想现代化、提升管理人员的数字素养、管理方法系统化、管理手段技术化、管理决策智能化、管理过程规范化。

创新是管理的一个永恒主题。管理创新是指为了更有效地运用组织的资源以实现预定目标所进行的一种创新活动和管理过程。

此外,本书还介绍了当代管理创新的实践——流程再造。流程再造的基本思想包括以下几个方面:以作业流程为中心、以顾客满意为导向、以组织扁平化为特征、以信息技术为手段。

在数字经济的发展和冲击下,企业将彻底改变工业经济社会处理问题的方式,采用新的管理模式,进行管理方法的革命。新的管理模式很多,本章主要介绍了柔性管理模式、团队管理模式、学习型组织管理模式,特别要对团队管理模式和学习型组织管理模式给予更多的关注。

主要概念和观念

☐ **主要概念**

数字经济　　　　　管理创新　　　　团队　　　　　学习型组织

☐ **主要观念**

柔性管理模式　　管理现代化

基本训练

☐ **知识题**

14.1　阅读理解

(1) 简述数字经济的基本分类。

(2) 简述流程再造的基本思想。

(3) 学习型组织管理模式的特点有哪些？

14.2　知识应用

(1) 判断题

① 团队管理模式适合于所有类型的组织。（　　）

② 数字经济是和农业经济、工业经济相对应的一个概念。（　　）

③ 企业实施流程再造必然从有机式组织结构转变为机械式组织结构。（　　）

④ 柔性管理模式的主要特点是实行大批量、少品种生产。（　　）

(2) 选择题

① 开创性地提出管理创新理论的人是（　　）。

　　A. 迈克·哈默　　　　　　　　B. 约瑟夫·熊彼特

　　C. 彼得·圣吉　　　　　　　　D. 彼得·德鲁克

② 流程再造是1993年开始在（　　）出现的关于企业经营管理方式的一种新的理论和方法。

　　A. 美国　　　B. 日本　　　C. 德国　　　D. 中国

③ 制造柔性从战略角度考虑有以下基本类型：（　　）。

　　A. 混合柔性　　B. 新产品柔性　　C. 产量柔性　　D. 交货时间柔性

④ 彼得·圣吉提出的学习型组织的五项修炼有下面的哪几项：（　　）。

　　A. 自我管理　　B. 自我超越　　C. 改善心智模式　　D. 建立共同愿景

E. 团队学习　　F. 系统思考

⑤ 构成团队有效性的要素包括以下哪几个：(　　　)。

A. 绩效　　　　B. 团队学习　　C. 成员满意度　　D. 自我超越

E. 外部满意度

□ 技能题

14.1　规则复习

使用某种团队方式应具备以下条件：

(1) 工作需要不同范围的技能、观点或专门知识。

(2) 工作的不同构成要素具有高度的互相依赖性。

(3) 有足够的时间组织和构建团队。

(4) 组织的奖励结构和组织文化支持使用某种团队方式。

(5) 正在形成的问题足以加以提炼。

(6) 成员们可以受到信任，不故意妨碍团队的努力成果。

(7) 个人渴望某种团队经验。

14.2　操作练习

实务题

以你所在的班级为基础，假设有某一活动任务（如演出等），组建一个自我管理型团队，并描述其特征。

观念应用

□ 分析题

科大讯飞的时机选择与技术积累

科大讯飞成立于1999年，是专业从事智能语音及语言技术研究、软件及芯片产品开发、语音信息服务的国家级骨干软件企业。作为中国智能语音与人工智能产业领导者，科大讯飞在语音合成、语音识别、口语评测、自然语言处理等多项技术上拥有国际领先的成果，是我国唯一以语音技术为产业化方向的国家863计划成果产业化基地、国家规划布局内重点软件企业以及国家高技术产业化示范工程企业。2008年，科大讯飞成功登陆A股市场。上市以来，其业绩高速增长，2008年营收为2.58亿元，2016年达到33.2亿元，年复合增长率高达37.66%。另外，上市以来，科大讯飞实施的并购也越来越频繁。为了加快业务布局，公司进行并购并将业务无缝整合到产品体系中去，使业务板块得到快速补充，同时对所并购业务在发展中更好地结合人工智能核心技术、提升产品竞争力也有着很好的促进作用。

科大讯飞连续多年获得国际大赛冠军，充分显示了科大讯飞世界领先的技术水平。从2016年到2018年，使用科大讯飞技术的终端数量从1亿增加到17亿，日均使用量从15亿增加到46亿。从科大讯飞早期的布局来看比较有前瞻性，同时经过多年的积累，也具备了一定的技术优势，但是也面临着管理上的巨大挑战。

资料来源：张硕. 科大讯飞在干什么［J］. 经营者，2017，(16).

问题：请结合案例谈谈数字经济时代科大讯飞在管理上面临的挑战有哪些？

□ **实训题**

到当地一家有名的大公司，找到有关管理人员，了解该公司的组织学习情况，然后写一份调查报告。

主要参考书目

1. 管理学编写组.管理学［M］.北京：高等教育出版社，2019.
2. 李志军，尚增健.加快构建中国特色管理学体系［M］.北京：经济管理出版社，2022.
3. 周三多.管理学：原理与方法（第七版）［M］.上海：复旦大学出版社，2018.
4. 吴照云.管理学（第六版）.［M］.北京：中国社会科学出版社，2019.
5. 芮明杰.管理学——现代的观点（第四版）［M］.上海：上海人民出版社，2021.
6. 肖智润，郝皓作.管理学［M］.北京：清华大学出版社，2021.
7. 黄建春.管理学［M］.重庆：重庆大学出版社，2017.
8. 郭咸纲.西方管理思想史（第2版）［M］.北京：北京联合出版公司，2014.
9. 俞文钊，苏永华.管理心理学［M］.大连：东北财经大学出版社，2021.
10. 邢以群.管理学［M］.杭州：浙江大学出版社，2021.
11. 董克用，李超平.人力资源管理概论［M］.北京：中国人民大学出版社，2019.
12. 徐国华等.管理学［M］.北京：清华大学出版社，2022.
13. 黄煜峰.现代管理学概论［M］.大连：东北财经大学出版社，2001.
14. 黄煜峰，荣晓华等.管理学原理［M］.大连：东北财经大学出版社，2007.
15. 王连娟，田烈旭，姚贤涛.数字化时代企业知识管理案例研究［M］.北京：北京邮电大学出版社，2020.
16. 袁连升.管理学原理［M］.北京：北京理工大学出版社，2017.
17. 赵曙明.人力资源战略与规划［M］.北京：中国人民大学出版社，2021.
18. 彼得·德鲁克.德鲁克管理思想精要［M］.李维安译.北京：机械工业出版社，2007.
19. 丹尼尔·A.雷恩，阿瑟·G.贝德安.西方管理思想史［M］.北京：中国人民大学出版社，2013.
20. 加里·德斯勒.人力资源管理［M］.北京：中国人民大学出版社，2012.

21. 斯蒂芬·P. 罗宾斯，大卫·A. 德森佐. 管理学原理 [M]. 毛蕴诗主译. 沈阳：东北财经大学出版社，2004.

22. 斯蒂芬·P. 罗宾斯. 管理学（第13版）[M]. 刘刚等译. 北京：中国人民大学出版社，2017.

23. 斯蒂芬·P. 罗宾斯，玛丽·库尔特. 管理学 [M]. 孙健敏等译. 北京：中国人民大学出版社，2012.

24. 雷蒙德·诺伊等. 人力资源管理：赢得竞争优势 [M]. 刘昕译. 北京：中国人民大学出版社，2018.

25. 斯蒂芬·P. 罗宾斯，蒂莫西·A. 贾奇. 组织行为学（影印版）[M]. 北京：清华大学出版社，2010.

26. 黛布拉·L. 纳尔逊，詹姆斯·坎贝尔·奎克. 组织行为学：基础、现实与挑战（第3版）[M]. 桑强等译. 北京：中信出版社，2004.

27. 海因茨·韦里克，哈罗德·孔茨. 管理学——全球化视角（第11版）[M]. 马春光译. 北京：经济科学出版社，2005.

28. 切斯特·巴纳德. 组织与管理 [M]. 詹正茂译. 北京：机械工业出版社，2016.

29. 陈晓萍，徐淑英，樊景立. 组织与管理研究的实证方法 [M]. 北京：北京大学出版社，2012.

30. 沃伦·本尼斯，伯特·纳努斯. 领导者 [M]. 方海萍等译. 北京：中国人民大学出版社，2008.

31. 沃伦·本尼斯，罗伯特·汤森. 重塑领导力 [M]. 方海萍等译. 北京：中国人民大学出版社，2008.

32. Michael A. Hitt, J. Stewart Black, Lyman W. Porter. *Management*（影印版）[M]. 北京：中国人民大学出版社，2013.

33. Thomas S. Bateman, Scott A. Snell. *Management：Leading & Collaborating in a Competitive World*（影印版）[M]. 北京：电子工业出版社，2014.

34. Leslie W. Rue, Lloyd L. Byars. *Management：Skills and Application* [M]. McGraw-Hill/Irwin，2003.

35. David A. De Cenzo, Stephen P. Robbins. *Human Resource Management：Concepts and Practices* [M]. John Wiley & Sons，1996.

36. Peter F. Drucker. *Management Cases* [M]. Harper's College Press，1977.

37. Elmer H. Burack, Nicholas J. Mathys. *Introduction to Management：A Career Perspective* [M]. Wiley，1983.

38. John M. Ivancevich. *Human Resource Management* [M]. McGraw Hill/Irwin，1998.

39. Lloyd L. Byars, Leslie W. Rue. *Human Resource Management* [M]. McGraw-Hill/Irwin，2004.

40. Raymond A. Noe *et al*. *Human Resource Management: Gaining a Competitive Advantage* [M]. McGraw-Hill/Irwin, 2012.
41. Eileen Crawley, Stephen Swailes, David Walsh. *Introduction to International Human Resource Management* [M]. Oxford University Press, 2013.
42. Jean Woodall and Diana Winstanley. *Management Development: Strategy and Practice* [M]. Blackwell Business, 1998.
43. Bhimani. *Management Accounting in the Digital Economy* [M]. Oxford University Press, 2003.
44. Sam Ricketson. *Research Handbook on the World Intellectual Property Organization: The First 50 Years and Beyond* [M]. Edward Elgar Publishing, 2020.
45. Haridimos Tsoukas and Christian Knudsen. *The Oxford Handbook of Organization Theory* [M]. Oxford University Press, 2003.
46. J. Samuel Barkin. *International Organization: Theories and Institutions* [M]. Palgrave Macmillan, 2013.
47. Alan Booth. *The Management of Technical Change* [M]. Palgrave Macmillan UK, 2006.
48. Pedro Novo Melo, Carolina Machado. *Management and Technological Challenges in the Digital Age* [M]. CRC Press, 2018.
49. Thomas Druyen. *Radical Change in Everyday Life: Foundations of Psychological Future Management* [M]. Springer Fachmedien Wiesbaden, 2019.